国家哲学社会科学规划项目
国家社会科学基金项目（编号：BCA140053）

基于电子档案袋测评的学习者自主研究
——理论、方法与实践

e-Portfolio-based Assessment for Learner Autonomy
Theory, Method and Practice

林莉兰 著

上海外语教育出版社
外教社 SHANGHAI FOREIGN LANGUAGE EDUCATION PRESS

图书在版编目(CIP)数据

基于电子档案袋测评的学习者自主研究：理论、方法与实践 / 林莉兰著. —上海：上海外语教育出版社, 2021
国家哲学社会科学规划项目
ISBN 978 - 7 - 5446 - 6942 - 9

Ⅰ. ①基… Ⅱ. ①林… Ⅲ. ①英语—学习方法—研究—高等学校 Ⅳ. ①H319.3

中国版本图书馆 CIP 数据核字(2021)第 172077 号

出版发行：**上海外语教育出版社**
（上海外国语大学内） 邮编：200083
电　　话：021-65425300（总机）
电子邮箱：bookinfo@sflep.com.cn
网　　址：http://www.sflep.com
责任编辑：李健儿

印　　刷：上海信老印刷厂
开　　本：635×965　1/16　印张 21.5　字数 363千字
版　　次：2021 年 12 月第 1 版　2021 年 12 月第 1 次印刷

书　　号：ISBN 978-7-5446-6942-9
定　　价：68.00 元

本版图书如有印装质量问题，可向本社调换
质量服务热线：4008-213-263　电子邮箱：editorial@sflep.com

目录

第一章　绪论 ⋯⋯⋯⋯⋯⋯⋯⋯⋯⋯⋯⋯⋯⋯⋯⋯⋯⋯⋯⋯⋯ 1
　　第一节　学习者自主起源与发展回顾 ⋯⋯⋯⋯⋯⋯⋯⋯⋯ 1
　　第二节　语言教学领域的学习者自主 ⋯⋯⋯⋯⋯⋯⋯⋯⋯ 5
　　第三节　我国大学英语教学改革 ⋯⋯⋯⋯⋯⋯⋯⋯⋯⋯⋯ 9
　　第四节　学习者自主理论及实践的挑战 ⋯⋯⋯⋯⋯⋯⋯⋯ 12
　　第五节　本书的目的、重点和价值 ⋯⋯⋯⋯⋯⋯⋯⋯⋯⋯ 16
　　第六节　本书的结构 ⋯⋯⋯⋯⋯⋯⋯⋯⋯⋯⋯⋯⋯⋯⋯⋯ 19

第二章　学习者自主研究综述 ⋯⋯⋯⋯⋯⋯⋯⋯⋯⋯⋯⋯⋯ 21
　　第一节　学习者自主理论及发展 ⋯⋯⋯⋯⋯⋯⋯⋯⋯⋯⋯ 21
　　　　　一、相关概念 ⋯⋯⋯⋯⋯⋯⋯⋯⋯⋯⋯⋯⋯⋯⋯⋯ 22
　　　　　二、早期学习者自主理论 ⋯⋯⋯⋯⋯⋯⋯⋯⋯⋯⋯ 25
　　　　　三、学习者自主理论的转向 ⋯⋯⋯⋯⋯⋯⋯⋯⋯⋯ 29
　　第二节　国外促进学习者自主研究 ⋯⋯⋯⋯⋯⋯⋯⋯⋯⋯ 34
　　　　　一、促进学习者自主实践 ⋯⋯⋯⋯⋯⋯⋯⋯⋯⋯⋯ 34
　　　　　二、促进学习者自主理论 ⋯⋯⋯⋯⋯⋯⋯⋯⋯⋯⋯ 39
　　第三节　国内促进学习者自主研究 ⋯⋯⋯⋯⋯⋯⋯⋯⋯⋯ 43
　　　　　一、研究设计 ⋯⋯⋯⋯⋯⋯⋯⋯⋯⋯⋯⋯⋯⋯⋯⋯ 43
　　　　　二、结果分析 ⋯⋯⋯⋯⋯⋯⋯⋯⋯⋯⋯⋯⋯⋯⋯⋯ 44
　　　　　三、研究不足及后续研究方向 ⋯⋯⋯⋯⋯⋯⋯⋯⋯ 51
　　第四节　问题与启示 ⋯⋯⋯⋯⋯⋯⋯⋯⋯⋯⋯⋯⋯⋯⋯⋯ 52

	本章小结 …………………………………………………………	55
第三章	学习者自主：测量、测评与档案袋测评	56
	第一节 教育测评的基本概念 ……………………………………	57
	一、测评的基本概念及要素 …………………………………	57
	二、教育测评范式的转变 ……………………………………	58
	第二节 自主学习能力测评 ………………………………………	64
	一、自主学习能力测量 ………………………………………	64
	二、自主学习能力测评 ………………………………………	70
	第三节 档案袋测评：定义、功能和与自主的关系 ……………	75
	一、档案袋定义和分类 ………………………………………	75
	二、电子档案袋 ………………………………………………	77
	三、(电子)档案袋与学习者自主的共核理念 ………………	78
	第四节 基于档案袋的促进学习者自主研究综述 ………………	80
	一、研究方法 …………………………………………………	81
	二、研究分析 …………………………………………………	82
	三、结果反思 …………………………………………………	88
	本章小结 …………………………………………………………	90
第四章	档案袋测评：要素、质量标准及研究回顾	92
	第一节 档案袋测评要素 …………………………………………	93
	一、档案袋测评定义 …………………………………………	93
	二、档案袋测评的目的 ………………………………………	94
	三、档案袋测评的构架类型 …………………………………	95
	四、档案袋测评方式 …………………………………………	96
	第二节 档案袋测评的质量标准 …………………………………	98
	一、信度和效度定义 …………………………………………	98
	二、档案袋测评的信度估计 …………………………………	102
	三、档案袋测评的效度估计 …………………………………	104
	第三节 已有档案袋测评实证研究 ………………………………	105
	本章小结 …………………………………………………………	108

第五章 研究方法 ……… 109
- 第一节 研究问题和总体思路 ……… 109
- 第二节 ePALA 构建原则 ……… 113
- 本章小结 ……… 114

第六章 项目实施的条件分析 ……… 115
- 第一节 大学英语教学环境下学习者自主及教师自主准备度调查 ……… 115
  - 一、已有研究综述 ……… 116
  - 二、研究设计 ……… 117
  - 三、结果分析 ……… 121
  - 四、结果讨论 ……… 125
- 第二节 混合式学习模式下高校网络自主学习及测评活动调查与分析 ……… 128
  - 一、研究方法 ……… 129
  - 二、结果分析 ……… 130
  - 三、结果讨论 ……… 136
- 本章小结 ……… 137

第七章 ePALA 模型建构与实现 ……… 138
- 第一节 概念界定 ……… 138
- 第二节 ePALA 设计思路 ……… 140
  - 一、ePALA 设计重点和拟解决的问题 ……… 140
  - 二、基于 ECD 的概念框架 ……… 142
- 第三节 内容效度及检验方法 ……… 144
  - 一、内容效度 ……… 145
  - 二、内容验效的方法 ……… 145
- 第四节 外语自主学习能力概念模型 ……… 148
- 第五节 ePALA 能力模型内容效度检验 ……… 153
  - 一、研究方法 ……… 153
  - 二、调查结果 ……… 155
- 第六节 ePALA 构架设计 ……… 161
- 第七节 ePALA 量规设计及内容效度验证 ……… 164

　　　　　一、量规编制思路 ……………………………… 165
　　　　　二、研究方法 …………………………………… 166
　　　　　三、结果分析 …………………………………… 168
　　　第八节　ePALA 评分模型构建 …………………………… 171
　　　　　一、指标权重计算方法 ………………………… 171
　　　　　二、ePALA 量规指标权重计算 ………………… 173
　　　　　三、ePALA 测评指标计量选择 ………………… 175
　　　第九节　ePALA 测评系统实现 …………………………… 175
　　　本章小结 …………………………………………………… 176

第八章　大学生英语自主学习能力量表编制 ………………… 178
　　　第一节　国内外语自主学习能力量表研究综述 ……… 179
　　　　　一、已有研究回顾 ……………………………… 179
　　　　　二、本章研究的思路 …………………………… 180
　　　第二节　新编量表编制步骤及方法 …………………… 181
　　　　　一、新编量表的步骤和评估要素 ……………… 182
　　　　　二、因子分析 …………………………………… 183
　　　第三节　"大学英语自主学习起点能力评估量表"编
　　　　　　　制及验证 …………………………………… 188
　　　　　一、研究方法 …………………………………… 188
　　　　　二、结果分析 …………………………………… 189
　　　　　三、结果讨论 …………………………………… 195
　　　第四节　"大学生英语自主学习效果评估量表"编制
　　　　　　　及验证 ……………………………………… 197
　　　　　一、研究方法 …………………………………… 197
　　　　　二、研究结果 …………………………………… 198
　　　　　三、结果讨论 …………………………………… 207
　　　本章小结 …………………………………………………… 207

第九章　ePALA 测评的信度和效度检验 ……………………… 209
　　　第一节　ePALA 测评信度分析 …………………………… 210
　　　　　一、研究方法 …………………………………… 210
　　　　　二、结果分析 …………………………………… 215

        三、结果讨论 ·················· 218
        四、小结与启示 ················ 220
    第二节　已有档案袋测评效度研究 ············ 222
    第三节　ePALA 测评的构念效度验证 ··········· 226
        一、研究方法 ·················· 226
        二、结果分析 ·················· 228
        三、结果讨论 ·················· 233
    第四节　ePALA 同时效度检验 ·············· 234
        一、研究方法 ·················· 234
        二、结果分析 ·················· 235
        三、结果讨论 ·················· 236
    本章小结 ······················· 238

第十章　ePALA 实施效果分析 ················ 239
    第一节　ePALA 促进学生自主学习能力发展的效果
         ························ 240
        一、研究方法 ·················· 240
        二、结果分析 ·················· 246
        三、结果讨论 ·················· 250
    第二节　学生感知 ePALA 价值 ············· 252
        一、研究目的 ·················· 252
        二、研究方法 ·················· 252
        三、结果分析 ·················· 254
        四、结果讨论 ·················· 263
    本章小结 ······················· 265

第十一章　结语 ······················· 267
    第一节　研究结论 ···················· 267
    第二节　研究启示 ···················· 270
    第三节　研究存在不足与展望 ··············· 271

参考文献 ·························· 273

附录 ··· 299

附件1：自主学习能力模型调查问卷（省内同行）········ 299
附件2：自主学习测评设计调查问卷（1）················ 304
附件3：自主学习测评设计调查问卷（2）················ 307
附件4：量规构架评判问卷（1）······················· 310
附件5：量规构架评判问卷（2）······················· 314
附件6：量规描述语编制学生访谈提纲··················· 318
附件7：大学生自主学习能力评价指标权重的调查
问卷·· 319
附件8：大学英语自主学习起点能力评估量表············ 324
附件9：大学英语自主学习效果评估量表················ 326
附件10：感知 ePALA 价值问卷························ 329
附件11：档案袋使用访谈问题························· 332

图表目录

图 2.1　2004—2017 年促进学习者自主研究历时趋势 ………… 45
图 5.1　本研究采用的技术流程图 ……………………………… 113
图 7.1　同行问卷 ePALA 指标采集依据统计 …………………… 159
图 7.2　ePALA 测评系统拓扑图 ………………………………… 176
图 8.1　起点能力评估量表初始模型 …………………………… 193
图 8.2　自主学习效果评估初始量表碎石图 …………………… 202
图 8.3　自主学习效果评估量表两因子结构方程模型 ………… 204
图 9.1　ePALA 结构方程模型路径图 …………………………… 231
图 10.1　感知 ePALA 价值模型 ………………………………… 258

表 2.1　Benson 自主框架（改编自 Benson，1997：19） ………… 31
表 2.2　Littlewood 自主框架（改编自 Littlewood，1996：431）
　　　　………………………………………………………… 32
表 2.3　Macaro 的自主框架（改编自 Macaro，2008：49） ……… 32
表 2.4　Benson 的新模型（改编自 Benson，2005：49） ………… 33
表 2.5　国内相关文献的自变量操纵方式及存在的主要问题 …… 47
表 2.6　国内相关文献的准实验干预设计 ………………………… 48
表 2.7　国内相关文献的自编量表情况 …………………………… 50
表 3.1　实证研究方法分类 ………………………………………… 82
表 3.2　效度分析框架 ……………………………………………… 82
表 3.3　国内外基于档案袋的自主研究基本情况统计 …………… 83

表 3.4	基于档案袋的学习者自主实证研究方法分布	84
表 3.5	基于档案袋的学习者自主研究变量定义及操作化	85
表 3.6	基于档案袋的学习者自主研究数据来源及分析工具/方法	87
表 6.1	编码者在 25 个子类别的一致性检验	120
表 6.2	学生和教师对学生自主准备度评估比较	121
表 6.3	学生自我评估问卷成对样本相关性分析	122
表 6.4	学生自我评估问卷成对样本 t 检验结果	122
表 6.5	学生对自主学习能力的自我评估	130
表 6.6	学生对自主学习模式的态度	131
表 6.7	妨碍自主学习的主要因素	132
表 6.8	学校开展自主学习项目基本情况（教师问卷）	133
表 6.9	自主学习测评要素认识	135
表 7.1	第一轮同行及专家对 ePALA 测评指标的重要性评估	156
表 7.2	第二、第三轮专家对能力模型评估的 Aiken 系数统计	159
表 7.3	专家对量规 14 个观测点两轮评判的 Aiken 系数统计	169
表 7.4	专家对量规 5 个维度及整体评判的 Aiken 系数统计	170
表 7.5	多阶判断矩阵 RI 值(Saaty, 1980)	173
表 7.6	判断矩阵标度及含义	173
表 7.7	ePALA 量规权重及排序	174
表 8.1	起点能力评估初始量表信度统计	189
表 8.2	起点能力评估初始量表各题项相关性分析	190
表 8.3	起点能力评估量表 KMO 和 Bartlett 检验	191
表 8.4	起点能力评估量表探索性因子分析	191
表 8.5	起点能力评估量表测量模型估计结果	194
表 8.6	起点能力评估量表模型拟合结果	195
表 8.7	起点能力评估量表收敛效度和区分效度检验	195
表 8.8	初始自主学习效果评估量表的信度统计	198
表 8.9	初始自主学习效果评估量表题项相关性评估	199
表 8.10	初始自主学习效果评估量表 KMO 和 Bartlett 检验	200

表 8.11	自主学习效果评估量表探索性因子分析结果	200
表 8.12	样本 2 自主学习效果评估量表测量模型估计结果	203
表 8.13	样本 3 自主学习效果评估量表测量模型估计结果	205
表 8.14	自主学习效果评估量表模型拟合结果	206
表 8.15	自主学习效果评估量表收敛效度和区分效度检验	206
表 9.1	ePALA 指标证据、分值来源及权重	213
表 9.2	评分者间信度和差异检验	215
表 9.3	Kappa、PABAK 和 Spearman 数值解释(引自 Bajpai et al., 2015; Akoglu, 2018)	216
表 9.4	ePALA 指标的相关性矩阵	229
表 9.5	ePALA KMO 和 Bartlett 检验	229
表 9.6	ePALA 因子分析总方差解释	230
表 9.7	ePALA 旋转后的因子矩阵	230
表 9.8	ePALA 测量模型估计结果	231
表 9.9	ePALA 验证性因子分析拟合指数	232
表 9.10	ePALA 测评收敛效度和区分效度检验	232
表 9.11	两组学生档案袋得分差异性分析	233
表 9.12	ePALA 与"起点能力评估量表"相关性统计	236
表 9.13	ePALA 与"学习效果评估量表"相关性统计	236
表 10.1	第一轮实验两组的"起点能力评估"前测差异统计	241
表 10.2	第二轮实验两组的"起点能力评估"前测差异统计	242
表 10.3	第一轮样本的自主学习起点能力评估量表信度	243
表 10.4	两轮样本的自主学习效果评估量表信度	244
表 10.5	效应量解读(转自 Lipsey et al., 2012:19)	245
表 10.6	第一轮实验两组的起点能力评估量表后测得分差异统计	246
表 10.7	第一轮实验两组的自主学习效果评估量表得分差异统计	247
表 10.8	第二轮实验两组的自主学习效果评估量表得分差异统计	248
表 10.9	自主学习积分差异统计	249
表 10.10	两组受试的听力前后测差异统计	250
表 10.11	两轮实验受试听力考试单组前、后测效应统计	250
表 10.12	ePALA 感知价值变量载荷和解释方差分析结果	255

表 10.13 ePALA 接受度模型拟合结果 …………………………… 257
表 10.14 感知 ePALA 价值量表及各维度信度 ………………… 257
表 10.15 问卷各题项百分比统计 …………………………… 259
表 10.16 访谈结果的描述性统计 …………………………… 260

第一章

绪　论

　　自主是伦理学、政治学、哲学、心理学和教育学的重要概念。自20世纪70年代被引入语言教学(英语作为第二语言或外语教学)领域以来,如何培养学习者自主一直是学界关注的热点,并由此衍生出诸多的理论和定义。追踪这一术语的起源和发展,有助于我们深刻认识学习者自主的本质和内涵。作为全书的绪论,本章主要介绍学习者自主研究的起源、发展以及其运用于教育及语言教学的背景;在概括描述我国大学英语教学的背景下,分析促进学习自主研究所面临的困境和挑战;最后,将阐述本书的目的、意义及全书的整体构架。

第一节　学习者自主起源与发展回顾

　　"自主"的英语词 autonomy 源于古希腊文 αὐτονομία (autonomía),其更早词形为 αὐτόνομος (autónomos),指拥

有独立立法和自治权力的政治意识和生态。将"自主"引入我们今天所理解的民主政体意义的是古希腊思想家和演说家狄翁（Dio of Prusa，约公元50—约120）。在狄翁看来，如果缺乏个人自主，城邦所追求的政治自主（political autonomy）是毫无意义的；自主来自尊重个人行为准则，来自尊重自然法则。很显然，狄翁所说的"自主"是一个宽泛的概念，它不仅涉及个人，而且涉及社会群体的意志或行动。

17-18世纪的欧洲启蒙运动以一种理性的、世俗的心态彻底改变了自然的等级权威概念，代之以人类自主的时代。个人不再是屈服于国家和上帝的严格等级制的被动实体，而是社会生活的积极和自主的参与者，是能够规划自己的生活、理性地处理社区问题的公民。社会话语也越来越多地强调作为社会人的个人应承担的职责。自主传递着这样一个信念，即所有公民在某种意义上都有参与民主生活和选择生活方式的权利（Kerr，2002：13）。个人自主这一概念是启蒙运动的伦理核心，不仅帮助我们理解这一历史运动，而且是自由的现代价值基础。

1762年，法国思想家卢梭（Jean-Jacques Rousseau）出版了《社会契约论》，成为几个世纪以来人们对个人自主本质进行哲学反思的奠基性文本。卢梭认为，自主或自我立法指公民联合起来为自己制定反映他们对共同利益理解的法律。象征自由的自主被引入现代哲学的目的是弥补"消极"自由的缺陷（消极自由指依照自己意愿、不受他人阻碍的行事权利）。但自主不仅是消极自由的补充，而且是一种更高、更有价值的自由。卢梭指出，个人自主并非仅涉及个人，相反，只有当公民放弃一部分个人权利，并把自己融入一个更大的、重视社会成员身份的社会组织中，自主才能实现（Neuhouser，2011：479）。

康德（Immanuel Kant，1724-1804）通过转喻的方式，将自治政治实体的自主思想运用到自治个人社会的理想。康德将自主定义为"人类尊严的根基和所有道德的来源"（引自 Jiménez Raya & Vieira，2015：18）。在康德看来，基于人类意志的自主是道德的最高准则，每一个人都有理性思维的能力，都有能力掌控自己，而非屈服他人；理性的人为自己制定道德法则，并将自己视为法律的制定者。

自19世纪初以来，个人自主这一概念被扩展到哲学和语言学研究领域，继而又运用到科学实验。当这一概念被引入社会和法律领域后，便与流行的社会和政治解放运动结盟（Roberto，2014）。第二次世界大战之后，出现了大量的少数民族权利运动，如女权主义运动、美国黑人民权运动等都用自主这个概念来表达他们对自由选择权的看法。"在他们看来，教育是一种赋权的工具,可以唤醒人们对这些问题的意识"(Reinders,2011:38)。

Jane(1977;引自 Reinders,2011:38)指出,"成人教育应成为不断唤醒和解放人们的工具,或者成为改变环境的工具。要从'人是社会的产物'转向'人是社会的创造者'的思维"。Boud(1988)也认为,教育的主要目的是培养人思维和行动的决策能力。可以看出,自主被运用到教育领域是基于这样的假设,即教育的最终目的是改善社会,教育干预的理想结果就是培养具有批判性意识及推动社会解放的行为人。

但教育自主的一个关键问题是:个人自主究竟是自然状态还是需要人们努力实现的状态?如果人们"天生自主",那么教育要提供有用的知识和技能的目的似乎显得毫无意义。Raz(1986;引自 Benson,2012:32)作了这样的阐述,"自主不是个人在自由选择时所处的自然状态。个人自主实际上指的是理想化的美好生活,也就是说,美好的生活指个人是自己生活的创造者。"Young(1986)也做过相似的论述。Robert Young 指出,"在行使自主时,我们塑造自己的生活"(引自 Benson,2012:32)。将自主理解为"创造"或"塑造"自己生活的过程,这意味着虽然自主的潜力可能是人的本性,但自主本身是人们一生必须争取和维持的状态(Benson,2012:32)。也就是说,我们必须学会自主。基于这样的认知,教育被看成是增权益能的工具,并于20世纪60-70年代产生了一系列具有深远影响的研究。

在20世纪60年代,心理学的研究成果使得自主理念在教育界被广泛接纳。传统的行为主义心理学关注的是学习行为的变化,而这一期间的心理学将目光转向学习者个体,关注的是学习体验和学习收获。建构主义理论在其中发挥了重要作用。建构主义理论将知识的获得看成是学习者重新组织和重新构建过程,是学习者根据以往经验构建理解的过程。在这一过程中,学习者是学习的主体,必须意识到并知道如何掌控自己的学习才能成功。建构主义理论对学习者自主理论的最大贡献就是承认"如果学习是知识构建的过程,有效的学习必须是学习者能够掌控自己的学习行为"(Benson,2005:40)。这一期间心理学家有关个人的作用和个人需求的论著也对教育产生了较大影响,而对学习者自主理论发展影响最大的当属 Carl Rogers。Rogers(1969;引自 Reinders,2011:40)认为,有意义的学习必须是由学习者本人自我启动,教师的作用则是协调学习过程,促进学习者积极参与学习过程,将学习者的注意力转向如何学习。通过这样的学习模式,学习者建立学习过程的意识,提高识别学习机会的能力以及克服学习过程中可能遇到障碍的能力。这一时期心理学的研究成果促使人们重新审视教师及学生的角色定位，促使人们关注学习情感和学习环境在学习过程中的作用。

社会环境对自主理念在教育界的扎根，无疑起着决定性作用。随着全球化的到来以及科学技术的不断创新，"危机""社会多元化"和"社会转型"使得人们对"危机社会"表现出前所未有的恐慌，迫使教育机构调整教育政策。社会普遍认为，要适应瞬息万变的世界，人们不仅需要更多的知识储备，更重要的是要树立终身学习的观念，学会如何独立学习。学校教育应培养学习者自主，即让学生积极参与学习过程并让他们做好终身学习的准备，这是实现终身学习目标的可能方式（Dam, 2012）。

在这样的政治、科学和社会思潮影响下，人们对教育的目标、教学方式及对教与学关系的认识发生了转变。教育不再是单纯传播知识，而是培养学生成为一个为自己学和知道怎么学的自主者，教育的目的是培养学生终身学习的技能；学生是学习过程的主体，他们应有学习的决策权。一些教育哲学家，如 Robert Dearden、Richart Peter、Paul Hirst 和 Charles Bailey 也纷纷著书立说，进一步促进了自主理念在教育领域的推广。

Dearden（1972）对自主的理解基于日常生活中人性的基本特质。Dearden 认为，自主是体现"决策、思考、决定、反思、判断、计划或推理"的思维活动（1972：453）。只有具备了独立和自由的必要条件可行使自主时，才能显现这些思维活动。在他看来，个人能够阐述自己思想和实施推理能力就是自主的行为。不管这些思想和行为最初是来自自己或是来自他人思考，只要通过反思和理解融入自己的意识，这些思想和行为就是自主的。

Callan（1988）认为，教育的自主具有内在价值的目标，自由是其重要部分。自由和自主直接相关。教育的自主在自由社会发挥重要作用，但自由提供了评价价值的框架。Callan 的自主定义主要强调的是个人意志的自我调控。

Donald Kerr 则从社会环境的视角来解析自主。Kerr（2002：15）认为，自主最佳的阐释是个人与其社会团体建立的一种特殊关系。Kerr 做了如下比喻：

> 一个生活在荒岛上的人是不受任何道德规则约束的，因为他不必向任何其他人解释自己决策的合理性，也无须确保自己行为不带来任何危害。因此，我们无法知道他们是否会根据道德规则去立法。自主未必得行使道德准则，但自主的核心是指

在道德范围内的行为能力(Kerr,2002:22)。

与此同时,欧洲高等院校开始引进全新的教育理念来应对社会变化。他们意识到,职场需要的是拥有批判性思维、能分析和解决问题、能有效交流和发挥领导作用的人才。因此,很多高校开始尝试一种全新的教育方式,致力于整体目标和高进阶能力的培养模式,包括学习的自我导向和自主能力、协作解决问题能力、团队合作能力等。新的教学法实施范围不仅广,而且形式多样。1999年,来自欧洲29个国家的教育部长在意大利博洛尼亚(Bologna)签署《博洛尼亚宣言》,以致力于共同促进欧洲高等教育质量的提高,致力于促进教育以及外语教学的自主(Miliander & Trebi, 2008; Jiménez Raya, 2009)。

第二节 语言教学领域的学习者自主

语言教学领域的自主研究始于人们对如何提高外语教学效果的思考。Stevick(1976:225)认为,当代语言教学的失败源于四个方面的脱节:(1)学习者与材料脱节;(2)学习者与自己脱节;(3)学习者与课堂脱节;(4)学习者与教师脱节。语言教育的功利主义思维应转向以培养未来公民全面发展为目的,从以教师为中心的课堂转向创设以学生为中心的学习环境,从知识的传输转向知识的转化以及知识与个人建构和意义的融合(Finch & Sampson, 2001)。20世纪科学、心理学、哲学和政治科学的发展证实了培养学习者元技能(解决问题、批判性思维能力等)远比知识本身重要。在这种人文主义思潮影响下,语言教育领域形成了一个共识,即教育应帮助学生独立地思考、学习和行动(Boud, 1988),个人是知识的构建者,学习是"发生在特定的环境,是社会互动的结果"(William & Burden, 1997:46)。

20世纪70年代初,欧洲委员会现代语言项目(The Council of Europe's Modern Languages Project,以下简称"欧委会现代语言项目")启动,并在法国Nancy大学建立了语言教学研究中心(CRAPEL)。1972年,Henri Holec接任项目工作。为了扩大教育机会和促进终身学习,CRAPEL设立了自助式学习中心(self-access center),为成年人提供学习外语的资源和环境。项目开始之初，CRAPEL 提供了多样的学习支持措施，如学习者培训和学习咨询等，用以帮助学员在这一学习环境进行自我导向式学习。在 Holec 看来，需要一个术语来描述人们掌控自己学习的能力，这既是出于理想层面的考虑，也是出于实际层面的考虑。1981 年，Holec 在欧委会现代语言项目的报告中首次将语言学习者自主定义为"掌控学习的能力和承担所有有关学习方面决策的能力"(1981：1)。在当时，成人教育被看成是"唤醒人们日益强烈的意识和解放思想的工具，甚至是改变环境的工具"(Holec，1981：3)。这一定义"恰到好处地满足了当时社会需求，即通过培养个人承担更多社会职责的能力来培养他们的自主"(Holec，1981：1)。可以看出，学习者自主有着明显的政治根基及政治含义。

Holec 对自主的定义被后来的学者广泛引用。学习者自主所传递的思想促使人们寻找语言教学中更有意义的学习方式。人们开始将目光转向学习者的角色及学习者参与语言学习活动，并认为学习者能够自己承担学习职责。在教学方法上，人们"从传统的词汇和语言教学转向重视交际法教学、学习者需求、社会规范、自主以及将学习理解为互动的社会现象"(Elena & Nucamendi，2014：26)。

Holec 的报告反映了一个日渐达成的共识，即在经济上互相关联的欧洲，很多成人在日常工作中需要使用英语。另外一个共识就是语言学习不必在离开学校后即结束，为了职业需要，很多成人还将继续学习语言。早期的学习者自主实践主要在自助式学习中心展开，对象是大学里有意提高学术英语的学习者。教师则在中心提供咨询，评估学生成绩。虽然 20 世纪 80 年代的新媒体仍处在萌芽期，自助式学习通过影像材料提供了真实的学习素材来开展自主学习。随着高校语言学习需求的不断增加，而自主能缓解拥挤的语言课堂压力，促进自主似乎成了一项既经济实惠又有吸引力的提议。

Broday & Kenning(1996：9)认为，学习者自主在语言界的兴起是人本主义理想的复苏，即"教育应当培养学习者独立思考和承担学习职责的能力"。当学习来自学习者的个人兴趣时，学习者的内部动机被激发了，比起传统课堂学习，自主学习的效果更好(Lennon，2012：22)。

与此同时，北美针对"优秀学习者"的研究表明，语言学习的成功有多种不同的路径，但优秀学习者具备某些特定素质。北美由此出现了一股学习策略和策略培训研究的热潮，而欧洲则出现了关注学习过程的学习者培训热潮。

20 世纪 80 年代早期，西方语言学界的一个关注点是如何培养学习者的独立性,其目的是让学生获得必要的学习策略和技能,以便在他们完成学业后能够独立学习。自助式学习中心也在世界范围内兴起,远程教育项目剧增,信息技术越来越普遍地融入语言教学中,这些都是鼓励学习者更加独立的教学探索(Sinclair,2000:5)。

西方学者在探索促进学习者自主方法的同时,也试图从不同角度建构学习者自主理论。在过去的50年间,学习者自主研究经历了定义、解构、重新定义和重新解构的历程。学者们从不同的角度解释和定义这一概念,以至于学习者自主的理论"充满了相互矛盾的思想以及支离破碎的理论"(Oxford,2003:75)。

尽管如此,学习者自主实践依然是呈蓬勃发展之势,并于20世纪80年代末出现了转向。Allwright(1988:35)对早期的自主学习实践做了这样的总结,"自主意味着对教学法的激进解构,即拒绝传统课堂教学,引进完全不同的学习方式"。此后的自主教学实践则将目光转向课堂。Finch(2001)对这一期间的语言教学做了这样的归纳:

> 正如Phil Benson和Peter Voller所说,20世纪80年代至90年代语言教学领域涌现了大量以学生为中心的教学法。这些教学法均将培养自主和独立作为教学目标,如以学生为中心的课程(Nunan,1988)、协商式教学大纲(Breen & Candlin,1980;Bloor & Bloor,1988)、学习者培训(Ellis & Sinclair,1989;Dickinson,1992)、学习策略培训(Oxford,1990;Wenden,1991)、以项目为中心的教学大纲(Legutke & Thomas,1991)、体验合作式学习(Kohonen,1992;Nunan,1992a)和以学习者为中心的训练(Campbell & Kryszewska,1992)。所有这些教学实践来自早期的学习者自主研究成果(Altman,1971;Disick,1975;Knowles,1975;Harding-Esch,1976;Dickinson,1978),并在80年代得以发展(Strevens,1980;Holec,1981;Allwright,1982;Geddes & Sturtridge,1982;Dickinson,1987;Wenden & Rubin,1987;Brookes & Grundy(eds.),1988;Nunan,1988;Little,Devitt & Singleton,1989)(Finch,2001:3)。

学习者自主实践转向课堂有三点理论启示。首先,除了成人教育和自助式学习中心,学习者自主也可在其他环境中推行;其次,学习者自主不仅意味着自己学,而且是为自己学;最后,学会如何学不仅是语言教学的有机组成部分,也是实现教育目标的必要条件。

到了20世纪90年代,培养学生自主已被公认为教育和外语教学的重要目标(Benson, 2005; Benson & Voller, 1997; Cotterall, 1995b; Wenden, 1991)。Cotterall(1995b:219)认为,学习者自主被广泛接纳有以下三方面原因:(1)从哲学的角度来看,学习者有权决策自己的学习,这种决策能力能培养学生适应快速变化的未来社会;(2)从教学的角度看,当学习者能决策自己的学习节奏、学习内容和学习方式时,他们的学习效率更佳;(3)从现实的角度看,当学习者参与决策自己学习的时候,他们更有安全感。

20世纪以来,学习者自主研究空前繁荣。"仅从数量说,2000年以来发表的文献超过了过去25年文献的数量"(Benson, 2007:21)。Benson(2007:33)认为,学习者自主研究繁荣的一个重要内在因素是"随着交际教学法的传播以及对传统课堂教学的解构,世界范围内语言教学产业不断增长"。当然,随着国际间交流日趋频繁,英语作为世界通用语在全球化时代的作用也越来越重要,英语作为外语(或二语)的产业需求也呈现增长趋势。但另一个不容忽视的因素是新兴技术。互联网的普及和信息技术被广泛运用到语言教育领域,为学习者自主实践提供了一个更广阔的平台。对语言教学来说,技术的一个明显优势就是为学生提供了在真实环境中使用语言的机会。这样的语言活动有助于促进学生自主。但信息技术的优势远不仅是提供真实的学习环境。Esch(1996:36)认为,自主环境有五个标准:选择性、灵活性、适应性、复现性和共享性。教育信息技术不仅具有复现性和共享性特征,而且容许学习者根据自己的需求自主选择时间、地点和节奏进行学习。Reinders & White(2011:1)认为,除了提供优质资源外,技术给自主学习带来更多的用途,如互动、情景式学习和正规学习环境以外的学习支持。自主与技术的融合被看成是课堂教学中实现以学生为中心教学理念的方式,并逐渐成为主流教学的特征(Reinders & White, 2016:150)。"技术的广泛运用不仅使语言教育的概念重构成为可能,而且从方法论角度更易研究。我们对自主的理解也渐渐有了转变:在技术的促进下,自主不再是一系列模糊的技能或态度,而是在不同(学习)环境下导航的具体能力"(Reinders & White, 2011:2)。

这一期间学习者自主实践除了在课堂环境下展开外,更多的是在新技术的环境下展开,主题涉及新兴技术环境下促进学习者自主实践、学习者培训及策略培训、教师自主、自助式学习等。

在过去的几十年里,很多国家的教育政策都发生了根本性的转变,而政策改革的一个明显的动力就是培养自主的学习者。事实上,自主学习能力已被列为21世纪的关键能力之一（Jiménez Raya & Vieira, 2015: 15）。纵观学习者自主发展的历史脉络，可以看出，有四大因素推动学习者自主理论与实践在语言教学领域的不断发展并最终成为语言教学的目标。其一是自主源于西方政治哲学，反映了自由、权利等民主主义思想，其宗旨是培养能在民主社会发挥作用的社会人。映射到课堂教学，自主意味着权利的变化，即学习者应当有权力决定自己的学习。其二是心理学的成果从科学的角度解释了学习者、教师以及知识构建的关系。学习者本人在知识构建过程的主体作用促使我们反思成功的教育或语言教学应如何发挥学习者的主观能动性。其三是语言教学需求的不断增加，促使了语言教学不断尝试改革创新。交际法教学以及以学生为中心的教学理念越来越多地运用到课堂设计，使得学习者自主理论运用和实践得以可能，而教育技术运用到语言教学延伸了自主实践的视野。这些成果反过来又进一步加深了我们对自主的理解，促使我们用更理性的视角解析自主。其四是培养学生自主是社会发展的需要。随着社会由工业型向知识型和信息型的转型，人类知识的储备已无法满足日新月异的信息变化。要适应社会发展，必须具备不断获取、更新、补充知识的能力，树立终身学习的理念。"要成为21世纪知识型社会的有效公民，学习者将越来越多地需要依靠自己的智慧"（Manzano Vazquez, 2015: 60）。学习者需要不断学习新事物，将知识应用于新的环境中，并能适应迅速变化世界的新需求。从这个意义上说，教学不能完全专注于传播概念和知识，而要培养学习者创新、批判性思维、社会责任、决策和解决问题的能力。培养学习者自主就是培养学生适应未来社会所需要的自我导向式学习能力。

第三节　我国大学英语教学改革

大学英语教学是我国高等教育的重要组成部分，大学英语课程是大学生的一门必修课，在人才培养方面有着不可替代的重要作用（刘贵芹，2012: 280）。大学英语课程发展一直受到国家政治和经济环境的影响，具有一定的历史特殊性。

追溯大学英语课程发展历程，可以发现其经历了低迷、复苏、稳步发展和快速发展四个阶段（戴炜栋、胡文仲，2009；李箭，2008）。第一阶段

(1949-1977年)为大学英语发展低迷期。这一时期的国际环境处于冷战时期,能够满足大纲要求"顺利地阅读专业外文书刊资料的人不超过三分之一,甚至更低"(付克,1986:202),"许多学校的外语教学被无形取消,刚刚恢复的公共英语教学也处于瘫痪和中断阶段"(李箭,2008:24)。第二阶段(1978-1984年)是大学英语发展复苏期。1978年教育部颁布的关于《加强外语教育的几点意见》提出,要大力办好高校公用外语教育(主要是发展英语教育)。《英语教学大纲(草案)》于1980年出版发行。第三阶段(1985-2001年)是大学英语稳步发展期。这一期间,大学英语教学大纲经历了三次修订,仍以培养学生语言技能为目的,但在理论上引用、引进了二语习得、语言共核、功能意念和语言技能等外语教学理论。这一时期,大学英语开始成为高校非英语专业的必修课。全国大学英语四、六级考试分别在1987年和1989年开始实施,大学英语教学首次在教学目标、教学内容、教学评估等方面开始建立起一个完整的体系。1998年修订的大学英语教学大纲在课程设置上强调大学英语四年不断线,教学目的是培养学生语言基本功和语言应用能力,特别是较强的阅读能力。

从2002年至今是大学英语快速发展期。21世纪初,我国的综合国力不断增强,与外部世界的联系更加紧密。"在这样的历史背景和社会环境中,英语不仅是人们交流和沟通的工具,更重要的它还是提升国际竞争力的手段……掌握了英语这一'武器',能使我们更加有效地参与国际竞争。高等教育要培养满足社会经济、科技文化等各个领域需要的具有国际竞争力的高质量人才,必须加强和改进大学英语教学"(吴启迪,2005)。

多年来,大学英语教学一直沿用了教师主讲、学生主听的课堂教学模式。20世纪90年代末开始的高校扩招使得大学英语授课教师严重不足的矛盾日显突出,大学英语的教学班级大多改成大班上课。"这种教学模式与方法,既不利于调动和发挥学生的自主学习的积极性,也是违背语言学习规律的,更不利于学生英语综合实际运用能力的培养"(吴启迪,2005)。

2004年,《大学英语课程教学要求(试行)》(以下简称《要求》)颁布,正式启动了新一轮大学英语教学改革工程。

《要求》将大学英语教学目标从培养学生的阅读能力为主转向提高学生的英语综合运用能力,并首次将增强学生自主学习能力作为课程的教学目标之一。

> 大学英语的教学目标是培养学生的英语综合运用能力,特别是听说能力,使他们在今后学习、工作和社会交往中能有效地

进行交际,同时增强其自主学习能力,提高综合文化素养,以适应我国社会发展和国际交流的需要。《要求》(2004:4)

《要求》对大学英语教学模式做了这样的要求:

> 各高等学校应充分利用现代信息技术,采用基于计算机和课堂的英语教学模式,改进以教师讲授为主的单一教学模式。新的教学模式应以现代信息技术,特别是网络技术为支撑,使英语的教与学可以在一定程度上不受时间和地点的限制,朝着个性化和自主学习的方向发展……在充分利用现代信息技术的同时,要合理继承传统教学模式中的优秀部分,发挥传统课堂教学的优势。
> 教学模式改革的目的之一是促进学生个性化学习方法的形成和学生自主学习能力的发展。新教学模式应能使学生选择适合自己需要的材料和方法进行学习,获得学习策略的指导,逐步提高其自主学习的能力。《要求》(2004:22)

2004年,教育部委托四家出版社开发的基于计算机和网络的大学英语教学软件系统面世。同年,教育部选取了180所院校开启了教改试点工作。2006年,教育部办公厅发文《关于进一步提高质量,全面提高大学英语教学质量的通知》(教高厅[2006]4号),要求全面实施大学英语教学改革。通知指出,"大学英语教学改革是一个系统工程,涉及我国高等教育体系的各个层面,其改革成效是评价和衡量高等学校教学工作的一项重要指标。今后,我部将考虑把大学英语教学改革纳入高等学校教学水平评估体系"。在这样的背景下,全国高校掀起了一场轰轰烈烈的大学英语教改热潮。王守仁(2011:1)对这一轮教改做了这样的总结,"21世纪头十年里大学英语教学改革是以推进教育信息化为特征,建立以计算机网络技术为支撑的英语教学新模式,重视培养学生的听说能力和自主学习能力,提倡形成性评估和终结性评估相结合"。

2010年3月,《国家中长期教育改革和发展规划纲要(2010-2020)》指出,要借鉴先进的教育理念和教育经验,促进我国教育改革发展,提升我国教育的国际地位、影响力和竞争力。要适应国家经济社会对外开放的要求,培养大批具有国际视野、通晓国际规则、能够参与国际事务与国际竞争的国际化人才。国际化人才的基本条件是较高的英语水平,而大学英语课程教学是培养国际化人才英语技能的主要渠道之一。2013年,教育部提出研制高等学校本科人才培养质量国家标准来规范学校教学和人才培养，启动了《大学英语教学指南》（以下简称《指南》）的研制工作，2020年正式出版。

与以往大纲不同，《指南》（2020：2）从国家战略需求层面强调了大学英语课程价值："大学英语课程有助于培养和储备一大批具有世界眼光、国际意识和跨文化交接能力，通晓国际规则，精通国际谈判的人才，为促进我国社会经济发展、增强我国履行国际义务及参与全球治理能力、推动构建人类命运共同体提供充足的优质人才资源。"

《指南》仍将培养学生英语应用能力作为教学目标之一，但将《要求》中"增强自主学习能力"改为"发展自主学习能力"。在谈及教学方法时，《指南》做了这样的描述：教学方法应关注学生自主学习能力的培养，引导和帮助他们掌握学习策略，学会学习。

贾国栋（2015）认为，《指南》实现了几个方面的创新，其中包括：（1）课程评价体系的建设思路，实现从传统的"对课程结果的终结性评价"向"促进课程发展的形成性评价"转变；（2）提出要发挥最新信息技术在外语教学中的重要作用，实施基于课堂、慕课和翻转课堂的混合式教学模式，使学生朝着主动学习、自主学习和个性化学习方向发展。

相比《要求》，《指南》强调了新兴技术与课堂教学的结合，更加重视自主学习能力的培养。《指南》提出的"以评促发展"的教学理念的确是大学英语课程建设史上的一次观念的突破。

大学英语的发展历程折射出时代的烙印，是国家由世界边缘走向世界舞台中央的见证，也是大学英语重要性得到充分体现的见证。作为国家指导大学英语教学的重要文件，《大纲》《要求》或《指南》在教学目标的变化，一方面是大学英语教学在不同时期适应国家发展需求的见证，另一方面也反映了大学英语教学在教学理念、教学方法上正逐步走向成熟，与国际先进的外语教学理念接轨。

第四节　学习者自主理论及实践的挑战

虽然培养学习者自主已成为语言教学领域的主流，但迄今为止，培养学习者自主仍然游离于语言教学之外。Jiménez Raya 于 2011 年指出，目前教学实践中的学习者自主的核心问题是"双重文化",即理论认为课堂应该做什么与实际课堂的教学实践存在差距。造成这一反差的原因是复杂的。作为学习者自主的研究者,我们在肯定自主的理论价值的同时,也应该清楚学界对于推行自主有哪些质疑。厘清这些观点的脉络,有助于我们更好地理解自主,开展学习者自主实践。

首先,关于学习者自主如何定义一直是学界争议的焦点。自主是一个复杂、不断变化的构念。在学习者自主理论发展的50年里,有关学者的研究从不同角度阐释自主的概念及内涵,并不断赋予其新的定义,有的定义间甚至相互冲突。Little(1991:3-4)详细阐述了五个常见的对自主的误解:(1)自主被用作自我指导的代名词:被简单地理解为没有老师的学习;(2)为了鼓励自主,教师必须放弃课堂内所有控制;(3)学习者自主是一种新的方法,可被编入一系列的课程计划中;(4)自主是单一的、容易描述的行为;(5)自主是只有某些学习者可以实现的稳定状态。

自主的政治渊源促使一些研究将提高学习者自主看成是道德责任。Crabbe(1993:443)指出,个人有决策学习及其他方面的权利,而不是成为社会体系决策的受害者。Benson(2000)也将自主看成是个人的基本权利,并强调促进学习自主的政治和哲学思想。

第二个争议的焦点是教师角色问题。有关教师角色问题源于在更广泛的教育领域人们对自主作为教育目标的质疑。Laurillard(2002:196)在论及教育技术在大学教学中的运用时指出,"所谓的让学生掌控学习的说辞实际上就是推卸职责"。虽然Diana Laurillard并没有直接质疑自主,但自主的一个基本原则就是让学生掌控自己的学习。Milton(1997:239)的批评主要是针对计算机辅助式学习。在John Milton看来,以电子资源取代教师职责来中介学生学习的这种尝试,从本质上讲是不会有什么理想结果的,是限制而不是促进了学生的学习体验。

与Laurillard相比,Michael Hand对自主作为教育目标的批评影响更大,表达也更清楚。Hand(2006)区分了环境自主(决定自己行为的自由)和意向自主(决定自己行为的倾向),但他得出的结论是,"无论是环境自主还是意向自主,都不能成为教育的目标"(2006:539)。Hand的理据有两点。首先,自主给予学习者决策的自由,从这个意义上说是有积极意义的,但自主是过程,是环境的产物,环境自主是"无法通过教育实现的状态"(2006:537)。其次,Hand质疑教育者放弃专业的决策而寻求培养学生自我决策能力或抵制合法权威是否是明智之举。在Hand看来,当一个拥有更多专业知识的人可以指导我们时,决定自己的行为就是无稽之谈。

自主的另一个质疑是自主的文化适应性问题。最早提出语言自主的文化适应性的是 Riley(1988)。针对当时欧洲教育体系所采用的以自主为目标的教育方式,Philip Riley 表达了对机构中非欧洲学生命运的担忧。Riley 发现,学生自主的准备度(readiness for autonomy)取决于他们的种族背景,但衡量自主的指标却是由研究者确定的。Riley 认为这些研究结果的有效性是令人质疑的。

20 世纪 90 年代,随着自主的理念在世界各地推行,又引发了新一轮对自主的文化适应性讨论,焦点是自主能否在亚洲推行的问题(Benson,2005:55)。Jones(1995:229)认为,在柬埔寨这样缺乏自主传统的国家推行自助式学习,"使自主成为文化中未被稀释的教育目标,至少是缺乏文化敏感性"。Ho & Crook(1995;引自 Benson,2005:55)持同样的观点,"自主通常需要学生不依赖教师进行学习,需要师生共同决策,需要学生提出不同于教师的观点。从这一点很容易看出为什么中国学生难以适应自主"。有关亚洲学生难以适应自主这一问题,主要的观点是亚洲属于集体主义文化,接受的是权力和权势的关系文化(Littlewood,1999)。

此外,自主的实践问题也是学界争议的焦点。尽管自主作为教育的目标已得到广泛认可,语言教学中对于如何促进自主也已获得一些积极的成果,但学习者自主似乎仍然无法真正融入语言教学。Jiménez Raya & Vieira(2015:2)指出,"虽然自主作为教育目标引起越来越多的关注,但我们必须承认,当今教育话语以及教育政策中的自主主要还是停留在理论层面上,对当代语言教学没有什么影响"。

Everhard(2015:9)对语言教学的自主做了如下比喻:

> 语言学习自主领域在某种意义上说就像一个"秘密花园",一些语言教师显然不会忘记它的存在,有些人虽然知道它的存在,但看不到它与其特定的教学关联。有人被自主可能带来的结果所吸引,但尽管努力,仍无法找到"花园"的入口或钥匙。还有些人以为已经发现了促进自主的入口,却发现自己不得不面对无数的问题。

Carol J. Everhard 的这段比喻形象地说明了在教学实践中推行自主的难度。尽管现有研究在资源、新兴技术、学习者、教师、课堂教学和课程大纲方面就如何促进学习自主做了大量探索,但"我们仍缺乏有力的实验证据说明这些方法的有效性"(Benson,2005:186)。

Benson 认为,语言自主实践缺乏有效证据的问题之一在于自主的测量。"迄今为止,我们仍然缺少一个可以让我们知道学习者是否更加自主的通用测量工具"(Benson,2005:187)。如何知道教学干预对学生的自主能力产生了影响,这就涉及研究工具的选择和使用。在自主学习的实践中,其测评方式"既可让学生增权益能,也可使学生失去学习动机"(Cooker,2012:19)。"很显然,我们需要仔细审查语言学习中的测评与自主的关系,审查两者如何影响对方及产生什么结果……然而,相对来说这一领域至今仍被忽略"(Everhard,2015:8)。

Benson(2005)认为,语言自主缺乏有效证据的另一个困难涉及自主实践的环境。Benson(2005:187)指出,实践的效果必定受制于其所在的环境,任何行动研究必须包括人种学维度,研究人员应收集尽可能多的信息来传达所调查实践的形式外观和感觉。

自2004年《要求》将增强学生自主学习能力作为大学英语教学目标以来,我国不少高校纷纷建立了自助式学习中心,实施网络环境下的自主学习。但总体来看,实施效果并不理想。徐锦芬(2014)指出,尽管围绕培养学生英语自主学习能力的各类实证研究层出不穷,但基于近10多年来我国学者从静态和动态两个层面对大学生英语自主学习能力的调查研究结果,她得出结论:(1)我国大学生英语自主学习能力普遍较弱;(2)学生的英语自主学习能力并不是随着年纪的递增而提高。迄今为止,我们对如何促进学生自主学习能力发展、如何推行具有一定普适性而且易操作的促进自主的方法了解甚少。一些研究(刘寅齐等,2012;李海霞,2013;尹华东,2014 等)呼吁:应走出外语自主学习研究和推行的误区。我们在梳理外语界学习者自主研究现有成果时,常常面临一种尴尬的局面,主要表现在以下三个方面。

首先,对学习者自主构念理解纷杂,甚至术语错用时而发生。术语混用出现频次最高的是将"autonomous learning"和"learning strategies"与"learner autonomy"混用。正如 Macaskill & Taylor(2010:351)所描述的那样,"虽然我们对自主是什么仍未达成共识,但许多文章在讨论自主时所给出的定义却不是自主"。

其次,多数研究对自主的理解往往停留在对早期自主理论的解构,缺乏对最新理论的融合。理论构建出现误差的一个直接后果是测评工具编制的学理依据不足,研究获取的数据以及研究设计缺乏说服力。国内学习者自主实践及研究迫切需要融入最新的理论成果,提高研究的学术价值。

此外,多数现有研究没有置身于我国特定的文化背景和教育环境来分析如何推行学习者自主理念,在很大程度只是译介、移植、模仿西方理论或方法,没有很好地吸收和内化,更没能生成自己本土化的教育理论,因而不能从更深层次上诠释得失成败。现有促进学习者自主研究主要局限在教学环境和策略培训(林莉兰,2018:83),有关如何通过测评促进自主的实证研究尚无人涉猎。

"总体来说,以往研究过于强调自主学习成效,而且自主学习能力培养模式和研究结果有雷同趋势"(徐锦芬,2014:4)。一些研究太过沉迷于早期西方学习者自主理论的既存论断上,把学习策略、动机看成是促进自主中的一个大前提或原则,然后在这个大前提或原则下提出一些往往非所指的干预措施,最终得出无任何适用性的宏大结论,即策略培训和动机干预不仅促进学习者自主,而且提高学习成效。

如今,新兴技术越来越多地融入课堂教学,混合式教学也成为我国高校教育教学改革方式的"新宠",为我们实现从以教师为中心的教学方式向以学习者为中心的教学方式转变提供了平台。虽然"许多教育工作者和学生都直观地感觉到,将计算机与其交互能力集成到课堂或学习经验中,有助于增强学生的学习能力以及将知识和技能应用于解决未来所面临问题的能力"(Janicki & Steinberg, 2003:204),但新技术本身并不会带来这种根本性变化(Reinders & Hubbard, 2013; Reinders & White, 2011)。基于网络的促进学生自主的方法是什么?这种方法与传统的课堂教学方法有何不同?这些都是待解之谜。

综上所述,或许在数量上我们并不缺乏促进学习者自主的研究,但在整体上缺乏有质量的研究。现有研究范式的局限,使得大学英语教学目标与实际教学之间存在鸿沟,教学改革理念得不到真正落实,学习者自主理论及推行处于严峻的合理性危机之中。新兴技术与课堂教学的结合,则更需要我们从全新的视角探索自主学习能力的培养途径。

第五节 本书的目的、重点和价值

我国的学习者自主研究正处于从跟踪、模仿走向自主探索的关键时期,基于自主的文化情境性特点,中国高校也迫切需要更贴近国情的语言自主理论和实践指导。创建并繁荣中国特色的语言自主学习理论,促进中国语言自主研究者在世界学术舞台上与来自不同文化的学者平等对话，是语言教学研究者义不容辞的责任，也是中国外语教学界的任务。基于对已有研究成果及现状的分析，本书以我国大学英语教学为背景，以发展性测评观为视角，探寻如何以测评促进学习者自主，为构建我国学习者自主理论提供分析和研究证据。

在探索我国大学英语教学环境下学习者自主理论及方法的过程中，以下几个方面尤显重要：

（一）自主的目的问题

自主这一概念与不同的目的相关联，反映了不同的教育思想。自主或被看成是教育的目标和理想；或被看成是教育的一种方式，即强调学生独立并承担学习决策的教学方法；或被看成是任何一种学习模式的组成部分，是语言学习的工具；或被看成是人类的基本权利或特征。这些观点相互关联，并不互相排斥。但这些观点的差异促使我们要考虑这样的问题：我们在培养学生自主能力发展的过程中应该提供学生什么支持或多大程度的支持？Ecclestone（2002：34）指出，自主既是目标，也是实现目标的一系列过程，它源自"隐性和显性的元认知规划以及监控和回顾自己的学习"。如何看待自主的目的是学习者自主研究的起点，决定了研究的方向。将自主看成教育目标过于宏观，"当自主脱离某一具体的情景是一个抽象概念时，它就成为我们都期望实现但在现实中又无法实现、遥不可及的理想"（Boud，1988：20）。因此，本书更愿意将自主理解为教育的方法，关注的是如何通过教学干预提高学生的自主学习能力。

（二）自主的构念问题

自主理论发展的这50年，国外的学者对语言学习者自主的定义繁杂纷呈，而清晰界定自主概念是实施教学干预的前提。基于对自主概念的误解而进行的研究势必造成理论与实践的脱节，影响研究的可推性，"甚至有可能阻碍教师在课堂上阐释推行自主"（Elena & Nucamendi，2014：32）。

学习者自主研究必须厘清自主的概念内涵，明确其构念定义。如何准确把握好自主概念内涵不仅需要研究者在研究目的、概念化定义以及操作化定义之间建立逻辑自洽的联系，更需要研究者将对自主概念的解构置身于研究的特定环境。"自主既是环境变量，又在程度上有不同的表现形式"（Benson，2007：23），自主如何解析和实践因时间、环境或文化的不同而有所不同（Kumaravadivelu，2003：131）。本书将以大学英语教学为场域,从理论和实证的双重视角解构自主。

(三) 自主的文化适应性问题

培养学生自主学习能力是大学英语的教学目标之一。自主是否如一些西方学者所说,不适宜在中国推行?推行的条件如何?这是开展学习者自主实践的前置条件,也是本书要回答的问题。

(四) 自主的实践问题

自主实践迫切需要实证研究来证明理论构想与实践方法间的联系(Benson, 2005; Reinders & White, 2011),自主实践"应跳出单纯理论的命题,转向基于实验的理解,理解自主如何因年龄、性别、环境不同而有所不同"(Benson, 2007: 34)。高等教育与中小学教育的不同之处在于它培养学生专业实践能力,其目的与其说是要教授特定类型的陈述性或程序性知识,不如说是培养学生自主学习能力,帮助他们学会应用这些技能以胜任不同领域的专业实践要求。测评作为学习者自主实践的一个关键环节,不仅是测度价值的工具,更是学习者自主理念价值实现的催化剂。20世纪80年代兴起的从测量到测评的范式转变,其特点是测评与教学的结合,以评促学。为了指导学生学习过程并使测评体系适应复杂的学习成果,一些研究者呼吁要在教、学与测评之间建立建构一致(constructive alignment)(Biggs, 1996)和教育性的测评(educative assessment)(Wiggins, 1998)。这一教育测评范式转变也影响到促进学习者自主研究,一些研究者提出了以测评促进学习者自主的构想(Everhard, 2015, 2018; Little, 2012)。但迄今为止,我们对自主与测评之间的关系了解甚少。"尽管众多研究者已经概述了让学习者承担更多的责任和更多地参与测评过程的优势,但对于测评过程如何与促进语言学习的更大自主相关联,我们似乎还缺乏足够的信息来实现语言学习社区里真正的变革"(Everhard, 2015: 8)。Brockbank & McGill(1998: 30)指出,一方面教育机构倡导自主,另一方面,所采用的测评方式提倡的是"价值依赖和甄别"。这种错位会破坏我们在促进学习者自主方面所做的努力,"因为学习者察觉到老师所鼓励的内容与测评之间的差异,他们可能会忽视老师和学校所宣称的自主,而倾向于缺乏批判性反思、决策或自主行为的测评方式"(Murphy, 2015: 145)。"语言学习中测评和自主之间关系的复杂性,非但没有得到解决,反而似乎一直在自主文献中被回避,这使得这一领域的研究成为一项困难且常常令人困惑的任务"(Everhard, 2018: 6)。探索测评与自主之间的关系,建立科学、规范和专业化的测评体系,使测评在促进学习者自主的教育实践中真正发挥检验、导向和激励作用,是促进学习者自主实践所面临的一项重要课题,是本书要回答的核心问题。

本书在理论和实践方面有如下意义:

(一) 理论意义

虽然学习者自主被公认为(外语)教育的目标,但自主的定义至今仍未取得共识。国外学习者自主理论学派林立,不仅存在语义矛盾的情况,也有不成体系和支离破碎的现象,需要谨慎解读。其次,学习者自主被认为是环境变量,在中国大学英语学习环境下探讨学习者自主必须根据这个特定环境的群体来探索自主的意义及方法。通过汇总和梳理国内现有促进学习者自主研究,我们发现,理论突破方面相对缺失,而基于测评体系的相关研究尚属空白。本书从学习者自主理论和实践的迫切需要出发,从历史和理论的双重视角来阐释自主涵义,以测评促进发展(assessment for learning)的视角来思考自主和测评的关系,思考自主如何测评以及如何以测评促进学习者自主。其研究结果不仅可拓展已有学习者自主研究范畴,丰富现有学习者自主理论,还有助于我们从观点各异的学派中认识学习者自主的实质,理解发展性测评的本质。

(二) 实践意义

本书突破现有研究将关注点放在"为测评而测评"的惯性思维上,通过"测评—干预—修正"的循环模式,将测评和促进发展融为一体,从跨学科视角探讨实现模型的技术和方法,为构建符合我国国情的自主学习测评体系和促进自主实践提供新视角和新方法。

本书旨在混合式学习的大环境下探索如何促进学生更加自主以及如何提高学习成效,以期这一研究成果可以丰富我们对混合式学习模式下教学方法的理解,为混合式学习模式的设计提供启发。

第六节 本书的结构

全书共11章。第一章是绪论,主要概述了语言学习者自主研究的起源及发展,简要介绍我国大学英语课程教学性质以及2004年以来课程教学改革的背景和目标,分析现有学习者自主研究的挑战,最后阐述本书的目的和意义。

第二章到第四章是对已有研究的梳理。第二章综述现有学习者自主理论和定义,从历史演变的脉络呈现学习者自主理论和定义的发展变化,总结现有理论,并介绍国内外已有促进学习者自主的主要理论和实践成果。第三章论述测评的基本要素,梳理分析国外语言学习自主能力测评研究的方法,介绍档案袋定义和分类,并从已有文献中分析档案袋测评与促进学习者自主的共核概念,综述国内外基于档案袋测评的促进学生者自主研究。第四章厘清档案袋测评的关键要素,探讨档案袋测评的质量标准,为本书拟构建的档案袋测评模型以及开展实证研究提供理论依据。

第五章至第十章是研究的主体部分,介绍如何构建基于电子档案袋测评的促进学习者自主测评体系(ePALA),如何验证该测评体系以及检验实施效果。

第五章介绍研究的总体思路和原则。

第六章以大学英语教学环境下的学生和教师为研究对象,通过两个独立的调查研究,分析目标群学生的自主学习能力以及教师所采用的促进学生自主的方法,了解现有高校大学英语自主学习项目实施情况以及师生对自主学习测评的看法,目的是为设计ePALA提供抉择依据。

第七章阐述ePALA模型构建思路和原则,重点介绍如何通过实证研究构建ePALA指标体系以及量规,如何设计ePALA构架,如何从内容效度方面检验ePALA测评指标和量规,如何构建ePALA测评的评分模型。

第八章编制和验证两个用于本研究的辅助性测量工具:"大学生英语自主学习起点能力评估量表"和"大学生英语自主学习效果评估量表"。前者是用于课程开始前的诊断测量工具,后者是用于课程结束时的测量工具。

第九章分别利用两个独立的实证研究检验ePALA的测评信度和效度。通过评分者信度分析检验ePALA测评的信度,并检验ePALA测评的构念效度和同时效度。

第十章介绍一项历时一年的实证研究,目的是分析ePALA测评的干预效果;采用准实验研究探索ePALA对学生自主学习能力发展所产生的作用,并通过问卷调查和访谈分析总结学生对ePALA的感知价值。

第十一章对全书的研究结果进行总结,分析研究启示,并指出研究不足以及对未来研究的展望。

第二章

学习者自主研究综述

第一章对学习者自主这一概念及相关研究做了回顾，从中不难看出，学习者自主运用到语言教学走的是从实践到理论的路线。早期的研究多基于成人教育自助式学习项目经验，关注的是如何培养独立的学习者。学习者自主后来被引入语言教学领域，并很快引起共鸣。学者从不同角度阐释自主的内涵。本章我们将综述现有学习者自主理论和定义，厘清学习者自主概念内涵，系统梳理国内外现有促进学习者自主理论及实践的主要研究成果，在呈现研究前沿的同时，提供进一步研究的方向。

第一节 学习者自主理论及发展

在过去的50年间，学习者自主被不断定义和重构，以至于现有理论支离破碎，甚至相互冲突。术语的冲突既反映在语义层面，也反映在理念层面。

一、相关概念

语言教学领域中的自主常与 self-instruction、independent learning、self-regulated learning、self-directed learning、self-access learning、autonomous learning 等术语混用。Candy(1987)发现有 30 个不同术语运用到这一领域：

> 即使是意义相近,分辨如此众多的术语也是件困难的事,更何况不同的作者用相同的术语却指代不同的意义,他们甚至用不同的术语指代相同的意义。(Candy,1987:160)

在国内外语界,上述术语通常被译成"自主学习",而 learner autonomy 也被译成"自主学习"。因此,有必要明确这些术语的准确定义,以免混淆自主的实际内涵。

(一) Self-instruction(自我指导式学习)

Self-instruction 在外语界有两种定义。其强势定义是"学习者在没有教师的干预下,自己计划和实施的长期学习方式",其弱势定义是"学习者为掌握语言知识或技能的任何一种形式的努力"(Benson,2005:62)。Little(1991)认为,将"自主"等同于"自我指导式学习"是一误区,因为"自我指导式学习"从本质上说是在没有教师干预情况下的自我决定式学习,"当然,有些学习者通过自我指导式学习后自主能力获得较大提高,但多数学习者不能做到。自主不仅仅、也不简单地指如何组织学习"(Little,1991:3)。

(二) Individualization(个性化学习)

Dickinson(1987:11)认为,个性化学习指的是一种学习模式,涉及学习者、教师的活动以及他们间的交互活动。在 Leslie Dickinson 看来,在个性化学习模式中,教师参与但不直接控制学习过程。个性化学习是适应学习者需求(如目标内容、方法和节奏等)并考虑学习者特征的学习。个性化学习是一种教学方法,这一方法围绕着学习者差异这一事实来设置教学,但并不一定寻求提高学习者的自主学习能力或让学习者掌控自己的学习过程。

(三) Independent learning(独立学习)

Independent learning 被看成是一种教育观或教学过程,代表着学习过程中的职责由教师向学生的转换。Candy(1991)认为,独立学习体现的是学习者自己获取知识,培养探究和反思能力的方法和教育观。Garner & Miller(2002:8)将"独立学习"视为迈向自主的一个阶段。自主与独立学习的不同之处在于独立学习可能是(也可能不是)由学习者自我启动的(Pfander,1967;引自 Elena & Nucamendi,2014:29)。仅仅进行独立学习并不意味着对学习的有意识决策。

(四) Self-regulation(自我调节式学习)

Self-regulation 指"学习者为系统实现学习目标激活的、并保持认知、行为和情感的过程"(Schunk & Zimmerman,1994:309)。自我调节式学习包括三个方面:自我调节行为、自我调节动机和自我调节认知。自我调节式学习指的是由学习者集成和构建的过程,指学习者为实现在特定的环境下的学习目标而对元认知、动机和行为进行控制。自我调节式学习直接指向的是学习者内部过程的控制,而学习者自主却包括对周围现实的构建和控制(Ribbe & Bezanilla,2013:101)。Benson(2005:41)认为,自我调节式学习的含义比自主的意义窄,对北美学习策略研究影响大大超过对自主研究的影响。

(五) Self-direction(自我导向式学习)

Self-direction 与 learner autonomy 是成人教育和语言教学界因所指不同而最易混淆的一对术语。在北美成人教育界,"自我导向式学习"被定义为学习者在非教育机构环境下探寻学习的综合能力,而"自主"通常指与这种能力相关的某种个人或道德素质。在语言教学界,自主通常指探寻并对学习实施掌控的综合能力,而自我导向式学习仅指非他人指导下的学习(Benson,2005:34)。

Oxford(2003:75)发现,Holec 和 Dickinson 在使用这两个术语时,所指恰好相反。在 Dickinson 看来,自主指的是学习者展示承担职责态度的学习环境,而自我导向式学习指的是学习态度。Holec 则将自主定义为学习者承担学习职责的能力,将自我导向式学习定义为学习者展示自主态度的学习环境。Dickinson(1987:11)将学习的自我导向(self-direction)看成是学习者承担学习职责的态度,学习者并不一定会独立采取学习行动。Philip C. Candy 对自我导向式学习的理解与 Dickinson 基本相同。

Candy（1991）认为，自我导向式学习包括两个过程：一是指发生在正规教育环境下由学习者控制的学习，另一个过程是指发生在正规教育环境外的自我导向式学习。Candy 发现，有两种个人特征与自我导向式学习相关，一是自我管理，即在环境约束下进行自我导向式学习的能力，另一个特质是个人自主，即在更大的范围内实施自主。无论是 Dickinson 还是 Candy，他们都认为自我导向式学习并不等同于学习者自主。

Benson（2005：43）认为，语言学习自主很难通过自我导向式学习提高，因为后者缺乏对话和教师的指导。

（六）Learner-centered education（以学习者为中心的教育）

Learner-centered education 是一种较普遍的教育范式，包括个性化、自我导向、自主、自我学习和独立等理念。在 Tudor（1996：12）看来，以学习者为中心的教育已经发展成为自主教学活动的原则，体现了学习者自主。但 Ian Tudor 指出，在教育者的掌控角色、课程设计者和学习者自主发展之间似乎有矛盾的地方。在谈论自主时，他似乎对学生能否掌握所需要的大量学习技巧持怀疑态度；他认为，自主的重要方面是教育者在学习管理中的掌控，而不是将这个角色丢给学生（Tudor，1996：20）。

（七）Self-access（自助式学习）

Self-access 运行的理念是提供语言学习的材料以及学习指导。法国的 CRAPEL 以及 20 世纪 80 年代剑桥大学的自助式语言学习中心为语言学习者提供了大量的学习资源以促进自我导向式学习。Sheerin（1991：143）将自助式学习定义为"学习材料设计和组织的方法，学习者可以自我选择材料学习，获得学习成效的反馈"。Gardner & Miller（2002：8-11）将自助式学习看成是促进自主的方法，"一个鼓励学习者从依赖教师转向自主的方法"，是一个由学习资源、教师、学习者和系统等因素构成的环境。

在语言教学领域，自助式学习通常被看成是促进自主的方法。Benson（2005：113）认为，尽管这种学习方式为学习者提供了掌控学习计划、选择学习材料和评估学习的机会，但仅仅是与学习资源的交互，学习者未必能提高自主学习能力。

（八）Autonomous learning（自主学习）

Dam（2000：49）将 autonomous learning（自主学习）定义为教师创设

的学习环境,在这样的环境中,学习者能有意识地参与学习,并成为自主学习者。在 Dam(2000)看来,教育体系内的自主学习既是促进自主的方法,也是促进自主的目标。Joy Higgs 对自主学习做了如下定义:

> 在我看来,(教育环境下的)自主学习是一个过程。在这个过程中,学习者主要是自己根据学习任务进行学习,是学习项目的管理者。学习者的行为特征是承担学习职责,在完成学习任务和解决学习任务中遇到的问题方面表现出较高的独立性,积极完成有关的学习任务,实施是否寻求教师指导的决策。(Higgs,1988:40-41)

Higgs(1988:42)认为,学习者自主能力不是绝对的,受到诸如时间和课程的限制。因此,自主学习不是完全意义的自主。自主学习有四个主要因素——学习者、教师、任务和环境,这些因素相互作用,自主学习的成功与否取决于各因素是否一致。

尽管上述"自我指导式学习""独立学习""自我调节式学习""自我导向式学习""自助式学习""自主学习"等术语被一些研究者用来指代"学习者自主",但这些术语通常指的是促进自主的方式,或指学习的方式,或指学习的环境,或指组织学习的方式。毕竟,"learner autonomy"与上述语义标签的词是有区别的。

这些术语相互存在及混用,表明了自主概念的复杂性。

二、早期学习者自主理论

早期的自主理论主要聚焦以下几个方面:能力、心理、环境、政治和社会。

最早给予语言学习者自主定义的是 Henri Holec。他将自主定义为学习者"控制自己学习的能力"(Holec,1981:1)。在他看来,一个完全自主的学习者应该具备五个方面的决策能力:确定学习目标、确定学习内容及进度、选择学习方法、监控学习过程和评估学习效果(Holec,1981:4)。这五个方面的自主使学习者能根据自己需求调节学习。当学习者能完全独立地在这五个方面做决策时,学习就是完全自我导向的,学习者也是完全自主的。Holec(1981:24)强调,学习者必须给予这五个方面的决策权。Holec 对"自主"的这一定义广为引用,也是最早从能力视角解析自主的涵义。

此后，其他研究也基于这样的视角阐释自主定义（Cotterall，1995a；Little，1991；Dam，1995；Hedge，2000；Littlewood，1996；Scharle & Szabo，2000；Wenden，1991），但在措辞上有细微差别，比如用"capacity"（Little，1991）、"tactics"（Cotterall，1995a）、"skills"（Littlewood，1996）或"skills and techniques"（Benson & Voller，1997）来替代 Holec 定义中的"ability"。

Cotterall（1995a：195）将自主定义为"学习者运用策略掌控学习能力的程度"。Littlewood（1996）认为外语学习环境下的自主就是学习者具备合适的策略参加课堂内外学习活动的能力。Little（1999）也认为，自主的学习者清楚自己的学习目标，承担学习职责，分担确定学习目标的任务，主动计划及完成学习任务，定期评估学习成效。Riley（1987：84）将自主定义为"启动并成功管理自己学习计划的能力。一个自主的学习者知道怎样学习，了解自己的需求、定义目标、获取材料、选择学习技巧和评估进度"。

另一些研究（Dam，2012；Little，1991，2011）则从反思能力角度解构自主。Little（1991：52）认为，应该培养学习者批判性地反思学习过程、评估自己的进步以及在必要时调整自己的学习策略的能力，这是自主的基础。David Little 在后续的文献中再次强调反思的重要性。他认为，自主的发展依赖反思过程，而自我评估在其中发挥重要作用（Little，2011）。Dam（1994：505）指出，自主的学习者清楚学习目标及学习过程，能根据大纲和课程进行反思，这是传统的教学测试难以实现的效果。

自主的能力观从掌控学习过程的角度强调了自我管理学习的重要性，但 Benson（2005：49）指出，"能力观"仅从能力角度描述学习者的决策能力，却没有涉及有效管理学习的认知能力。具备承担学习职责的能力未必意味着学习者在现实中承担学习职责（Aoki，1999；Dam，1995；Holec，1988；Little，1991；Littlewood，1996）。"学习者的知识和能力未必和他们对自主的感觉相一致"（Aoki，1999：145）。Benson（2005：5）认为，语言学习自主涉及三个层面的掌控：（1）通过学习行为掌控自己的学习；（2）通过对学习心理的理解掌控认知过程；（3）通过选择学习环境掌控学习内容。Benson 认为，这三个方面的掌控相互关联，有效的学习掌控取决于对认知过程的控制，而对认知过程的控制必然会对自我管理学习能力产生影响；自主同样意味着认知过程和对自我管理的控制应该涉及对学习内容的决策。Holec 本人也意识到早前定义的局限，他在 1988 年对原先定义给予了补充："自主的学习者或是完全或是部分地进行自我导向式学习,但这一能力必须满足两个条件,一是学习者有这样的意愿,二是学习材料、社会环境提供了相应的学习条件"(Holec,1988:8)。

Little(1991:3)认为,"自主并不仅指或主要指学习是如何组织的"。在他看来,自主"从本质上讲是一种超越的、批判性反思、决策和独立行动的能力。自主的前提是学习者必须在学习过程及内容方面建立某种心理关联"(Little,1991:4)。自主能力"既包括学习者是如何学习的,也包括学习者能否将所学内容迁移到更大的环境中"(Little,1991:4)。这一定义将对认知过程的掌控融入有效学习管理的过程,补充了 Holec 的定义,强调了自主的心理因素。

Littlewood(1996:428)认为,自主既包括能力,也包括意愿。意愿取决于是否有动机和信心去承担学习决策权。从这个意义上说,能力和意愿是相互依赖的。学生的知识和技能越多,就能越自信地进行独立学习;他们越自信,就越有可能调用已有知识和技能去有效学习。

"意愿"和"信心"被认为是自主的两个关键因素(Aoki,2000;Dam,1995;Littlewood,1996;Wenden,1991)。Wenden(1991:53)认为,自主学习者愿意承担学习职责,他们认识到自己在学习中的重要角色;自主的学习者也是自信的学习者,他们相信自己具备学习和管理学习的能力。学习者对待自己在学习过程中的角色认知以及他们对待自己承担学习职责的态度是他们自主的心理准备(Allwright,1988;Wenden,1991)。

Reinders(2011:43)认为,元认知意识的三个部分(元认知知识、元认知技能和元认知经历)是自主的重要部分,是实施学习决策的必要条件。

自主的环境观强调学习过程的环境自由。Dickinson(1987:11)认为,自主是学习者完全承担学习决策以及实施决策的环境。在完全自主的环境里,没有教师,也没有学校,学习者不依附于任何学习材料。为了证明自己的观点,在后续研究中,Dickinson(1995)列出一些与自主相关的名词,如自我导向学习、自我指导学习、自助式学习等,这些名词描述的都是学习者或是独立学习,或是借助资源学习的环境。

Dickinson 的观点遭到其他学者的批判。Benson(2008:22)认为,虽然自主的确有环境因素,但 Dickinson 的定义落入了一个误区,即自主必定是没有教师或没有学校的学习。Littlewood(1999:73)也认为,除非课堂活动加入了师生的互动,才有可能促进自主发展;否则的话,学生是不可能自己实现这一目标的。

自主的政治观主要聚焦于自主实施的文化适应性(Jones,1995;Palfreman,2003;Riley,1988)以及学习者权利(Benson,1997)。

20世纪90年代,随着学习者自主在世界范围内引起广泛关注,自主的政治观再次引起关注。Pennycook(1997:36-38)认为,自主是西方自由主义思想的核心。自主的理念是特定文化和历史的产物,将自主作为教育目标在世界范围内推广则是另一种形式的西方思想侵入。

Benson(1997:29)认为,"学习者自主意味着在教育体系内对学习者权利的承认"。在英语教学领域,则意味着在全球英语秩序下承认本族语与非本族语学习者的权利。在解析自主的政治特征时,我们应将政治的含义扩展,如学习发生的社会环境、课堂内外的角色及关系、学习任务以及学习内容等(Benson,1997:32)。Little(1991)和Smith(2008)认为,学习者自主不是指某种方法,不需要与个人主义相融合。

自主的社会观深受维果茨基(Lev Semyonovich Vygotsky)社会文化理论影响,关注的是社会互动对自主发展的作用。根据维果茨基的理论,人类高层次心智功能发展是社会中介的过程,他提出了"最近发展区"(zone of proximal development)的概念,即"儿童独立解决问题的实际发展水平与在成人指导下或与能力强的同伴合作时所表现的潜在发展水平之间的差距"(Vygotsky,1978:86)。Lantolf & Throne(2006:289)认为,交互提供了构建心理工具的机会,使处于发展期的人能够越来越多地参与和产出文化的组织活动。上述定义反映了"最近发展区"的特点,即"最近发展区"不仅指某些技能和知识,还涉及心理过程的发展;这些发展有其社会根源,在文化活动中产生自主的行为。

受这一理论影响,一些学者提出,自主反映的是相互依赖,而不是指完全独立于他人的关系。"自主依存"(interdependence)这一概念近年来成为学习者自主研究的关注点之一。自主依存指学习者承担学习职责,与教师或其他学习者进行互动或合作式学习。Leni Dam指出,学习的社会性使学习者具备独立行动和与他人合作学习的能力及意愿。Dam(1995:1)将自主定义为"为了服务个人需求和目的愿意承担学习职责,这需要自主行动以及作为社会人与他人合作的能力和意愿"。Benson(1996)认为,自主的核心是权利和控制,实现的前提是将学习者转变为社会人。Little(1996:210)认为,自主学习能力发展的过程是学习者通过社会交往、互助合作以及积极依赖实现能力内化的过程。Bocanegra & Haidl(1999:9)认为,自主是相互依赖起主导作用的发展过程;经验式学习发生在三个层面:师生之间依赖、教学和交际之间依赖、认知和社会之间依赖。Oxford(2003)在对自主的解析中也加入了社会文化性因素(social-cultural autonomy)。Jiménez Raya & Vieira(2015:19)指出,人的社会属性极大地质疑自主的个体性,对自主的讨论必须考虑个人和集体的利益;必须考虑自主的社会性,考虑话语权,考虑对他人的尊重、协商、合作和相互依赖。

自主的社会性承认了个人及环境在自主能力发展过程中的作用,其中最有影响的成果就是修正了早期的"学习者自主指没有教师指导或干预"的观点,转向研究教师在自主中的作用。Smith(2003a:2)描述了当时学习者自主研究转向教师作用研究的讨论,"教师似乎越来越多地出现在这样的讨论中,这实际是部分地修正早期自主研究的误区,即认为自主指的是没有或无需教师干预的学习。人们越来越强调(比如 Little,1991)学习者自主应该被视为通过一些方式或环境——如课堂环境等可以提高的能力"。

La Ganza(2008)将自主看成是学习者与教师互动的构念,他指出,"将学习者自主定义为学习者掌控或承担学习职责的能力,或知道如何运用学习策略,或能自我导向地学习是远远不够的,自主能否实现取决于学习者和教师的关系"(La Ganza, 2008:65)。Benson(2010:82)认为,在对学习的掌控方面存在三种力量的博弈:学生控制、他人控制和无人控制。自主并不等同于没有教师干预,也不同于独立学习。学校和教师的控制能帮助学生实施学习掌控,不至于迷失。如果缺乏"他人控制",其结果可能是无人控制。

三、学习者自主理论的转向

通过上一小节的介绍可以看出,国外早期学习者自主理论研究是相当活跃的,但不同学派在解析自主时,基于不同的视角,往往侧重自主的某些方面而忽略了自主其他方面的特质。到了20世纪末,这种对自主的激进解构受到不少学者质疑,有些人开始以一种创新的方式解构自主与语言教学的关系。Benson(2008:23)对这段历史做过这样的归纳,"近年来,我们可以看到来自教师视角更'可用的'自主解析,这些解析基于这样的假设,即自主学习能力可以在课堂环境下以得提高,并不一定是指学习过程中的环境自由"。

学习者自主研究转向之一是以更开放的态度解构自主,将自主的发展看成是环境变量,但自主的根本思想可以在不同文化中生根发芽。Littlewood(1999:74)将自主看成是人类共有的能力,并指出,在定义自主时,我们不应试图构建一个适用所有环境、一成不变的定义,而应提供一个适用于不同学习者需求的大框架。Little(1999:12)指出:(1)在任何一个教育环境里要给予自主操作化定义都不容易;(2)鼓励批判性思维这一特质并不局限于西方国家；(3)自我意识能力是人类共有的能力。自主研究的这一转向表明，自主不再是西方特有的价值观，而是人类的基本能力，来自不同的文化，甚至是不同环境的学习者有不同的自主表现形式。因此，"我们需要一个更宽泛定义的自主，一个可以容纳不同解释的定义"(Sinclair, 2000: 13)。学习者自主的研究应根据特定的文化、社会、政治及教育环境去解析自主的含义(Sinclair, 2000: 6)。

自主研究的第二个转向是以更实际的观点看待自主学习能力发展。自主是相对的概念，自主的程度可能依据环境的不同而有所不同。Nunan(1997: 193)提出，自主并不是一个绝对的概念，实现的程度取决于学习者个性、目标、制度和文化等因素。Littlewood(1999)区分了两种程度的自主：前摄性自主(proactive autonomy)和反应性自主(reactive autonomy)。前摄性自主是西方国家比较典型的自主，像Holec(1981)描述的那样，学习者能控制自己的学习，确定学习目标，选择学习方法和策略以及评估学习成效；而反应性自主(又称"后摄性自主")的学习者不能自我确定学习方向，但一旦方向确定，学习者能自主组织学习资源，实现学习目标。Littlewood(1999: 75)指出，对许多学者来说，前摄性自主才是自主，而反应性自主是通向前摄性自主的基础阶段。自主并不是学习者表现出的一成不变的固有特质，而是随着时间、环境甚至情绪而变化的一种能力或意愿(Gardner & Miller, 2002; Nunan, 1997)。

Smith(2003b: 130-132)也区分了自主的"强势"和"弱势"教学法。在弱势的教学法中，自主是延迟的目标，是教育的成果，而不是学生目前已经拥有的能力。在强势的教学法里，学生在一定程度上已经是自主的学习者，因而教学方法关注的是如何共同构建自主的优化环境。

学习者自主研究的第三个转向是将自主看成是多维度构念，即自主"可以有多种呈现方式"(Little, 1991: 4)。在这样的研究转向下，一些学者开始整合各派观点，形成学习者自主的理论框架。

1989年，一批在挪威第二大城市卑尔根(Bergen)自主研究工作坊的学者提出了比较有影响的卑尔根定义："学习者自主的特征是为实现自己的需求和目标愿意承担学习的职责，需要有独立行动和作为社会人与人合作的能力及愿望"(Sclaire, 2000: 6)。

一些学者也尝试整合早期的学习者自主理论，提出自主的概念框架。Besnon(1997)的自主框架包括三个方面：技术自主、心理自主和政治自主(见表2.1)。技术自主指教育机构外没有教师干预的语言学习。自主是学习者承担学习职责的环境，因此，主要问题是要提供学习者策略和技巧,使他们应对这些环境。心理自主将自主看成态度和能力。心理自主促使学习者承担更多职责。政治自主强调对学习过程和学习内容的控制,实现政治自主就要创设结构性环境,使学习者能控制自己的学习以及对应的教育环境。

表 2.1 Benson 自主框架(改编自 Benson,1997:19)

	技术自主	心理自主	政治自主
表现形式	自主学习者外部表现	自主学习者内部表现	自主学习者的内外部表现
	在教育机构外的独立学习	承担学习职责的态度和能力	管理学习过程和内容
	学习者必须承担学习职责	学习者不断增加学习职责的内部发展机制	
促进自主方法	提供学习者必要的策略		在教育环境内创设自主的环境

Rebecca L. Oxford 认为,虽然 Besnon 自主框架融合了多种观点,但不应以过分强调自主的政治性而放弃自主相关的其他观点(Oxford,2003:90)。Oxford 指出,政治自主强调权利和意识形态,而忽略了互动对个人发展的作用(Oxford,2003:85)。她认为,Besnon 的自主框架没有顾及语言学习的互动特征以及学习者与环境的关系。

Oxford(2003)中的自主模型包括技术、心理、社会文化和政治四个维度。与 Benson 的技术自主不同,Oxford 的技术自主不是指环境,而是指独立学习环境下所需的技能。心理自主指学习者个人的一些综合特征,如态度、能力、学习策略和技能等。社会文化自主指在特定的环境下通过与能力更高的中介人互动的自我调节式学习。政治自主主要涉及权利、机会和意识形态。

Benson 的自主框架强调的是如何成为自主的学习者,而 William Littlewood 的自主框架(表 2.2)强调的是如何成为自主的语言使用者,涉及语言习得、学习方法和个人发展。Littlewood(1996)中的自主框架包含交流者自主、学习者自主和个人自主三个维度。语言学习环境下的交流者自主指在特定环境下创造性地使用语言以及恰当地使用策略进行交际的能力;学习者自主指课堂内外恰当运用学习策略的能力;个人自主指在一个大的语境下学习者表达个人观点的能力以及将学习环境个人化的能力。

表 2.2　Littlewood 自主框架（改编自 Littlewood，1996：431）

交流者自主	学习者自主	个人自主
创造性使用语言的能力	独立学习的能力	表达个人观点的能力
在特定环境下选择策略进行交际的能力	课堂内外选择学习策略的能力	创设个人学习环境的能力

Littlewood 的自主模型强调了内部认知思维与社会交互的关联（Hamilton，2013：41），但这个模型也遭到其他学者的质疑。Benson（2007：24）认为，Littlewood 的自主模型忽略了自主发展与语言能力需求的复杂关系。

Ernesto Macaro 的自主模型（表 2.3）将二语习得理论融入学习者自主理论，他的理论关注的与其说是学习策略，不如说是语言运用。Macaro（2008）将自主模型分为三个维度：语言能力自主、语言学习能力自主和选择行动自主。语言能力自主指掌握一定二语规则后的交际能力，这与 Littlewood 的"交流者自主"观点类似。虽然两人都明确提及目的语的交际能力发展，但没有提及语言学习"认知层面"（Hamilton，2013：43）。语言学习能力自主指能将语言学习策略迁移到其他环境以及能在外部限制和个人语言学习期望之间达成平衡的能力。语言学习能力自主更多的是关注策略与自主的关系，描述的是学生如何适应学习环境，如何使用策略来增加学习机会，如何有意识地选择学什么、什么时间学和怎么学。选择行动自主指学习者在学习过程中的决策能力。Macaro（2008：60）认为，自主就是能够说出你想说的，而不是复制别人说的。可以看出，Macaro 的模型关注的是语言学习自主。

表 2.3　Macaro 的自主框架（改编自 Macaro，2008：49）

语言能力自主	语言学习能力自主	选择和行动自主
掌握一定二语规则后的交际能力	具备认知和元认知策略的意识、知识和运用能力	学习者独立决策目标以及实现目标的行动决策能力

Benson(2005)随后又提出了新的三维度模型,即自主包括三个层面:对学习管理的掌控、对认知过程的掌控和对学习内容的掌控。Benson(2005:49)认为,Holec的能力说以及Little的心理说描述了自主的个体性特征,但都缺少自主学习的一个关键因素,即学习者应具备的掌控学习内容的能力。对学习内容的掌控是环境特征。如果学习是自我导向的,自主学习者首先应能自由决定自己的目标。对学习内容的掌控也具有社会特征,学习者要掌控学习环境,在学习过程中需要具备与人交互的能力。

表2.4 Benson的新模型(改编自Benson,2005:49)

学习管理掌控	认知过程掌控	学习内容掌控
计划、执行计划、评估学习过程的能力	自主心理,如承担学习职责的意愿、反思能力等	对学习环境的掌控,能决策学什么

在本小节中,我们呈现了自主的不同定义,可以看出,自主的定义纷杂,观点不一。下面,我们以Barbara Sinclair经典的概括作为本部分小结:

> 自主是能力构念;
> 自主包含学习者承担学习职责的意愿;
> 能力和承担学习职责的意愿并不是与生俱来的;
> 完全自主是理想目标;
> 自主有程度区别;
> 自主的程度具有不稳定性和变化性;
> 自主并不是简单将学习者放置到独立学习的环境;
> 提高自主需要对学习过程的意识,如有意识的反思和决策;
> 促进自主并不是简单地教授学习策略;
> 自主可以发生在课堂内外;
> 自主既有政治含义,也有心理含义;
> 不同文化对自主有不同的阐释。(Sinclair, 2000: 7-13)

第二节　国外促进学习者自主研究

培养学习者自主是语言教育的最终目标,这在业界已成为共识。如何使学生掌控自己的学习以及教师如何帮助学生更加自主一直是语言教学和学习者自主研究的核心问题。在过去的 50 年间,国外学者和教育工作者纷纷从理论和实践的视角解析语言教育环境下促进自主的方法。

一、促进学习者自主实践

自 20 世纪 70 年代学习者自主引入语言教学以来,相关研究更关注的是如何在语言教学中促进学习者自主能力的发展,因而实践成果早于理论成果。虽然促进自主并不指任何一种教学方法,原则上说,任何一种鼓励并促使学习者更多掌控学习的方法都可以看成是促进自主的方法(Benson,2005:109)。Benson(2005)将早期国外促进学习者自主研究分成六大类,即基于资源的方法、基于技术的方法、基于学习者的方法、基于课堂教学的方法、基于课程的方法和基于教师的方法。

(一)基于资源的方法

基于资源的方法聚焦于学习者与学习资源的互动。基于资源的学习提供了学习者掌控学习计划、选择学习材料和评估学习的机会,学习者通过参与实验和探索,有望提高这些技能,而自主选择是其关键因素(Benson,2005:113)。基于资源的方法主要围绕自助式学习(self-access learning)展开。自助式学习机制被看成是环境层面的干预,目的是促进学习者个人社会身份的转型。

自助式学习的核心是自助式学习中心。Dickinson(1987:11)指出,自助式学习中心为完全自主、部分自主甚至不自主的学习者提供了环境,使他们能自我决定学什么、学习哪些材料以及何时学。Gardner & Miller(2002:8-9)把自助式学习看成是一些元素整合而成的学习环境,包括资源、教师和学生、管理、体系、个性化、需求分析、学习者反思、学习咨询、学习者培训、员工培训、测评、自助式学习评估和学习材料编撰等。以促进自主发展为目标的自助式学习研究的主题有:(1)合理运用技术(Reinders,2007);(2)教师与学习者参与(Martyn & Voller,1993);

(3) 自助式学习与课程大纲(Cotterall, 1995b);(4) 学习者培训(Martyn, 1994; Tong, 1994);(5) 学习材料(Gardner, 1994; Aston, 1997)。

Benson(2005:134)指出,原则上,自助式学习提供学习者自我决定学习的机会,有助于促进学习者自主发展,但研究表明,仅有自我决定学习的机会本身并不足以促进自主。学习者培训及学习支持机制、合理使用技术、支持自我导向的访问系统设计、教师和学习者的参与、自助学习与课程的融合度被认为是影响自助学习效果的重要因素。自助学习体系的复杂性以及其运行环境的多样性表明,我们需要针对特定学习群体更多的实验研究,才能可靠地评估上述因素对自主能力发展的作用。

(二) 基于技术的方法

基于技术的促进自主方法在很多方面与基于资源的方法相似,不同之处是,基于技术的方法重点在于运用技术获取资源。早期的基于技术的方法主要是围绕如何利用CALL(计算机辅助语言学习)和网络来提高学生自主学习能力。近年来,随着新兴技术,如在线协作和通信技术的发展,基于技术的研究开始出现远程协作(Fuchs, Hauck & Müller-Hartmann, 2012)、混合式学习(Snodin, 2013)和学习社会技术(Lamy & Mangenot, 2013; Steel & Levy, 2013)的主题。

"计算机辅助语言学习(CALL)研究与实践和自主的关系变得越来越复杂,也越来越有前景。早期研究认为,技术为学习者提供资源,使他们能自主选择时间和地点进行学习,所以,技术会对学习者的独立性产生直接和单向的影响"(Reinders & White, 2016:143)。然而,越来越多的研究结果表明,新兴技术本身并不能促进学习者自主,相反,新兴技术环境下的学习要求学习者应具备一定的自主能力。技术是一把双刃剑,既能促进自主,也有可能"限制自主能力的发展"(Reinders & White, 2011:2)。我们对技术作用的理解正改变着我们对自主的理解,更广义地说,改变着我们对学习者和教师角色的认识。Benson(2005:141)认为,新兴技术对自主发展究竟有多大潜力,还有待于实验研究的佐证。

(三) 基于学习者的方法

无论是基于资源还是基于技术的方法,其核心都是提供学习者掌控学习的机会,而基于学习者的方法关注的是学习者在掌控学习时的行为和心理变化(Benson, 2005:142)。基于学习者的方法主要围绕学习策略、学习策略培训和学习者培训展开。北美的研究者致力于学习策略研究,而欧洲学者致力于学习者培训研究。到了20世纪90年代,这些术语在使用上已经没有什么差别;而且,一些学者更倾向于使用"学习者发展(learner development)"(Benson, 2005; Sheerin, 1997)来替代"策略培训"或"学习者培训"。

语言学习策略研究试图通过研究优秀学习者使用的各种策略来揭示语言学习的方法。人们期望这些优秀学习者的策略可以迁移到学习不够出色的学习者(Lennon, 2012:24)。学习策略最具突破性的研究当属J. Michael O'Malley 和 Anna Uhl Chamot。他们将学习策略分成三部分:元认知、认知和社会情感策略(O'Malley & Chamot, 1990)。元认知策略指执行掌控的宏观层面,包括计划、自我调节、自我监控和自我评估等;认知策略指微观层面的语言学习,如学习语法、理解文章大意等;社会情感策略关注的是交互、自我调节以及心理情感和动机方面。

Anita Wenden 是最早明确地将学习策略与自主发展联系起来的学者之一。她对自主与学习策略的关系做了如下描述:"成功的或聪明的学习者知道怎样学习。他们拥有的学习策略、学习知识以及学习态度使他们能不依附老师而充满信心、灵活而又恰当地运用这些技能和知识。他们是自主的学习者"(Wenden, 1991:15)。她认为,认知策略运用于语言输入的微观层面,如选择、理解、存储和检索等,而元认知策略,即自我管理学习策略循环运用于计划、监控和评估学习的宏观层面(*ibid.*:30)。Wenden 特别强调元认知知识的重要性。她指出,教师和学生可以着重从学习者、优秀学习者策略和语言任务的知识三个方面培养学生元认知意识(*ibid.*:33-51)。

但 Benson(2005:146-147)认为,有关学习者发展项目能促进更大自主的推论需要谨慎对待。如果教师只是讲解学习策略,学生只是听老师讲或回答老师问题,他们得到的只不过是获取信息和回答问题的技能。在 Phil Benson 看来,学习者自主发展的问题应该是将学习者的学习观从完成别人交予的任务转变到为自己构建知识。"获得一些策略并提高学习成绩并不一定等同于自主能力的提高"(Benson, 2005:147)。一些研究表明,策略使用的显性教学可以提高学习成绩,但并不一定提高学习者自主学习能力;而反思性培训模式在促进自主方面似乎更有效,因为这种培训模式能提高学习者恰当使用策略的意识来进行自我导向式学习(Benson, 2005:150)。

(四) 基于课堂教学的方法

基于课堂教学的方法重点是如何改变传统教育环境中的课堂教学、

课程控制和教师角色的关系,核心要素是在合作和支持的环境下提供学生决策学习的机会(Benson,2005:151)。

基于课堂教学的方法主要围绕以下主题展开:(1)规划课堂学习(Littlejohn,1982;引自 Benson,2005:152);(2)自我评估课堂学习(Rivers,2001);(3)课堂掌控的本质(Lamb,1997;引自 Benson,2005:152-153);(4)课堂活动设计(Kuchah & Smith,2011)。Lamb(1997;引自 Benson,2005:152)报道了如何鼓励学生自我管理学习的改革实验。实验的重点是鼓励学生自己选择顺序来进行子目标的学习以及从大量的资源中选择语言训练任务。Terry Lamb 发现,相比教师导向的学习,多数学生更喜欢独立学习方式,这种学习方式不仅提高了学生的学习动机和学习绩效,而且能提高学生对学习的掌控能力,也有助于教师角色的转换。多数实验发现,基于课堂教学的方法能提高动机、学习职责和策略使用能力,但"这些结果很难测量,教师观察和课程结束后的问卷会导致有利于实验目标的结果"(Benson,2005:154)。

(五)基于课程的方法

基于课程的方法将学习者控制从学习管理延伸到课程管理。学习者掌控课程的方法体现了过程大纲的理念,学习者与老师合作,对学习内容和进程做主要决策(Benson,2005:163)。基于课程的方法从课程学习开始就给予学生自主,要求他们承担不同程度的责任。"很显然,比较成功的基于课程的促进自主方法并不是简单地将学习丢给学生,而是提供显性或隐性的支架来帮助学生决策。没有这些支架,基于课程的方法不会对培养学生掌控学习的能力有多大帮助……教师在学习目标和进程的协商中所发挥的作用是很关键的"(Benson,2005:170)。

(六)基于教师的方法

基于教师的促进自主方法主要围绕教师角色和教师自主展开。语言教育的学习者自主涉及对传统课堂教学的教师角色的重新定位以及重新定义教师技能。新的教师角色以提供自主学习支持为特征。Peter Voller 认为,学习者需要学会如何自主。在文献研究的基础上,他将自主学习环境下教师职责描述成"协调者""辅导者"和"资源"(Voller,1997:107)。作为协调者,教师应该提供心理社会支持和技术支持。心理社会支持包括:(1)协调者的个人素质;(2)激发学习者动机的能力;(3)唤醒学习者意识的能力。协调者的技术支持包括:(1)通过需求分析、目标设定、选择材料和组织互动帮助学习者计划并实施独立学习;(2) 帮助学习者评估(测评语言能力,监控进步,实施自评及同伴互评);(3) 帮助学习者获得实施上述活动的技巧及知识(提高学习者语言学习意识,提供培训帮助他们认识自己的学习风格及合理使用学习策略)(Voller,1997:102)。在自主的学习环境中,教师的角色通常是辅导者,即提供学习者指导。但辅导者提供的是一对一的指导,教师的协调者角色似乎更多适用于课堂环境。Voller(1997:103)所说的资源者角色指提供专业知识。

Feryok(2013)的研究以社会文化理论为依据,试图了解教师如何理解在语言课堂上所扮演的促进学习者自主角色。通过对一名二语教师以及日本大学生在新西兰参与的沉浸式项目获得的课堂观察和访谈分析,Anne Feryok发现,教师在口语活动中,要求学生在没有教师监督的情况下进行交谈、管理活动过程、掌控和决策自己的学习的这种社会中介式活动提高了学生参与课堂活动和本地化文化活动的能力。

基于教师的方法另一个常见主题是教师自主。一些研究者(McGrath,2000;Benson,2000)认为,教师自主是学习者自主的前提。Cecilia Thavenius认为,教师自主在帮助学习者承担学习职责和允许学生行使自主这两方面都是必要的(Thavenius,1999:160)。如同"学习者自主"一样,学界对于什么是"教师自主"观点不一。Thavenius将教师自主定义为"帮助学习者承担学习责任的能力和意愿"。Little(1995:179)将教师自主定义为"具有很强的个人责任感,通过不断思考和分析对教学过程实施最高程度的情感和认知控制,并探索这种控制所赋予的自由"。Smith & Erdogan(2008:84)发现,现有文献对教师自主的解释主要有两个维度:自我指导发展能力和不受他人控制的自由。但Manuel Jiménez Raya和Flávia Vieira认为,在学校环境下,很难有这样的自由;教师自主不是摆脱外部制约因素来根据自己的意愿行事。"从本质上说,教师自主是能够挑战非民主传统的意愿,发展与促进学习者自主直接相关的教学专业能力"(Jiménez Raya & Vieira,2015:38)。

然而,有关教师自主在多大程度上影响学习者自主,学界尚无一致的看法。在Furtak & Kunter(2012)的研究中,教师角色是提供指导和支架,提供两种不同的学习者自主支持:程序自主支持和认知自主支持。在程序自主支持中,学习者选择并利用学习材料,而在认知自主支持中,学习者寻找多个解决问题的方法,在评估错误时,获取信息反馈和帮助。但Erin Marie Furtak和Mareike Kunter发现,程序自主支持对学习者的动机或学习没有影响,但在学习者学习成效和实施决策方面有一定作用。

基于教师的促进自主方法强调的是教师角色,强调教师对自主的孜孜不倦的探索和专业技能等关键因素。但相比于学习者自主研究,已有关于教师自主的实证研究极少。

以上基于 Benson(2005)促进学习者自主实践的六种方法对已有学习者自主研究做了简要介绍。21世纪以来,促进学习者自主研究也呈现了新的需求和主题。2002年的国际应用语言学大会—语言学习者自主研究分会(AILA ReNLA)呼吁,要用创新的、解释性的研究方法来理解学习者自主和教师自主的复杂现象。Lamb(2017)指出,2014年的 AILA ReNLA 研讨会反映了学习者自主研究的五个主题。第一个主题是从社会文化视角重新审视自主如何体现在语言教学的合作式方法中以及自主如何促进社会化学习。第二个主题是对 Web 2.0 时代学习者自主的综合和理论研究。技术一直是学习者自主领域的一个焦点,早期研究主要基于正式的学习环境,如自助学习和远程学习项目等。数字媒体的快速发展和全球化趋势为非正式语言学习和使用提供了不断扩展和变化的机会,包括移动技术和游戏等数字工具。第三和第四个主题涉及如何在不同文化解构自主和促进有效教学,主要探索如何在发展中国家教学资源不足的情境下推行自主,或是教师自主。第五个主题是探索自主的空间维度,即探索学习者学习的空间是否为学习提供了机遇或限制了发展。

二、促进学习者自主理论

除了促进自主的实践以外,近年来,随着终身教育、民主的公民教育这样的理念在教育领域越来越显得重要,一些研究者从语言教学的角度总结促进自主的教学原则。

David Nunan 的模型基于五个假设:(1)大多数学习者开始并不是自主的学习者;(2)发展一定程度的自主学习能力是语言学习成功的关键;(3)可以通过教学干预来提高自主学习能力;(4)自主有程度的差别;(5)自主提高的程度因人而异(Nunan,1997:192-203)。基于这五个假设,Nunan 提出了自主能力发展的五个层次:

层次1——意识:这一层次的目标是提高学习者对具体任务目标、学习内容和学习策略的认知。

层次2——参与:这是基本意识和积极参与之间的中间阶段,在这个层次上,学习者要在不同的可能选项之间进行选择,例如不同的任务,但是"实际的任务本身不如选择的行为重要"(1997:198)。

层次3——干预:在这一层次上,学习者根据需要参与修正学习材料,如从书中调整材料,或简单地将任务添加到教科书中的练习中。

层次 4——创造:学生自己确定学习目标、内容和任务。因为这个层次较复杂,所以可以将它分解成若干步骤。Nunan 建议向学习者提供某种类型的材料,并让他们分组创建与之相关的练习,各组可以将他们创建的任务与其他组进行交换,并完成任务。

层次 5——超越:在这个阶段,学生超越了课堂,他们可以将现实生活中的语言使用与课堂上学到的东西联系起来,并最终在现实世界中使用他们在学校学到的东西。

Nunan 指出,这五个层次之间可能存在重叠的部分,而且学习者的能力常常在各层次间来回波动,因为自主不是一个稳定的状态,经常随时间而变化。他认为,每一层次都包含两个部分:体验内容部分(学习者所学的内容)和学习过程部分(如何学习)(Nunan,1997:194)。

Nunan 的模型似乎把自主看成是与语言学习同步发展的轨迹,但"自主会随着时间或学科、技能的不同而呈波动状变化"(Gardner & Miller, 2002:7)。

David Little 认为,促进自主的语言教学方法必须依据三个原则,即学习者投入、学习者反思和恰当的目的语运用(Little,2007:23)。学习者投入指教师要让学习者参与学习并承担关键决策的责任;学习者反思指教师应当指导学生对学习过程和学习内容的反思;恰当的目的语运用指目的语应成为教学活动的主要媒介,因为语言运用是语言学习的关键。语言学习自主和语言运用自主是一个问题的两个方面,任何一方运用的程度直接影响另一方。在 Little 看来,语言教学应提供学习者自主发展的"支架":(1)促进学习者实施对学习过程的抉择,如计划、选择学习内容和方法等;(2)通过支持学习者自我监控和自我评估,促进学习者反思;(3)尽可能为学习者创设真实的语言环境。Little 的这三大原则结合了自主能力和语言能力发展,模型表述简单、易操作,不足之处是缺少了测评元素。

Jiménez Raya, Lamb & Vieira(2007:58-66)提出了促进自主发展的九个教学原则:

(一)鼓励责任、选择和灵活的控制

教师应创设环境让学习者承担学习职责、决策并掌控学习过程。学习者对责任、选择和掌控的程度取决于他们对管理学习的准备度以及特定的教学环境。也就是说,可以选择教师导向法或学习者导向法。

（二）提供学会学习和自我调节的机会

教师应强化学习者的元认知知识和信念，提高他们的学习策略运用能力以及学习态度，以便有目的、有效地进行语言学习。通过鼓励学习者动机和学习潜力，有助于提高他们终身学习的能力，这种显性关注如何学的方法将提高学习效果。

（三）创设认知自主支持的机会

支持学习者反思学习需求、兴趣以及信念将提高学习者认知参与、学习动机和学习参与度。学习者的学习掌控与学习的心理投入有关。

（四）创设融合和显性的机会

学习任务应将提高交际能力与学习能力结合起来，即学习者在学习如何学中学习使用语言。应将语言教学法的必要性、目标和步骤明明白白地告知学习者，使之作为唤醒他们对课程开发的意识和引导他们参与课程开发的条件。

（五）提高内部动机

创设促进学习者学习的氛围是促进自主的关键。除了其他促进内部动机的因素，还有挑战、控制、责任、好奇、想象和合作等。教师反馈可能是一个重要的动机刺激因素。

（六）接受学习者差异并倡导多元化

学习者在兴趣、态度、知识储备、学习和认知方式、学习策略和节奏、动机以及情感方面均存在差异，教师应了解他们的差异并鼓励学习的多元化，提供不同的学习支持。

（七）鼓励行动导向

语言教育的行动导向就是让学习者完成大量有目的的任务，使他们提高交际能力及学习能力，关注学习过程，激活恰当的学习策略运用，监控和评估学习。作为语言使用者和学习者的自主需要尝试大量使用语言及学习策略。

（八）促进对话交互

促进自主教学法的目标之一就是在学习者之间或与老师进行有意义

的交互时增加他们的话语权。这就要求以变革为导向的交流,参与者协商教学进程,共同构建意义,构建一个更民主的教学氛围。在这样的氛围里,交互就是探索和对话,依照所有人的期望、兴趣和关注点而定。

(九) 促进反思性的探寻

促进自主的教学法需要反思性的职业发展以及教师指导下的实验性的教学探寻。这包括让学习者参与探寻,或提供他们机会分析学习经历。反思性探寻可以通过多种形式展开,如观察、反思性对话和描述性记录、问卷及访谈、自我评估和互评、档案袋及周志。探寻是评估和提高教学的基础。

Jiménez Raya 等三人的模型较全面,但在实际应用中很难全面实施或跟踪效果。

Sara Cotterall 和 Garold Murray 对日本某大学 400 名学生参与的独立学习项目进行了长达三年的研究,数据包括学习者的语言学习历史、学习档案袋、语言学习信念调查、课程评估、访谈和焦点小组座谈(Cotterall & Murray, 2009; Cotterall, 2017)。通过对这些质性和量化数据分析,Cotterall 和 Murray 发现,促进学习者自主的教学环境有五大可用性(affordance)。之所以用"affordance",Cotterall 给出的解释是,不同的人对相同环境下行动的机遇有不同的解读,所采取的行动也不同。在自我导向的学习课程中,affordance 就是学习者可在学习环境中感受到的交互机会,做出的行动或不行动的选择。这五个可用性分别为参与(engagement)、探索(exploration)、个性化(personalization)、反思(reflection)和支持(support)。"参与"指教育环境在多大程度上允许和鼓励学生参与学习过程。只有当学习者参与到学习过程,他们的自主能力才有可能发展;学习环境必须使学习者有机会进行真正的探索和扩展对他们来说至关重要话题的理解。也就是说,他们在语言学习中探索的问题不应该是微不足道的,而应是需要真实答案的真实问题;学习者需要在参与的活动中感受到个人的相关性。学习课程应采用开放式和以学习者为中心;要使学习真正产生效用,学习者需要反思已经做了什么、获得并发现了什么。没有反思,学习者在制订未来行动的计划时就不能评估他们过去的学习并从中获益;教师工作的一部分任务是预测学习者需要的支持,以帮助他们完成超出当前能力的任务。

Cotterall(2017)的模型与 Little(2007)的模型有较多相似之处,均强调了参与、反思,前者还增加了学习者探索和教师支持,不足之处是未能将语言学习和测评融入其中。

Everhard(2016)在综合前人研究的基础上,提出了语言学习中促进不同程度自主的模型。该模型包括无自主、低自主、中自主和高自主四个级别,分别涵盖四个维度:(1)学什么(内容、知识和技能);(2)为什么学(动机和环境);(3)怎么学(策略和过程);(4)学得怎样(反馈、评估和测评)。Everhard(2016)的模型最大优势是提供了不同级别较详细的指导方法,而且在模型中加入了测评和反馈这些重要元素,不足之处也是比较明显的:一是自主级别的设定过于教条,而且"无自主"的设定容易引起争议;二是涵盖的四个维度之间多有交集,如在"学什么"部分,实际描述的是"怎么学",比如怎样选择节奏以及谁确定学习材料等。

第三节 国内促进学习者自主研究

相比于国外,国内促进语言学习者自主研究起步较晚。但自2004年教育部启动大学英语教学改革项目后,相关研究迅速成为外语教学界的热点。在本小节中,我们将梳理国内现有学习者自主研究的发展脉络,从研究方法论的微观层面探讨已有研究的价值取向、研究路径、方法及不足,重点分析实证研究所采用的方法及存在的问题。

一、研究设计

(一)研究问题

(1)大学英语促进学习者自主研究的总体发展趋势如何?实证和非实证研究如何分布?

(2)大学英语促进学习者自主实证研究如何提出研究问题、实施干预、收集和使用数据?存在的主要问题是什么?

(二)概念界定

本书采用了Tavakoli(2012:189)对实证研究的定义,即"实证研究是基于证据的研究,依赖直接观察和实验,通过对数据的收集、分析和解释来回答研究问题或验证假设"。对于非实证研究,笔者在对收集样本阅读的基础上,进一步划分为"教学改革报告"和"思辨研究"。前者是基于直觉的教学改革描述性总结，后者则是通过对概念和命题的推理得出结论。

（三）数据来源及分析

大学英语促进学习者自主研究真正进入发展期是在《要求》颁布之后，故本书将统计时间起始节点设置为2004年。鉴于相关研究较多，研究的范围也将缩小到外语类CSSCI期刊文献。

本样本来自中国知网电子期刊数据库。首先，以"2004至2017"为检索期，以"CSSCI"为检索源，分别以"自主学习能力""学习者自主"和"自主学习"为篇名进行检索；其次，通过题目、关键词和摘要等筛选出69篇文献，阅读文献全文后剔除非研究范围文献32篇，获得有效样本37篇。文献收录的标准为：(1)研究限于全日制本科院校非英语专业的"大学英语"课程；(2)研究结论有与促进学习者自主对应的描述；(3)文献来自外语类CSSCI期刊。

经过对这37篇文献二轮阅读，确定20篇为实证研究，10篇为思辨研究，另7篇为教学改革报告。对样本的研究总体趋势进行描述后，对实证研究类型、问题、设计、工具和统计分析五个方面制作编码手册，据此对样本逐项编码分析。

二、结果分析

（一）研究发展趋势

图2.1显示的是2004-2017年大学英语促进学习者自主实证研究、教学改革报告和思辨研究历时趋势的对比折线图。可以看出，这一时期的研究分为三个阶段。2004-2008年间，实证、教学改革和思辨三类研究在数量上"平分秋色"（各5篇），而且非实证研究占主导地位。这一特征反映了大学英语教学改革初期的状况。2004年，教育部颁布《要求》后，在全国选取了180所高校率先启动改革试点工作。因此，这一阶段研究主要是探讨促进学习者自主的可行性或分享教学改革经验。

2009-2011年间是实证研究的高峰期（11篇），而非实证研究比例锐减（仅3篇）。这一演变轨迹一方面反映了我国外语教学研究范式正从经验走向科学，另一方面也与当时背景有关。2006年，教育部办公厅发文要求全面实施大学英语教学改革。由此，全国高校掀起了一场轰轰烈烈的大学英语教改活动，其最明显的特征是"建立以计算机网络技术为支撑的英语教学新模式，重视培养学生的听说能力和自主学习能力"（王守仁，2011：1）。实证研究的高潮期之所以出现在2008年后，是因为实证研究

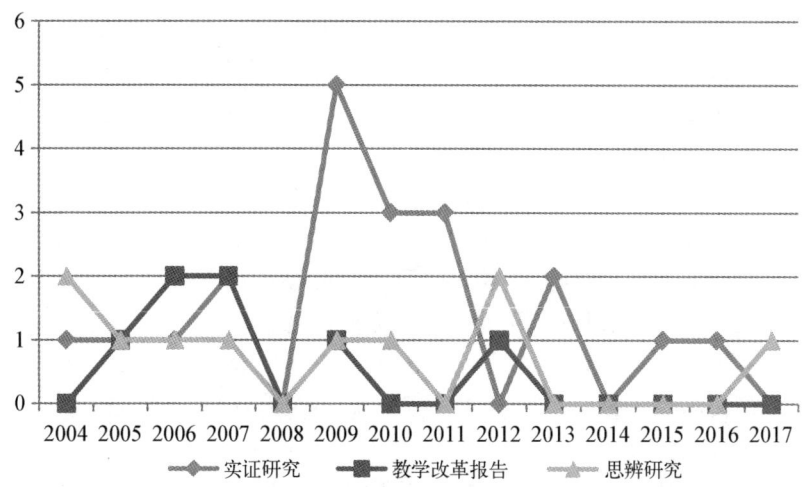

图 2.1　2004－2017 年促进学习者自主研究历时趋势

一般需要 1－2 年的研究周期。

2011 年之后,实证和非实证研究在数量上均逐渐减少,实证研究仅有零星的 4 篇,非实证研究总共 4 篇。这一结果表明,促进学习者自主研究出现了高原现象。

综上所述,2004－2017 年大学英语促进学习者自主研究的三段式发展特征明显。2004－2008 年间,以教学改革报告和思辨研究为主。2009 年后,研究范式转向实证研究为主,而且研究数量激增。但 2011 年后,实证和非实证研究都大幅度下降。

(二) 实证研究分析

1. 研究方法

所收录样本的研究目的是如何促进学习者自主,此类实证研究回答的是干预如何发生作用及为什么发生作用。故实验研究、案例研究以及行动研究皆是可选的方法。本样本 20 篇实证研究文献中,19 篇采用了实验研究的策略,1 篇(林莉兰,2015)采用了行动研究的方法。这一结果说明,实验研究受到了广大研究者的青睐,但也反映出研究方法单一的问题。

鉴于林莉兰(2015)在行动研究中融入了实验研究设计,本书仍将这篇文献纳入后面的统计和分析范围内。

2. 研究问题

实验研究的目的就是验证变量间的因果假设,在本样本中就是验证促进自主的干预措施与自主学习能力间的因果关系。研究问题或假设是研究过程的逻辑起点。好的研究问题应至少体现两个层面的内容：(1)明确阐述变量间可能的因果关系；(2)有假设或问题的前提，即研究的理论或经验支撑。

本书对"变量关系说明"指文内以假设、问题或陈述表述的因果变量关系。分析发现，35%的样本在文献中未呈现因果变量关系，35%的样本无因果变量关系提出依据，表明这些研究的假设形成或问题提出偏主观。笔者发现，一些文献以研究目的替代研究问题或假设，而且没有因果变量说明。在提供变量关系来源的文献中，多数（60%）是以验证理论为目的，另有1篇文献在调查的基础上，提出研究假设，预测因果变量间关系。

3. 研究设计

研究设计的目的是最大化地提升研究效度，换句话说，就是控制实验条件，确保自变量和因变量间的因果关系，从而保证研究质量。在准实验设计中（尤其是教育研究中），由于样本无法达到随机分派的条件，提高实验效度尤其重要。实验效度分为内部效度和外部效度。内部效度关注的是因变量的变化是否确实由实验干预所致，而外部效度关注的是可证明的效果能在多大范围内推广（Cohen et al., 2005: 126）。

本样本全部采用了准实验设计。在这样的设计中，研究者可以通过操纵自变量和控制额外变量来提高研究的内部和外部效度。自变量的操纵涉及制定自变量的操作化定义，确定干预的呈现方式和边界范围。操作化的过程是将不可观测的理论概念转化成可观测的具体指标，描述用什么客观指标反映自变量。它是决定干预措施是否指向自变量构念、是否得当的重要环节。因此，自变量的设计应和理论层面的构念对应，要有来源依据，在操作层面上，要具体和可操作（DeVaus, 2002）。

表2.5显示，本样本的干预主要围绕教学模式和策略培训展开。10篇文献（50%）以教学模式为主要干预方式，主要依托：(1)基于计算机或网络的自主学习与课堂教学相结合的模式；(2)教学活动设计；(3)教师指导等开展干预。部分研究由于自变量操纵内容过多，描述较笼统，无法确定干预的边界范围及各自变量的作用。策略培训则主要针对制订学习计划、监控学习过程、反思和评估学习结果的元认知策略展开，也有个别文献以认知学习策略或学习策略展开。相比教学模式干预，策略培训在范围上更便于操纵。但在7篇策略培训文献中，仍有4篇文献未描述干预的具体步骤，因而无法知道干预怎样展开以及是否与理论构念一致。除此以外，另3篇文献分别选择了档案袋评估、行动研究和课外合作学习为

干预手段,为大学英语促进学习者自主研究呈现了不同的研究视角。其中,肖武云、曹群英(2009)以档案袋评估为视角,通过学生收集成果证据和反思学习效果、教师反馈等方法对促进学习者自主做了有意义的尝试。遗憾的是,作者对所收集学生成果的标准、质量定义和反馈依据等核心要素未做说明。

表 2.5 国内相关文献的自变量操纵方式及存在的主要问题

	教学模式	策略培训	档案袋评估	行动研究	课外合作学习
数量及占比	10(50%)	7(35%)	1(5%)	1(5%)	1(5%)
提供操作化定义文献占比	15%	20%	0	5%(行动研究无预设的自变量,干预手段来自行动研究过程)	5%
有操纵内容或步骤说明占比	50%	20%	5%	5%	5%
主要操纵内容	①课堂+计算机网络自主学习模式;②教学活动设计;③多种教学模式混合;④学习资源;⑤教师指导;⑥学习环境等。	①元认知策略;②英语学习策略等。	①需求分析;②档案袋入门;③收集档案袋成果及反思任务;④交流和展示成果;⑤教师反馈。	①制订自主学习大纲;②撰写学习日志;③开展教师反思性教学及行动研究。	①确定学习主题;②实施小组活动;③开展自我和同伴测评。
操纵依据来源及占比	理论或《要求》(20%)	①问卷调查;②理论(30%)	文献(5%)	行动研究结果及理论(5%)	理论(5%)
存在的问题点评	①干预方法较宽泛,边界范围不清晰;②以语言教学活动替代自主学习能力干预。	①干预措施层次不清,②干预描述简单或无描述,无法看出怎样展开策略培训。	测评的关键要素缺失。		

从表2.5可以看出,85%的文献(除3篇文献外)都较详细地描述了干预措施或操作程序,但55%的文献未提供自变量的操作化定义,35%的文献未提供干预的来源依据。由于缺乏严肃的文献研究或预实验以及自变量的操作化定义,多数文献存在三个方面问题:(1)自变量属性层级设定混乱,如将"监控学习能力"与"学习策略"、"自我学习效能"与"动机"本应属于不同层级的构念放在同一维度,或混用"元认知策略"和"动机"两构念;(2)干预措施边界不清,模棱两可;(3)将语言教学等同于自主学习能力干预。自变量的选择不当无疑威胁研究的内部效度,甚至导致研究结论无意义。

在准实验研究中,对额外变量的控制主要依靠实验设计。经典的准实验设计是不等控制组设计,即:(1)确定实验组和对照组;(2)对因变量的前测来确定两组原有水平无差异;(3)实验处理;(4)实施因变量后测(DeVaus, 2002: 48)。单组设计则通常采用时间序列设计或相等时间设计,前者指通过一组被试处理前后一系列测量的分数变化来观测处理的效果,后者指采用两个相等的时间样本,前一个有实验干预,后一个无实验干预,通过系列处理和测量来观测处理的效果(桂诗春、宁春岩,2002: 281)。

表2.6是本样本的准实验设计情况。因本文探讨的是样本如何实施自主学习能力干预,故此处"前、后测"仅指对受试自主学习能力的前后测,不涉及其他变量测量。表2.6显示,80%的文献采用了实验组和对照组设计,但只有45%的文献实施了前、后测,这在一定程度上控制了抽样非随机所带来的分组偏差。另35%(7篇)的文献虽采用了不等控制组设计,但由于无前测处理,难以排除两组在实施干预前就存在差异的可能。值得注意的是,这7篇文献中,有6篇文献以学生考试成绩作为前测。在这样的设计中,断言因变量和自变量存在因果关系是不可靠的。本样本20%的文献采用单组实验设计,均无定期的系列测量或处理,也难断定因变量和自变量的因果关系。

表2.6 国内相关文献的准实验干预设计

双组前后测+无关变量有效控制	双组前后测+无关变量部分控制	双组前后测+无关变量无控制或无说明	双组后测	单组多次处理测量	单组单次处理测量	单组后测
5(25%)	1(5%)	3(15%)	7(35%)	0	2(10%)	2(10%)
45%			35%	20%		

虽然45%的文献在形式上采用了经典的不等控制组设计,但只有25%的文献对其他额外变量(如教师、教材、测试等)做了有效控制,在一定程度上提高了变量因果关系推断的可靠性。

4. 研究工具

促进学习者自主研究的核心问题是回答干预是否发生作用,这就涉及自主学习能力测评工具的选择。科学、可靠的测评工具可以避免对事实真相的歪曲和误解,提高研究成果的学术价值。

本书对数据收集方式的界定主要看论文在结果讨论部分是否有数据与学生自主能力发展描述对应。笔者发现,50%的样本完全依赖问卷调查数据,另40%的文献采用问卷调查为主,辅以访谈、学习日志或课堂观察来收集数据。2篇文献(10%)以问卷、访谈和学习日志为测评工具,较合理地使用了定量和定性分析方法。总的来看,本样本主要采取量化数据支撑结论,量表是其主要的研究工具。

本研究的因变量—自主学习能力是一个无法直接观察的理论构念,而"给定的量表在多大程度上反映了该理论构念"是影响研究结果的另一关键属性(Bhattacherjee,2012:37)。量表的开发必须经过心理测量学的验证,满足测量学的信度和效度两个质量标准。信度指量表对某一构念测量的一致性和可靠性程度,也就是量表在重复测试后产生"近似"相同分数的能力;而效度指量表在多大程度上准确地测量了想要测量的构念(Bhattacherjee,2012;DeVaus,2002)。量表的信度和效度检验需经过理论和实证评估。在理论评估阶段,要对构念进行概念化和操作化,实施内容效度检验。概念化就是将模糊的、不准确的构念及其组成部分进行具体的、准确的定义。操作化就是确定衡量构念的具体指标。实证阶段则需在收集数据的基础上进行因子分析来评判新建量表构念效度(Bhattacherjee,2012:63-64)。

本样本的20篇实证研究文献中,15%的文献使用已发表的量表,而85%的文献采用自编量表。表2.7显示的是17篇文献的自编量表情况,主要存在三个方面的问题。第一,对新编量表的理论评估重视不足。仅8篇文献提供了因变量概念化定义。5篇文献提供了因变量的概念化和操作化定义,但笔者发现其中2篇文献的量表实际维度与其操作化定义不符。9篇文献既无概念化也无操作化定义。从表2.7可以看出,自编量表的维度涉及动机、信念、态度、管理学习的能力、学习策略等诸多构念,说明一些量表对自主学习能力的解释偏差较大,未能紧扣自主学习能力内涵。理论评估的缺乏会导致测量指标选取的随意性。笔者发现,2篇文献将学生对自主学习模式的感受等同于学生自主学习能力，也有文献将学生对自主的态度、信念和认识用于测量自主学习能力，或将环境这一自变量理解为因变量，还有文献将学习策略问卷用于测量自主学习能力，即能恰当使用学习策略的学生就是自主性强的学生。但"迄今为止，这种推断在最好的策略研究中未得到证实"（Little，2000：23）。

表2.7 国内相关文献的自编量表情况

	概念化定义	操作化定义	维度说明	题项说明	测量学报告
数量及占比	8(47%)	5(29.4%)	13(76.5%)	4(23.5%)	6(35.2%)
主要内容/备注	①承担学习职责的能力；②独立的、批判性思考，做出决策并实施独立行动的能力；③学习态度和能力等。	①确定学习目标、制订学习计划、决定学习内容和节奏、选择学习策略、监控学习过程和评估学习效果；②自主学习动机和对学习管理、学习内容和学习行为的掌控等。	①学习策略运用；②学习观念；③对新模式的态度；④学习过程监控能力；⑤自我反思和测评能力；⑥学习动机；⑦学习计划能力等。	围绕计划、学习策略、自我测评、反思、观念和对自主学习模式的看法展开，部分单个题项测量的却不止一种潜在特质。	4篇文献提供了量表信度数据，2篇文献提供了简单的信度、效度数据，但其中1篇效度数值有误。

第二，对新编量表的质量数据重视不足。仅有1篇文献提供了简单的量表信度、效度报告，另1篇文献虽有信度、效度数值，但存在着明显效度数据信息错误。另有4篇文献仅提供了信度报告。其他文献是否经过了测量学验证，却无从得知。

第三，对量表题项的重要性认识不足。由表2.7可知，13篇文献未提供量表题项内容。可重复性是实验研究区别其他研究的本质特征，正是这种可重复性才能解释变量间的因果关系。缺乏题项内容描述，无法判断量表指标、维度与构念的联系，影响了研究的可推性。

上述结果显示，本样本的自编量表多缺乏系统的方法学研究，对自主学习能力操作化定义、指标选择和组合存在一定的主观性，缺乏足够的理论支撑和实证验证，能否测量"自主学习能力"受到质疑。

5. 统计分析

统计结论效度"检验的是由统计方法推导出结论的有效程度"(DeVaus, 2002: 37)。在因果关系推论中,统计结论效度指正确使用统计方法解释研究结果的程度。

本样本的实证研究文献多数能正确地使用统计方法,即双组采用独立样本 t 检验、单组采用配对样本 t 检验来进行从样本到总体的概率性推论。可能是限于篇幅,多数文献未提供是否满足独立样本 t 检验条件的说明。除了 t 检验,多数文献较少呈现其他数据。在准实验设计中,由于无法随机选取受试,实验的内部效度受到影响,仅靠统计结果的显著性来推断实验假设成立有可能影响研究结论的有效性。笔者还发现,有 4 篇文献仅用了描述性统计数据来解释干预的效果,而另有 1 篇文献在统计分析双组前后测数据时,误用了配对 t 检验。

推论统计的可靠性还受样本容量的影响,过大或过小样本统计出来的显著性水平推论有可能是不可靠的。本样本个别文献样本容量达到 500 人以上,但未提供进一步检验来说明样本是否影响统计结论。

总体而言,大学英语促进学习自主实证研究以量化研究和准实验设计为主,在理论构建和研究方法的改进方面仍有较大提升空间。

三、研究不足及后续研究方向

在过去的 15 年里,大学英语促进学习者自主研究在研究范式上实现了从思辨和教学改革描述性报告向实证研究的转型,但近年来,有关研究在数量上严重滑坡。研究方法缺少规范、研究内容缺乏新意可能是制约相关研究发展的瓶颈。总的来说,大学英语促进学习者自主实证研究仍处于发展的初级阶段,在研究的方法和文献的结构布局方面,仍可看到直觉的教学研究痕迹。长期的公共基础课教学定位以及缺乏教育统计学和实证研究的方法论训练可能是造成这一局面的重要原因。

未来研究要取得突破,需要解决以下问题:

第一,加大实证研究比例。虽然思辨研究和教学改革报告在自主研究的初级阶段是必要的,却无法观照深层机理。促进学习者自主研究要向纵深方向发展,必须依靠大量的实证研究,用科学化和规范化的程序,探索大学英语自主学习能力培养路径。只有这样,发展学生自主学习能力的大学英语教学目标才不至于陷入曲高和寡的尴尬境地。

第二,实现多元研究范式共存的局面。后续研究要合理利用定量和定性数据来交叉验证变量间的因果关系,提升研究结论的有效性,也要重视质性研究,利用好质性研究对情境性的因果关系解释功能。

第三,重视理论构建。实证研究的前提是提出新的理论假设或验证已有理论假设。"没有理论的假设检验通常是临时构建的,可能是不合逻辑且没有意义的"(Bhattacherjee,2012:92)。未来研究在自主学习能力及自变量的界定、操作化定义的确定、指标的分解以及逻辑关系确定方面应建立在充分研读相关理论文献的基础上。学习者自主是一个复杂、不断发展的构念。在学习者自主理论发展的这50年里,不同学者从不同角度阐释自主的概念及内涵,并不断赋予其新的定义。后续研究应将最新研究成果融入理论构建中,准确把握好自主概念的内涵和外延,在自主学习能力及干预措施间建立有逻辑的联系。

第四,提高实证研究的规范性。研究设计考量的是逻辑而不是安排问题。研究设计未给予重视,研究结论通常缺乏说服力,无法回答研究问题(DeVaus,2002:9)。后续研究应从方法论的角度梳理自变量和因变量的逻辑关系,实现对自变量的操纵和对额外变量的控制。要重视研究设计的内部和外部效度,提高数据的说服力。

第四节 问题与启示

在过去的50年间,学者们从不同角度选择了不同的切入点来解析语言学习者自主的内涵。自主的不同定义使得自主在语言教学的应用中充斥着诸多不确定的成分。虽然一些学者使用一些其他语义标签的词来指代"自主",但学界普遍认为,自主是目标,而独立学习、自我导向式学习、自我调节式学习和自助式学习是促进自主的方式。

早期的学习者自主定义映射出不同学派的视阈,尽管这些理论从不同侧面揭示了学习者自主的某些特质,但因存在局限而遭到质疑。比如说,自主的"环境说"将自主学习理解为完全脱离教师或学校的活动,模糊了教师及教育的基本功能。"能力观"过分强调了学习者对学习全部过程的决策能力而显得太理想化,较难在现实中寻觅这样的学习者;"政治观"或是过分强调个人权利,在课堂教学受教学大纲限制的情况下,"较难在学校体系内推行"(Lennon,2012:30);或是过分强调文化适应性问题,而限制了其推行的范围。"心理说"虽然从一定角度阐释了学习者自主理念,但学习者自主并不仅仅意味着积极的心理。这些激进的观点强调的是学习者不受任何外部制约,能够决策学什么、怎么学及何时学,反映了当时教育者"拒绝传统课堂,引进全新学习方式"(Allwright, 1988: 35)的变革思想。但这些观点因为过于激进,将自主描述成不受任何外部条件限制的理想化目标,从而限制了自主作为教育最终目标的广度。

  如果说早期的自主理论以激进、打破传统和教学变革为特征,那么当下的最新研究成果则体现为以更加切合实际的方式解读自主。首先,自主可以有不同的程度,这意味着自主并不一定是对学习过程的完全掌控——实际上完全掌控也是做不到的,是理想化的目标。自主可以是从部分自主向完全自主发展。在促进学习者自主的实践中,我们可以根据研究群体的自主准备度(readiness for autonomy)选择教师导向或是学生导向的方法。其次,在不同的环境或不同的文化,自主有不同的表现方式。东方学习者与西方学习者的自主表现形式可能有所不同,解析自主必须情境化。上述自主理论的发展,极大地拓宽了自主作为教育目标的广度,使原先遥不可及的目标变得触手可及,对语言教学的意义是:(1) 教育干预能使自主理念成为课堂现实;(2) 我们应根据特定环境的学习者的特征和需求解析自主的涵义去设计促进学生自主发展的方法。最后,学习者自主模型以整合的观点解析自主,试图还原自主的全貌,这也进一步说明,自主不是单维度构念,不应"持一种观点,而反对其他观点"(Oxford, 2003: 90)。

  已有研究分歧的焦点反映在以下几个方面:(1) 自主究竟是指个人特质还是指环境;(2) 自主是行为、心理还是能力;(3) 自主是具有个体性还是社会性;(4) 自主是具有政治性还是与政治无关;(5) 自主是语言学习能力还是语言使用能力。这些看似二元论的问题,也进一步说明,自主"不是单个、可描述的行为"(Little, 1990: 7)。学习者自主是"一个复杂和动态的构念,与其他复杂的思想、政治、社会、认识论和教学构念(如信仰、依赖、独立、相互依赖、身份、知识、动机、政策、情境性和二语习得理论)交织在一起,语言学习者自主没有单一的操作化方法"(Lamb, 2017: 181)。

  从上述对已有学习者自主研究综述不难看出,在过去的50年间,国外促进学习者自主研究的理论和实践成果较为丰富,视角和研究方法较为多元。理论研究方面,Nunan(1997)、Little(2007)、Jiménez Raya et al. (2007)和Cotterall(2017)分别从不同视角探讨了促进学习者自主的教学原则。实证研究方面,我们按照Benson(2005)对促进学习者自主方法的划分，分别从基于资源、基于技术、基于学习者、基于课堂教学、基于课程和基于教师的方法六个主题介绍了国外研究的现状，也简要描述了近年来学习者自主研究的五个主题。毋庸置疑，这些方法对我们开展大学英语促进学习者自主研究具有一定的启发和指导意义。国外促进学习者自主实践虽然成果丰富，但研究主要局限在具体的微观层面上，虽然操作性较强，但适用的范围较窄，因而较难取得"普遍参照"的价值。从另一方面讲，自主是环境变量，不同文化、不同年龄的学习者自主的程度或表现形式不同，对教师的依赖程度也不同。促进学习者自主研究不应脱离实施自主的环境因素（如文化环境及学习者的水平等）来评判其实施效果（Benson, 2005：177）。虽然学习者自主可作为有效的教育目标运用到不同的文化，但作为指导思想，学习者自主的推行需要不同的方法以满足不同环境的约束条件（Smith, 2008：396）。比如说，学习者训练以及其他试图将学习者放入预先设定的"理想的自主学习者"模式的做法有文化入侵之嫌，即将西方的价值观强行移植到其他文化。促进学习者自主研究的起始点应是对特定研究环境的分析，如促进学习者自主研究是在怎样的环境下展开、学习者对自主是接受还是排斥、学习者是否具备了一定的自主学习能力、教师及教育体制对自主是否支持等，这些问题都是我们在实施促进学习者自主干预前需要考察的前置条件。

其次，"走向自主是一段崎岖的旅程，矛盾、不确定性和冲突都是需要预料和克服的障碍……没有一种特定的方法可以保证能促进学生自主，但有一般的方法可指导人们确定学习内容和塑造学习过程"（Everhard, 2016：548-550）。因此，我们需要梳理现有促进学习者自主的重要文献，找出推行学习者自主的关键要素，结合对实施条件的分析，构建促进学习者自主的模型。

从现有促进学习者自主的理论（Little, 2007；Jiménez Raya, Lamb & Vieira, 2007；Cotterall, 2017）以及促进学习者自主实践的文献中，我们不难发现一些出现频率较高的关键词，如学习者参与决策、创设自主的学习环境、促进学习者反思和促进对话交互或提供学习支持等。很显然，在促进学习者自主的实践中，我们需要一个黏合剂，将这些自主的关键要素黏合起来，而 Biggs（1999）的一段论述无疑给本研究以重要的启迪。Biggs（1999：1）指出，除非自主被公开重视，并将教、学和测评有效地结合起来，否则，我们生活中的自主很难转移到教育环境中。事实上，当我们梳理现有文献时，仍然能发现一些学者（尽管为数不多）在不同程度上强调了测评与自主的关联。Leslie Dickinson 将自主视为"态度"和"能力"

(Dickinson, 1987: 166)。他指出,要提高这种态度和能力,学习者必须能够评判自己学习的成效和决策自己的学习。David Boud 也认为,自我决策是促进自主的关键因素,尤其要关注学生参与测评,以教师为中心的测评方式绝不可能促进自主(Boud, 1981: 25)。但 Boud 指出,自我测评不能简单地理解为自我评分,"应让学习者'超越当前语境',通过增加学习者的'自我认识'和'自我理解'来促进学习者的发展"(1988: 20)。Boud 在后来的著作中进一步强调,"高等教育的教学应重视学习者的参与,将学习者纳入学习测评过程中……这样的结果可能是毕业生无须求助他人而能监控和评判自己的成果,并能承担起决策和行动的责任"(Boud, 1995: 14)。

但如何利用测评这一黏合剂,打通"自主"和"测评"之间的通道仍需我们梳理现有文献,厘清两者的关系,从中发现突破口。

本 章 小 结

本章我们梳理了语言学习者自主的主要定义,介绍了现有促进学习者自主实践的主要研究方向以及促进学习者自主理论,分析了国内现有促进学习者自主研究的不足。通过对已有成果的分析,初步确定了本研究的重点和方向,即:以测评为黏合剂,将促进学习者自主的关键因素(如自我决策、反思、自我测评、互动交流等)融为一体。

第三章

学习者自主：测量、测评与档案袋测评

语言学习者自主和测评的关系涉及两个方面：(1) 自主如何测评；(2) 测评对自主有何作用或影响。自20世纪80年代末起，西方学界的教育测评研究取向出现了新的特点。原居于主流的教育测量和测试范式受到了强有力的挑战，以新的方法论为基础的测评文化逐渐从边缘走向中心。这一测评文化的转向不仅影响了自主的测评方式，也被认为是实现促进学习者自主的途径。本章第一、第二节介绍始于20世纪80年代的教育测评范式的转向，综述在这背景下学习者自主从测量到测评研究范式的转变；第三节将介绍档案袋定义和分类，分析档案袋与促进学习者自主之间的联系；第四节将综述国内外基于档案袋的促进学习者自主研究；最后将总结本章主要内容以及已有研究对本研究的启示。

第一节　教育测评的基本概念

本节将介绍测评的一些基本概念及要素,以便理解学习者自主的测评文化转向。

一、测评的基本概念及要素

在有关测评的文献中,经常出现一些术语(如 measurement、assessment 和 evaluation)混用的情况。Measurement(测量)指运用规则或计分量表对物或人的特征给予量化的描述(Brookart,2005:5)。建构测量社会科学变量的工具需要遵循一些步骤,如给予行为概念化和操作化定义,提供描述行为的题项,在一定样本中测试题项,根据题项分析结果,修改题项,再进行信度和效度分析(William & Young,2006:3)。Assessment(测评)通常被认为比 measurement 和 test(测试)更加全面,既可有量化数据,也可有质性数据,其目的是提供学生学习反馈,为教学决策提供支撑,或为学生提供学习建议(Brookart,2005:6)。"教育领域里很多社会现象无法直接测量,但可以实现测评"(William & Young,2006:3)。Evaluation(评估)指在决策环境下对测评信息的价值解读或对收集数据结果的评判(Berry,2008:6),通常用于对课程项目的评估。本书聚焦于如何通过测评提供教学反馈,促进学生自主学习能力的发展,故而本书内容主要涉及测评。

Falchikov(2005:1)认为,测评涉及七大核心问题。第一个问题是"为什么测"——这不仅涉及测评的目的,还涉及谁使用测评信息。"一个核心的问题就是测评目标有助于提高学生的学习"(Falchikov,2005:2)。测评根据目的可以分为终结性测评和形成性测评。终结性测评是课程结束时对学生表现的测评,主要用于判断或证明学生在多大程度上达到了课程目标。在形成性测评中,测评结果用于提供教师和学生的反馈,提供学生后续学习和改进教学的有价值测评信息。但形成性测评和终结性测评之间的界限未必十分清晰(Yorke,2003:479)。一些测评可兼具形成性和终结性的目的。假如一个提供学生是否通过考试的终结性测评使学生得到后续学习的经验,那么这个终结性测评同时也是形成性测评。

第二个问题是"怎么测",涉及一些相互冲突的测评模式,如量化或质性测评、过程或成果测评、连续测评或终端测评、内部测评或外部测评、收敛测评或离散测评、个别测评或普遍测评以及突出测评或非突出测评。量化测评主要采用的是测量方式,通过数据分析得出结果。质性测评关注学习过程,采用标准参照体系,通过描述或评定目标与学生表现的吻合度来进行测评。过程测评注重学习过程中不同信息的收集,而成果测评关注的是最后的成果,如传统的考试。连续性测评指测评活动是经常性的,而终端测评指课程结束时的测评。内部测评指测评的范围仅限于某所学校,外部测评的范围不仅限于某所学校。收敛测评指测评有明确的答案,而离散测评可能有多个不同的答案,主要测评参评者的创造力和解释力。个别测评的方法能够"捕捉某一现象的复杂性和多样性,但基于小样本得出的结论未必具有普适性"(Falchikov,2005:7),如访谈和学生日记。普遍测评的数据采集范围较广,因此,基于这些数据的结论往往被认为更有效度。突出测评或非突出测评指参评者是否知道他们在参加测评。

第三个问题是"测什么"。测评的内容可以是研究报告或小论文,也可以是过程表现或成果,在测评的方法上也存在较大差异。我们将在下面的相关小节中专门介绍。

第四个问题"何时测"指的是用终结性测评还是形成性测评获得测评信息。

第五个问题是"谁是测评主体"。Falchikov(2005:27)将测评分为:(1)教师测评;(2)自我测评;(3)同伴测评;(4)计算机测评;(5)雇主测评。

第六个问题是"测评有何效果"。衡量测评效果的最重要的两个指标是测评的信度和效度。信度指测评结果的一致性或稳定性,效度指测评的手段实现测评拟测构念的程度(Falchikov,2005:29)。

最后一个问题是"如何利用测评信息"。Falchikov(2005:31)认为,如果我们想要把最好的学习体验呈现给学生,就需要利用已了解的测评结果去规划更好的教学方式。

"在这七个测评核心问题中,测评的效果无疑是最重要的"(Falchikov,2005:245)。

二、教育测评范式的转变

20世纪80年代末,北美的公共教育开始转向重视教育的目的和意义,转向以标准或成果为基础、以表现为导向的教育体系。在这样的体系中,所有教育的最基本目的就是学生学习,而所有评估的主要目的都是以某种方式支持这种学习。这种变化涉及不同的教学和学习过程,"它改变了教育工作者对学生能力、学习本质、学习质量以及学习证据的看法"(Davies & Le Mahieu, 2003:141)。知识转移范式的主导地位明显降低,取而代之的是以学习过程为中心的教学模式和以学生能力发展为基础的教育模式。

以学生能力发展为目的的教育聚焦于学生的认知能力、情感能力和交际能力以及学生综合技能和复杂技能的发展,着眼于培养学生成为终身学习者,以适应未来世界无法预测的知识和能力需要。实现上述目标需要将测评聚焦于学习过程,将测评的重点放在为什么学以及如何用获得的知识来解决复杂的、现实生活中的问题。理想的情况下,测评不再聚焦于测量传统测试中知识的再现,而是演变为一个涉及各种测评方法的过程,测评的重点放在意义的构建是否发生。这意味着测评应该是有意义的、真实的和具有挑战性的。在这样的背景下,传统的测量方式受到了质疑和批评,越来越多的人意识到传统的、基于课堂的教学和考试无法实现这样的目标。

一些教育学家开始讨论如何使测评适应教育的新要求,并由此带来了测评取向的转变(Black & William, 1998; Broadfoot, 1996)。这些转变体现在测评的目的、方法和评分方式上。

(一) 测评的目的

测评以往"被分为终结性测评和形成性测评"(Brown & Knight, 1995:15)。随着测评文化的转向,人们将测评的功能分为学习成果测评(assessment of learning)、促进学习测评(assessment for learning)和测评即学习(assessment as learning)。

"学习成果测评"的目的是确定学习者是否获得足够的知识和技能,是对学习者成绩的总结性测评。学习成果测评深受行为主义理论的影响。行为主义认为,学习是刺激与反应之间的联接,复杂的行为可分解成若干简单的部分,这些部分可以通过强化来学习。根据行为主义理论,要在某一方面胜任,就必须学习许多不同的模块,每一个模块最终都应被测试。只有成功完成了低一级模块的学习,才能进入高一级模块的学习。在行为主义理论的影响下,测评采取简单化的方式,即将全部的知识和技能看作单个的知识技能的组合(Lambert et al., 2011:478),测评的目的就是检查学生是否达到确定的要求,通过对比预设学习目标与学生的最终表现形成判断(Berry,2008:9)。

行为主义理论因为忽略学习中其他关键因素,如认知和心理对学习的作用而招致批判。早期行为主义理论的缺陷使得一些理论家试图寻找新的答案(Berry,2008:9)。20世纪末,教育测评中一个最强劲的新兴主题就是越来越强调探索、理解和利用测评方式对学生学习的巨大影响(Black et al.,2003)。也就是说,测评工具不仅仅是评定成绩的指标,而且是促进教学的催化剂。人们已经认识到测试对课程的负面反拨效应,所以主张建立课程目标与测评方式之间的联系。建构主义理论很快引起关注。建构主义承认学习者的积极作用,并且认为学习者能确定自己的学习。根据建构主义理论的观点,知识由学习者根据自己经验积极构建。建构主义理论指导下的测评目的就是理解学习者如何学习,明白学习者能做什么和不能做什么以及决定如何帮助学生学习(Berry,2008:10)。

与此同时,教育实践中的形成性测评对学生学习的强大激励作用加速了西方教育的测评转向促进学习测评(或以评促学)(assessment for learning)的文化。1998年,Paul Black和Dylan William通过对681篇发表在1988-1997年间有关教学测评的文献研究,写出了具有标志性的文献"Assessment and classroom learning"。这篇文献以及他们同年发表的另一篇文献"Inside the Black Box"对英国的学校教育产生巨大影响,不仅描述了形成性测评对学习绩效的影响,而且还描述了形成性测评的一些特点。Black和William的论述"使人们了解了测评在学习过程中的作用"(Lamb,2010:99)。继Black & William(1998)两篇论述发表不久,英国一些教育机构在课程大纲中正式采用了"促进学习测评",以替代过程性测评。英国测评改革小组颁布了促进学习测评的10大策略,从而将英国教育体系内的注意力吸引到促进学习测评的实践中。

与"学习成果测评"关注收集学生获取的知识和能力证据不同,"促进学习测评"的设计和实践的首要关注点是以促进学生学习为目的(Black & Jones,2006;William,2009)。英国教育与技能部(Department of Education and Skills)2004年对促进学习测评的特征做了如下描述:(1)与学生分享学习目标;(2)让学生知晓拟实现的学习目标;(3)让学生参与同伴和自我测评;(4)提供学生下一步学习方向的反馈以及如何学的反馈;(5)提高学生学习的信心;(6)让教师和学生参与反思性测评(引自Lamb,2010:100)。

William & Thompson(2007)在大量文献研究的基础上,构建了促进学习测评的理论模型。基于 Arkalgud Ramaprasad 于 1983 年提出(转引自 William & Thompson, 2007)的教学三个关键过程,即:我的目标是什么?我现在的状况是怎样?我怎样缩小目标和现状的差距?Dylan William 和 Marnie Thompson 提出了五大策略:(1)明确并分享教学要求及测评标准;(2)学习场景设计应有助于获得学生成果的证据;(3)提供建设性的反馈;(4)激活学习过程中学生之间的资源利用;(5)让学生成为学习的主人。

虽然文献中"促进学习测评"与"形成性测评"有时混用,但一些学者认为两者是有区别的。形成性测评只限于短暂的微总结性的测评,再根据结果进行修正。Stiggins(2002:761)认为,"促进学习的测评虽然有经常性的测试或将测评结果反馈给教师以便改进教学,但促进学习测评远不止于此。我们现在理解的促进学习测评是将学生融入测评的整个过程。"

认知科学的最新发展使人们的测评观又有了新的变化。元认知理论将人类学习比作计算机处理信息,包含了选择、理解、储存和检索信息的四个阶段编码过程。元认知策略指学习过程中的计划、监控和评估,是学习者用来组织和管理学习的方法。也就是说,学习者成为测评信息的使用者,运用测评承担学习职责,改进自己的学习。

元认知理论指导下的测评观以培养学生成为自主学习者为目标(Berry, 2008:10)。学习者需要了解课程学习的要求,在学习过程中监控并测评自己的学习,通过获得的测评信息来调节自己的学习,去实现预定的目标。这种测评观强调学习者在学习过程中的积极作用,从以教师为中心的测评转向以学生为中心的测评,由依赖和他治转向合作、相互依赖、关联和自主,最终获得永久、可持续发展的技能(Everhard, 2015:17),被称作是测评即学习(assessment as learning)。

Ruth Dann 主张推行"测评即学习"的理念(Dann, 2002:153),她认为测评不应仅仅作为教学的附属品,而应让学生参与测评并使之成为学习的一部分。很显然,学生的自我测评是测评即学习的核心。

"学习成果测评""促进学习测评"和"测评即学习"这三个不同的测评观强调不同的学习范式。"学习成果测评"受行为主义影响,强调的是测量的范式。在这种测评范式下,学习成果的判断是终结性的,教师将学习者的成果与预定标准进行对照,或使用常模参照,形成判断。学生得到的反馈通常是分数或成绩,没有学习改进的信息。"这种测评传递的信息是学习的目的就是达到考试要求,获得好成绩……这种学习不需要多少深度学习,被归类为浅层学习"(Berry,2008:46)。

"促进学习测评"和"测评即学习"的测评观受建构主义和认知科学的影响,两者都将学习看作是内部事件(internal event),都强调学习中的反馈作用,都将形成性评估看成是学习的关键因素(Berry,2008:11)。两者的区别在于主要关注点不同。"促进学习测评"更强调教师在促进学习过程中的作用,体现的是以测评支持学习的范式。教师提供学习情况反馈,学习者认真思索这些反馈,并作相应的改变。在促进学习的范式中,学习过程和测评过程是互动的,教师作为测评环节的一部分,提供学习支持(Berry,2008:46)。

"测评即学习"更强调学习者的作用,将学习的职责交给学习者,鼓励并要求学习者进行深度学习。这种测评范式强调学习者元认知的过程。学生是自己学习的测评者,自我监控并反思学习过程,根据结果做必要的调整。"测评即学习"有两个重要特征:(1)教师和其他经过培训的测评人员根据明确的标准观察和判断学生的表现;(2)诊断反馈与每个学生的反思自我评价相结合,创建一个持续的过程,将学习与测评相结合(Falchikov,2005:69)。

(二)测评的方法

与测评理念转向相对应的是人们积极寻找替代传统标准化测试的方法。这些方法统称为"替代性测评"(alternative assessment)。替代性测评通常包括六类方法:(1)真实性测评(authentic assessment);(2)表现性测评(performance assessment);(3)档案袋测评(portfolio assessment);(4)成果展示(exhibition);(5)成果演示(demonstration);(6)学生自我测评(student self-assessment)。替代性测评"共有的一个重要特征就是真实,既关注过程,又关注成果"(Libman,2010:63),要求学生运用他们的知识和技能来建构意义,并拿出价值超过等级或分数的成果。

Libman(2010:63)认为,替代性测评在设计上测评的是能激发学生批判性思维能力的学习任务,要求学生展示知识或能力的成果,而不是简单地让学生回忆别人提供的信息。其目的是激发学生承担更多的学习职责,使测评成为他们学习的有机部分,使测评嵌入学习活动中来激发学生创造和使用广泛知识的能力。Berry(2008:63)也认为,替代性测评促使学生承担更多的学习职责,使学生有机会反思自己的学习,并根据学习需求制订计划。替代性测评通过多元渠道获取学生成果信息。当学习成果比较复杂,传统测评无法完成测评任务要求时,替代性测评通常能较容易地达到测评要求(Berry,2008:64)。

Mabry(1999:40-47)认为,所有替代性测评方法都可用来获得学生学习的证据,选择何种方式的关键是将测评目标与测评策略对应。只是简单地进行测评而没有目标,没有将测评策略与所需要信息和环境对应,其结果可能是白费功夫。

Lynch(2001)提出了以下命题来阐述替代性测评构念:(1)教学与测评的交织;(2)学生参与的测评开发;(3)基于过程和成果的测评;(4)定性多于定量的测评报告/结果。

(三)评分方式

在评分方式上,新的测评文化从常模参照(norm-referenced)转向标准参照(criterion-referenced)。常模参照评分体系对某个体测评对象与其他参评对象的测试结果进行对比,来确定该测评对象与其他参评对象的能力差异。常模参照力图获得正态分布的分数描述,故参评者的分数可以调整。常模参照在激烈的竞争中可以作为决策之用,但不容许测评对象之间的能力波动。标准参照体系指通过预设界定的能力要求对测评对象的测评结果进行解读,以此来衡量测评对象是否达到这一能力要求或对其表现进行解读。标准参照最大的特点是用事先定好的标准去衡量每一个参评对象,对参评对象之间的差异不感兴趣,提供的是个人是否掌握某项技能或内容的信息,测评标准的目的是"描述、澄清和沟通需求,对预期成果或表现进行语境化和微调,促进评判的证实,防止主观偏见,确保公平,为测评活动提供支持框架"(Scarino,2005:9)。

除了分数解释不同,常模参照测评的效度不是通过分析预定的分数分布,而是需要分析原始分数来评估。标准参照测评明确了测评标准和测评目标之间的一致性,因而更有效度。

常模参照和标准参照的第三个区别在于标准要求和分数解释的公开透明程度不同。常模参照测评并没有明确获得一定分数的标准和要求,他们的分数只是与同一群体相比的结果。标准参照测评清楚地向学生阐明了表现标准,鼓励学生专注于实现课程目标。

Bachman(1999)认为,就测试和测评结果的解释来说,测试设计者唯一要考虑的因素是某一特定测评的目的是什么,即测评是为什么服务的。常模参照更适用于甄别性的分数解读,而标准参照更适用于帮助师生发现学习问题,以便改进教学,也更"适宜能力测评"(Brown & Knight,1995:27)。

第二节 自主学习能力测评

教育测评文化的转向也影响了自主学习能力的测评价值取向。本节将梳理和分析自主学习能力从测量到测评的发展历程和基本特点。

一、自主学习能力测量

语言学习者自主发起于西方实证主义和教育测量研究盛行的年代。随着各种统计和测量技术的日趋成熟,心理测量学得以迅速发展,人们开始把这一技术运用到教育、心理学、管理学等各领域,试图以量化的数值来描绘个人表现或所拥有的某些特质,以便为组织决策或实验提供依据。在这样的背景下,20世纪70年代末到90年代初,国外学习者自主研究主要以量表为数据采集工具。

早期的自主量表主要集中在自我导向式学习领域。Guglielmino(1977)编制的"自我导向学习准备度量表"(Self-Directed Learning Readiness Scale,简称 SDLRS)用以测量学习者是否具备自我导向学习的技能和态度。SDLRS 的编制采用了专家咨询法,即德尔菲法(Delphi technique)。通过对14名专家三轮的咨询,Lucy Madsen Guglielmino 确定了量表的初始条目。在对307名学生施测后,Guglielmino(1977)获得58个题项的量表,由8个因子组成:(1)热爱学习;(2)有效、独立学习者的自我观念;(3)容忍风险、模糊性和学习的复杂性;(4)创造性;(5)终身学习的观念;(6)学习的主动性;(7)自我观念;(8)承担学习职责。SDLRS 主要用于两个方面:(1)探究自我导向学习准备度与其他变量间的关系;(2)测量学习者自我导向学习准备度的工具。Benson(2005:79)认为,SDLRS 代表着一种可以判别学习者是否具备了自主的态度和技能的方法。

后续研究对 SDLRS 的评价褒贬不一。Field(1989,引自 Benson,2005:79)在自己的一项研究中从结构、效度和信度三个方面检验了 SDLRS。Field 认为,SDLRS 存在四个方面的问题:(1)自我导向式学习本身就存在概念混乱的情况,而德尔菲法的使用把这种概念的混乱转移到量表的条目中;(2)缺乏什么是准备度或什么是自我导向式学习的定义;(3)运用了负面的措辞题项;(4)在量表编制的过程中,Guglielmino

删去了9个题项,增加了26个题项,但最终形成的58个题项量表未经过验证。

尽管SDLRS在编制过程中还存在方法上的缺陷,但这种自陈式量表让我们可用量化的方法测量学习者自我导向学习倾向,这无疑是对相关主题研究的一大贡献。

Deci & Ryan(1985)从动机的角度解释了个体存在三种不同的因果定向:自主定向、控制定向和客观定向,并据此理论编制了因果定向量表(General Causality Orientations Scale,简称GCOS),用以检测人们在不同生活方面所表现的永久性动机定向。与其他量表不同,该量表采用的是设定生活中的一些情节,如人与人的关系、工作环境等,每个情节后有三个选项,分别对应三个定向。

另一个较有影响的自我导向学习量表——"奥迪继续学习量表"(Oddi Continuing Learning Inventory,简称OCLI),由Lorys F. Oddi开发。Oddi(1986)将自我导向定义为"学习行为以主动性和持续性为特征的个体性格特征",并据此假设了三类自我导向学习者的性格特征:(1)主动式驱动和被动式驱动,前者指在没有直接或显性的外部强化的情况下开始和持续学习的能力;(2)认知开放与防御,前者指愿意接纳新思想和活动,能适应变化,容忍歧义,而不是强硬、害怕失败或避免新思想和活动;(3)专注学习与厌恶学习。根据这些理论构想,Oddi编制了100个题项的量表,经过学生和专家的内容效度检验后,Oddi将修订后的65个条目的量表分别使用两个样本来检测量表的信度和效度,最终获得了3个因子:(1)独立学习和合作学习的能力;(2)自我调节的能力;(3)酷爱阅读。尽管OCLI具有较好的信度和效度,Oddi本人也认为,在大量研究验证之前,应慎重使用。Jack E. Six认为,OCLI的基本维度对更广泛的人群有较好的稳定性和适用性,但缺点是解释的总体方差不佳,在某种程度上显示了信度不足。他建议,应从多方面提高OCLI的测量性能和自我指导(Six, 1989:51)。

Confessore(1992,引自Carol, 2005)认为,主动学习能力、应对能力、毅力和学习期望是影响学习者进行独立、自我导向式学习的关键因素,学习自主性表现为学习者的主动学习能力、应对能力、毅力和学习期望的倾向,正是这些行为倾向之间的平衡,才有可能产生终身的学习者。基于这个概念模型,Ponton(1999)、Carr(1999)、Derrik(2001)和Meyer(2001)分别编制了"主动学习能力量表""应对能力量表""毅力量表"和"学习期望量表"(Carol, 2005)。"主动学习能力量表"从五个维度测量学习者启动学习的行为倾向；"应对能力量表"从七个方面测量学习者参与学习的倾向，测量学习者在调动内外部资源时的倾向；"毅力量表"从三个维度测量学习者持续学习的行为倾向；"学习期望量表"从七个维度测量学习者的世界观和自我观，了解学习者学习倾向的能力。这四个分量表合称"自主性评价量表"，用以测量学习者针对学习活动采取行动的一般信念，主要应用于通识教育领域。

在语言教学领域，Sara Cotterall 是最早将测量学的方法运用到自主研究的学者之一。Cotterall(1995a: 195)将自主定义为"学习者运用策略掌控学习的能力"，但她同时也认为，"学习者是否运用这些策略取决于他们的学习信念"。她以此为依据，通过对新西兰大学 ESL(English as a second language，英语为第二语言)学生的语言学习经验系列访谈，编制了问卷的初始题项。在对 139 名来自 32 个不同国家的 ESL 学生问卷调查后，Cotterall 运用探索性因子分析，获取了六个因子：教师的角色、反馈的作用、学习者的独立性、学习者对自己学习能力的信心、语言学习的经验和学习方法。在文献研究的基础上，Cotterall 认为，这六个因子与自主存在密切关联。虽然 Cotterall(1995a)研究的目的是想澄清这些学习信念与自主的关系，以便在实施教学干预前了解学习者是否做好了行为和心理的准备。但这一问卷被很多后来研究者用以测量自主学习能力。

Victoria Chan 编制的量表是用来测量学生自主的准备度。她将测量的重点放在五个方面的学习态度(Chan, 2001)：语言学习的目的和动机、对教师的角色和自己的角色的看法、学习风格和偏好、对自主学习的看法以及对自己自主能力的评估。整个测量工具既有开放式问题，也有李克特式五级量式问题，还有访谈。但 Chan 对测量工具的编制依据以及量表的验证环节均未给予说明。

Lai(2001)从微观和宏观两个层面编制了测量学生自主能力的量表。微观层面的量表用于测量学生对学习任务的过程控制，主要测量学生的任务目标评估和自我评估能力。宏观层面的量表用于测量学生的自我导向能力，即设定现实目标的能力，确定学习的范围以及相关工作和活动的能力，监控自己的学习能力，设定自己的学习进度并进行自我评估的能力。

David Dixon 编制的语言自主能力量表有两个版本。Dixon 在文献研究的基础上，构建了十个维度的自主概念模型(Dixon, 2011)。这十个维度分别为：控制、技能、策略、信心、动机、元认知、社会交互、学习态度、行为和责任。Dixon 根据这十个维度编制了 256 个题项的长量表。通过受访者的反馈、回答范围、标准差极化的反应和鉴别指数等步骤，Dixon 将长量表删减到 50 个题项的量表。经过探索性因子分析,Dixon 发现了这 50 个题项的删减版量表含有六个因子,即语言信心、信息素养、社会比较、控制(locus of control)、元认知和自立。Dixon 采用了教师评估来检验量表的质量。

Fumiko Murase 的研究分为两个阶段。Murase(2008)首先从四个方面构建了自主的概念模型:技术(technical)、心理(psychological)、政治哲学(political-philosophic)和社会文化(social-cultural)。Murase 根据这个概念模型编制了 143 个题项的初始量表,在对 90 名学生施测后,验证性因子分析结果保留了 113 个条目。但 Worthington & Whitaker(2006:815)认为,在量表的开发阶段使用验证性因子分析,是对这种分析策略的严重误用。Murase(2015)后续研究又在 1 517 名学生中进行了探索性因子分析和验证性因子分析。

笔者与 Hayo Reinders 的自主学习能力量表针对中国大学英语学习环境而设计,将自主学习能力定义为"自我管理学习的能力,自主的意识和态度以及自我管理学习的行为"(Lin & Reinders,2017)。我们结合文献与学生访谈编制初始量表 72 题。经过内容效度、探索性因子分析和验证型因子分析以及信度和效度分析后,获得 32 个题项的量表。

Zimmerman & Martinez-Pons(1988)和 Oxford(1990)编制的是学习策略问卷,虽然不是为了测量自主而编制,但国内外仍有不少研究采用这两个量表测量学习者的自主能力。

上述量表从不同的视角解析语言自主学习能力,并围绕各自对自主的理解编制标准化的测量工具。但这些量表也反映了一些问题。

(一)已有研究对自主构念解析差异较大,甚至是相去甚远。在共识限阈的情况下,研究者给予语言自主学习能力不同的概念化定义和操作化定义。Guglielmino 的"自主学习准备度量表"对自主或自主倾向性的概念定义不足,概念的不确定性也反映在量表题项上。量表的高分似乎表明对学习的积极态度,而非自我导向能力或态度。在 Benson(2005:79)看来,"自我导向学习准备度量表"虽然涉及了自我管理学习的态度因子,却未能将其对应的、可观察的认知过程囊括其中。Cotterall(1995a)和 Chan(2001)均将自主定义为学习信念,与 Guglielmino(1978)的量表一样,概念以及题项描述的不确定性使得量表在后续的研究中无法复制同样的因子,缺乏必要的信度和效度。Ponton(1999)、Carr(1999)、Derrik(2001)和 Meyer(2001)的"学习自主性量表"把学习自主完全理解成心理倾向,但倾向并不等同于实际的学习行为。Deci & Ryan(1985)的因果定向量表以及 Zimmerman & Martinez-Pons(1988)、Oxford(1990)的学习策略量表分别从动机和学习策略的角度解构自主,虽然动机和学习策略与自主之间有关联,却是不同的构念。研究者之所以对语言学习自主的构念理解差异大,一方面反映了语言自主理论经历了不断发展的历程,另一方面也说明"自主是一个多维构念"(Benson,2005:13),"不是单个、可以描述的行为"(Little,1991:1)。

(二)多数量表未能严格按照测量学的研究步骤来编制。测量(measurement)指的是将数字指定到某个研究对象,使其具有某种数字化的特质。问卷与量表都是研究者用来收集资料的技术,也可以说是对人的行为和态度进行测量的技术。但这两者是有差异的:(1)量表需要理论依据,而问卷则只需要符合主题即可;(2)量表的各分量表都要有明确的定义,问卷则无此要求;(3)量表编制需要经过一系列的验证过程,而问卷则无此要求。自主的测量涉及自主学习理论以及如何解析自主的构念,因此,自主的测量应遵守量表编制的程序。

量表质量有两个重要指标,一是效度,即如果量表确实测量了我们想要测量的潜变量,量表就是"有效的";二是信度,即如果量表一致而精确地测量了这些构念,量表就是"可靠的"。量表编制须遵守严格的测量验证步骤:(1)将构念概念化;(2)根据概念化定义确定指标或题项,建立反映量表目的的项目池;(3)评判小组进行评测(研究领域的学者或具有典型特征的一组被试),对每个指标和条目进行表面效度和内容效度的检验;(4)从目标群中选取具有代表性的受试施测,评估量表项目;(5)量表的信效度检验。因子分析用来检验新建量表的构念效度。探索性因子分析用于量表开发的最初阶段,帮助研究者确定一组项目的深层蕴含多少潜变量。通常情况下,研究人员在探索性因子分析之后需要进行验证性因子分析,以确认探索性因子分析所产生的因子结构是否符合新样本的数据(Worthington & Whitaker,2006:815);(6)样本量。Worthington & Whitaker(2006:817)指出,当样本与题项间的比例相对较低时,可能会显著地影响题项之间的相关性,或参加测试样本可能不能充分代表预期的样本群。

上述列举的语言自主学习能力量表中,除了 Chan(2001)未提供量表编制的测量学信息外,其他量表均提供了相关信息。但这些量表在依据心理测量学步骤编制新编量表方面不够规范。如前所述,Cotterall 当初于 1995 年编制这一问卷是想了解受试的学习信念,并以此找到与学习者自主的联系。后来研究者往往将此作为自主的测量工具。作为测量自主学习能力的工具,Cotterall 的量表存在若干问题。首先,Cotterall 并没有解析自主的构念,也没有在文献研究的基础上给予自主操作化定义,其问卷的条目只是来自学生的学习信念访谈。也许是缺乏严格的操作化定义,Cotterall 在后续不同的样本中未能复制出同样的因子。其次,Cotterall(1995a)在文章中提到了因子分析,虽未提及何种因子分析,但笔者认为,她只是采用了探索性因子分析。这种方法对于找出信念的因子个数,揭示信念的内在结构是无可置疑的。但如果用于新建量表,这些步骤还是不够的。虽然 Dixon 删减版量表采用了一些测量学方法来验证量表的信度,但仍然存在以下主要问题。比如说,Dixon 只是通过比较教师的评估和问卷数据来检验量表的信度和效度,方法上不够规范。其次,虽然受试来自 20 个国家和地区的学习者,但样本过小,仅有 185 人。样本是因子分析的重要指标之一,而受试与题项的最低比率应为 5∶1 或 10∶1(Worthington & Whitaker, 2006: 817)。鉴于 Dixon(2010)的删减版量表有 50 个条目,185 人的样本显然过小。Murase(2015)虽然在后期研究中采用了大样本(1 517 人)进行探索性和验证性因子分析,但对样本如何使用、因子提取方法和旋转方法等这些重要信息并未给予说明。Lin & Reinders(2017)编制的量表在方法上相对规范,但对自主的定义仍局限于早期自主理论成果。

(三)有关自主能不能测量或该不该测量一直是学界争议的话题。Benson(2010)认为,自主的测量有四个方面的问题。首先,自主是一个多维构念,学生的自主学习能力有多种表现形式。Benson(2005)认为,学习者自主包括三个层面的掌控:(1)学习管理掌控;(2)学习认知掌控;(3)学习内容掌控。但我们不能要求学生对这三方面全部掌控后,才认为他们是自主的学习者。然而,问题是自主似乎又不能简化成一些特定的控制行为,而且我们也无法确定哪些因素更重要。其二,量表测量的局限性。"在自主的测量中,我们应该关注的是学生是否掌控了学习"(Benson, 2010: 83)。在外语教育领域,当我们将对学习过程的掌控还原为可测量的行为,自主才是可测量的构念(Benson, 2010: 78)。量表所设置的题项考查的是可观测的因子,而诸如自主心理和能力这些不可直接观测的因子则是通过可观察的自主学习行为间接测试的。测量视角的局限导致人们对测量能否真实、全面地反映自主提出质疑。以上列举的量表完全依据学习者的自陈来解构自主学习能力。虽然 Deci & Ryan(1985)的因果定向量表克服了一般量表简单的陈述方式,但一个人的定向可能不止一个,仅凭对一些情景的选答,无法判定一个人的定向。要准确判断学习者的自主学习能力,测量的关键在于如何"甄别学习行为的意义和真实性"(Benson,2010:85)。其三,自主不是学习者固有的特质,而是一个动态、发展的过程。Little(1991:5)认为,自主能力的获得可能是来之不易的,但它的持久性是无法保证的;在一个领域表现出高度自主的学习者在另一个领域可能是非自主的。其四,如何甄别行为的真实含义。Benson(2010)认为,学生看似自主的行为实际上有时是为了迎合老师。

M.-F. Champagne 等指出,测量本身就违背了自主(Champagne et al.,2001:49)。在他们看来,测量自主的同时,也失去了自主本质的东西,即决策权。

二、自主学习能力测评

20世纪末,课堂教学评价范式的改革也引发了人们对自主学习能力测评范式的思考。西方学者开始意识到,以经典测量理论为支撑的自主能力测量难以适应对自主的复杂现象把握,语言自主学习能力不应置于狭窄的空间去"测量",而应从优化学习过程的角度去"测评"。在这种背景下,国外语言学习自主测量范式出现了转向。研究者开始放弃完全依赖定量数据的量表,而试图采用更能反映真实学习行为的新范式来解析学习者自主能力。

Sinclair(1999:101-102)指出,自主测评的困难在于,它是一个复杂的概念,不可能仅凭观察到的行为来评估。自主能力指的是学习者对学习做出合理决策的能力,其核心是学习者的元认知意识,涵盖三个重要方面:(1)学习者的自我意识;(2)英语语言的意识;(3)学习过程的意识。Sinclair(1999)认为,可以通过评估学习者元认知意识来解决自主测评的难题。Sinclair(1999)详细描述了这三个方面所涉及的元认知意识,并提供了元认知意识测评的六个标准:(1)学习者能否解释做出学习决策的原因;(2)学习者能否描述所使用的学习策略;(3)学习者能否评估所使用的策略;(4)学习者能否识别自己的强项和不足;(5)学习者能否描述学习计划;(6)学习者能否描述其他的学习策略等。Sinclair(1999)认为,自主能力只有通过学习者的个人陈述来测评。她建议教师根据这六个标准设计一些"what""how"和"why"的问题来让学生回答。如果这类问题被系统地、持续地提出,就可以达到测评的目的。"学生对这些问题的反应程度取决于他们的元认知意识水平"(Sinclair,1999:104)。Sinclair 运用元认知指标,采用半结构访谈形式,对学生的自主能力进行测评。但这个方法最大的问题是:(1)较难在大规模范围内使用;(2)不同的教师设计的问题不同，从而影响测评的信度。

Leni Dam 关注的是自主学习评估。在她看来，自主的目标只有通过自主学习评估才能实现。自主评估既应关注过程，也应关注结果。Dam(2000)将教学设置分为三个环节：(1) 教师导入或导向的活动。在这一环节，评估包括意识唤醒和介绍评估工具；(2) 学习者导入或导向的活动，即学习者使用评估工具；(3) 教师—学习者共同掌控。评估贯穿在整个教学活动中，采用的工具包括自我评估、同伴评估和教师评估。应该说，Dam 所探讨的实际上是如何运用评估促进学生自主能力或自主学习能力发展的教学实践，并不是探讨这些评估手段是否可实现对学生自主学习能力的测评。

William P. Rivers 根据完全质性的数据分析了 11 名马里兰大学格鲁吉亚和哈萨克语学习者的自我导向行为(Rivers, 2001)。这项持续一学年的研究主要通过两种方式获取数据。项目开始时，所有学习者每天提交一份问卷，测评自己的学习进步情况并评价课堂教学活动。因为问卷的回收率低，研究者将问卷设计成 16 道开放性问题。运用扎根理论法，Rivers 发现，所有受试在教学方法、反馈、课堂环境、教学活动等方面都表现了自主，多数学生表现出自我导向的学习行为。

Champagne et al. (2001)描述了一项在泰国某高校长达一年的行动研究。Champagne 等将自主学习能力定义为"恰当选择并使用学习材料和资源的能力，获取相关信息的能力，评判自己及他人作品的能力，启动、计划、组织和实施活动的能力"。测评主要来自教师对学生作品(档案袋、成果演示等)和学习记录的评估、学生本人的评估以及教师观察。

Radha Ravindran 描述了语言独立学习证书(Certificate of Independent Language Learning, 简称 CILL)课程。该课程持续三年，采用自主学习模式和学分制管理。学生要获得学分，必须"系统展示独立学习的技能"，并"将语言学习作为媒介，承担起学习职责"(Ravindran, 2000:64)。课程含有数个模块，首先是导学模块。在这一模块里，学生学会掌握独立学习的基本技能，为他们后续在自助式学习中心学习做好准备。随着模块级别的提高，这种指导逐渐减少，对学生的自主学习能力要求逐渐提高，学生获得的学分也相应提高。Ravindran 的研究试图将该课程打造成"可能、可行、可靠和有效"的测评方法(2000:65)。学习者需要显示他们的自主意识，展示运用自主学习技能的能力。这些技能的评价标准来自 Malcolm Knowles 的"自主学习关键技能"(Knowles, 1975；引自 Ravindran, 2000)，即对学习过程掌控的技能。根据学生对这些技能的理解程度以及运用程度,给予学生相应的学分。该课程采用的工具有：(1) 课程导师对学生的评估；(2) 学习日志和学习契约中所反映的学生学习反思质量和学习任务完成质量；(3) 学生在模块学习结束时的自我评估；(4) 教师团队对学生获得学分的评定。但"CILL 的一个缺点是需要持续的努力来建立和维护它"(Dixon, 2010：63)。CILL 需要一支敬业、训练有素的团队,需要花费大量的时间和资源用于管理、培训工作人员、保存记录、建立和维持测评的信度。其次,CILL 没有经过显性的构念验证,因此,难以确定它反映的就是自主构念。虽然 CILL 测评中运用了 Knowles 的自主关键技能,但其他测评标准主要来自研究者及其团队的经验。

Christine O'Leary 借用 Benson 的注意、元认知知识和反思三个心理概念,分析了学生档案袋的自我评价报告和学习日记(O'Leary, 2007)。她指出,学习者的自我评估以及档案袋测评似乎促进了他们语言学习自主能力发展。

"我陈述式分析"(I-statement analysis)是以第一人称描述自己的行为、情感、能力和目标的话语分析(Gee, 2005；引自 Ushioda, 2009：46)。我陈述语言类别包括"认知""情感""成就""状态与行动""能力与约束"的陈述,这种方法提供了一个系统的工具来分析个人叙述,使研究者能够跟踪学生在一段时间内的进步,并跟踪学生的反应模式。Ema Ushioda 将"我陈述式分析"用于一项中英合作的中国高校教师网络学习项目(Ushioda, 2009)。该项目成功的标志就是"学习者元认知知识增进,自控能力提高,在完成了 12 周学习后,能继续独立学习,提高语言技能,满足职场需求"(Ushioda, 2009：49)。Ushioda 采用两种方式获取数据：反思性写作(电邮)和网上反馈表。Ushioda 对收集的 68 篇文本进行分析,共识别出 270 个"我陈述"句式,进而将这 270 个句式分为七类。通过对这七大类"我陈述"句式出现频次、比例及内容的统计和分析,Ushioda 发现,学员具备较好的元认知知识,语言交际能力也得到提高。Ushioda 认为,这些都是自主能力提高的佐证。

Maria Glovanna Tassinari 把自主定义为元能力,是学习者根据学习情况以不同的程度和不同方式控制学习过程的二阶能力(Tassinari, 2015)。她编制的"自主能力动态模型描述"涵盖四个部分：(1) 情感和动机,指学习者的感觉、情绪、意愿和动机,位于模型的"处理我的感觉"和"激励自己"部分；(2) 认知和元认知知识、意识和信念,位于模型的"结构知识"部分；(3) 学习技能、行为和决策,位于模型的"计划""选择材料和方法""完成任务""监视""评估""合作"和"管理我自己的学习"部分；(4) 合作学习能力,指与同伴、教师和以英语为母语的人学习和协商学习的能力,位于模型的"合作"部分。Tassinari 用 118 条描述语分别对应这四个部分,在 33 条宏观条目描述下,还有 85 条微观条目描述分别代表能力、技能、态度、信念、决策过程和学习行为。学生根据宏观条目实施自我评估,对自己的自主能力有一大致了解,根据微观条目评估进一步了解自己的自主学习态度、能力和行为。Tassinari 强调,该模型描述指标并不是用来代表学习者所达到的理想的自主,而是作为一种动态工具,提供学生和教师反思和反馈,可适应不同学习者的不同需求和优先等级。Tassinari 没有按照量表的形式设计分值标准,但在微观描述里提供了三种选项——"我能做到""我想做"和"这个对我不重要",以示差异。Tassinari 认为,这种动态测评模型可作为提高学习者和教师意识的工具,让他们意识到在培养自主语言学习过程中值得关注的东西。Tassinari 收集了 21 名母语为德语、意大利语、汉语、匈牙利语、土耳其语和波斯语的学习者(其中德语 14 人)使用动态测评后的问卷及访谈数据。她发现,所调查的学生都选择了 2-8 个模块进行自我评估,只有一个学生选择了所有的模块评估。在所调查的 21 名学习者中,有 20 人对运用动态评估模型进行自我测评的效果给予了积极的反馈;8 人强调自我测评为他们自我反思提供了动力,提高了他们对自己学习过程的认识,并帮助他们专注于目标,提高了他们的学习能力;6 名学习者认为,动态模型让他们了解了语言自主学习的方法和策略。

Cooker(2012)的自主模型包括七个部分:学习者控制、元认知意识、批判性反思、信心、信息能力、动机和学习范围。Lucy Cooker 采用 Q 方法及访谈调查法,通过对 30 名来自中国香港和日本、英国受试的调查,开发了自我评价工具。Cooker 首先根据自主模型的七个方面收集编写了 52 个自主能力的描述。这些描述被印在卡片上,然后由受试进行排序。通过这种排序分类过程,获得受试对所调查问题的看法。经过因子分析后,Cooker 获得六个不同的自主模型:(1)热爱语言型;(2)满怀信心型;(3)社交热情型;(4)酷爱语言学习型;(5)依赖教师型;(6)竞争驱动型。通过访谈,Cooker 进而获得这六个模型的叙述性文本,并根据这六个模型文本开发了形成性网络自我评价工具。该工具包括五个部分:学生首先从六个模型中找到与自己的学习能力相吻合的描述,接着进入测评的关键部分。这部分对学生的学习强项及弱项给予评估,提供后续学习的建议。在第四部分,学生可以自我测评自主学习能力。最后一部分要求学生填写自我测评计划。

与早期研究相比,国外20世纪90年代后的自主学习能力测评研究在对自主能力的解构、测评理念、目的、方法和技术等方面都发生了质的变化。首先,对自主的理解由多元趋向一致。虽然对自主的构念理解仍未取得共识,但基本上是围绕学习者个人特质,或从学习者自我管理学习的能力,或从学习者的自主心理来解析学习者的自主学习能力。如 Sinclair(1999)、Champagne et al.(2001)和 Ravindran(2001)将自主解析为自我管理学习的意识、能力或行为,Ushioda(2009)和 Tassinari(2012)对自主的理解不仅涵盖学习者自我管理学习的能力和行为,还涉及自主学习的心理等方面。这些研究围绕着自主的构念,解析操作化定义,设计研究目标和测量工具,提高了研究的效度。

第二,测评的价值取向由静态测量转向动态测评,测评的目的由甄别转向促进发展。早期的研究主要将自主作为能力来测量,考查的是学习者是否具备这种能力或能力的高低,提供的是学习者的成败信息,关注的是对结果的量化。近期研究倡导的是促进学习的测评理念,关注的则是学习者的学习过程,关注的是自主学习能力是否提高及怎样提高,通过考察学习者在学习过程中的表现、反应和对策,从活动的现象中获取动态的数据来解释、论证和评价学习者是否取得进步。

第三,测评标准由标准化转向个别化,测评的视角由关注群体转向关注个体。早期的研究通过常模参照、标准化的测试获取学习者群体在特定时间内的自主能力测评信息,而近期研究更倾向于采用标准参照,以学习者个体在一段时间内在学习过程中的表现为基础给予评价,重视学习者多元的自主能力发展方式。

第四,测评的主体由单一转向师生共同构建。早期的自主测量是以研究者或教师为单一的主体,近期研究重视学习者在测评中的主体作用,提倡通过学习者自评(如 O'Leary, 2007; Cooker, 2012; Tassinari, 2015; Ushioda, 2009; Ravindran, 2000),使学习者了解并反省自己在学习过程中存在的问题,从而提高学习效果和自主学习能力。可以说,对测评主体的探索构成了自主测评转向的一个重要元素。这一转向使测评不再仅限于测评的功能,而转向促进学习者自主能力发展的功能。

让学生参与测评具有赋权增能的意义,符合自主的理念,但正如 Brown & Glasner(1999;引自 Falchikov, 2005:73)所说,权利和控制是自主测评的核心问题,让学生参与测评能回应这个问题,但同时也是一个挑战。

本节我们综述了语言自主学习能力从测量到测评范式的转变。但无论是以测量还是以测评作为研究工具,研究者需要回答的关键问题是:自主学习能力的工作定义是否反映了自主的多维度特征?所采集的数据信息是否反映了学生的真实学习活动,是否反映了一段时间内学生动态的自主学习能力变化?测量和测评在目的、视角和主体的差异,则需要自主学习能力测评工具的设计采用有别于其测量工具的设计方法。

第三节　档案袋测评:定义、功能和与自主的关系

20世纪末教育测评范式转向影响的不仅是学习者自主研究测度工具的变化,而且影响了促进学习者自主研究。在"促进学习测评"和"测评即学习"的测评理念影响下,21世纪初以来,促进学习者自主研究值得关注的主题就是将测评作为促进学习者自主的方法。档案袋测评(portfolio assessment)就是其中之一。

一、档案袋定义和分类

档案袋(portfolios)一词源于18世纪的意大利。一般意义上的档案袋指可随身携带的文件、成果和记录。教育领域的档案袋指学习者用来回顾、反映和证明他们正在进行工作的运行记录。

档案袋最早用于写作、视觉艺术、建筑和平面设计领域,用来收集工作样本并记录成就。在这些行业中,档案袋不仅用作收集代表性成果的证据,而且还用于展示技能发展的历程。20世纪90年代中期,西方大学教育质量面临严峻挑战,管理者们意识到,大学应为学生提供真正有价值的教育,应采用更积极的教学策略和更多的测评来增加和深化学习以应对责任挑战。档案袋似乎是满足新计划诸多目标的有效方式(Reynolds & Patton, 2014: 31)。一些大学开始尝试在写作和艺术领域之外探索档案袋的用途。

2001年,为配合欧洲语言共同参考标准框架的运用,欧洲现代语言委员会(The Council of Europe's Modern Languages Division)在欧洲15个国家启动了语言学习档案袋(The European Language Portfolio,简称ELP)项目。该项目的主要目的之一是促进学习者自主,培养学生独立的语言学

习能力。自 ELP 运用于欧洲语言教学以来,其"教学效果远远超出了语言教学和学习的范围,可视为教育理论和实践的变革。它也代表了学习者自主和建构主义教学方法的典范,是一种基于自我评估、自我反省和自主学习的创新性学习工具,代表了教学方法的最前沿"(Kühn & Cavana, 2012: 1)。

虽然档案袋已成为教育界的流行词,却至今没有一个确切的定义。随着档案袋越来越多地运用到教学过程中,也不断衍生了很多新的定义,运用于不同的情景。

Meyer et al.(1990: 23)将档案袋定义为"有目的地收集和展示学生在某一(或若干)方面努力、进步和水平的成果集。除了学生参与档案袋内容选择外,该成果包含档案袋内容选择的标准、测评的标准以及学生自我反思的证据"。Collins(1992: 452)将档案袋定义为"有目的收集证据的集合,可用来推断某人的知识、技能和/或态度的文件"。Winsor & Ellefson(1995: 68)对档案袋的定义强调学习过程和学习成果,认为"档案袋是过程和产品的融合,是反思、选择、合理化和评估的过程产物"。Barnhardt(1998: 3)则从测评的角度将档案袋定义为"根据具体的、已知的教学目标,系统、纵向收集学生的学习成果,根据标准对之进行评估"。Paulson et al.(1991: 63)则对档案袋做了这样的归纳:"档案袋展现了特定环境下学生表现全面概况……(这是)因为在档案袋学习过程中,学生是测评的参与者,而不是客体……因为它提供了鼓励学生成为独立和自我导向式学习者的平台"。档案袋可以记录学习者的进步,并依据多种证据来评估学习者如何实现学习目标,为学习提供了全新的视角,因此,它既是新型的测评工具,也体现了建构主义理论的学习方式。

迄今为止,尚无标准化的术语来定义档案袋的各种用途。不同的研究者根据其目的和收集的证据有不同的分类方法。Danilson & Abrutyn (1997)将教育领域的档案袋分成九类:(1)工作档案袋,记载正在进行的工作;(2)展示档案袋,收集代表学生最高水平的成果;(3)测评档案袋,测评学生课程学习的成果;(4)社区服务档案袋,根据课程中社区服务的要求,记录学生参与的活动;(5)跨学科档案袋,展示学生在不同学科方面的综合成果或技能;(6)学科档案袋,展示特定学科学习者的技能,如人文学科的档案袋可包括访谈、项目或报告等;(7)大学入学档案袋,展示学生知识和技能的成果,可供大学录取之用;(8)求职档案袋,展示学生知识和技能的成果汇集,供就业单位录用参考;(9)技能档案袋,展示学生在某些方面的技能。

Smith & Tillema(2001)将档案袋分为四类:(1)卷宗型档案袋。详细记录入职或进入课程学习需要的成果,供甄别遴选之用;(2)培训档案袋。展示学生学习期间或在课程计划中收集的规定成果,突出个人应获得的核心专业知识、技能或能力,通常具有固定的格式以帮助收集者提供适当的证据;(3)反思型档案袋。提供能力和成就证据,这些证据结合了学习者的自我评估,显示了随着时间的推移学习者的进步和不同情况下对成就的理解;(4)个人发展档案袋。这是在较长时间内对职业发展的个人评估和反思。

D'Aoust(1992;引自 Falchikov,2005:17)则将档案袋归为三类:(1)展示型档案袋;(2)过程型档案袋;(3)展示和过程结合的档案袋。

可以看出,不同类型或不同结构的档案袋服务于不同的目的和情景。鉴于本书研究重点是档案袋在促进学生自主学习能力发展中的作用,故以下档案袋研究综述仅指以促进学习为目的,或以测评为目的,或兼具学习和测评功能的档案袋或电子档案袋。

二、电子档案袋

纸质档案袋旨在培养学生对元认知和反思能力,或用于展示学生达到既定学习成果的证据。但真正将档案袋推向教育改革前沿的是信息技术的发展。20世纪90年代,网络的出现以及学习管理系统的发展和日益普及,数字格式的电子档案袋日渐替代传统的纸质档案袋,并被描述成"当今世界范围内教育者可以获得的最能适应的工具之一"(Roberts, et al.,2016:22)。"电子档案袋将纸质档案袋由'物'转为'过程',重塑了早期的档案袋研究成果,并为电子档案袋系统的开发提供了信息"(Fitch et al.,2008:38);而教育测评改革的影响日渐增大,则成为电子档案袋得以广泛运用的另一个催化剂。在测评范式改革的方向标下,电子档案袋不再局限于纸质档案袋的"证据库"功能,而被看作为促进学生高级学习技能发展提供支架的工具。通过自我测评和对学习过程的一定程度的控制,学生可以展示解决问题和批判性思维的能力(Lynch & Purnawarman,2014:50)。测评型电子档案袋也不再是传统意义的测评工具,而被看成是促进学生学习的工具(Roberts et al.,2016:22)。

电子档案袋可以理解为"一个概念,或是能展示学生能力的一系列程序和数据,但其真正的潜力在于将这些程序和数据作为信息系统加以运用"(Balaban et al.,2013:397)。Abrami & Barrett(2005:1)将电子档案袋定义为"存储视觉和听觉材料(包括文本、图像、视频和声音)的数字容器,可用于支持教学和测评的软件"。与纸质档案袋相比,电子档案袋具有以下优势:(1)消除物理存储问题,提供成果存储的无限空间;(2)允许以各种电子和纸质格式存储、访问、更新和呈现信息(Lambert & Corrin, 2007:2);(3)可监控学生学习情况,汇总和分解数据,尤其是在涉及学生人数多和数据量大的情况下,教师能更易围绕专业标准组织课程(Meyer & Latham, 2008);(4)超文本链接可清楚地显示课程学习标准、所需能力与学生表现成果之间的关系(Lynch & Purnawarman, 2014);(5)可以容纳不同层级的证据,实现不同的目的(Lambert & Corrin, 2007),提供将证据与判断联系起来的机会,容许在时间短、重点突出的测评任务中捕获基于过程表现的证据。Claire & Cumming(2009:71)认为,传统的档案袋可能被描述为一项进行中的工作,其中包含一系列反映学生一段时间内发展和进展的实体作品或成果,最终产品和档案袋证据作为评估的纸质副本呈现。电子档案袋更倾向于收集真实和更多样化的证据。这些证据来源于一个大型档案,代表着一个人随着时间的推移学习了什么,反思了什么。

电子档案袋之所以受到欧美教育工作者的广泛青睐,不仅是因为它为数字化学习环境提供了各类成果证据存储的无限空间,提供了基于学生表现的证据,更重要的是它体现了"认知主义和建构主义学习理论观,即学习是由学生自我构建的过程,需要学生提供证据证明学习已经发生,并不断地评估、反思和论证自己知识、行动和行为的合理性"(Garrett et al., 2013:1208)。

尽管电子档案袋可运用于不同的目的,"但教育工作者们关注的还是其学习和测评功能"(Fitch et al., 2008:37)。Daunert & Price(2014)认为,电子档案袋主要具备以下功能:(1)记录或记载学习和反思以及其他学习成果;(2)监控或跟踪学习经历、进度或发展情况;(3)展示能力或技能、经历和成就;(4)与他人分享知识、想法、反馈或学习经历;(5)提供学习支持或为具有相似兴趣的学习者提供合作学习平台;(6)测评或评估学习过程,特别是学习者本人或他人对学习进度或成就的评估或测评。

在过去的10年里,电子档案袋被视为一种有效的学习和测评工具广泛应用于高等教育。虽然已有电子档案袋研究重点仍然是将其作为一种测评工具或以鉴定为目的与课程标准相对照,但在促进学生发展方面尚未给予充分的探索(Roberts, 2018:315)。

三、(电子)档案袋与学习者自主的共核理念

欧洲语言学习档案袋的核心原则之一是"促进学习者自主",让学习者参与"计划、监控和评估自己的学习"(Little, 2012:11)。电子档案袋

运用的教育理念就是"促使学习者在指导、规划和反思他们的学习方面发挥积极的决策作用"(Bennett & Lockyer, 2007:7013)。档案袋用户被定义为积极的参与者,参与构建知识、促进理解以及通过与同伴和教师分享进行社交学习。通过对已有档案袋研究梳理,笔者发现,电子档案袋与促进学习者自主之间存在五个方面的共核理念。

第一,档案袋和学习者自主皆以学习者为中心,倡导学习者决策和管理学习职责。档案袋学习是基于体验式的学习,除了提高学生的学习技能外,还有助于促进学生承担更多的责任(Joyce, 2005:459)。档案袋赋予学生学习的主动权,鼓励学习者积极参与学习的各个方面,包括设定目标、选择材料和策略以及评估结果;电子档案袋还容纳了学生在一定时间内的学习成果证据,可准确地展示在目标语言方面学习者的进步,追踪学习过程,为学习者提供管理知识和学习过程以及监控个人学习进度和结果的工具(Daunert & Price, 2014;Nguyen & Ikeda, 2015)。

第二,两者皆倡导自我测评和自我反思。从上一章对已有促进学习者自主研究回顾中,我们可以发现,自我反思是学习者自主的关键属性,自我测评是已有促进学习者自主研究的高频词汇;而档案袋"强调的是改进、努力和成效……将学习、测评和教学有机结合"(Yang, 2003:295)。通过自我测评,"帮助学习者发展批判性和反思性思维,特别是反思他们的成果、优势和不足,使他们重新审视自己的学习经历和发展"(Daunert & Price, 2014:241)。"学习者可以通过观察捕获的系统信息来反思和评估自己的表现,并据此在学习策略上做出改变以达到他们的目标"(Nguyen & Ikeda, 2015:200)。这个过程"有助于提高学生对自己学习任务的主人翁意识"(Nicol & Milligan, 2006:68),有助于学习者更好地理解如何学和如何成为自主的学习者。反思一直被视为高等教育中电子档案袋实践的核心(Cowan & Peacock, 2017:660)。

第三,两者皆强调师生和同伴间互动。自主的社会性强调学习过程中师生和生生之间的相互依赖和互动合作关系。开放、合作和对话是档案袋测评中不可缺少的元素。电子档案袋以其社会网络的功能为师生或同伴之间的交流、互动、反馈和协作式学习提供了平台(Daunert & Price, 2014:243)。通过老师的反馈和学生们定期的展示表现或成就,增加了师生互动的机会。档案袋还支持个人与他人分享他们的学习经验和成就以及获得反馈,为学生之间、师生之间进行反思和合作提供相关环境。

第四,两者皆以促进深度学习为目标。如上一章所述,语言学习者自主的关键属性之一就是语言使用能力;而基于档案袋的学习被看作知识和技能整合的最高形式(Fitch et al.,2008:38)。语言学习档案袋具备教学和报道两大功能。其教学功能强调了学习的过程管理,而报道功能则向学习者展示他们学习的成果。与标准化的考试相比,这种形式可促使他们更深入地理解学习,有助于提高学生的学习成效。

第五,从测评的视角看,档案袋测评有望解决自主测量难的问题。如前所述,自主是一个"多维度""发展性"构念(Benson,2010:83-85),既包含学习者的能力,也包含学习者的态度和心理。传统的测量工具——李克特量表——依赖受试对事先设定好的、有限的题项反应获得一定的测量模型,限制了对许多其他潜在特征的描述,无法对自主的多维度和发展性特点进行测量或测评,也无法获得学习者个体的声音。档案袋测评是"试图测量高阶思维能力……展示特定能力真实的或表现性测评"(Supovitz et al.,1997:239);测评活动聚焦学生发展,记录学生成长过程,反映的是学生在一段时间内的学习情况(Benoit & Yang,1996:183),容许采集多元证据(Roberts et al.,2016:22),不仅提供了客观表现证据,而且通过学生的反思性写作,提供学生的能力和情感发展的动态信息(Scott,2010:436-437)。传统自主量表或测评多依靠受测自我陈述获得数据,而档案袋测评是基于"自然的、语境化的、有意义的现实世界的语言学习测评。真实性是档案袋测评的目的,也是手段"(Phung,2016:93)。

基于上述对电子档案袋与学习者自主概念的比较,我们可初步得出以下两个推断:首先,从电子档案袋支持学生管理学习过程、支持学生反思学习过程、支持互动式学习和支持深度学习这四个特征看,电子档案袋有望成为促进学习者自主的工具。其次,电子档案袋测评因其数据采集的多元性、持续性和真实性,可以较全面展现学生自主学习行为表现以及自主学习心理,有望成为自主测评的有效工具。鉴于现有国内外文献尚无有关以电子档案袋作为学生自主学习能力测评工具的报告,下一节仅对将档案袋作为促进自主干预措施的研究做一综述。

第四节 基于档案袋的促进学习者自主研究综述

档案袋与学习者自主在理念上有诸多共核,两者均强调元认知、反思、自我测评和社会互动等能力,但对档案袋在实际运用中如何促进学习者自主以及相关研究的现状,我们却知之甚少。本节将梳理国内外基于档案袋的学习者自主实证研究,为本书研究提供启发。

一、研究方法

(一) 研究问题

1. 国内外基于档案袋的语言学习者自主研究总体趋势如何?电子档案袋研究趋势如何?
2. 国内外实证研究主要采用哪些方法?如何评估这些研究的效度?

(二) 文献来源

以"portfolio""learner autonomy""档案袋""学习者自主"和"自主学习"为关键词,以 Taylor & Francis、Springer、EBOSCO、ERIC 和中国知网数据库为检索平台,以外语或二语主题为英文收录条件,以"大学英语"为中文收录条件,通过阅读、筛选后获得有效期刊样本 46 篇——其中,中文文献有 28 篇,英文 18 篇。

(三) 数据分析及统计

首先,对收录的文献编码分类。将研究分为实证和非实证两大类。参照 Tavakoli (2012)定义,本书对实证研究的归类标准是:(1) 围绕促进自主或提高自主学习效果提出研究问题或假设;(2) 依赖直接观察和实验获得数据;(3) 研究证据和结论应对研究问题或假设。参考 Cohen et al.(2005),将实证研究所涉及的方法分别归为实验、行动、调查和相关研究四类。

其次,分析收录实证研究的效度。本书收录的 22 篇实证研究文献,除两篇调查研究提供的是质化数据、另一篇行动研究提供的是量化和质化数据外,其余文献均是以量表为主要的数据采集工具。有关质化研究是否可采用量化研究相同的效度分析框架,学界观点各异。本书在此无意展开,为便于分析,采用一些专家的观点(Lub, 2015; Poortman & Schildkamp, 2012),即量化和质化研究的目的都是追求真理和有效论证,是对经验世界基本对应而非完全对应的描述和解释,是采用不同的程序达到相同的效度标准。参照 Cohen et al.(2005)、Lub(2015) 和 Poortman & Schildkamp(2012)有关论著,梳理威胁内部效度、构念效度和结论效度的主要因素,构建本研究的内容分析框架。之所以未将外部效度纳入分析范围是因为：(1) 教育研究多来自真实的教学场景,但受制于特定场景的特殊限制,很难确定样本是否具有代表性;(2) "学术文献中,多数作者把对外部效度的评估放在'未来研究'或'研究局限'部分提及"(Mitchell,1985:195),将此作为研究内容探讨的意义不大。笔者邀请另一位同事一起分别对每篇文献进行了三轮的界定、编码和分析。Cohen's Kappa 一致性系数为0.82。部分有争议的编码归类与同行专家讨论后形成共识。

表3.1 实证研究方法分类

方法	目的
调查研究	旨在收集人们对当前教育问题的认识、看法、态度和信念。
相关研究	旨在探求变量间的关系程度及方向。
实验研究	在控制和操纵变量的条件下,探求变量间的因果关系。
行动研究	针对相对未知的研究领域,尝试解决在教学上发现的问题,通常包括三个基本步骤:(1) 发现问题;(2) 规划并采取行动(研究);(3) 利用调查结果改进教学。

表3.2 效度分析框架

效度	定义	分析类目
内部效度	研究结果描述研究现象的准确度	量化研究:受试选择;操纵自变量;控制无关变量;时序。 质性研究:以可靠的方式确定研究的要素及主题;详细描述研究历程。
构念效度	理论构念的合理性及转化成研究目标的恰当性	构念定义得当并与操作化定义对应;变量关系准确。
结论效度	数据分析支持结论的程度	信度检验;效度检验;数据和方法三角交叉;统计方法准确。

二、研究分析

(一) 基于档案袋的学习者自主研究发展趋势

收录文献时间跨度为 2003—2018 年,为便于描述,本书将研究分为三个阶段: 2003—2007 年、2008—2012 年和 2013—2018 年。表3.3 显示的是样本在这三个阶段实证和非实证研究以及电子档案袋研究的统计数据。

表3.3 国内外基于档案袋的自主研究基本情况统计

类别	年份	实证研究	非实证研究	电子档案袋
国内研究	2003-2007	0	6	1
	2008-2012	3	8	0
	2013-2018	6	5	3
	小计	9(32.1%)	19(67.9%)	4(14.2%)
国外研究	2003-2007	1	0	0
	2008-2012	5	3	2
	2013-2018	7	2	3
	小计	13(72.2%)	5(27.8%)	5(27.8%)

收录的国内外文献研究分别始于2005和2003年,在研究的初始时间上差别不大,但在变化趋势上有差异。2003-2007年间,国内是非实证研究"一统天下";在第二阶段(2008-2012),非实证研究仍占主导地位(28.6%),但实证研究开始引起国内研究者的重视(10.7%);第三阶段(2013-2018)的实证研究数量(21.4%)高于非实证研究(17.9%)。与国内不同,实证研究在收录的国外文献中一直保持强势劲头,占总量的72.2%。国内外文献自2007年后在数量上均呈增长态势,表明学术界对该研究主题的关注度持续升温。

电子档案袋研究在国内外文献中分别占总数的14.2%和27.8%,说明此类研究仍未得到中外研究者的广泛关注。

(二)实证研究分析

收录的国内文献主要采用实验和调查的方法来开展基于档案袋的学习者自主实证研究,国外文献则主要采用实验、调查、相关和行动研究的方法(表3.4)。可以看出,实验研究在收录的国内外文献中占比最高,尤其受到国内研究者青睐(88.9%)。

1. 内部效度

内部效度指因果关系推论的近似真理程度。本样本的调查研究仅涉及一个变量,而另一篇相关研究虽涉及两个变量——档案袋和自主学习能力,但揭示的是两个变量的线性关系。这两类研究均不支持档案袋使用与自主学习能力间的因果关系推论。

表3.4 基于档案袋的学习者自主实证研究方法分布

类别	实 验 研 究				调查研究	相关研究	行动研究
	准 实 验		前 实 验				
	不等控制组前后测	不等控制组后测	单组前后测	单组后测			
国内	5	1	1	1	1	0	0
	55.6%	11.1%	11.1%	11.1%	11.1%	0	0
国外	4	0	3	1	3	1	1
	30.7%	0	23.1%	7.7%	23.1%	7.7%	7.7%

本样本的实验研究目的是检验档案袋使用是否提高了学生自主学习能力或自主学习效果。表3.4显示,收录文献采用的是准实验或前实验设计。由于样本无法随机分派,研究者通过实验设计来提高准实验研究的内部效度。从表3.4可知,4篇国外文献(30.7%)和5篇国内文献(55.6%)采用了规范的不等控制组前后测设计;1篇国内文献采用了不等控制组后测设计。该研究虽有控制组,但受试系非随机分配,而且未控制时间效应,故不能简单将因变量的变化归结于自变量的处理。另2篇国内文献和4篇国外文献采用了前实验设计。前实验设计是在既无控制组也无随机抽样的情况下探索因果变量关系。这一设计在自然科学里有效,而教育实验的环境由于受历史、成熟因素以及其他外部变量的影响,即使有前后测,也难以简单断定变量间的因果关系。上述结果表明,仍有22.2%-30.8%的国内外文献未采用得当的实验设计来减少内部效度威胁。

Lo(2010)的行动研究旨在探索如何利用档案袋提高自主学习效果。"行动研究是研究者从特定的实践环境中获取线索,提出问题,根据环境的边界确定研究的各个阶段,建立描述和理论,并通过干预实验来检验这些描述和理论。行动研究肩负着检验假设和实现(假定)理想变化的双重责任"(Argyris & Schon, 1991: 86)。行动研究基于问题导向来探索行动的效果,在方法上采用以批判性的自我反省为核心的螺旋循环研究模式,研究者不断运用过程数据来反思和计划下一阶段行动。与实验研究不同,研究者不是通过事前研究设计来排除内部效度威胁,而是通过研究策略来排除行动外的因素解释。潘世尊(2005: 439)认为,提高行动研究内部效度的方法是:以恰当的方式形成并调整探究主题与问题;以恰当的历程从事行动研究;以恰当的方式进行协同反省;研究者参与研究过程。这四个指标涉及行动研究的"问题—行动—自我反省与评估"的研究策略。

Lo(2010)在文献中详细描述了从问题诊断到如何确定档案袋的构架、实施档案袋干预以及评价行动效果的过程,具备了行动研究的要素及以下特点:(1)研究者针对研究对象在自主学习过程中的问题,在数据分析的基础上,确定档案袋构架和行动方案,研究问题来自经验调查;(2)探究的历程透明,作者详细呈现了各阶段行动策略和数据收集分析程序;(3)研究者作为主体深度参与行动过程,研究对象不只是"被试",而是参与测评标准的制定和自我评估;(4)研究者依据行动的各个阶段采集的数据,对进行中的行动反省、检视和调整,以完善行动方案。可见Lo(2010)的行动研究具有较高的内部效度。

2. 构念效度

本样本实证研究涉及构念效度的一个共同问题是:自主学习能力如何界定?其定义与量表指标或质化数据(操作化定义)是否对应?收录的22篇实证研究文献,3篇文献数据反映的是研究对象对自主学习模式的感受,其余19篇均涉及自主学习能力的测量或评估,但仅有36.4%国外文献和25%的国内文献界定了自主定义,而且与研究的操作化定义基本对应(表3.5)。50%的国内文献以及36.4%的国外文献未界定自主学习能力。部分文献由于缺乏明确的定义,以致数据采集随意,以"学习观念""学习感受"或"学习动机策略"替代自主学习能力。

表 3.5 基于档案袋的学习者自主研究变量定义及操作化

类 别	观 测 点	国 内	国 外
自主学习能力	概念定义与操作化定义基本对应	2(25%)	4(36.4%)
	概念定义与操作化定义不对应	2(25%)	3(27.2%)
	无概念界定	4(50%)	4(36.4%)
操纵变量	策略培训、自我反思、测评和教师反馈	0	1(12.5%)
	自我管理学习、反思、测评和教师反馈	0	2(25%)
	自我测评、反思和教师反馈	0	2(25%)
	学习成果证据	1(12.5%)	3(37.5%)
	测评(自评、互评或师评)	6(75%)	0
	定位不明	1(12.5%)	0

实验研究的构念效度还涉及因果变量关系构想的准确度，即档案袋的操作化与自主学习能力之间是否存在理论和逻辑联系。表3.5显示，62.5%国外实验研究分别从策略培训、自我管理学习过程、反思、测评和教师反馈等方面对实验条件进行操纵。这些措施明确具体，而且与学习者自主构念有逻辑联系。另3篇国外文献和1篇国内文献将成果证据作为自变量，缺乏具体自变量操纵步骤与自主构念对应，故而构念效度较低。相比之下，国内文献更青睐测评型档案袋，75%的文献以此为干预措施。

已有研究（Lam，2018；Little，2005）对测评型档案袋与学习者自主的论述较集中于如何通过自我测评促进学生对自己的知识、能力和表现进行自我反思和批判性思考，从而提高自主学习能力。Little（2005：323）认为，自我测评是档案袋测评的核心，是促进自主的工具。但测评型档案袋的构建包含三要素：测评的目的、依据和等级标准（Herman，Aschbacher & Winters，1992）。这三要素是决定干预是否发生和如何发生的必要条件。信度和效度则是检验档案袋测评质量的另两个标准。在将档案袋测评作为教学辅助工具的一些低风险测评活动中，信效度检验虽非必须的，但为了提高研究效度，应尽可能考虑这些技术标准。

Hashemian & Fadaei（2013）的研究以伊朗语言学校的英语写作课程学习者为对象，采用了测评、反思和反馈的干预方法，具体是：（1）教师和同伴根据量规评价学生作文；（2）学生根据评价结果进行反思并修改作文。该研究没有对测评的效度进行检验，但对两位教师评阅学生作文的结果进行了信度检验。这些干预措施将自主的社会性（教师与同伴评阅）以及反思特征较好地融入测评的过程，而信度分析在一定程度上保证了测评干预的质量。国内6篇以测评为干预方式的文献均无测评的信度或效度检验。除了1篇文献描述了测评依据外，其余5篇文献对如何实施测评、测评的依据和等级标准均无描述。

3. 结论效度

结论效度涉及数据分析是否正确以及结论是否可靠。威胁结论效度的主要因素有：（1）测量工具或数据分析不可靠；（2）单一的数据来源；（3）统计分析错误。

量化数据通常采用标准化的量表为工具。新编量表除了满足信度检验标准外，还必须经过效度验证。质化数据通常采用验证、编辑和编码三个步骤以及多人分析验证来提高数据分析质量，用编码信度来检验数据分析质量。

收录的13篇国外实证文献,10篇以量表为主要数据采集工具,其中5篇借用成熟量表,但只有3篇文献进行了重测信度检验(表3.6);另5篇自编量表的文献,仅1篇文献对合成量表进行了探索性因子分析。3篇国外文献采集的是质性数据,包括档案袋成果、反思文本和访谈。这3篇文献介绍了如何对收集的质性数据进行内容分析,只有1篇提供了编码信度检验。国内9篇实证研究均使用量表作为数据采集工具,6篇文献选择了自编量表,仅1篇文献对量表进行了信度检验;2篇国内文献也使用了较多的质性数据,但对如何分析这些质性数据未给予说明。上述结果表明,仅40%的国外文献对数据质量在一定范围内进行了检验,而国内文献普遍忽略测量工具或数据质量问题。

表3.6 基于档案袋的学习者自主研究数据来源及分析工具/方法

类别		方法	国内	国外
测量工具/数据分析质量	量表	自编量表	6(66.7%)	5(38.5%)
		自编量表信效度验证	1	1
		借用量表	3(33.3%)	5(38.5%)
		借用量表重测信度检验	0	3
	质性	文本、访谈数据	2(22.2%)	3(23%)
		编码技术	0	3
		编码信度	0	1
数据来源		两种以上数据	6(66.7%)	9(69.2%)
		单一数据	3(33.3%)	4(30.8%)
统计方法		描述性统计	8	11
		t检验	4	2
		回归分析、方差分析等技术	0	5
		无统计数据	1	0

60%以上的国内外研究者有使用多元数据(以量表为主,辅以访谈、档案袋文本或测试)的意识(表3.6),但在如何规范使用多种数据支撑结论方面中外研究者还存在一定差距:国外9篇文献使用了多种数据,其中8篇明确阐述了如何采集和分析多种数据(88.9%);而66.7%国内文献对

如何采集和分析量表以外的数据未给予说明,如访谈内容是什么,在多大范围内、何时、何地、由谁进行访谈。后者由于缺乏这些基本信息,使得这些数据在结果部分呈现缺乏说服力;部分研究者虽然在"研究设计"中声称使用了访谈和观察等工具,但无对应数据在文中呈现。

从统计推理方法来看,中外研究者采用的方法较简单,描述性统计分析是主要数据统计方法。

三、结果反思

在过去的 15 年里,基于档案袋的学习者自主研究作为一个新兴的研究领域取得了一定成果,近年来也呈现出持续的升温。但由于发展时间短,总量有限,仍存在一些问题和不足。

首先,实证研究规范不足,国内外文献均存在不同程度的效度缺憾,国内问题尤显突出。基于档案袋的学习者自主研究本身是一个实证性很强的研究领域。要提高实证研究的解释力,研究须遵循规约限度,尽量减少效度威胁。从内部效度看,已有研究在根据研究问题选择与之契合的方法和设计方面仍有不足,对实验研究的受试差异、时间效应等额外变量未能有效控制,削弱了研究结果对研究现象的解释力。

从构念效度看,已有研究在有效界定自主学习能力的概念定义和操作化定义,围绕学习者自主要素设计干预措施上存在不足。国内文献偏好测评干预,但对干预措施的描述笼统、简单,缺乏对测评本质属性和质量要求的理解。实证研究的程序是先理论假设,在廓清理论脉络的基础上,推演出可验证的变量关系判断,提出数据采集依据和干预框架。缺乏对变量理论构建,研究结果只能停留在经验的描述层次。

从结论效度看,国外文献在质化和量化数据合理利用方面比国内文献规范。但已有文献对量化和质化数据质量不够重视,国内文献尤为突出。国内文献主要依托量化数据,当测量的操作化定义不明、测量工具无质量检验以及统计方法不可靠时,得出的研究结论可信度和有效性自然难以排除合理的质疑。

其次,现有电子档案袋研究的数量与当前新媒体时代的高等教育环境不适应。陪伴数字媒体长大的年轻一代,其学习方式"既是认知的又是社交的,既是具体的又是抽象的,与判断和探索交织在一起"(Attwell, 2007:42)。无论是学习者自主理念的提出,还是档案袋的广泛运用,都是对传统课堂教学与学生需求和发展相矛盾的应答。在学生学习环境和学习方式发生巨大变化、新媒体技术无处不在的今天,基于档案袋的学习者自主研究不应固守原有议题,而应捕捉实践巨变中的内涵,探索新媒体教育环境下学习者自主实现途径。

最后,解释性研究数量不足,而且囿于实验研究。国内的研究近年来虽然成功地实现了从非实证向实证研究范式的转型,但总的来说是偏重非实证研究。这些研究或从理论上探讨档案袋对促进学习者自主的作用,或介绍档案袋使用,缺乏实证证据来说明档案袋是如何促进自主的。一些采用调查和相关法的描述性研究呈现的是研究对象对档案袋是否促进自主的感受,而非实际效果。从对现有文献分析看,我们尚不真正清楚档案袋对学习者自主的作用机理,既需要严谨、规范的实验研究,也需要从多元的视角来理解档案袋与自主的关系。

针对上述研究不足,对未来国内研究展望如下:

(一)以实证研究的方法论为指导,提高研究效度。任何研究都不能排除所有效度威胁,研究者要关注的是效度威胁是否严重到影响结论的可信。理想的实证研究应有理论和明确的概念框架做支撑,通过对研究变量的操作化,使概念(构念)与变量之间形成逻辑自洽。未来研究一方面要重视对测量变量的界定和操作化,厘清概念的内涵,明确可观测的指标,为判断数据采集和分析是否得当提供依据;另一方面,应围绕促进学习者自主的关键要素,设计更为具体、可操作的干预,使其与促进自主的目的相匹配。在选择研究方法和设计前,要核实其使用的假设前提,使之与研究问题和理论框架契合。要重视准实验设计对变量的控制,提高因果推论说服力。未来研究要增强求证过程的严谨性,提高数据质量及数据分析技术。要重视量化和质化数据的信度检验,对新编量表要进行效度验证。要合理利用质化和量化数据去弥补单一数据解释的留白。在统计方法上,要利用 t 检验、回归分析、因子分析和效应量等处理高维数据的方法,提高数据分析水平。在文献中要清晰阐述各个步骤,保证过程的公开,使证据的主体有力支持结果。

(二)加大对电子档案袋的研究力度,探索新媒体学习环境下学习者自主新路径。应结合当代年轻人学习和认知特点以及电子档案袋优势,构建学生参与探索、互动、反思和反馈的平台,促进学生更加自主。电子档案袋研究还有可能推动基于档案袋的学习者自主研究实现方法上的跨越。电子档案袋具有以过程为导向、基于证据和合成证据便捷的特点。学生在学习过程中产生的大量量化和质化数据不仅能提供更可靠和更全面的数据支撑,而且有可能促进我们发现影响自主发展的潜在变量,进入深层次的分析,提出新的理论命题。

（三）拓宽研究的深度和广度，提倡研究方法多元化。未来研究要拓宽测评型档案袋研究深度，建立与测评目的相一致的测评内容和标准，从信度和效度来检验档案袋测评质量，使测评在促进学习者自主的教育实践中真正发挥检验和促进自主发展的作用。未来研究还可从反思、互动、反馈、学习监控和自我学习管理等视角选择干预。要积极尝试行动研究、案例研究等不同的研究方法来加深我们对档案袋与学习者自主关系的理解。

本章小结

从自主测评研究的发展脉络来看，其经历了从测量到测评的转向，经历了从强调测评的方法论到强调测评的目的和过程的转变。应该指出的是，尽管国外语言学习者自主测评在过去的 20 年里取得了长足发展，但仍有一些需要进一步探索的地方。首先，这些研究在解析学习者自主学习能力时，强调的是自我管理学习的能力或自主学习心理，但只考虑了自主的个体性，未考虑自主的社会性，只考虑了语言学习自主，未考虑语言使用自主。Sinclair（1998）、Cooker（2012）、Ushioda（2009）和 Tassinari（2012）的自主测评模型关注的是非语言成果的自主。如果说培养学生语言自主学习能力的最终目的是提高学生的语言学习绩效，那么，语言使用自主无疑是语言自主的重要构念之一。

其次，已有的自主测评研究多采用质性研究，虽然获取的信息比量表更加真实，但往往局限于小样本纸质文本研究，结果的诠释受限于特定的情景，无法通则化，而且这些质性测评工具未能从信度和效度的角度说明研究工具的质量，从而限制了工具的可推度。因此，需要从方法论的角度重新思考学习者自主测评体系设计及测评方法选择问题。

作为替代性测评的一种方法，档案袋测评反映了社会建构主义的理论观，强调了学习过程管理，无疑为自主测评和促进学习者自主研究带来了新的曙光。理论上说，电子档案袋测评可以克服传统自主测量或测评的困难，可以收集多元、真实以及自主学习能力动态发展的信息，但到目前为止，尚无此方面的研究报道。虽然电子档案袋与学习者自主在理念上有诸多共核，如强调元认知、反思、自我测评和社会互动等能力，但在实践层面,已有基于档案袋的研究由于起步晚、数量有限,而且高质量的解释性研究不足,在研究效度方面仍有较大提升空间。当然,任何研究都不能排除所有效度威胁。研究者要关注的是效度威胁是否严重到影响结论的可信度。在以档案袋测评为干预的促进学习者自主研究中,要廓清档案袋测评的要素以及质量标准,使研究目标、测评内容和干预措施之间形成无缝对接,使档案袋真正成为测评和自主之间的"黏合剂"。下一章将讨论档案袋测评的要素和质量标准,为本书研究设计提供需关注的因素。

第四章

档案袋测评：要素、质量标准及研究回顾

档案袋测评激发了主张教育公平、多元和道德教育的学者的强烈兴趣。作为一种创新的教学方法，档案袋测评符合当今整体教学法的需要，使教师对学生的发展和成长有了更清晰的认识，"为学习者提供了表达个人的空间，使他们有机会参与学习过程和掌控自己的学习"（Tisani, 2008：550）。虽然档案袋测评被广泛推崇，但仍有许多需要解决的问题。Lam（2018：2）认为，档案袋测评的设计、开发和实现比想象的要复杂得多。已有的档案袋测评的一些主张还存在明显的矛盾，在理论主张与实践之间还存在鸿沟（Tisani, 2008：551）。Benoit & Yang（1996）指出，档案袋测评须回答三个问题：（1）测评的定义是什么？（2）测评的主要目的是什么？（3）测评能否提供学生表现的高质量数据？从上一章国内外基于档案袋的促进学习者自主研究综述中可以发现，国外研究多将测评作为档案袋综合干预的方法之一，国内较集中于档案袋测评干预，但国内外文献均存在不同程度的效度缺憾。迄今为止，我们尚不真正清楚档案袋测评对学习者自主的作用机理。有鉴于此，本章我们将文献搜索范围扩大到更广泛的教育领域，以获得更多

经验信息。本章旨在厘清档案袋测评的关键要素,探讨档案袋测评的质量标准,梳理档案袋测评的主要文献,为本书构建档案袋测评模型以及开展实证研究提供理论依据。

第一节 档案袋测评要素

一、档案袋测评定义

Wolf(1993)认为,档案袋测评是一种真实的或基于表现的测评形式,测评的是高阶思维能力,如交流或判断能力等;与传统的测评方法不同,档案袋呈现的不仅仅是最终成果,而且是学习的过程。Ryan & Kuhs(1993:76)也认为,档案袋测评既指过程,也指最终成果,是一段时间内收集的、反映预定学习目标进展的材料,是根据适用的标准对表现成果进行评判。

Barnhardt(1998:3)将档案袋测评定义为"根据特定、已知的教学目标系统,纵向收集学生学习成果,并根据相同的标准对成果进行评估"。

Lynch & Purnawarman(2004:51)指出,档案袋测评是基于受测者在真实环境表现的测评。根据预先确定的标准和指标,依据量规的等级标准,确定受测的表现评分;测评活动应包括学生按照量规进行自我评估的能力;电子档案袋测评的独到之处在于通过学习者的反思来展现能力的认知方面,而成果则是能力的实际表现;档案袋测评须有明确学习目标和系统收集反映水平或进步的证据,有评估证据的标准。

O'Malley & Valdez Pierce(1996)使用的是"测评档案袋"(assessment portfolio)这一术语。他们认为,测评档案袋是根据预先确定的评分标准(如评分指南、量规、检查表或评分表)系统采集学生的成果并进行评估。

Pitts et al. (2001:351)指出,作为一种测评工具,档案袋与一般性的考试有很大的不同。一般性的考试是指在课程学习过程中或结束时,在有限的时间内发生的有压力的事件。档案袋测评则允许在一段时间内有多次尝试的机会,允许修订和反思,可处理多个任务,可使用多种形式的数据输入。

上述定义虽然不尽相同,但反映了档案袋测评与学习型档案袋或展示型档案袋的差异。譬如,展示型的档案袋所需要的可能仅仅是学生依据一定的标准收集的最佳成果或表现集,而测评型档案袋的构架和要求却复杂得多。Herman et al.(1996:28)指出,只有当档案袋提供了评判表现质量的标准时,才可用于测评。参照上述档案测评定义,兼顾测评的关键要素,可以看出,档案袋测评需涵盖以下属性:(1)根据一定的教学目标开展的、有目的地收集学生表现证据活动,展示他们的能力和知识的掌握程度;(2)有明确的标准和指标定义复杂的能力构念,有判别学生表现等级的标准;(3)收集的是学生完成测评任务的证据;(4)这些证据持续地来自学生的学习过程;(5)学生参与档案袋构建并反思学习成效。

二、档案袋测评的目的

档案袋测评是为数不多的、可测评多种学习能力的方法之一。档案袋测评有不同的目的,可用于教学决策、教学干预、提供反馈、课程评估、甄别性评估和促进教学等不同用途。

用于教学决策的档案袋测评可帮助教师掌握学生学习情况,并根据测评信息来确定教学活动是否达到了预期的目的,以决定下一步教学行动方案。

用作干预工具的档案袋测评通过收集传统测量工具无法收集的多元数据来验证问题假设,然后确定研究问题的解决方案。显然,档案袋测评不仅仅是一个测评工具,也是功能性的测评流程。

用以反馈的档案袋测评记录的是学生学习进展,让学生知道他们在哪些方面表现出色或在哪些方面需要投入更多的精力。这种反馈的本质是个性化的。反馈是由学生、教师或同伴共同参与对学生学习成效的评估。

用作课程教学评估的档案袋则是用多种评价方法对学生学习进行跟踪,获得课程教学的整体数据。

除了具有形成性测评的目的外,档案袋测评还用于期末考试、高等学校录取等甄别性评估。

用于促进教学的档案袋测评关注点在于如何促进学生反思和参与学习过程。教师可以让学生参与制订学习目标和评分标准。学生根据评分标准评估自己和他人的表现,测评的重点在于如何实现目标。

需要指出的是,档案袋测评的目的并不限于上述几种类型;而且,档案袋可以同时服务几种测评目的,实现多种用途。

三、档案袋测评的构架类型

档案袋测评根据测评目的可有不同分类。

档案袋按照证据呈现方式可分为结构化和非结构化的构架。结构化的档案袋提供了明确的档案袋收集证据类型及方法,将之与所产生的测评活动的信息联系起来;而非结构化档案袋的证据通常是学生收集的最佳成果/表现,或是学生依据自己对测评标准的理解自行收集的成果或表现证据。

档案袋按照测评的证据形式可分为成果和行为两种。成果型档案袋是学生根据既定标准完成的任务,可以是书面或是实际存在的。学生通过可评估的行为展示他们的知识或技能。行为型档案袋是学生表现的一个方面,它不是一个有形的物体,而是可捕获和存储并进行评估的表现。

档案袋按照测评的数据呈现形式可以分为量化和质性数据。档案袋既可有描述性的记录材料,有评分证据,还允许定性判断与量化信息的集成,从而生成对学生表现的综合判断。

档案袋按照证据的选择源可分为学生选择的证据、教师选择的证据、教师和学生共同选择的证据或同伴选择的证据等。

档案袋可分选择清单、评分表和量规等测评策略。

档案袋按照测评的主体划分,可分为教师测评、自我测评、同伴测评和机器测评。按照证据源可分为学生采集、教师采集和机器采集。

档案袋按照呈现形式可划分为纸质和电子档案袋。电子档案袋收集的基于文本、图形、多媒体、数字的证据,可存储在光盘或其他网络应用程序中。

档案袋按照测评的时间轴可划分为过程性测评和终结性测评。档案袋可提供学生进步的连续描述,而不是单一的成绩,可用于过程性或终结性测评。在线学习环境提供了获取学习资源的途径以及交流工具,反馈可来自同学或老师。这种反馈很可能成为一个不可或缺的测评过程,促进学生反思和自我评估。这意味着形成性的测评可以演变为终结性的证据。形成性测评必须对学习者的学习进展提供反馈,帮助学习者确定新的学习目标。终结性测评必须确定所期望的学习目标和能力是否已经达到。

档案袋根据评分标准可分为标准参照(criterion-referenced)和常模参照(norm-referenced)。标准参照测评指建立测评的标准后,围绕标准对受测进行测评;常模参照测评是将受测者的测评结果与某一特定人群测评结果的平均分进行对比来确定受测者水平。

档案袋按照评分方式可分为整体性评分、分析性评分、通用评分和特定任务评分。分析性评分关注表现的多个方面或组成部分,并提供了这些表现方面的质量指标和评分标准。整体的评分描述了表现的整体特征,并提供一个整体的分数。通用评分包含了跨任务的通用标准。这种类型的评分标准允许在多个任务中使用,但缺乏针对特定表现的差异性。特定任务的评分是基于特定任务制定的评分标准,提供了衡量特定任务的质量的测评方式。

档案袋测评必须服务特定的目的才能发挥其效能,其目的决定了档案袋的内容、构架和证据的解释方式。

四、档案袋测评方式

测评的方式应与拟测评的任务相对应。例如,多项选择测试可能是衡量事实学习(factual learning)最有效的方法,表现测评旨在通过让学生解决现实问题来实现对高阶能力的判断。档案袋测评是基于学生的表现证据——成果以及表现能力的观察和判断而实施的测评活动。档案袋收集的表现证据与传统测试内容体系不同,采用的评分方式也不同。在档案袋测评过程中,信息或数据是通过多种方法、多个时间点从不同来源收集的。测评活动的一个重要特点是对任务描述要求高,对任务的描述需足够详细和清晰,使所有学生均有机会发挥最佳水平(Wolf et al., 2012:68)。

检查表(checklist)、量表(scale)和量规(rubric)常用作表现测评的工具。检查表通常提供一个是或否的格式和示范的具体标准,可用来记录对个人、小组或整个班级的观察情况。对于一些以简单地完成一系列以需求为主要目标的学习任务,检查表是一个适当的评估工具。

评分量表提供学习者所表现的行为、技能和策略的程度或频率的评估。评分表陈述表现标准,提供3-4个选择来描述学生工作的质量或频率。

量规"是对真实或复杂的学生成果进行定性评级的评分工具,包括对表现的重要方面的评级标准以及达到标准的要求"(Jonsson & Svingby, 2007:131)。量规"列出了任务的具体期望,将任务划分为若干组成部分,并详细描述每个部分的可接受或不可接受的表现水平。尽管量规的定义不同,但'表现标准''自我评估'和'一致性'是量规的主要特征"(Benjamin, 2007:19)。

Reddy(2011：84)认为,"在档案袋测评中,很难对学生给出的建构答案进行完全客观地评估,量规被认为是对学生表现进行可靠和有效的专业测评方法"。Whittaker et al. (2001)认为,量规可以:(1)让学生了解测评的具体标准;(2)监控学生任务完成进展,提高他们元认知和思维能力;(3)促进学生自我测评能力发展。从已有文献报道,量规评分有极大优势。首先,在不牺牲信度的前提下,量规提供了传统测试无法实现的表现测评标准。量规可提高测评表现与真实任务的一致性,增强学生之间、成果之间以及不同评分者之间评分的一致性(Jonsson & Svingby, 2007：132)。此外,精心构建的量规可让教师或学生独立对学生的表现评分(Stefl-Mabry, 2004：21),能帮助教师和学生澄清学业成就的标准、期望和预期的质量标准,通过形成性测评、自我测评和反馈,帮助学生批判性地思考自己的学习,引导学生达到预期目标的成就水平(Jonsson & Svingby, 2007; Mossa, 2014)。

鉴于本书的档案袋测评关注的是学生高阶思维能力和解决问题能力,测评的目的是引导学生如何根据标准实现更大自主,故选择量规作为本研究拟开发的档案袋测评评分工具。下面将重点探讨量规的要素。

精心设计的量规是对拟测构念的描述,包括三个要素:评价标准、质量定义和评分策略(Popham, 1997：72)。"评价标准"是评分者在决定学生学习质量时所考虑的因素。这些标准也被描述为一些指标,反映拟测的重要内容。"每一个评价标准必须反映拟测能力某一关键属性,而且是可教的"(Popham,1997：74)。尤其是在难以界定的领域,评分标准阐明执行工作的要求,允许根据标准对学生的表现进行区分(Reddy, 2011：85)。量规如何定义标准影响到测评的信度和效度。为保证量规测评的信度和效度,在制定评价标准的过程中,要借助学术文献、专业经验、专家和同行的反馈,探讨如何达成标准内容的共识。"事实上,绝大多数关于量规开发的实证研究都没有纳入这个步骤,量规往往由教师根据自己的经验制定"(Reddy, 2011：86)。

"质量定义"指用清晰、具体和可理解的描述语对学生的表现差异进行定性描述。质量定义区别了优劣的标准或不同层次的定义,例如"优""良""合格"和"不合格",可以反映学生的学习情况。

"评分策略"涉及使用什么标尺来解释和判断成果或过程(Reddy, 2011：87)。量规可分为整体性和分析性量规。"整体"标准可以对整个过程或成果进行评分,而不是单独判断各项指标得分。分析型量规是将每个评分标准单独评分后最终聚合形成总分的评分策略。这种从部分到整体、逐条标准判断方法,使多维度测评成为可能(Reddy,2011:87)。比如说,以形成性反馈为测评目标的量规可采用分析型,因为测评对成果或表现优劣给予了详细的诊断反馈。这些反馈一方面可以用来影响学生的学习轨迹,另一方面可以向教师提供教学效果的反馈,用来改进和规划教学过程和课程设计。

分析性量规的评分策略还涉及各项分值如何合成或是否需要给予不同指标不同权重的问题。

量规的开发通常是邀请领域专家参与评估内容效度,通过不断修订,直至完善。

第二节 档案袋测评的质量标准

在任何正式的测评程序中,公正的决策必须有效地反映所证明的能力,这意味着测评必须具有可比性,尽量减少偏见和误差(Driessen et al.,2005:215)。

档案袋测评应为科学决策提供准确、可靠、一致、公平和有意义的信息(Shapley & Bush,1999:112),将测评结果控制在可接受的误差范围内,确保测评结果的质量。信度和效度是检验档案袋测评质量的两个基本标准。

一、信度和效度定义

教育测量理论在很大程度上是建立在认识论的基础上,对所谓的标准或统一概念的理解,即认为社会科学应采用自然科学研究的方法来研究社会现象。既然大多数测评都会对受测者产生影响,测评就必须是可信和可靠的,是基于公正的判断和某种证据(Wiggins,1998)。信度指测量结果的一致性和精确性程度,是对测量结果的质量判断,表明测量结果是否有误差,是否提供了有用的测量信息;但所有测量都存在不同程度的误差,尤其是在社会和行为科学领域(Urbina,2014:117)。

信度评估应根据不同的测量误差源选择不同的估计方法。Urbina(2014:123)列举了六类主要的测量误差、产生的原因以及应采用的信度估计方法。第一类是评分者差异,主要是评分者的主观判断所致,宜采用评分者信度估量。第二类是时间抽样误差,指对相对稳定的特质和行为的测量误差。比如说,与能力有关的心理构念测量(如语言交际能力)不易因时间不同而波动。时间抽样误差测量宜采用重测(test-retest)方法估量信度。第三类是内容抽样误差,指与测量特质无关的内容作为测量中特定项目内容进入了测量分数,宜采用复本信度(alternate-form reliability)对半信度(split-halve reliability)评估。复本信度评估方法与重测信度评估相似,但第二次是采用不同形式的测试。第四类是项目间不一致误差,指由于整个测试项目的波动而导致的分数错误,可采用对半法估计。第五类误差是项目间不一致以及内容异质性,其误差源除了来自项目间不一致,还指同一测试包含了与反映拟测构念不同的项目或项目集,宜采用内部一致性评估,如项目间相关性评估或奇数-偶数分割法。第六类是时间和内容抽样误差,指时间抽样和内容抽样误差共同造成的影响,宜采用延迟复本信度估计(delayed alternate-form reliability)。

除了上述常用的信度评估方法,另外还有基于概化理论计算的概化系数(G系数)可用来计算测试的信度系数和标准误差。概化理论是对经典检验理论的扩展,它利用方差分析(ANOVA)方法来同时评估多个误差方差源对测试分数的综合影响。一般来说,采用何种方法取决于具体的测评情况和分析单位,并查明潜在误差源。没有一种方法适用于所有情况。

信度是测评质量的条件,而效度则是测评质量的核心因素。信度是测试的内部特征,涉及测评的一致性和测评项目之间的相关性。效度是测评的外部度量,基于测评与测试之外的度量、质量或性能的相关性。效度所关注的是测评是否测量了拟测量的构念、特质和技能(Lalley,2017:48)。

效度有两种不同的解释:一是认为效度是测试的属性,这种观点在自然科学和心理测试中应用最为广泛。另一种观点则认为效度是测试分数解释的属性。在教育研究中,效度常常被认为是涉及评价判断,因此不被视为测试的属性,而被视为对测试结果的解释。Messick(1989)和Kane(1992)认为,效度不仅是测试本身的属性,也与测试分数的意义紧密关联,分数的意义或解释必须是有效的。

效度的传统定义是测试在多大程度上测量了拟测的内容,通常用三种类型的效度——内容效度、效标效度和构念效度,来评估测试的内在属性。构念效度指测试能测量构念或特质的程度,旨在以心理学的理论概念来说明并分析测量分值的意义。内容效度是指测试的内容和回答属性在多大程度上代表了某个已定义的构念。效标效度是预测效度和同时效度的组合,指的是测试分数对未来表现的预测程度,以及与测量同一构念的其他测试结果的相关性。

Samuel Messick 认为,将效度划分为多个类型的做法得到的是支离破碎、不完整且缺乏对测试价值内涵和社会后果考虑的信息(Messick,1989)。效度应该是一个统一的概念,构念效度是核心。Messick 提出,构念效度应在统一的效度框架下考量价值意义和结果,并提出构念效度的六个层面:内容、实质、结构、概括化、外在和结果。内容层面关注的是测试内容域反映目标内容域的程度,也就是确定拟测构念的边界。实质层面指测试反映目标认知过程的程度。结构层面指测试的可靠性和可接受的因子结构。概化层面指测试属性可推广到不同组、群体或环境的程度。构念效度的外在层面评估测试分数与被测构念理论所隐含的其他测量或行为之间的关系和可预测性。结果层面指测试分数解释和使用所带来的实际和潜在后效。

Messick 的统一概念模糊了传统意义上的效度与信度的区别,将两者都纳入了构念效度的范畴。Messick 将传统的内部一致性概念扩展到结构效度的概念,即目标域的内部结构与响应数据的内部匹配度。在 Messick 的构念效度概念中,传统的同时效度、预测效度、聚合效度和区分效度等概念被合并为外在层面,即与外部变量的关系。Messick 的结果层面效度是对测评使用的预期和非预期结果的检验。如果测评工具能证明达到预期目的,并将不良后果最小化,就获得了结果效度的证据(Birenbaum,2007)。

毫无疑问,构念效度是心理测量的重要效度。Messick 将效度等同于构念效度,虽然采用了六个不同的层面,但这六个层面定义是模糊的。美国教育研究会 1999 年发布的《教育心理测量标准》(以下简称《标准》)将效度定义为"证据和理论在多大程度上支持对考试成绩的解释"(引自 Mislevy & Knowels,2002:58)。效度是对分数的解释和使用的质量评估,而不是对测评工具本身质量的评估。假如档案袋用来测评学生的写作能力,效度回答的是:评定的分数在多大程度上证明了对学生写作水平的预期推断是正确的? 效度证据是用来支持对学生表现测评的推论,故而效度被视为一种假设。效验(validation)就是收集效度证据来支持或反驳效度假设。在效验过程中,研究者对提出的假设给予定义,使用收集的证据对假设进行实证检验,然后将这些证据总结为一个连贯的"有效性论证"。效度的验证是"一个积累证据,为提出的分数解释提供可靠科学依据的过程"(Mislevy & Knowels,2002:58)。与信度验证一样,效度验证也包括逻辑论证和相关证据的收集。效度是针对特定的测评目标而言的。特定的测评目标决定了效度验证的框架及基于分数的推论和使用的含义。

验效论证有三类主张：分数解释、预期用途和测试使用结果主张。基于分数解释的主张所持的观点是，测评成绩是反映特定能力的合理指标，与分数解释的构念效度有关，要对拟测的构念或能力给予明确定义；预期用途的主张包括构念效度的主张，即构念或能力与预期用途有关，测评有利于这一用途；测试使用结果的主张指测试使用的预期结果实际上发生了，而可能的意外或不利结果没有发生。

不同类型的证据可用来支持不同验效论证的主张。相关证据的种类取决于具体的主张。没有一种单一的证据可支持所有类型的主张，或支持某一主张运用于所有时间、情境或受测群体中。《标准》描述了支持验效论证的证据可来自以下不同渠道（引自 Mislevy & Knowels, 2002：59）：

（一）基于测评内容的证据。通过专家判断以及对测评任务和成果的逻辑和经验分析，收集测评内容与拟测的内容域相关和具有代表性的证据。

（二）基于反映过程的证据。通过观察和调查考生在执行测评任务时使用的策略，或通过电子监控手段，收集反映构念的测评任务所涉及的过程证据。

（三）基于内部结构的证据。通过各种定量分析，如因子分析、维度分析和项目功能差异检验（differential item functioning）来收集构念定义中可观察的测评任务或内容之间的关系证据。

（四）基于与其他变量关系的证据。收集与拟测构念指标相关而与不同构念指标无关的证据。测评成绩与这些指标间的关系提供了效标效度信息。当指标与测评同时反映表现能力时，这就提供了同时效度的证据。当在测评一段时间之后再收集受测的指标信息，这就提供了预测效度的证据。

（五）基于测评结果的证据。在测评之后跟踪考生，或者调查测评的影响，以及测评结果对课程教学、教育系统和整个社会的影响，收集测评结果的证据。

在选择提供何种效度证据时，应考虑测评工具的使用过程。在测评工具的编制阶段，应考虑内容效度和构念效度，在测量的分数解释阶段，应考虑效标效度，在测评的评价阶段应考虑结果效度。

不管测评的效度是如何建立的,在心理测量学领域有一个绝对的事实,即如果没有首先被证明是可靠的,任何测评都不可能是有效的。也就是说,测评信度是效度的前提(Lalley,2017:48)。

二、档案袋测评的信度估计

在确定档案袋测评信度标准之前,我们必须厘清档案袋测评的性质以及测评的方法。如前所述,信度是对内部一致性的度量。传统测试或测量的内部一致性关注测试中的所有项目是否测量了相同的构念、特征或能力等。测试项目通常在测试之前就有一个预先确定的、一致同意的答案。不过,档案袋测评与传统测试有如下区别:(1)在数据来源上,档案袋采集的是学生一段时间、来自不同渠道的表现证据,而测试是在标准环境下实施的一次性数据采集;(2)在任务类型上,档案袋的证据类型呈多样化,是学生对任务的反应构建(response construction),而测试是学生对任务的反应选择(response selection)。档案袋测评任务和证据的复杂性以及任务的反应方式决定了其评分方式不像测试那样客观。

信度测量的目的是使测量误差最小化。档案袋测评的上述特点使其易产生两种类型的误差:一是测评工具不能准确测评受试,二是评分者判断错误。为了控制后一种误差,档案袋测评常采用两人或多人评估。评分者判断的差异可以发生在评分者之间,即所谓的"评分者间信度"(inter-rater reliability),也可发生在同一评分者的评分一致性上,即所谓的"评分者内信度"(intra-rater reliability)。

评分者间信度是指"一组评分者在特定时间用特定工具进行测评的结果一致性程度,并对两名或两名以上评分者是否以可预测和可靠的方式应用其评分做出的统计估计"(Oakleaf,2009:970)。评分者间信度是"档案袋测评质量决策的基础"(Herman & Winters,1994:49)。

Stemler(2004)认为,将评分者间信度描述为单个、统一的概念是不精准的,是潜在的误导。评分者间信度估计应根据分析的目标使用不同的估计方法。已有文献对评分者间信度估计主要采用三种方法:一致性估计(consensus estimate 或 inter-rater agreement)、相关估计(consistency estimate)和测量估计(measurement estimate)。

一致性估计是指两名或两名以上的评分者使用相同的评分标准对相同的、可观察到的情况做出判断和评价的一致性程度。一致性估计基于的假设是"评分者应能将不同等级的评分规则应用于所观察到的行为并达成精确的一致。如果两名评分者使用评分表对受试的表现进行评分达成了一致意见,可以说他们对该构念有着相同的理解"(Stemler, 2004)。在这种情况下,测量误差的绝对程度是值得关注的。受试者之间的差异或评分特征在群体中的分布并不重要。换句话说,一致指测评人员对某测评对象做出完全相同判断的程度,是"绝对共识"。

评分一致性估计主要有四种方法。一是百分比估计,即将完全相同的评分数除以所有评分总数。这一方法的好处是简单和易操作,但仅用于两位评分者分数计算。这个方法不考虑评分者分配特定分数的随机概率,统计数字很可能被人为夸大。

一致性估计的第二种方法是 Kendall 一致性系数。Kendall 一致性系数用于估计多个评分者之间的一致性,对概率进行修正,适用于用数字编码的有序响应(Oakleaf, 2009: 971)。这个统计方法的一个主要缺点是尚没有较认可的指数来解释测评结果。也就是说,对可接受的或不可接受的一致性估计值尚没有广泛认可的界定。

一致性估计的第三种方法是使用类内相关系数(intra-class correlation coefficient,简称 ICC)对数值变量进行估计,测量观察到的和"真实"方差之间的比率。ICC 用于定距变量统计。此外,ICC 既包含评分者内信度,也包含评分者间信度,因此很难解释获得的数据结果。

一致性估计的第四种方法是 kappa 指数估计。其中,Cohen's kappa 用于两位评分者之间的一致性程度。Fleiss' kappa 则用于两位以上评分者间的一致性估计。kappa 统计数据的解释与百分比一致性数据的解释略有不同。kappa 值为零并非表示两位评分者完全不一致,而是表示这两位评分者的意见不完全一致,并且不一致不是偶然的。因此,如果评分者的一致性比随机预测的要少,那么 kappa 就有可能为负值(Stemler, 2004)。kappa 统计不仅考虑了评分者间的一致性,还考虑了评分者彼此同意和不同意的可能性。Jacob Cohen 和 Joseph L. Fleiss 的 kappa 可用于定类变量数据或定序变量数据。

相关估计的假设是"只要每一位评分者根据自己对评分规则的理解对某一现象进行分类时是一致的,那么并不真正需要两位评分者完全相同的评分"(Stemler, 2004)。相关评估特别适用连续性的数据。判断相关程度最常用的统计量是 Karl Pearson 的相关系数。Pearson 相关系数的一个潜在限制是,它假定评分数据是呈正态分布的。因此,如果评分中的数据向分布的一端倾斜,将减弱可观察到的相关系数上限。另一种相关估计的方法是 Charles Spearman 的秩系数(Spearman's rank coefficient)。Spearman 秩系数提供了 Pearson 相关系数的近似值,却可用于数据呈非正态分布的情况。在使用多个评分者的情况下,通常采用 Lee Cronbach 的系数(Cronbach's alpha)来计算评分者间相关性。相关估计值大于 0.70 被认为是可以接受的。

评分者间信度估计的第三种方法是测量估计。测量估计基于的假设是"应该使用所有评分者提供的所有信息(包括不一致的评分)。每个评分者都被视为提供了独特的信息,可用于最后的生成分数"(Stemler,2004)。测量估计的方法之一是使用因子分析技术,即多位评分者对一组参评者进行评分,然后对评分者的分数进行主成分分析,以确定第一个主成分可以解释的评分中共有的方差。另一种常用测量估计的方法是概化理论。概化研究的目的是确定每位评分者的误差方差。当评分者是唯一评分人时,概化研究的结果可修正其评分误差。

测量估计的优势是可以考虑到每个评分级别或评分者的误差,由此比来自评分者的简单原始评分更准确地反映了研究的基本结构;其次,可同时计算所有测评项并有效地处理来自多个评分者的评估。测量估计的缺点是计算较复杂,只能处理定序数据。其可靠性严重依赖实测数据的完备性以及研究者测验设计水平和实测控制能力(陈社育、余嘉元,2001:262)。

三、档案袋测评的效度估计

在上面小节我们谈到,现有效度理论对效度的分类较多,已有档案袋测评效度研究主要集中于内容、构念、效标和结果效度。下面就这些效度的定义和检验方法做一简单介绍:

(一)内容效度。内容效度指"测评工具反映基于测评目的的目标构念的相关性和代表性程度"(Haynes et al.,1995:239)。只有测评内容真的反映了预测目的,测评活动才有价值。内容效度验证是测评工具开发过程中需要考虑的步骤之一,是首先应确立的效度,也是所有其他效度的前提。内容效度指的是测评工具的特征,而不是分数特征。内容效度的确定主要是采用推理和判断的办法,通常采用如下步骤:(1)定义拟测表现域;(2)选择相关领域专家(sbuject-matter expert,简称 SME);(3)提供结构化的问卷让专家对测评指标与对应表现域的匹配度进行评估判断;(4)收集和总结专家判断的数据。

(二)构念效度指测评结果在多大程度上反映了拟测构念(Bhattacherjee,2012:52)。检验构念效度的一种方法是因子分析。因子分析显示了不同变量之间的变异性,分析测评指标之间是否存在共同的因子。因子分析提供了三种类型的信息:(1)需要多少因子来解释测评现象;(2)哪些因子决定测评的表现;(3)这些因子在测评分数所占方差比例。

另一种验证构念效度的方法是群组差异(group difference)或已知群方法(known groups method)。也就是说,如果两组受试在构念上存在差异,那么测评结果应反映出组间差异。

项目反应理论也被用来检验构念效度。与因子分析一样,它也是一种统计程序,用于识别潜在特质。可通过比较同一构念的各不同指标观测值的高相关性(聚合效度)和不同构念的指标的低相关性(区分效度)来验证(Bhattacherjee,2012:53)。档案袋测评能力的方式与传统测试不同,其聚合和区分效度证据不像传统测试那样清晰。一般认为,中等偏高的相关就能提供较好的效度证据;而高相关性表明档案袋测评与另一测试工具测量的是完全相同的特质,但太低的相关性也无法说明档案袋测评的构念效度(Koretz,1998:326-327)。

(三)效标效度指测评分数与效标间的相关程度。效标效度包括同时效度和预测效度。同时效度表示档案袋测评的结果与已建立的其他测评工具间的相关性,可以通过使用 Pearson 或 Spearman 相关系数来计算关联性。预测效度是指档案袋测评是否能够预测未来的表现,并能够保证长期的评估。这一验证方法较少见于已有研究,操作的难度较大。但档案袋的真实性方面增强了档案袋测评的预测效度。如果档案袋测评足以衡量高水平、复杂的能力,适用于现实生活,那么它的预测效度应显示出与未来专业或职业表现的密切关系。

(四)结果效度指档案袋测评对学生、教师或教学的影响。如果测评工具能证明达到预期目的,并将不良后果最小化,就获得了结果效度的证据。

第三节　已有档案袋测评实证研究

已有档案袋测评研究主要集中在基础教育和医学教育领域。从研究主题看,主要沿着三大主线展开:(1)档案袋编制或设计;(2)档案袋测评效果;(3)档案袋测评质量。

已有关于档案袋编制或设计的文献并不多。有限的文献多是描述性地报告了档案袋编制过程（Duong et al., 2011; Fitch et al., 2008; Kapucu & Koliba, 2017; Karacaoglu, 2008; Pitts & Ruggirello, 2012; Ryan & Kuhs, 1993），但如何验证档案袋内容效度却较少涉猎。

档案袋测评效果研究是这三大类研究中占比最高的。这类研究多采用问卷或访谈形式来获取学生或教师使用档案袋测评的感受（Chau & Cheng, 2010; Lynch & Purnawarman, 2004; Wuetherick & Dickinson 2015）。

档案袋测评质量研究主要围绕信度和效度展开,而且研究数量也较有限。在档案袋测评的信效度研究中,信度研究相对较多。尽管档案袋测评在真实性和全面性方面优于传统测试,学界对其测评结果是否可靠一直存在争议。国外一些研究（Herman et al., 1996; Rees & Sheard, 2004）认为,档案袋测评结果稳定可靠,而另一些研究（Roberts, 2002; Pitts et al., 1999, 2001; Shapley & Bush, 1999）则提出需谨慎使用其测评结果。为数不多的研究多是描述早期的纸质档案袋测评的评分者间信度（Baume & Yorke, 2000; Draves, 2009; Gadbury-Amyot et al., 2003; Herman et al., 1993; Koretz, 1998; Moniz et al., 2015; Pitts et al., 1999, 2001; Rees & Sheard, 2004; Roberts et al., 2014; Shapley & Bush, 1999; Supovitz et al., 1997），仅少数文献（Chang & Wu, 2012; Kelly-Riley et al., 2016）报告了电子档案袋测评信度。相比之下,国内相关主题研究尚处在萌芽阶段。笔者以"档案袋测评"为主题词从中国知网和万方电子数据库共检索到 17 篇期刊文献,涉及多个学科以及不同教育阶段,但仅赵群、曹亦薇（2006）研究了档案袋测评信度。

已有文献多使用百分比一致性作为信度估计方法。使用这一方法可能是因为百分比方法较容易计算,而且允许使用定类数据,或是使用 kappa 值（Pitts et al., 2001; Rees & Sheard, 2004）。相关估计主要是通过不同的相关系数来度量的。在相关估计报告中,多数研究人员使用评分者得分的某种相关性,但在多数文献并没有说明采用了什么相关系数。在提供说明的文章中,主要是 Pearson 或 Spearman 系数（Draves, 2009; Shapley et al., 1999; Supovitz et al., 1997）。除了评分者之间的相关性外,也有采用 Cronbach 系数评估（Moniz et al., 2015; Van der Schaaf et al., 2005）。但"一些文献在评分者间信度估计方法上存在样本数量不足或未根据测评的类型选择适当方法的问题"（Beckman, 2011）。John Pitts 等和 Tami J. Draves 的研究仅有 12 - 13 份样本;一些研究（Burns & Haight, 2005; Chang & Wu, 2009; Draves, 2009）在多人评分或在定序数据情况下选择了 Pearson 系数估计。还有研究缺少研究过程的关键信息（如 Kelly-Riley et al. [2016] 未说明评分者人数），难以评定其方法的合理性。

虽然档案袋收集的是反映学生真实表现的证据,其效度比其他测评形式可能更高,但现有关于档案袋测评的效度研究很少(Driessen et al., 2006:862)。"支持将档案袋作为测评工具的心理计量学数据很少,而且大多数发表的论文中缺乏这方面的数据;已有文献提到了采用评分模板和量规作为评分工具,但几乎没有具体的数据来证明决策是正确的"(Pitts et al., 2001:351)。

在效度研究方面,内容效度通常被忽略,已有研究主要针对构念效度分析测评的聚合效度和区分效度(O'Sullivan et al., 2004),"但事实证明,与效标相关的效度令人失望,因为来自档案袋测评的分数似乎与来自其他测评方法的分数没有多少相关性"(Roberts, 2002:899)。一些研究从结果效度(Chang & Tseng, 2009)进行验证,还有研究依据 Messick 的构念效度统一框架对档案袋测评的效度进行验证(Yao et al., 2008)。

尽管一些研究为档案袋测评的信度和效度进行了辩护(Naizer, 1997; Roberts, 2014),但结果并不让人信服,存在不同程度的信度和效度不足(Benoit & Yang, 1996; Pitts et al., 2001; Shapley & Bush, 1999)。Pitts 等的研究发现,尽管评分者内信度达到中等程度,但评分者间的信度未达到支持可靠的总结性评估的程度。Koretz(1998)追溯了 1991－1995 年美国佛蒙特州公立学校实施的写作和数学科目的档案袋测评改革情况。Koretz 发现,虽然档案袋测评对改善教学目标是令人鼓舞的,但评分者间信度较低。在项目实施的头两年,写作课程的档案袋测评的评分者间相关性为 0.49－0.63,数学课程的评分者相关性稍高(0.53－0.79)。聚合效度和区分效度分析显示,效度证据缺乏说服力。在项目实施的后两年,由于加入了一些改革措施,数学档案袋测评的信度显著提高,但写作档案袋测评未见显著提高,而且明显低于数学档案袋测评。

通过对现有档案袋测评研究梳理,为本书研究获得一些可借鉴的策略。首先,档案袋测评的低信度可源于在创建和编写测评任务时没有遵守设计规范,或是缺乏必要的内容效度验证。因此,本研究在设计阶段需在目的、任务、测评和构架之间构建逻辑自洽的关系,以实证研究验证研究假设。其次,信度和效度是衡量档案袋测评质量的要素。但已有研究的方法较纷杂,甚至有评估方法误用的情况,尚需进一步梳理相关文献,根据档案袋测评的特点选择相应的评估方法。

本 章 小 结

　　本章我们介绍了档案袋测评定义、目的、类型及评分方式。可以看出,档案袋测评可有多种用途,而档案袋的目的决定了其类型、构架和评分方式的选择。毋庸置疑,明确档案袋测评的目的,根据其目的选择合适的类型和评分方式是实施档案袋测评的第一步。收集的表现证据是否完全与档案袋测评的目的匹配,则需要用心理测量的方法进行检验。信度和效度是检验档案袋测评质量的两个指标,是从经验的角度对档案袋测评质量进行验证。已有档案袋测评的实证研究主要围绕三大主线展开:(1) 档案袋编制或设计;(2) 档案袋测评的效果;(3) 档案袋测评的质量。在对档案袋测评的编制和设计环节,已有研究较少提供内容效度的检验,而为数不多的效度研究主要报告了效标效度或构念效度,或是采用 Messick 的构念效度统一框架进行验效。尽管如此,这些研究为本书研究提供了重要启发。首先,以学习者自主为目标的档案袋测评应紧扣学习者自主和档案袋测评要素设计指标,选择恰当的档案袋构架;其次,档案袋测评要真正发挥其测评和促进自主的功能必须遵循心理测量的验证和使用原则,应在档案袋测评的使用过程中寻找相应的证据。虽然未必需要对所有效度证据进行验证和评估,多个来源的效度证据无疑会增强测评的结果推论。

第五章 研究方法

本章将介绍本书研究的总体思路、方法以及构建基于档案袋的促进学习者自主测评体系（e-portfolio-based assessment for learner autonomy，简称 ePALA）的原则。

第一节 研究问题和总体思路

2004年，教育部启动大学英语教学改革工程，提出了把网络信息技术与外语课程整合的前瞻性理念，在《大学英语课程教学要求》（试行）（2004：22）中指出，"新的教学模式应以现代信息技术，特别是网络技术为支撑，使英语教学不受时间和地点的限制，朝着个性化学习、自主式学习方向发展"。笔者所在学校也在同年启动了大学英语教学改革试点工作。课题组于2004年9月至2008年6月对本校13 000多名学生的大学英语自主学习状况进行了为期四年的跟踪调查和干预研究。研究结果显示：（1）大部分学生对教师表现出较强的依赖性,没有形成一个学习主体的角色定位;(2)大部分学生表现出较强的自主意识,但同时表现出较弱的自我管理学习的能力;(3)学生英语自主学习能力和学习动机并不是随着时间推移而提高,在经历了初期的提高后,反而出现了较明显的下降;(4)自主学习模式有助于提高学生自主学习行为,但仅提供自主学习模式并不能提高学生自主学习能力和学习效果;(5)自主学习的软环境不利,缺乏教师有效的心理、技术支持,缺乏相应的学习效果评价体系(林莉兰,2008;林莉兰、陈月娥,2009)。以上研究成果近年来也陆续得到国内其他学者的支持(骆蓉,2017;徐锦芬,2014)。

通过本书第二章第三节对国内已有促进学习者自主实证研究的梳理分析,可以发现,已有研究成果尚不能为以促进自主为目标的大学英语教学提供切实的理论指导或对大学英语教学实践产生广泛的影响,主要问题反映在三个方面:(1)对自主的理解多基于早期的理论,缺乏最新理论的融入,缺乏从统整角度解析自主的多维度特征;(2)对自主学习能力的判断多基于静态的测量,缺乏动态的数据来呈现自主的发展性特征,而且采用的自编量表多缺乏测量学的验证;(3)对学生自主能力发展的教学干预多采用多种组合模式,如教学模式或策略培训,干预的边界范围不清晰,无法确定哪些干预措施确实产生了作用,影响了研究的推广价值。

本研究在对国内外文献回顾和分析的过程中,发现了研究突破口,确定了研究方向——以档案袋测评作为自主学习能力的测评工具以及促进学习者自主的干预模式。

本书将重点回答以下问题:

(一)语言学习者自主的实质和内涵是什么?

(二)如何解构大学生英语自主学习能力?如何构建 ePALA 测评指标体系?ePALA 是否可作为学生自主学习能力的测评工具?

(三)如何在以促进学生自主能力发展为目标的档案袋测评与自主学习能力之间构建逻辑自洽的教学干预?ePALA 的教学干预效果如何?

本书将围绕以上三大问题展开研究。

尽管理论上档案袋测评在促进学习者自主及实施有效测评方面有着不可替代的优势,但仍有许多需要克服的挑战。其中一个最大的挑战是如何以科学规范的步骤构建集自主测评与干预为一体的 ePALA。从第三章对已有基于档案袋的促进学习者自主研究综述以及第四章对已有档案袋测评的主要文献综述中,我们可以发现,有关如何构建档案袋测评指标体系的文献严重匮乏。虽然电子档案袋测评被广泛推崇,但"仍然鲜见能充分证明其有效性的实证证据"(戴丽娜等,2018:42)。"档案袋测评仍被看成是非正式的测评方法"(Duong et al., 2011:168)。就档案袋测评能否在更大的范围内推广而言,其测评的质量信息尤其重要。严格和规范的流程能避免档案袋在开发过程中偏离使用目的,提高相关生成数据的质量。电子档案袋的开发不仅应当建立在一定框架的基础上来满足教学需要,而且必须结合特定的情景进行开发。

本书采用 ADDIE 模型从宏观上指导 ePALA 从设计、开发到实施和评估的全过程。

ADDIE 分别是分析(analysis)、设计(design)、开发(development)、实施(implementation)和评估(evaluation)的英文首字母缩写。在第二次世界大战后的冷战时期,针对美军国防器械越来越复杂而初级士兵的教育背景也越来越低这一问题,美国军队尝试用"系统方法"对士兵进行培训。1975 年,佛罗里达州立大学教育技术中心受托为军队的学科培训开发课程设计步骤,后来被称为 ADDIE 模型。

ADDIE 的最初目标是提高教育和培训的效果和效率,从课程中消除外围知识,同时确保学员获得必要的知识来完成工作。后来 ADDIE 被广泛运用于企业的培训。近年来,随着数字化学习方式的流行,ADDIE 模型也越来越多地运用到网络课程的设计中。ADDIE 框架是基于教学设计的理论,是教学内容设计的规范步骤,被认为可提高培训课程教学质量。贯穿于 ADDIE 模型的主线是行为(或表现)和目标。在分析阶段,基于问题的需求分析可以帮助确定教学(干预)的目标;在设计阶段,根据教学目标设计教学活动;在教学实施阶段以及后续阶段,教学活动与教学目标的匹配度不断给予评估。ADDIE 过程始于目标,结束于目标(Lee et al., 2002:406),通常被称为流程模型。

本书之所以选择 ADDIE 模型作为设计、执行和检验 ePALA 的流程模型,主要基于如下考虑。首先,ADDIE 模型将设计原则明确地体现在系统设计和实现环节,为构建 ePALA 提供了规范的步骤。由上一章我们得知,现有基于档案袋测评的促进自主发展实践亟须跨越的障碍是如何以科学规范的步骤构建以促进自主为目标的测评型档案袋。尽管 ADDIE 模型仅对五个阶段给予宏观描述,并没有提供如何抉择的指导,但这让我们有更大空间能结合学习者自主理论、测评理论、档案袋理论以及信息技术做跨学科的融合。其次,ADDIE 模型强调的是学习者为中心,将需求分析、学习目标和期望的结果有机结合,从而更适合个性化的电子学习方式,促进学生掌控自己的学习。这与本书的研究目标相吻合。最后,

ADDIE 模型的核心是表现(行为)、目标和评估,这与档案袋测评理念以及以测评促进自主发展的理念相一致。ADDIE 模型关注的是选择最合适的策略来实现既定的表现目标(Lee et al., 2002:407),在遵循教学设计的方法论同时,结合了建构主义教学设计的原则。这些原则包括:(1)依据特定学习环境呈现真实学习任务;(2)提供真实的、基于案例的学习环境;(3)培养学习者的反思性训练;(4)通过学习者之间的社会互动,促进知识的协同建构。

故此,ePALA 的构建将分为如下五个阶段:

分析阶段:这一阶段需要:(1)从学派林立、支离破碎的学习者自主理论中廓清自主与自主学习能力的内涵,厘清档案袋测评要素;(2)分析学生和教师需求以及研究实施条件,确定 ePALA 测评和干预的内容。

ePALA 的构建是一个迭代的过程,从不断地评估和利益相关者的反馈中逐步得以完善。笔者对相关文献进行了广泛的研究,重点研究了学习者自主理论、1995 - 2017 年间的档案袋使用的教育学基础以及基于档案袋的促进学习者自主文献。这一过程使得一些反复出现的概念变得越加清晰。就促进学习者自主方法而言,决策能力、反思性学习能力、积极参与学习过程管理能力和评估自己学习的能力皆是重要因素。就档案袋测评而言,测评的类型、测评目的、测评的内容以及测评策略是关键要素。这些文献梳理无疑为 ePALA 测评体系构建和干预设计提供了重要信息。但 ePALA 测评体系的构建和干预方式的选择还应基于对项目实施条件的分析,包括对利益相关者的需求分析和技术实现的可行性分析。

对学生和教师的需求分析包括:(1)在现有大学英语教学环境下,学生和教师是否做好了自主学习的准备?(2)学生和教师如何看待现有自主学习及测评模式?他们是否能接受档案袋测评的理念和形式?这些问题将直接影响 ePALA 的构架及干预设计。

设计阶段:这一阶段要结合项目实施条件分析、课程学习要求、学习者自主理论、档案袋测评要素和信息技术可行性分析,确定 ePALA 测评体系开发步骤,明确测评的重点、档案袋的构架及呈现方式,从而构建:(1)大学生英语自主学习能力概念模型;(2)ePALA 测评框架和干预框架。

开发阶段:根据 ePALA 测评框架,开发并验证 ePALA 测评指标体系。从技术层面上,还要实现 ePALA 的测评干预模型。

实施阶段:这一阶段将采用准实验研究设计开展 ePALA 测评干预研究。

评估阶段:评估贯穿了从测评体系开发到实施的整个研究过程,包括:(1)ePALA 测评的质量分析;(2)ePALA 干预效果分析。ePALA 测评的质量检验既是对大学生英语自主学习能力测评的质量考察,也是 ePALA 干预效果的实证支撑,将从信度和效度两个方面对测评的分数解释进行实证研究验证。除了获得 ePALA 测评的质量证据外,本书还将介绍如何采用准实验研究获取档案袋测评对促进学习者自主效果的相关证据。

本研究所采用的技术路线图如下:

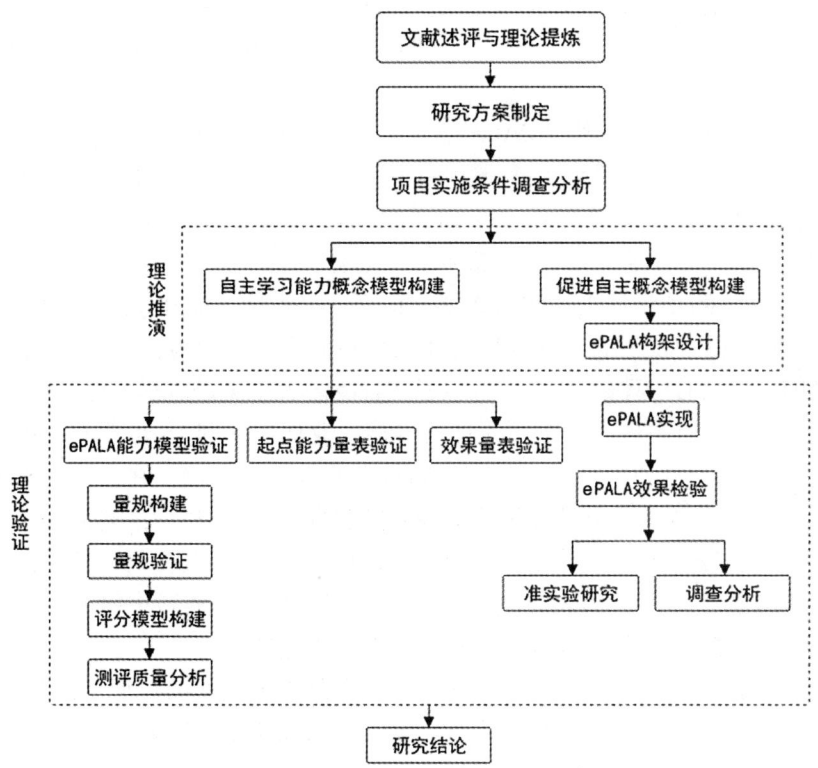

图 5.1　本研究采用的技术流程图

第二节　ePALA 构建原则

构建档案袋测评模型的重要一步是确定实施档案袋测评的指导原则。这是统一测评体系构建过程中思想和行为的保障,也是指导、控制和协调测评过程的保证。要保证 ePALA 的质量,其模型构建过程一方面要遵循档案袋测评的基本原则,另一方面还要符合测评的目的和实施条件的特殊要求。只有这样,才能建立一个既有理论支持,又符合本土化情景的促进学习者自主模型。ePALA 模型构建要遵循以下五个原则:

(一)目的性原则。基于促进学习者自主这一目标的档案袋测评内容必须与它的目的相匹配;在测评指标体系设计上,则需要涵盖反映自主学习能力的关键要素,确保模型在实际操作中发挥效用。

(二)科学性原则。ePALA 体系内构架及指标体系反映相关的理论,需经过假设、论证和实验的过程。

(三)完整性原则。ePALA 通过全面的数据收集和分析来反映学生自主学习能力的多维度和发展性特征。实现全面的方法包括:(1)采用量化和质性数据收集技术;(2)既关注学习的过程,也关注学习的结果;(3)寻求了解学生在语言、认知和元认知领域的发展。

(四)价值性原则。ePALA 必须体现一定的科学价值、实用价值和社会价值。这一模型的建立以现实性原则和前瞻性原则为指导,既要借鉴吸纳学界已有的理论成果,同时也要结合我国大学英语教学实际;既要建立在学习者自主理论和测评原理的直接专业理论基础上,也要利用好统计学、数据挖掘和学习行为技术等间接专业技术和方法。在标准框架内实施测评,克服测评过程中的主观性和随意性,尽可能排除经验的不确定性所带来的不良影响,显示出充分的应用性和学术性,确保研制结果能够运用到大学英语学习者自主实践,使有关理论得以在实践中接受检验和修正,努力构建我国大学英语促进学习者自主理论。

(五)创新性原则。现有档案袋测评文献尚无成熟的模型可借鉴,需要研究者一方面遵循上述原则,另一方面还要拓展思路,缜密思维,大胆创新,整体上体现新颖性和先进性。

本 章 小 结

本章我们介绍了研究需要解决的问题以及总体思路,同时阐述了 ePALA 模型构建所应遵循的原则。随后各章将根据这些研究思路和指导原则开展 ePALA 的分析、设计、开发、实施和评估工作。

第六章 项目实施的条件分析

项目实施的条件分析在本书中指对高校大学英语自主学习以及测评现状展开的调查。通过对调查结果的分析，了解高校促进学习者自主实践和测评的现实状况和存在的问题，为下一步设计 ePALA 提供抉择依据。如前所述，自主是环境变量，开展以测评为干预手段的促进学习者自主实践，测评指标体系和干预模型的设计必须建立在对测评主体的了解以及对他们需求分析的基础上。本章包括两个独立的实证调查，一是学生和教师的自主准备度调查，二是混合式学习模式下高校网络自主学习及测评活动调查。

第一节 大学英语教学环境下学习者自主及教师自主准备度调查

对大学生英语自主学习能力现状的调查以及分析教学干预的效果是国内学习者自主研究的两大主题。一些研究也报道了学生的自主学习能力不容乐观的情况（林莉兰，2008；林莉兰、陈月娥，2009；骆蓉，2017；徐锦芬，2014）。"学习者自主准备度"（readiness for learner autonomy）和"教师自主准备度"（readiness for teacher autonomy）被认为是影响自主学习项目实施的关键变量（Higgs，1988；Murphy & Hurd，2011；Vieira & Barbosa，2009）。本调查的目的是对这两个变量进行分析，探讨在国内大学英语教学环境下学生和教师是否具备了一定的自主能力来应对自主学习项目，其研究结果也是对自主是否可在中国文化语境下推行问题的一个回应。

一、已有研究综述

自 Riley(1988)提出语言学习者自主的文化适宜性问题以来，学习者自主在非西方文化中是否可推行这一话题也引发了研究者的关注。已有研究分别得出以下结论。首先，学习者自主准备度和教师自主准备度皆是成功实施自主项目的前提。了解学习者自主准备度不仅为课程开发、课堂实践和教师培训提供指导（Chan et al., 2002；Yıldırım, 2012），而且有助于"摆脱'单一文化'的自主观"（Yıldırım, 2012：21）。教师对自主的准备度可能"影响教师的工作，影响学习者获得的学习机会"（Borg & Al-Busaidi, 2012：6）。了解学习者和教师自主准备度将有助于在特定的文化背景下实施以促进自主为目标的课程教学。

其次，尽管已有学习者和教师自主准备度研究是在不同的文化背景下进行的，但大部分研究基于亚洲背景，而且基本上得出了相同的结论，即无论是学习者还是教师都未做好自主的准备。一些研究（Chan et al., 2002；Nakata, 2011；Razeq, 2014；Thang & Azarina, 2007；Yıldırım, 2012）试图从文化的角度找出学习者和教师在管理自己的学习或教学表现被动的原因。Chan et al.(2002：12)发现，"亚洲学生更倾向于接受权力和权威"，更愿意教师主导他们的学习。但一些其他研究（如 Chan, 2001；Guo, 2007）却显示，文化因素并不完全解释结果。有的研究甚至得出了相反的结论。Yao & Li(2017)的研究表明，学生喜欢自主学习模式，对自我提升有信心，能够使用所学的认知听力策略，但他们的行为与他们的认知之间存在脱节。

除了上述两点以外，已有研究对学习者自主或教师自主的准备度定义或是模糊处理（仅 Chan et al.[2002]、Cotterall[1995a]、Nakata[2011]和 Vieira & Barbosa[2009]研究给予了明确定义），或是差异较大。学习者自主准备度或被定义为"学习者承担学习决策的信念"（Cotterall,

1995a；Chan，2001；Chan et al.，2002；Guo，2007；Piyawan，2012；Sonmez，2016；Vieira & Barbosa，2009；Yıldırım，2012），或是"管理学习的能力"（Chan et al.，2002；Piyawan，2012；Razeq，2014），或是自主学习行为（Chan et al.，2002；Razeq，2014；Sonmez，2016；Vieira & Barbosa，2009）。对上述信念、能力或行为的具体含义，不同研究者的定义也并不相同。测量变量定义的模糊处理或缺乏准确，无疑会影响测量工具的效度。

笔者认为，自主准备度应围绕学习者自主和教师自主的构念来解析定义。在本书第二章，我们对已有学习者自主定义做了详细综述，这些定义具有多角度和边缘宽的特点，也反映了人们对学习者自主认知的一个发展历程。如学习者自主一样，有关教师自主的确切定义，学界尚无定论。Thavenius（1999：160）将教师自主定义为"帮助学习者承担学习职责的能力和意愿"。Little（1995：179）将其视为"对教学有强烈的责任感，通过不断的反思和分析，尽可能地对教学过程进行情感和认知控制，并探索这种控制所赋予的自由"。Smith & Erdoğan（2008）发现，已有文献对教师自主的定义分别指教师自我导向的职业发展能力和不受约束的自由。但Jiménez Raya & Vieira（2015：38）认为，这样的自由不太可能存在于学校环境，"教师自主并非指教师不受外部约束而按自己的意愿行事，教师自主本质上是愿意并且能够挑战非民主传统，发展与培养学生能动性直接相关的教师职业能动性"。

可以看出，虽然学界对"学习者自主"以及"教师自主"的定义仍未达成共识，但两者的主要特征包括承担学习/教学职责的态度、能力和行为。因此，本研究将学生/教师自主的准备度定义为"与学习者自主相关的信念和行为，即学习者或教师在心理、能力和行为上行使自主的程度"。心理准备是指学习者/教师对承担自己的学习/教学职责所表现出的意愿和信心的程度；能力准备指拥有自主学习所必需的知识和技能；而行为准备指实际参与（鼓励学生参与）自主学习行为的程度。

二、研究设计

本研究既收集了定量数据，也收集了定性数据，目的是尽量减少使用单一数据可能造成的偏见。研究从学生和教师两个视角来评估学生的自主准备度，这种比较有助于"确定在学校环境中促进和限制自主的问题"（Vieira & Barbosa，2009：151）。调查还将探索制约学生自主和教师自主发展的因素，以便更好地理解影响自主推行的问题。

(一)研究问题

本研究拟回答以下问题：

(1) 如何评价学生的自主信念和行为？学生在自主学习过程中面临哪些主要挑战？

(2) 如何评价教师的自主信念？他们在实际教学中是如何推行自主的？他们在促进学习者自主过程中的主要挑战是什么？

(3) 教师和学生对学生自主准备度的评估是否存在差异？

(二)受试

调查在笔者所在省份采用大学英语混合式教学模式的高校中开展。Oliver & Trigwell (2005: 17)将混合式学习定义为"传统学习与基于网络的在线学习方法集合"。如前所述，自2004年《要求》颁布以来，国内很多高校大学英语课程开展了基于计算机或网络+课堂的混合式教学模式。2015-2016年，在笔者开展此项调查期间内，该省29所本科高校中，13所(45%)院校实施了混合式大学英语课程，其中7所学校愿意参与本调查，占抽样框的60%以上。鉴于参加调查院校所采用的基于计算机或网络辅助课堂教学的形式略有不同，本书选用了语义较为宽泛的"自主学习"一词来指代各种辅助课堂教学的网络学习形式。

数据分别来自学期开始初和结束时。在学期开始时，调查问卷分发到7所院校外国语学院负责人，每所院校随机选择两个刚开始参加混合式大学英语课程的新生班级参加调查。同时，邀请参与调查院校的大学英语教师参与了问卷调查。本调查共收到710份学生问卷和242份教师问卷，其中，有效学生问卷668份，有效教师问卷182份。学期结束时，从7所院校随机选取15名学生参与了开放式问卷调查(实际参与调查的学生103名)。

(三)研究工具

调查采用了语言学习自主量表(SLLA)(林莉兰，2013; Lin & Reinders, 2017)来测量学生自主准备度。在前期研究中，该量表经过了探索性和验证性因素分析，结果显示具有较好的因子结构以及良好的效度和信度。量表由三个维度组成。第一个维度由7个题项组成，反映的是学生们对自己所承担学习职责的角色心理准备和他们对控制自己学习的信心。第二个维度包含13个题项，用于评估学生在计划、监控和评估学习方面的能力准备度。行为准备维度包含12个题项，用以测量学生自主学习行为。本样本中,三个维度的信度系数分别为 0.80、0.91 和 0.92。

在本研究中,5.0 到 4.00 之间的均值表明学生"已做好自主的准备",均值在 3.99 和 3.00 之间为"基本做好准备",均值得分在 3.00 以下为"尚未做好准备"。

教师对学生准备度的评估问卷由两部分组成。第一部分以封闭式问题设计,要求教师对学生自主准备度进行评估,这部分基本与学生问卷(SSLA)对应。第二部分是教师自主准备度调查,采用了开放式问题,目的是避免在使用封闭式问题时"教师的理论信念和实际课堂实践之间存在潜在差距"(Borg & Al-Busaidi, 2012: 6)。这些问题是: 如何看待学生的自主水平？如何解释自己在促进学生自主中的作用？采用了哪些教学方法来促进学生自主？推行自主中遇到的主要挑战是什么？

学期末又针对学生进行了一次开放式问卷调查,旨在了解学生对自主能力评估以及他们在自主学习过程中遇到的困难。

(四) 数据采集及分析

所有数据收集后运用 SPSS19.0 软件包进行分析。描述性统计用来分析参加调查的学生和教师如何评估学生自主准备度。独立样本 t 检验用以发现学生和教师的回答是否存在显著差异。配对样本 t 检验用以了解学生的自主信念和行为之间是否存在差异。p 值小于或等于 0.05 表明有统计学意义。

定性数据包括 182 名教师和 103 名学生对开放式问题的回答,由笔者和其研究团队的三名成员进行分析。根据研究问题创建了一个包含 9 个类别的编码表,其中,教师问卷调查的编码主题为:(1) 学生自主能力评估;(2) 教师在促进学生自主中的角色;(3) 实现上述角色的理想方法;(4) 曾经尝试过的教学方法;(5) 学生自主和教师自主的挑战;(6) 挫折经历。学生问卷编码为三大类:(1) 自主能力的自我评估;(2) 对混合式学习方式的评估;(3) 学习过程中的挑战。

在开始编码之前,研究小组一起审阅了五名教师和学生的问卷,继而在讨论的基础上,提出了本研究的编码方案。从问题设计和受试回答看,在这 9 个编码中,6 个编码的回答指向明确,每个回答仅需一个单独的编码。但在"教师角色""学习者与教师自主的挑战"和"学习过程中的挑战"这三个编码中,受试的回答各异。课题组决定,将这三类编码的重点放在排序前三的高频主题。但在"实现角色的理想方法"和"所经历的挫折"这两个类别中,受试的回答较宽泛,需要编码人员做出更准确的判断。

两名经验丰富的研究人员分别对上述两大类以及"学生自主的挑战"和"教师自主的挑战"进行了独立编码归类,而另外两名研究人员分别对其余的数据进行了编码。从上述9类编码中找出了25个子类别编码(见表6.1)。对编码者之间的信度进行测量的结果显示(表6.1),Cohen's kappa系数范围在0.72和1.00之间,表明编码人员之间的一致性从基本一致到完全一致。

表6.1 编码者在25个子类别的一致性检验

问卷	类别	子类别	kappa
教师问卷	1. 学生自主能力	1.1 好	1
		1.2 中等	1
		1.3 差	1
	2. 教师角色	2.1 指导	1
		2.2 监控	1
		2.3 协调	1
	3. 实现角色的理想方式	3.1 控制	.82
		3.2 策略	.72
		3.3 广义	.74
	4. 尝试	4.1 数量	1
		4.2 成功报告	1
		4.3 不成功报告	1
	5. 挑战	5.1 学生缺乏动力	.91
		5.2 环境限制	.87
		5.3 教师自身问题	.84
	6. 经历的挫折	6.1 报告的数量	1
		6.2 主要问题	.87
学生问卷	7. 学生自主能力	7.1 好	1
		7.2 中等	1
		7.3 差	1
	8. 对混合式学习看法	8.1 支持数	1
		8.2 不支持数	1

续 表

问 卷	类 别	子 类 别	kappa
学生问卷	9. 挑战	9.1 缺乏教师支持	.92
		9.2 缺乏自我约束	.89
		9.3 课程结构	.82

三、结果分析

（一）学生自主准备度

表 6.2 显示的是学生和教师对学生自主准备度评估的描述性统计数据（总量表和三个维度的均值）以及独立样本 t 检验的结果。可以看出，学生的自我评价与教师对学生自主准备度评价之间存在显著的统计学差异。总的来说，学生在 SLLA 量表总分与三个维度上的自评均值比教师评价的均值高。

表 6.2 学生和教师对学生自主准备度评估比较

Scale/Subscale	ID	Mean	SD	t	Sig. (2tailed)
总量表	S	3.44	.55	7.19	.000
	T	3.01	1.07		
心 理	S	4.09	.55	9.36	.000
	T	3.66	.54		
能 力	S	3.55	.63	10.51	.000
	T	2.92	.95		
行 为	S	2.93	.71	2.16	.031
	T	2.74	1.82		

注：S＝学生；T＝教师；ID 指身份

由表 6.2 可知，学生在心理准备度的自我评价均值为 4.09，表明他们认为自己在学习过程中应承担主导角色，对自己的语言学习也有较大的信心。这一结果反映了他们在心理上已做好承担学习职责的准备。虽然教师在这一维度上对学生评估并不如学生自评那样高，但他们也认为，学生在心理上已接近承担自主职责的基本条件(3.66)。在能力准备维度，学生对自己计划、执行计划、监控和评估学习过程能力的评估数据表明，他们认为自己基本具备自主学习的能力(3.55)，而教师则认为学生尚不具备上述能力(2.92)。学生和教师都认为学生的自主学习行为仍处在发展阶段，尚不具备自主学习的行为(分别为2.93和2.74)。

教师对开放式问题的回答印证了他们在问卷中对学生自主准备度的评估。收到的182个有效回答中，61.5%的教师认为学生的自主能力"差"或"需要提高"，13.2%的教师认为"一般"或"好"，另有25.3%的教师没有直接回答问题。

学生在三个维度得分均值的配对样本 t 检验结果可帮助我们更好地了解学生的自主准备度(表6.3和表6.4)。表6.3数据显示，学生在三个维度配对相关性分别为0.63、0.39和0.69，$p<.001$，说明三种情况下的相关样本 t 检验是合适的。表6.4的 t 检验结果表明($p<.001$)，学生的自我评估中存在三个方面信息不对称：(1)学生对自己角色的信念与自主管理能力；(2)对自身角色的信念与自主学习行为；(3)他们自我陈述的能力与自主学习行为。数据结果显示，学生在行为准备度维度均值明显低于他们在能力或心理维度均值，他们在自主信念维度的均值显著高于他们在自主学习行为或自主学习能力维度均值。

表6.3 学生自我评估问卷成对样本相关性分析

Pair	Mean	SD	Correlation	Sig.
心理-能力	4.09 - 3.55	.55 - .63	.63	.000
心理-行为	4.09 - 2.93	.54 - .71	.39	.000
能力-行为	3.55 - 2.93	.63 - .71	.69	.000

表6.4 学生自我评估问卷成对样本 t 检验结果

| Pair | Mean | SD | SE | 95% CI | | t | df | Sig. |
				Lower	Upper			
心理-能力	.53	.51	.02	.49	.57	26.75	667	.000
心理-行为	1.15	.71	.03	1.09	1.21	41.86	667	.000
能力-行为	.62	.53	.02	.57	.66	30.19	667	.000

值得注意的是，尽管学生在自主学习课程开始时对自主的准备度普

遍持肯定态度(3.44,表6.2),但到学期结束时,他们对自己的评估却不是那么自信。在期末开放式问卷调查时,53.4%的学生认为自己的自主能力"低",19.4%认为自己"好",27.2%认为自己"中等"。90.3%的学生表示,与传统课堂教学相比,他们更喜欢混合式教学模式。学生认为,自主学习最大的挑战分别是:(1)缺乏老师的支持(44.7%);(2)缺乏自律(40.8%);(3)课程结构设计不合理(11.6%);(4)其他(2.9%)。

(二) 教师自主准备度

1. 自主信念

通过对教师问卷的分析,我们获得了他们对其在培养学习者自主中角色的看法。在有效的239个回答中,最常提到的角色分别是"指导"(136频次)、"监督"(53频次)和"协调"(15频次),其他出现频率略低的角色包括"评价""计划""实施""组织"和"参与"。下面是部分教师对问题回答的摘录:

> 我认为教师应该在学生自主发展方面起引导作用。他们应该指导学生如何制定学习计划,监控学习过程,评估他们的结果,并在需要时提供建议。(T12)

> 我认为教师首先是一个指导者,帮助学生提高自主学习的意识,指导学生自主学习的过程。教师也应该监督学生的学习过程。教师还应该是一个评价者,为学生的自主学习结果提供反馈,使学生可以根据发现的问题做出一些调整。(T36)

教师T17同意教师T36的观点,但同时指出,学生的自主学习能力发展需要教师根据学生特点给予指导。

> 教师的职责当然是在学生自主发展中起引导、监督、评价的作用。但学生自主能力的发展不应被视为水到渠成的事。它需要教师的努力和技能,分析学生的现状,并提供相应的引导。(T17)

教师T1认为教师在学生走向自主学习的过程中扮演着不同的角色。

> 在初始阶段,教师须同时扮演多个角色,如计划者、监督者和反馈者。但随着学生自主能力的发展,他们应该把自己的角色转

变为协商者。(T1)

值得注意的是,有两位老师提到了教师在促进学习者自主过程中所扮演的"实践者"角色。

> 我认为教师需要通过适当的方式来唤起学生的自主学习意识,并采取适当的措施来监控学生的学习过程。但是,首先教师应该意识到教师自主,并实践这种自主。(T11)

总的来说,参与调查的教师认为自己在培养学生自主学习能力方面充当着某种角色,发挥某些作用。但是,当被问及如何践行这些角色以及他们如何促进学习者自主时,教师的回答似乎是矛盾的。虽然受访教师的回答各不相同,但从中可归纳为三种类型的教师:控制观、策略观和广义观。拥有控制观的教师认为,教师应该设定学习目标和任务,监控和评价学生的学习表现。拥有策略观的教师认为,应对学生进行学习策略培训,教会他们设定学习目标、监控和自我评估学习成果。拥有广义观的教师将促进学习者自主等同于一般的语言教学活动。持有这一观点的教师的回答大多是将教师主导的教学方式转变为以学生为中心的教学方式,或调动学生的学习动机。

以下是部分教师对如何践行教师在促进学生自主中角色的回答。

> 我认为教师应该放弃知识传授者的角色,努力提高自己的教学技能。他们可以设计一些对学生来说不是很难,但同时又让他们感兴趣的课堂活动。(T120)
>
> 老师应该给学生布置作业,然后监督和评价他们的作业。(T112)
>
> 老师应该经常检查学生的作业。(T39)
>
> 老师应该教学生学习策略。(T56)

调查还发现,有一小部分教师声称还没有找到一个好的方法来践行他们的角色。

2. 做法与制约因素

182名参与调查的教师中,有172人报告在教学中曾尝试过一些方法来促进学生的自主。以下是部分教师描述的方法摘录。

我向学生推荐与课堂教学有关的阅读材料。但只有几个学生愿意照我说的去做。学生习惯了以教师为中心的方法,习惯于被动地而不是主动地学习。(T5)

我在学生的学习记录中告诉他们自主听力的重要性,并在学习日志中回答学生的问题。但是,我的做法并没有对学生产生明显的影响。他们中的一些人去自助式学习中心只是为了显示他们的存在,并没有注意到老师在他们日志中给予的反馈。(T17)

我想了很多办法来提高学生的自主学习能力。我尝试通过阅读英文诗歌和经典文章来激发学生对英语的兴趣,并推荐学生看经典电影。但是,这些方法似乎只在短时间内有效,不会持续很久。(T162)

我让学生在课后背诵生词和课文段落,并在课上检查。很难说这种方法对所有人都有效。方法取决于学生是否与老师合作。(T170)

182名受访教师中,只有6人报告他们的尝试是有效果的。谈及促进学习者自主的最大制约因素,教师的描述主要集中在三个方面:(1)学生学习动机不足(135频次);(2)学校或社会的环境约束(63频次);(3)教师自身的问题(26频次)。93.9%的受访教师表示,在如何促进学习者自主方面感觉手足无措,主要原因是缺乏学习者自主的相关知识和培训(132频次)。下面是两位教师描述的节选:

……可能是两个方面的原因。首先,我的上课方式可能有些问题,这也许是学生缺乏学习兴趣或动力的原因之一;第二,我所有的关于如何教授外语以及如何提高学习者自主的理论和教学知识是相当有限的。我对这次调查问题的回答完全是基于我的经验,而不是基于教学理论。(T7)

我对自主学习的理论和实践了解不多。虽然现实环境鼓励自主学习和混合学习,但传统的评估方式仍然存在,这似乎又与新的教学环境相冲突。(T105)

四、结果讨论

(一)学生自主准备度

本研究从三个方面的数据来分析学生自主准备度,结果发现三个方面的差异。首先,学生和教师对学生自主准备度的评估存在差异。学生的自我评估均值明显高于教师对他们的评估。他们认为已在心理上做好承担学习职责的准备,基本具备自我管理学习的能力。但教师对他们自主准备度的评估却没有这么乐观。这一结果与 Vieira & Barbosa（2009）的结果一致,即学习者对自主准备度的自我感知高于教师。

上述差异表明,教师和学生需要通过对话和协商来缩小认知上的差异。对学生缺乏了解是制约促进学生自主的一个重要因素。教师要在引导或帮助学生自主发展方面发挥作用,首先需要了解学生如何看待自己。这是教师促进学生自主发展的起点。

其次,本调查发现,学生的自我评估显示在心理、能力和行为三个维度的不对称。学生对自己承担学习责任的强烈意愿和信心与他们声称的管理学习的能力不对称;他们管理学习的感知能力与他们报告的学习行为不对称;学生的信念与他们报告的学习行为不对称。学生对自己在语言学习中的角色的信念并没有转化为预期的自主学习行为。

本研究发现的第三个差异是学生在学期开始时和学期结束时的自我评价。在学期结束时,学生对自主能力的负面评价有所增加。这一结果表明,自主能力的发展比学生想象的要复杂得多。

上述的差异似乎表明,学生在心理上已做好了学习者自主的准备,但在能力或行为层面上仍未做好准备。与 Chan（2001）、Chan et al.（2002）、Piyawan（2012）或 Thang & Azarina（2007）等研究不同,本研究发现,学生并不认为老师应该主导他们的学习,他们愿意在学习过程中承担责任。调查还发现,学生报告的制约他们自主能力发展的因素多集中在教学和个人方面,如缺乏教师的技术支持和自律。从上述结果看,影响学生自主准备度的问题来自方法论层面,而非文化层面。这些影响因素与学生的学习方式、教师的教学方式以及对彼此的角色期望不同有关。在本研究中,教师认为学生缺乏学习动机是制约自主学习的最大因素,而学生则认为缺乏教师支持是自主学习的最大制约因素。

克服上述障碍需要双方沟通。要建立一种师生合作关系,以便教师了解学生的现状、遇到的障碍和需要的帮助和支持。教师还需要更清楚地向学生阐明课程学习要求,阐明学生应该做什么以及为什么要这样做,以便逐步将责任和学习控制权从教师转移给学生。自主学习过程要提供结构化的指导,尤其是当学生在能力和行为上尚未做好自主准备时,教师需要把注意力放在发展学生自主学习的技能上,或帮助他们实现从信念、能力向自主学习行为的转移。我们不应忽略师生之间存在的认识差异,而应把这些认识差异看成是促进学习者自主之路上的一个起点,一个有价值的"摩擦点",用批判性和开放的对话来探讨教师和学生的角色以及彼此对角色的期望。这样的对话可帮助学生思考自己的学习,也促进教师思考如何改进教学。

本调查发现的上述差异凸显了三角验证法在自主研究中的价值。学生在问卷调查中所得出的较高均值可能是量表本身较难反映自主本质的缘故,另一种可能原因是自主"是难以测量的构念"(Benson,2005:51)。本研究在对学生自主准备度的调查中,采用了两个阶段的封闭式问卷和开放式问卷调查,数据既来自学生,也来自教师。运用上述多种方法收集的数据可减少单一方法造成的偏误,可更准确地反映受试的自主准备度。

(二) 教师自主准备度

研究发现,教师的信念、自主的专业知识与促进自主的教学实践之间存在脱节。虽然受访教师了解他们在自主学习中的角色,并愿意促进学生自主,但他们的信念和做法并没有达到预期的效果。这与 Borg & Al-Busaidi(2012)和 Nakata(2011)的研究发现相似。

本调查中,虽然大多数教师认为他们在促进学生学习自主的过程中扮演着"指导者"的角色,但他们的教学实践似乎并不支持这一观点。所调查的学生反映缺乏教师支持或指导。此外,本调查也未发现教师采用结构化设计来促进学生自主学习能力发展。

调查还发现,教师对自身角色的认知与他们对如何提高自主的认知也有脱节。本调查发现的教师持有控制观、策略观和广义观,反映了受试教师对如何促进自主存在三个误区。拥有控制观的教师或是不放心或是不知道如何将学习的决策权交予学生。Little(1999:11)指出,学习者自主的基础是学习者承担学习职责,自主的发展取决于行使职责的程度,并且需要不断努力地探索学什么、为什么学、怎样学和取得怎样成功等一系列问题。教师的作用是帮助学生更好地掌控他们的学习,保持"一种互动的氛围,其特征是教师尽可能减少对学习者的影响,而学习者也尽可能越来越少地寻求教师的影响"(La Ganza,2008:66)。第二个误区是把促进自主的方法等同于学习策略培训。但促进自主不仅仅是教授学习策略。尽管研究证据表明,学习策略培训可能提高学习成绩,但"并没有表明学习策略培训在培养学习者自主学习能力方面是必要的或有效的"(Benson,2005:149)。第三个误区是把促进自主策略等同于语言教学策略,但提高学习者的自主不仅仅是教授语言。

从受访教师对他们在促进学生自主方面所遭遇挫折的描述看,他们所学的知识未能为如何培养学生的自主提供一个路线图。也就是说，他们只是根据已有的知识、教学信念来解释并实践促进学习者自主的要求。

本研究发现的教师的信念、知识和他们教学实践之间的脱节表明，受访教师虽然在心理上做好了促进学生自主的准备，但在能力或行为层面上尚未做好准备。造成这一结果的原因可从外部和内部制约因素来推断。研究发现，受访教师提及的外部制约因素包括学生的实际行为、环境约束（如时间、评价体系和工作量）以及缺乏相关的教育培训。其内在制约因素主要是缺乏对学习者自主理念或促进自主方法的了解。但另一个同样重要的不可忽略的内部因素来自教师自己。虽然多数教师声称教师的角色是指导学生，但从他们所报告的促进学生自主的做法来看，两者之间缺乏对应。大多数受访者认为，学生学习被动是自主学习的最大制约因素。

上述结果凸显了弥合教师信念、专业知识和实践之间差距的重要性。应对这些制约因素需要教师的反思和行动。正如 Vieira（2007：149）所指出，教育要成为解放教师和学生的过程就必须将反思性教学与学习者自主的目标结合起来。反思性教学要求我们从一开始就要反思我们的知识、技能、学生的学习状况、教学方法、制度要求以及改变的途径。但没有行动的反思是毫无意义的。行动研究解决实际关注的问题，"特别适合自主研究领域，因为它实际上是一种自主学习的形式，可以帮助教师发展自主……（并）帮助学习者成为自主的学习者"（Benson，2005：182）。通过问题识别、计划行动、实施行动、评估结果和规划未来行动的循环行动研究步骤，我们可以缩小理论与实践之间的差距，从而探索适合特定环境的促进学生自主的方法。

本调查分析了大学英语混合学习环境下学生和教师自主准备度。研究结果表明，受试学生和教师在心理上已做好自主的准备，但在能力或行为上尚未做好自主的准备。在中国大学英语学习环境下推行学习者自主的挑战并非中国文化是否适应的问题，而是学生和教师缺乏一定的方法或技能去实践自主。

第二节　混合式学习模式下高校网络自主学习及测评活动调查与分析

本调查拟从教师和学生的视角，了解学生自主学习现状，了解高校如何实施自主学习测评，了解师生对自主学习测评有何需求，以便为 ePALA

设计提供理据。

一、研究方法

（一）研究对象

选取作者所在省份不同类型的 6 所高校参加了本次调查，这些学校分别为综合类、理工类、师范类和农林类。各校随机抽取四个自然班的学生参加调查。参与调查的教师均承担大学英语课程教学或是自助式学习中心的管理人员。为使抽样调查尽可能有代表性，作者还利用暑期会议机会，调查了来自浙江、湖北、河南、内蒙古、甘肃等不同省份的高校大学英语教师。

（二）研究问题

本研究主要回答以下问题：
（1）学生自主学习能力如何？他们如何看待现有自主学习模式？
（2）高校如何实施自主学习测评？实施效果如何？
（3）师生如何看待自主学习测评的目的、测评主体及内容等要素？

（三）研究工具

研究采用问卷为调查工具。根据研究目的，在文献研究及访谈的基础上，设计教师问卷和学生问卷各一份。

学生问卷共有四部分内容，28 个题项。第一部分是收集受试所在学校自主学习项目开设的基本信息（第 1-3 题）以及对自主学习模式的看法（4-8 题）；第二部分是学生对自己自主学习能力的评估（第 9-21 题），本部分问卷依据自主学习能力的三个方面：计划决策、实施计划、反思和评估成效能力，根据林莉兰（2013）和 Lin & Reinders（2017）问卷改编；第三部分是学生对所在学校自主学习测评现状的评估（第 22-23 题）；第四部分是学生对自主学习测评要素的理解及看法（第 24-27 题）；第五部分（第 28 题）是开放题，征询学生有关网络测评标准的建议。

教师问卷共 13 个题项，内容包括四个部分：（1）教师所在学校以及个人角色的基本信息；（2）学校自主学习项目开设基本信息以及对测评现状的评估（第 1-8 题）；（3）对网络自主学习测评要素的理解（第 9-12 题）；（4）对建立网络测评标准的建议（第 13 题，开放题）。

（四）数据收集及处理

本调查问卷于 2015 年 8-9 月发放到相关学校，共发放学生问卷 1 300

份,回收有效问卷1 248份,回收率为96%;发放教师问卷220份,在回收的190份有效问卷中,有21份问卷显示答卷人学校未开设网络自主学习项目,剔除这21份问卷后实际收到有效问卷169份,其中89.3%是一线教师,10.7%是自助式学习中心管理人员,调查对象分布在6个省份的16所高校。因此,该样本具有一定代表性。运用SPSS19.0对所有数据进行描述性统计分析,统计多选题频数及百分比基数。开放题则采用编码归类分析。

二、结果分析

(一) 学生自主学习能力及对自主学习模式的评估

表6.5显示的是学生对自己自主学习能力的评估。计划决策、实施计划、反思与评估三个维度的均值落入中等区间内(3.07-3.35)。在这三个能力维度中,计划决策的均值最低(3.07)。40.3%的学生认为自己能够根据自己的现状制订学习计划(I9),49.7%的学生认为自己对改进学习有明确要求(I17),但只有36.3%和25.6%的学生认为自己有具体的学习目标(I18)或能规划好自己的学习时间(I20)。

表6.5 学生对自主学习能力的自我评估

维度	题项	均值	百分比					均值
			1	2	3	4	5	
计划决策	I9	3.16	5.8%	15.8%	38.1%	37.3%	3%	3.07
	I17	3.35	3.8%	13.3%	33.3%	43.4%	6.3%	
	I18	3.00	4.3%	33.2%	26.1%	30.5%	5.8%	
	I20	2.77	5%	43.3%	26%	21%	4.6%	
实施计划	I10	3.39	5%	10.7%	28.8%	51.1%	4.4%	3.35
	I12	3.36	5%	11%	31.4%	48.2%	4.4%	
	I19	3.38	4%	12.3%	30.5%	48.3%	4.8%	
	I21	3.29	3.8%	15.5%	33.3%	43%	4.4%	
反思及评估	I11	3.17	4.6%	18.8%	34.9%	38.1%	3.7%	3.32
	I13	3.28	4.2%	14.9%	33.8%	42.9%	4.2%	
	I16	3.45	3.3%	12.1%	26.3%	52.5%	5.9%	
	I14	3.30	3.4%	17.1%	30.6%	44.3%	4.6%	
	I15	3.43	3.3%	10.5%	30.9%	50%	5.3%	

注:1—完全不符合我;2—不符合我;3—不确定;4—符合我;5—完全符合我

相对其他两个能力维度,学生对自己实施计划的能力给予较高的评价。在实施计划的每一题项,均有50%左右的学生认为自己能运用学习策略进行学习(I10),根据计划完成学习任务(I12),适时调整学习方法完成计划(I19),调整节奏完成计划(I21)。

在反思评估能力维度,虽然有50%的学生认为自己能在学习任务结束后评估学习效果(I16)或了解自己对所学内容的掌握程度(I15),但不到50%的学生有阶段性评估学习(I13)或反思、总结学习(I14)的习惯。

虽然50%左右的学生认为自己具备计划、实施计划或反思评估学习的能力,但涉及具体的目标决策、时间管理以及阶段性评估及反思时(I20、I21、I11),只有25.6%-47.4%的学生具备这样的能力。这表明,学生的自我认知可能与他们的实际能力有一定差距。这一发现也印证了上一节有关学生自主准备度的研究结论。

需要注意的是,针对每一题项,有30%左右的学生既未给予肯定也未给予否定的回答。

只有18.4%的参加调查教师对学生自主学习能力的评价为"还不错"和"很好"(见表6.8第4题)。

表6.6数据显示了学生对自主学习模式的态度。认为该模式能"提高自主学习能力""提高学习效率"和"提高学习成绩"被选频次百分比分别为40.6%、27.7%和18.5%,而认为该模式"没有用"或"浪费时间和精力"被选频次百分比仅占13%。可以看出,多数学生对自主学习模式给予肯定。

表6.6 学生对自主学习模式的态度

第4题	对目前学校开设的自主学习项目态度(多选题)				
选项	A. 提高了学习效率	B. 提高了学习成绩	C. 提高了自主学习能力	D. 没什么作用	E. 浪费了时间和精力
频次百分比	27.7%	18.5%	40.6%	10.3%	2.7%
第5题	与传统课堂学习形式相比,自主学习是比较适合大学生的学习方式				
选项	1	2	3	4	5
百分比	8.3%	5.7%	32.1%	48.6%	5.2%
第6题	自主学习项目给我更大的自由				
选项	1	2	3	4	5
百分比	5.9%	10.6%	35.7%	42.6%	5.1%

续表

第7题	自主学习项目让我承担起更多的学习职责				
选项	1	2	3	4	5
百分比	5.6%	6.9%	30%	51.7%	5.8%

注：1—完全不同意；2—不同意；3—既不同意也不反对；4—同意；5—完全同意

当问及妨碍自主学习的主要因素（第8题）时，学生的回答按频次百分比由高到低的顺序分别是：（1）自我监控能力差；（2）不太清楚学习目标和要求；（3）不知道怎样学；（4）缺乏检验学习效果的测评机制；（5）基础太差，无法自主学习；（6）认为自主学习没必要；（7）其他（见表6.7）。上述数据表明，影响学生自主学习的主要因素可归纳为：（1）自主学习能力（19.8%和18.8%）；（2）缺乏教师与学生的互动。在实施自主学习项目时，教师指导或宣传不够到位，从而让学生未能了解自主学习的目标和要求（19.4%）；（3）缺乏检验学习效果测评的有效机制（17.1%）。

表6.7 妨碍自主学习的主要因素

主要因素（多选题）	频 次	百分比
A. 不太清楚学习目标和要求	487	19.4%
B. 认为自主学习没必要	190	7.6%
C. 不知道怎样学	472	18.8%
D. 缺乏检验学习效果的测评机制	429	17.1%
E. 基础太差，无法自主学习	336	13.4%
F. 自我监控能力差	497	19.8%
G. 其他	96	3.8%

Holec（1981：3）认为，自主学习能力是行为的一种倾向，而非实际行为，"学生掌控学习的能力在特定的情境下可能转换成实际的行为，但并不是实际的行为。"本研究中的调查结果也支持上述论点。尽管接受调查的学生对自己的自主学习能力给予较好的评价，但学生在实施具体的目标决策、时间管理和阶段性评估反思等策略时，情况并不乐观；而且，教师对学生自主学习能力的评估以及学生反映的自主学习过程中遇到的困难均表明，学生实际自主行为并不理想。这一结果与上一节的调查结论基本一致。

（二）自主学习项目实施情况

表6.8反映的是教师问卷中学校实施自主学习项目的调查情况。

表6.8　学校开展自主学习项目基本情况(教师问卷)

第2题	贵校开展自主学习项目的环境是：				
选项	A. 自主学习中心	B. 其他网络形式	C. 课堂	D. 其他	
百分比	86.4%	11.2%	1.8%	0.6%	
第3题	贵校是否有测评学生自主学习的方式				
选项	A. 有	B. 没有			
百分比	85.8%	14.2%			
第4题	您对自己学生自主学习能力的评价是：				
选项	A. 很差	B. 较差	C. 一般	D. 还不错	E. 很好
百分比	2.4%	22.5%	56.8%	17.2%	1.2%
第5题	您对目前自主学习项目实施效果的评价：				
选项	A. 很差	B. 较差	C. 一般	D. 还不错	E. 很好
百分比	3%	11.8%	55.6%	26.6%	3%
第6题	如果贵校有自主学习测评,其评价内容主要是：(多选题)				
选项	A. 学习成绩	B. 学习频率	C. 自主学习能力	D. 其他	
频次百分比	41.3%	30.6%	28.1%		
第7题	您对目前学校自主学习测评方式的评价是：				
选项	A. 科学客观	B. 较科学客观	C. 不太科学客观	D. 不科学客观	
百分比	2.4%	45%	49.7%	3%	
第8题	您在自主学习测评实践中经常遇到的问题是：(多选题)				
选项	A. 学生多,评价工作量太大	B. 对学生自主学习了解少,评价结果不客观、全面	C. 没有可参考的评价指标	D. 现有评价指标过于简单,不能满足评价活动需要	E. 学校只关注学习成绩或结果,评价活动流于形式	F. 其他
频次百分比	18.1%	25%	16.4%	18.9%	21.5%	0

调查结果显示,绝大多数高校在自助式学习中心开设了自主学习项目(86.4%),而且有自主学习测评(85.8%),但只有29.6%接受调查的教师对现有测评方式给予了积极的评价,55.6%的教师认为实施效果"一般"。所调查学校的测评内容主要是学习成绩(41.3%)、学习频率(30.6%)和自主学习能力(28.1%)。52.7%的教师认为现有测评方式"不科学"或"不太科学"。

教师反映自主学习测评实践中的主要困难(第8题)来自:(1)教师对学生自主学习情况了解少(25%);(2)学校对测评不关注(21.5%);(3)评价指标设计不科学(18.9%);(4)测评工作量大(18.1%);(5)不知道该怎样设计测评(16.4%)。

上述结果显示,虽然多数学校都有自主学习的环境,也开展了相应的测评活动,但测评的内容仍然是学习成绩或简单的学习频次统计,测评设计缺乏对促进学生自主能力发展的关注。教师在测评实践中的困难不仅来自他们缺乏自主学习测评的相关知识,也来自他们缺乏教师与学生之间的互动以及学校管理部门重视不足。

上述结果在两个方面与学生问卷结果对应。第一,高校在实施自主学习项目时,缺乏教师与学生的互动,以至于学生"不清楚自主学习目标和要求""不知道怎样学",教师也"对学生自主学习情况了解少"。第二,自主学习测评缺乏"科学""有效"的方式。

(三)对自主学习测评要素的认识

教师和学生对自主学习测评要素的理解见表6.9。数据显示,82%的教师和71%的学生均认为自主学习测评的重点应是自主学习能力。教师和学生均认为自主学习的主要目的是发展学生的自主学习能力(32.5%和39%)。除此之外,当问及自主学习可能提高学生的哪些能力时,教师和学生均认为可以提高学习潜力和专业知识和技能,但他们对两者重要性认识的位序略有不同。在学生看来,自主学习更有可能提高专业知识和技能(32%),而教师则认为自主学习更有可能提高学生的学习潜力(22.9%)。有趣的是,教师比学生更加重视提高网络信息处理能力(9.7%-1.2%)和计算机应用能力(15.8%-6.4%)。这一结果很可能是因为作为伴随着计算机网络技术成长起来的新生代年轻人,他们所掌握的计算机网络技术远比教师所想象的要好。

从表6.9可知,教师与学生均认为,自主学习评价主要目标是:(1)促进自主学习能力发展;(2)监督学习过程;(3)测试知识和能力。有关测评主体问题,教师和学生观点不尽一致。教师的选择按频次百分比从高到低的顺序依次为:(1)学生(42.5%);(2)教师(26.6%);(3)学习同伴(16.6%);(4)学习中心管理人员(14.2%)。相比之下,学生的选择频次百分比依次为:(1)教师(72.9%);(2)学生(16%);(3)学习中心管理人员(10%);(4)学习同伴(1.1%)。

表6.9　自主学习测评要素认识

第9/24题	您认为自主学习的测评重点应该是:(多选题)					
选项	A. 成绩	B. 自主学习能力	C. 其他			
教师	16.3%	82%	1.7%			
学生	26.7%	71%	5.3%			
第10/25题	您认为自主学习的目的是发展学习者的哪些能力?(多选题)					
选项	A. 专业知识和技能	B. 自主学习能力	C. 计算机应用能力	D. 网络信息处理能力	E. 学习潜力	F. 其他
教师	18.3%	32.5%	9.7%	15.8%	22.9%	1%
学生	32%	39%	1.2%	6.4%	21.4%	1%
第11/26题	您认为自主学习评价的主要目标是:(多选题)					
选项	A. 监督学习过程	B. 测试知识和能力掌握程度	C. 促进学生自主学习能力发展	D. 向学校有关部门汇报	E. 鉴定学生优劣	F. 其他
教师	27.4%	22.7%	40.8%	4.8%	3.2%	1%
学生	30.3%	22.9%	42.9%	1.2%	2.7%	0
第12/27题	您认为自主学习评价的主体应该是:(多选题)					
选项	A. 学生	B. 学习伙伴	C. 主讲教师	D. 学习中心人员	E. 其他	
教师	42.6%	16.6%	26.6%	14.2%		
学生	16%	1.1%	72.9%	10%		

Little(2011)认为,学习者自主能力发展在一定程度上取决于学习者自我评估和反思能力。Dickinson(1987)认为,所有的学习者都会经历一定程度的自我评估,但有效、自主的学习者一定是有意识地进行自我评估,并且

意识到自我评估的重要性。本调查中学生对自主学习测评主体的认识,反映了他们在混合式学习模式下,仍局限于传统的被动学习角色。

三、结果讨论

通过对高校混合式学习模式下大学英语自主学习及测评活动的调查,本研究得出以下结论:

(一)总体来说,学生对自主学习模式给予了积极的评价,但也反映了一些问题。这些问题主要集中在缺乏有效的促进学习者自主的干预体系,学生现有自主学习能力难以应对自主学习模式下的课程要求。

Benson(2010:82)认为,自主学习并不等同于没有教师干预,也不同于独立学习。Johnson & Marsh(2014:28)也认为,在混合式学习模式下,教师积极融入学生的网络学习并提供外部指导,是学生成功的关键。在混合式学习模式下,教师应是促成网络学习与课堂学习融合的激励者和组织者。Launer(2010:13)对混合式学习模式下教师职责做了进一步阐述。她认为,在混合式学习模式下,教师除了承担传统课堂教学的角色外,还应做到如下几点:(1)调节学习过程,即提供学习时间框架,与学习者讨论学习目标,提供与学习目标相匹配、大量的学习资料及学习方法,支持合作学习;(2)为学习者提供学习策略指导;(3)为学习者提供技术支持;(4)协调学习者之间的交流;(5)激发学习者学习动机。因此,在推行混合式学习模式时,我们应重视发挥教师的主导作用,实施必要的干预,促进学生自主学习能力发展。

(二)现有自主学习测评设计不科学,学生和教师对测评要素的理解与高校实际测评实践脱节。本研究发现,学生和教师均认为自主学习测评的重点是自主学习能力,测评的目的是促进自主,而在高校实际自主测评中,仍然考核的是学习成绩。本研究发现,所调查高校实施的网络自主学习考核内容与师生需求有差距,而师生对自主学习的目标、考核目的、考核内容、测评主体等问题的认识以及学生自主学习能力现状则说明,实施以测评促进自主学习能力发展不仅是可行的,也是必需的。在以评促发展的理念下,测评不仅是工具,而且是促进学习者自主的方法,它将评价与教学、评价与发展有机结合,通过诊断、干预和矫正,实现促进学习者自主发展的目的(林莉兰,2014:94)。

(三)高校大学英语自主学习测评的瓶颈既反映教师知识储备的问题,也反映了自主学习模式需要学校及教育主管部门的高度重视。教育信息技术给高等教育带来的变化对传统的教师教学理念和能力结构提出了挑战。

唯有教师具备了与教育新环境相匹配的素质,才能保证教育目标的实现。陈丽等(2003)认为,网络时代教师新的能力结构包括:现代教育观念、系统化教学设计能力、教学实施能力、教学研究能力、教学监控能力、信息素养和终身学习能力;而要适应高校教师能力结构的重构,仅靠教师个人努力是不够的。教育主管部门以及学校应重视教师的教育教学能力的培训,使教师在高等教育改革创新的大潮中真正发挥主力军作用。

本 章 小 结

通过对高校学生和教师自主准备度调查以及混合式学习模式下大学英语自主学习及测评活动的调查,本章小结如下:

首先,虽然接受调查的学生和教师对自主做好了心理准备,但他们在能力和行为层面却与他们较高的自主心理脱节。学生和教师在对自主的认知以及他们的实际表现之间存在差距。学生缺乏自主所需要的技能,教师也缺乏促进自主的知识和技能,以至于在自主学习过程中或促进学生自主的过程中缺乏恰当的应对措施。学生虽然对混合式学习模式持肯定态度,似乎也具备了自主的心理准备,但在自主学习的过程中遭遇挫折,而教师在如何培养学生自主方面也显得束手无策。

其次,高校大学英语自主学习测评方法尚不能满足学生和教师的需求。从问卷反馈看,测评方法改革不仅是必需的,而且是可行的。

鉴于上述情况,本课题教学干预设计的重点放在测评体系的干预,提供结构化的指导,来帮助学生掌握自主学习的基本技能,使他们逐步从"反应性自主"转向"前摄性自主"。

第七章 ePALA 模型建构与实现

本书拟开发的 ePALA 应具有两个功能：(1) 实现对学生自主学习能力的测评；(2) 作为促进学生自主学习能力发展的教学干预手段。如何借电子档案袋测评方式同时实现这两个功能是本书探讨的核心问题。ePALA 的设计是一个系统工程，包含了测评实施的条件、学习者自主理论、测评理论和技术、档案袋测评理论以及信息技术五大基本要素，需要从系统论的视角，对测评的指标、干预方式以及档案袋的构架作整体的设计和分析，将理论依据、技术依据和现实依据贯穿到 ePALA 的设计中。ePALA 模型是实施测评、开展干预以及评估效果的依据。本章将基于这五个要素，确定 ePALA 的测评指标体系、构架和干预方式，构建 ePALA 模型，并对其测评指标体系进行内容效度验证。

第一节 概念界定

鉴于现有文献在测评术语的表述上差异较大，有必要在建立 ePALA 测评指标体系之前统一规范所使用的测评术语。本书的 ePALA 测评指标体系将分为四个层级：目标层（外语自主学习能力）、维度、指标和量规。

已有的文献对"能力"的定义和描述较为模糊，时有一些术语（如 competence、competency、behaviour 和 performance）混用的情况。Competence（能力）是宏观层面的定义，与任务或工作有关，指"完成特定任务所需的技能、能力和知识的集合"（Jones & Voorhees，2002：12）。Competency（胜任力）指取得卓越表现的个人潜在特征和素质。Performance（表现）是基于知识、能力和技能的外在表现，是具体和可测评的行为、成果或过程（Khan，Saeed & Fatima，2009：769）。Gilbert（1998）指出，表现包括行为和结果两个部分，行为是手段，结果是目的；表现是集中性的行为或有目的的工作。

在 Edmund C. Short 看来，"能力"一词的使用之所以有诸多混淆和误解，皆因人们将能力视为描述性而不是规范性概念，将其指向某项活动，而不是将其视为一种质量或存在的状态（Short，1984：203）。Short 提出了以下关于"能力"的规范性概念，这些概念构成了当代各种能力研究的基础：(1) 能力可以通过特定行为表现来衡量（表现性方法）；(2) 能力可被视为在特定活动中所具备的能力程度（一般方法）；(3) 能力是整体概念，包括知识、技能、态度、表现和充分性水平（整体性方法）。

档案袋测评是对学生表现实施的测评，最契合本书 ePALA 测评指标设计的是将能力视为表现（performance），故本书选择在表现性框架下，"通过论证、观察和评估行动、行为或结果来描述学生的能力"（McMullan et al.，2003：285），即聚焦学生的自主学习表现来判断学生的自主学习能力。

在社会科学研究领域，研究者通常借助概念或构念来建立命题和理论，实现对不可直接观察现象的理解。概念或构念是科学解释不可缺少的工具，涉及社会科学研究中最基本的问题：我们在说什么？（Okan & Elmadag，2018：56）概念既可以是具体的，也可以是抽象的。构念指为了解释某特定现象所特别选定（或"创建"）的抽象概念（Bhattacherjee，2012：11）。构念是高阶抽象、复杂而且不易直接观察的现象，是更广泛的概念。本书所探讨的学习者自主是复杂且不易观察的现象，故称之为"构念"。

构念必须有清晰和准确的意义。因为构念具有理论意义，在实证研究过程中我们需要将抽象的构念转化为可量化的变量，用于可检验的假设。这一过程就是构念的概念化和操作化。概念化是为了达到研究目的而定义和细化构念含义的过程。在概念化的过程中，我们将模糊、不准确的构念及其组成部分进行具体、准确的定义(Bhattacherjee，2012：38)。这个过程包括识别构念可能具有的不同维度。维度也称为模块，是对复杂的构念范围的类型划分。维度规定了测评的基本向面。完整的概念化既要指定维度，也要确定每个维度的各种指标(Babbie，2010：126)。指标是我们研究构念是否存在的标志。与构念在理论层面上概念化不同，指标则在经验层面上运作，代表特定构念的指标组合称为变量。

概念化是对抽象概念的细化和规范，而操作性化则是细化具体研究程序(操作)，这些研究程序将导致在现实世界中代表这些构念的经验观察(Babbie，2010：135)。操作化过程包括确定具体的研究程序和如何使用构念定义来收集拟测构念的数据。操作化涉及一系列相互关联的选择，如规定研究适宜的范围，确定如何精确地测量变量，考虑变量的相关维度，清楚地定义变量的属性及其关系，并决定适当的测量水平(Babbie，2010：151)。

在本书的 ePALA 测评体系中，量规是对学生表现测评的直接量化手段。量规包括两部分：任务指标和不同表现水平的等级标准，后者描述与学生表现对应的分数等级。

本章我们还将涉及的专业术语包括"理论"和"模型"。

理论是在一定的边界条件或假设下对某个现象或行为提出假设和预测的一整套系统性的相关构念和命题(Bhattacherjee，2012：15)。理论具有三个方面的含义：(1)一组相互关联的概念或构念，说明内在的(即哲学的)价值；(2)一套实践原则；(3)解释经验现象的一组相互关联的概念或构念。

与理论经常一起使用的是模型。模型指的是如下四者之一：(1)用数学概念表述的理论；(2)对事实或内在价值的简化；(3)与事实或内在价值有实质性的类比；(4)作为一种理论还没有完全建立，或者与之前的理论有根本性的背离。模型是用清晰的方式解释理论，是对理论的象征性解析，往往显示关系链元素。

第二节 ePALA 设计思路

一、ePALA 设计重点和拟解决的问题

本书构建的 ePALA 具有测评和干预双重功能，将 ePALA 定义为"基

于网络学习环境,以促进学生学习自主为目的,以测评为干预,能测评和反映学生自主学习关键能力和相关课程学习成效的工具"。ePALA 设计重点是:(1) 如何设计 ePALA 的测评指标来实施对学生自主学习能力的测评;(2) 如何设计 ePALA 构架来实施促进学生自主学习能力发展的干预。

ePALA 测评的隐含假设是其测评的结果反映了学生外语自主学习能力。在内容构架上,ePALA 测评指标体系建构需要解决三个问题:一是将外语自主学习能力这一构念概念化,确定其维度和维度下的指标,这是标准体系的横向结构。二是将测评模型操作化,对测评的程序和每一指标的行为特征进行描述和规定;在测评最终实现方式上,ePALA 测评指标体系建构还需确定各指标的权重以及数据合成方式。三是 ePALA 除了具备测评功能外,还应是促进学生自主学习能力发展的平台。虽然在第五章我们提及 ADDIE 用于在宏观层面指导本研究流程,但具体到 ePALA 测评指标和构架设计的微观层面,尚需更加明确和透明的机制将这些部分有机融合形成一个整体。

尽管已有研究报告了如何利用档案袋或档案袋测评促进学生自主能力发展(Hashemian & Fadaei, 2013;Lo, 2010;Nguyen & Ikeda, 2015;Yıldırım, 2012;Ziegler, 2014),但迄今为止,尚无将档案袋作为学生自主学习能力测评工具的研究文献。在学习者自主研究以外的其他领域中,一些研究对如何构建以测评为目的的档案袋多以描述性研究形式报告了档案袋编制过程(Duong et al., 2011;Kapucu & Koliba, 2017;Pitts & Ruggirello, 2012),或是提供了一些构建框架(Goldsmith, 2007;Kapucu & Koliba, 2018;Moya & O'Malley, 1994)。比如 Kapucu & Koliba(2017)的框架由三部分组成:(1) 使用量规;(2) 将学习目标融入档案袋的设计中;(3) 确定档案袋构架。Moya & O'Malley(1994)的框架包括六个步骤:(1) 确定目标;(2) 规划内容;(3) 制定档案袋内容解释的标准;(4) 为教学使用做准备;(5) 确定验证测评技术质量的程序;(6) 实现模型。虽然这些研究为开发用于测评的档案袋提供了一些可借鉴的经验,但较难发现其中的推理链或经验证据来支持档案袋构建过程中所做的抉择。

Messick(1994)认为,有效测评的核心是建立推理链:

> 以构念为中心的方法首先要澄清应测评哪些复杂的知识、技能或属性,这可能是因为这些知识、技能或属性与显性或隐性

的教学目标有关,或受到社会的重视。接下来,要回答什么样的行为或表现能反映这些构念?什么样的任务或情况可引发与之相关的行为?构念的性质决定了相关任务的选择或构建,决定了基于构念的评分标准和量规的合理制定。(p.17)

Messick 的上述观点为我们如何选择和使用数据、任务类型、评分方法和统计模型来设计测评活动提供了思维框架。

二、基于 ECD 的概念框架

Robert J. Mislevy 等学者于 1999 年提出的"以证据为中心的设计"(evidence-centered design,以下简称 ECD)为 Samuel Messick 的以构念为中心的理念提供了实例化的方法。Messick(1994)强调了将推理目标概念化的重要性,而 ECD"强调是对获取的证据进行推理的不同阶段",有望针对"更丰富的数据和更复杂的学生模型提供构建推理的方法"(Mislevy et al., 1999:3)。

ECD 将测评设计、测评开发、评分和测评使用的重要方面建立在合理的证据推理上,为测评设计提供了概念性框架。该框架强调在测评设计中建立逻辑清晰和基于证据的推理链,以确保收集和解释证据的方式与拟测构念和测评目的一致。也就是说,在 ECD 框架中,测评活动被定义为一个推理链,将证据与关于学习的主张联系起来。测评是基于人们所做、所说或所做的特定事件中进行推理的过程,目的是对他们的知识和能力进行推断。这是 ECD 设计的核心理念。

ECD 的一个主要优势是有助于在测评设计和开发过程中建立效度,构建与构念相关和反映学习者知识或能力的测评任务,也更易确定任务是否与构念无关(Zieky,2014:80)。ECD 测评框架在行为或表现结果与特定目标能力之间提供证据联系,强调从证据中获取数据和进行推理,实现从丰富而复杂的数据中对表现做出有效的推断,非常契合本书基于表现证据的测评要求。

ECD 由五个相互关联的层级组成:(1)领域分析;(2)领域建模;(3)概念性测评框架;(4)测评实施;(5)测评发布。领域分析指"收集关于拟测领域的实质性信息……,收集和分析有关概念、术语、表征形式和互动方式的信息"(Mislevy & Haertel, 2006:7)。就是说,在测评工具开发前,研究者需要确定应该分析什么以及如何进行分析。在领域分析层次,测评设计者需要厘清拟测构念的理论和假设机制。领域建模的目的是"说明拟测什么,如何测和为什么要这样测"(Mislevy & Haertel,2006:8)。领域建模的基本原理来自领域分析中所获得的领域实质性知识。领域分析的结果成为领域建模过程的输入。领域分析和领域建模阶段的任务是收集拟测领域的实质性信息,以叙述形式确定测评论点。在概念性测评框架层次,研究者需要根据研究的约束条件、实际配置以及领域分析和领域建模的结果,制定测评实施的蓝图。概念性测评框架提供了测评的实质性、统计和操作方面的框架,展示测评的操作过程和相互关系。测评实施阶段是"构建和准备概念性测评框架所规定的操作要素"(Mislevy,2011:16)。测评发布指协调学生与任务之间的互动、任务和评分以及形成报告。

本书从第一章到第五章已经对拟测构念——学习者自主做了较详细的综述(领域分析),回答了测什么、如何测和为什么这么测等问题(领域建模)。本章将专注于概念性测评框架(conceptual assessment framework,以下简称 CAF),它涉及测评和测评工具构建过程中决策的技术规范。本书将根据第六章项目实施条件的调查结果确定本项目实施的约束条件,以 CAF 指导 ePALA 测评体系的设计决策,确保测评任务、收集的证据和测评目的之间形成合理的推理链。最后将介绍 ePALA 测评的实现,亦即 ECD 的测评实施阶段。

CAF 可分成若干模型,主要包括能力模型或学生模型(student model)、证据模型(evidence model)和任务模型(task model)。

能力模型是对抽象、不可直接观察的能力及其关系的描述,是对一个或多个拟测变量的定义。设计能力模型首先要对相关文献进行全面的回顾,然后围绕主题组织文献。通过使用一组相互关联的构念/变量、定义和命题来指定变量之间的关系,从而对现象提出系统的观点,建立能力模型(Creswell,1994:82)。

证据模型"提供关于能力模型变量与可观测变量之间联系的信息"(Mislevy,Steinberg & Almond,2003:9)。证据模型需要回答:哪些行为或表现能揭示目标能力的不同水平?证据模型包括证据规则(评分规则)和测量模式两部分。证据规则指任务内证据的识别和总结,即用什么标准来评判学生表现质量。测量模式指"如何用权重和机制来合成和揭示汇总出来的可观察表现信息"(Behrens,Mislevy & DiCerbo,2010:21)。测量模式提供了"定义和量化任何给定响应揭示推断的机制"(Mislevy & Riconscente,2005:19)。

任务模型是对任务特征的描述,回答的问题是"哪些任务和情境引发组成证据的学生行为"。任务模型为描述和构建情境提供了一个框架,提供与能力相关的证据。

CAF 提供了指导 ePALA 设计和开发过程决策的概念框架。在能力模型中,自主学习能力将被赋予概念化定义并确定其维度和相应的指标。任务模型将明确网络学习课程中的任务,这些任务将引发学生的表现证据,以便对学生的自主能力做出判断。任务模型除了涉及任务内容外,还涉及任务的情境,在本书中指任务类型、与任务密切相关的证据呈现形式以及促进自主的任务干预方式。也就是说,本书的任务情境指 ePALA 的构架。

证据模型涉及对学生的表现评分问题。档案袋测评通常采用量规来对学生表现评分。本书第四章第一节,我们已经描述了量规由三部分组成:评价标准、质量定义和评分策略。在本研究中,ePALA 量规的测评标准指任务模型中的任务内容,本书将用"任务指标"指代该任务内容。量规的质量定义指证据模型中区分不同自主学习能力学生的证据规则;而量规的评分策略则指确定所有任务指标权重和分值合成方式,也即是确定证据模型中的测量模式。换句话说,ePALA 测评模型开发包括以下步骤:(1) 构建外语自主学习能力模型;(2) 确定 ePALA 构架(任务模型);(3) 编制量规(任务模型和证据规则);(4) 确定测评指标权重和分值合成方式(测量模式)。

ECD 测评框架系统地阐明了测评工具的设计过程,为 ePALA 测评指标设计提供方法论的指导。本章后续几节将依据 CAF 概念框架设计和开发 ePALA 测评模型。

第三节 内容效度及检验方法

ECD 有助于在测评设计和开发阶段建立效度,但"仍然需要收集验证效度的证据"(Zieky, 2014:80)。内容效度(content validity)是新建测评工具的必要步骤,代表了将抽象概念与可观察和可测量的指标联系起来的初始机制(Wynd, Schmidt & Schafer, 2003:508)。内容效度检验是所有效度检验的第一步,也是其他效度的前提条件(Thorn & Deitz, 1989:335)。本章将对 ePALA 能力模型和量规进行内容效度验证,以确保测评的指标、任务和证据反映拟测构念——大学生外语自主学习能力。本小节将介绍内容效度的含义以及内容效度的检验方法。

一、内容效度

内容效度指测评是否恰当地抽样了拟测的内容域(Wynd et al., 2003:509)。Denise F. Polit 等将内容效度定义为"一个系列项目(指标)反映构念概念化定义的程度"(Polit et al., 2007:459)。Carretero-Dios & Pérez(2007)认为,内容效度是项目(或指标)包含语义定义的证据。定义完好的内容范围和指标是内容范围内的代表性取样,这是决定内容效度的两个关键因素。

一些效度理论专家指出,使用"内容效度"这一术语并不恰当,因为效度指的是对测试分数的解释,而不是对内容的评估(Messick, 1989)。但 Stephen G. Sireci 指出,重视内容效度是防止对测试进行过度的数值评估而忽略分值中出现的推论效度威胁(Sireci, 1998:83),这种保障对提高行为科学研究中测评的质量尤其重要。内容效度在分数的推理效度中发挥核心作用,也是评定测评质量的关键要素。测评的内容应当代表拟测的内容域,而且不应与该内容域无关。评估内容效度在很大程度上等同于评估测评及其组成指标。

Sireci 和 Molly Faulkner-Bond 指出,效度并不是测试的内在属性,效度要验证的不是测试本身,而是验证测试是否达到了测试目的;他们将内容效度定义为"测试内容与测试目的的一致性程度"(Sireci & Faulkner-Bond, 2014:101)。内容效度是基于测评内容收集效度证据,就像所有其他形式的效度证据一样,必须专注于支持或评估预期的测评目的。

内容效度证据不仅有助于在概念上定义拟测构念,而且为恰当解释所获得的分数方差奠定了基础。虽然内容效度证据如此重要,但已有的研究较少报道或详细描述这一证据(Delgado-Rico, Carrctero-Dios & Ruch, 2012:451)。

二、内容验效的方法

早期的内容效度检验依赖逻辑分析,是基于理论领域的表征来确定某测量工具是否具有内容效度。1975 年,Charles Hubert Lawshe 提出采用内容效度比(content validity ratio, CVR)来量化专家对项目内容效度评估的一致程度,从而开启了内容效度的定量和定性相结合的数据分析模式。内容效度验证包含三个步骤:(1)定义拟测内容;(2)构建项目(指标);(3)专家评估构建的项目(指标)(Delgado-Rico, Carrctero-Dios & Ruch,

2012：451）。内容验效的第一步是定义拟测构念。定义的准确性以及所界定的维度与构念的相关程度直接影响内容效度证据的质量。一旦对内容域进行了充分的描述和逻辑分析，就可以用指标来度量内容域所描述的行为。但研究者所列举的指标未必都是相关或重要的，应将指标提交给主题专家（subject-matter expert，简称 SME）评估。主题专家在等级量表上对测评内容的质量评估而形成的描述性统计数据，可以作为内容效度的判断依据（Haynes，Richard & Kubany，1995）。

现有内容效度验证主要采用以下方法：

（一）内容效度比（content validity ratio，CVR）：CVR 是用于删除或保留项目或指标的统计方法。该方法是由专家对各项目或指标在"必要""有用但并不必要"和"不必要"三个选项中进行选择。CVR 值计算办法如下：$CVR = (n - N/2) \div N/2$。

上述公式中，n 指认为指标"必要"的专家人数，N 指参评人数。Lawshe（1975）提供了较详细的参加评估专家的人数与对应的 CVR 需达到最低值的列表。CVR 计算后，再根据参加评估的专家人数对应 Lawshe（1975）提供的最低 CVR 值，删除低于这个值的指标。Lawshe（1975）提出的 CVR（内容效度比）是一个线性变换，它是一组专家中认为某项指标"必要"的专家比例。Lawshe（1975）认为，从百分比到 CVR 的转变是有价值的，因为 CVR 值很容易让人看出专家之间的一致程度是否大于 50%。尽管 CVR 值较之百分比计算有一定优势，但 Lawther（1986：45）认为，CVR 采用的三级量表忽略了介于"必要"和"有用"之间的选择，所获得的专家评估信息不够完整。

（二）内容效度指数（content validity index，CVI）：CVI 表示在界定的表现范围内能力与被测表现之间所能观察到的重叠程度。它是测评指标项与表现域之间重叠的平均百分比，使用李克特四级顺序量表，1=不相关，2=有点相关，3=相关，4=非常相关。实际的 CVI 值是专家评为 3 或 4 分指标的所占比例。为了得到每个项目（指标）相关度的内容效度指数（I-CVIs），将判定项目"相关"或"非常相关"的人数（评分为 3 或 4）除以参加评估的专家人数。内容效度指数既可以计算项目（指标）水平（I-CVIs），也可以计算维度水平（S-CVI）。在指标级别，I-CVI 的计算方法是将每个指标评分为 3 或 4 的专家人数除以专家总数。CVI 是计算比例一致性的办法，即相同观点的百分比。比例一致性主要问题在于，它是评分者之间评分一致性的指数，仅表示一致性的比例，这个比例可能被偶然因素夸大（Wynd et al., 2003）。Tinsley & Weiss（1975，引自 Polit et al.,

2007)指出,比例一致性高估了真实的绝对一致,高估了评分者的数量和评分点的数量,增加了偶然一致的风险。

(三) kappa 指数:kappa 统计值是评估专家一致性的程度,它对偶然一致进行调整,是对 CVI 的重要补充。kappa 主要用于两类数据(一致或非一致)进行评级的评分者间的内部一致性。kappa 较少用于多类数据或序数数据,因为 kappa 衡量的是精确一致与近似一致的频率,kappa 值依赖于类别的定义。如果有两种以上类别数据,那么两种数据之间的差异将导致评分者之间不同程度的分歧(Wynd et al., 2003: 512)。kappa 指数的缺陷是尚无关于测量质量的界定。

(四) Aiken 内容效度指数及同质信度系数:Aiken 内容效度指数可以将每个项目或指标的效度评级量化为一个系数 V(content validity coefficient)。为了检验专家是否具有相同的意见, Lewis R. Aiken 提出了同质性信度系数 H,用于量化专家对指标测评的一致性程度(Aiken, 1980, 1985)。Aiken 指数的统计显著性为专家一致性提供了一个实用的衡量标准。Aiken 指数的计算方法是将专家和研究人员对项目内容重要性的一致程度量化为一个系数(V 值),即 $V=S/[n(c-1)]$,其中,S 为参加评估的专家每次评级之差绝对值之和,n 为专家数量,c 为评级类别数量。在检验显著性后,可作为判断指标项是否具有内容效度的依据。此外,将评价指标的一致性程度量化为 H 值,通过检验指标的显著性,可作为信度指标,以检验测评内容的信度以及专家意见是否一致。H 值的计算公式为:$H=1-4S/[(c-1)(n^2-j)]$,其中,S 为参加评估的专家每次评级之差绝对值之和,n 为专家人数,n 为偶数时 $j=0$,n 为奇数时 $j=1$。

Sireci & Faulkner-Bond(2014: 103)指出,无论选择何种方法,重要的是如何恰当地总结内容效度评估的结果。除了描述性数据外,研究还应包含统计分析。

在如何设计内容效度的问卷调查方面,Sireci(1998)的内容效度理论提供了一个清晰的框架。Sireci(1998)认为,内容效度验证涉及四个方面:域定义、域代表性、域相关性和测评工具开发的适切性。Sireci 和 Faulkner-Bond 在 2014 年的后续研究中进一步明确了内容效度这四个方面的定义。域定义指内容域的操作化定义。域定义提供了拟测内容的细节,有助于将理论构念转换为更具体的内容域。域代表性是指测评工具充分代表测评域的程度。域相关性指的是测评中的每个指标与目标域相关的程度。域定义、域代表性、域相关性评估需要获得外部共识,即主题专家的评估认可。内容效度的第四个方面,即测评工具开发过程的适当性,是指在开发测评工具时,为确保测评内容完整而使用的所有步骤,"以确保测评内容忠实并充分代表了拟测构念"(Sireci & Faulkner-Bond, 2014:101)。

Stephen N. Haynes 等则建议专家对每一个要素从相关性、代表性和清晰度等方面采用 5 点或 7 点量表进行评估(Haynes et al., 1995)。

内容效度评估可在维度、指标和测评指标体系层面上考虑。维度内容效度指测评中的每个维度在多大程度上反映了构念内容,指标内容效度是指维度内的指标在多大程度上反映了该维度的内容,测评指标体系的内容效度指所有维度和指标代表或反映拟测构念内容的程度。

有关参加内容效度评估的最佳人数,学界尚无定论,但普遍认为,专家应符合一定的专业要求,譬如:(1)具备对所调查问题的知识和经验;(2)具有参与评估的能力和意愿(Skulmoski et al., 2007)。专家人数可以少到 3 人,多达 80 人(Ogbeifun et al., 2016)。具体人数应依据拟测的任务量以及是否能邀请到相关专家等因素而定(Haynes et al., 1995)。

第四节 外语自主学习能力概念模型

本节我们将在文献研究的基础上,初步构建用于本书研究的外语自主学习能力概念模型,并据此构建 ePALA 测评的能力模型。

对拟测构念及其关系进行概念定义是成功设计测评工具的先决条件。从第三章的文献综述中可以发现,已有外语自主学习能力测评实践通常聚焦于学习者自我管理学习能力或自主学习心理,较少顾及自主的多维度特征。自主理论与测评实践的差距既需要我们在测评方法上有所变革和创新,也需要我们在熟悉自主学习理论的基础上,采取严谨、科学的研究思路来构建一个尽可能全面反映自主构念的测评指标体系。

国外学者从不同角度对学习者自主的概念进行了阐释,观点多而纷杂。因此,在构建外语自主学习能力概念模型时,既需要我们依据已有理论,也需要我们兼顾研究对象的实际,通过实证证据来支持模型构建过程中决策的恰当性,从而构建符合本土实际的外语自主学习能力测评体系。

本书第二章介绍了过去 40 年来语言学习者自主的主要理论。对于自主的确切含义,已有研究分歧的焦点反映在:(1)自主是个体能力还是环境变量?(2)自主是行为、心理,还是能力?(3)自主是具有个体性还是社会性?(4)自主是具有政治性还是与政治无关?(5)自主是语言学习自主还是语言使用自主?

基于两个目的,我们需要厘清自主的确切含义。首先,构念效度是有效研究的重要前提。只有清晰阐述自主的定义,才有可能用可观察的行为对其描述,进而通过实证研究验证其构念效度。其次,以促进自主为目标的教学研究或教学改革只有基于对目标行为清晰的理解,才有可能取得理想的效果。

对于第一个问题"自主是个体能力还是环境变量",笔者认为,自主、自主学习能力和自主学习(autonomous learning)有着本质区别。自主学习能力指学习者所具备的掌控和管理自己学习的能力。虽然学界对自主的确切定义仍无共识,但普遍认为自主首先是指学习者对自己学习承担责任的"个人能力"(Candy, 1991; Gardner & Mille, 2002)。"作为一种学习的方式,自主的主要特征是学生除了响应课堂教学外还能为自己的学习承担一些重要的职责"(Boud, 1988: 23)。因此,自主首先指的是学习者必须具备的特质和能力。自主学习指由教师创设、学习者进行有意识学习的方式或环境(Dam, 2000: 49)。环境虽然对促进自主很重要,但国内外现有研究证明,仅仅提供自主环境并不能保证学生自主能力的提高(Benson, 2005; Sinclaire, 2000; 林莉兰、陈月娥, 2009)。

然而,环境又是影响自主发展的重要因素。"要帮助学生学会如何独立、有效地学习,教师应该创设和维持学习环境"(Higgs, 1988: 50)。Ramsden(1985,引自 Higgs, 1988: 50 - 51)认为,环境至少在四个方面对学习产生影响:(1)在学习任务层面,任务与学生的关联促使学生有不同的学习动机,进而让他们做出是进行深度学习还是表面学习的选择;(2)在教师层面,教师是否愿意帮助学生以及他们是否理解学生学习困难,会影响学生的学习方式和态度;(3)在课程层面,测评的方式对学生的学习方式影响巨大;(4)在学校层面,不同学校的价值观和目标也会影响学生的学习方式。由此可见,自主既指学习者的能力特质,也包括环境因素。

对于第二个问题"自主是行为、心理,还是能力",笔者认为,自主需要学习者具备掌控学习的能力,这种能力特质既反映了学习者的心理,也反映了学习者的行为。Henri Holec 将自主定义为行事的能力,而不是行为,是"在特定的情境下潜在行为倾向,而不是此情景下的实际行为"(Holec, 1981: 3)。Sinclaire(1999: 101)也认为,语言学习者自主指的是学习者决策学习的能力,而不是实际行为。但 Little(1990:7)指出,自主的心理是通过行为表现的。"自主首先是学习者对学习过程和学习内容掌控的心理。我们可以通过各种各样的行为观察到诸如客观、反思、决策和独立行动的心理"。Reinders(2011:45)强调,自主的能力说和心理说都是不完整的自主定义。如果一个学生具备了掌控学习的能力,在现实中却依赖老师,缺乏学习主动,就不能算是自主的学习者。同样,一个没有自主能力的学生虽然表现为掌控学习,但这只是盲目选择偶然表现的自主,当然也不是自主。Reinders(2011:45)认为,意识(consciousness)在学习过程中起着关键作用,只有在有意识地行使掌控学习能力时,才是真正的自主。Sinclaire(2000:9)也认为,如果自主被看成是行为能力构念,提高学习者的元认知意识和知识就比较重要。没有对学习过程的清楚意识,学习者不可能针对学习做出合理决策。在 Sinclaire(2000:9)看来,合理决策意味着使用元认知策略,即自我管理学习策略,就是要对学习进行反思,如制订计划、确定目标、自我评估、监控过程、评估学习成效和探索学习资源。由此可见,自主即包含学习者能力和心理,更是行为的表现。

关于第三个问题"自主是具有个体性还是社会性特征",笔者认为,自主既具个体性,也具社会性。前面已阐述自主反映了学习者的特质,在此不再赘述。自主的社会性可以借助 Vygotskian 的社会文化理论来解析,即学习是从社会共享活动向个体内化迁移的过程,"语言课堂上学习者自主的运用及发展首先是教师与班级、教师与学习者个人交互的结果"(Little,2008:256)。自主的社会化承认学习发生在交互、合作以及个人的反思和实践过程中(Sinclaire,2000:11-12)。

关于第四个问题"自主是否具有政治性",笔者认为,从历史渊源来看,自主这一概念源于西方政治哲学,被引入语言教学理论以来就带有浓厚的政治意蕴。从 Holect(1981)的能力观,到 Little(1991)的心理观,再到 Dickinson(1987)的环境观和 Jones(1995)的文化观,不难看出,自主带有深深的政治烙印。笔者认为,对政治性自主的理解应基于教育的特定环境,即学习者自主"是教育社会化过程中参与者之间的权利再分配"(Benson & Voller,1997:2)。教师意欲完全控制课堂内的权力,或与学生分享权利,是影响学习的制度决定。没有自主的政治属性,就谈不上给学生赋权,就谈不上让学生承担学习职责。但如何赋权以及在多大程度上赋权则应基于特定研究环境和对象的条件分析而定。

关于第五个问题"自主是语言学习自主还是语言使用自主",笔者认为,语言学习自主与语言使用自主同样重要。语言学习者自主不应该脱离语言学习和使用,而应看作是语言学习的附属结果(Holec,1981:3)。Little(2000:15-16)认为,语言学习的自主发展不应该看成是目标,而应看成是促进语言运用自主的基本支撑。语言学习和语言使用是双向关系,语言学习能力的发展依赖语言使用能力,而语言使用又能进一步刺激语言学习。因此,自主不仅意味着语言学习的自我管理,也依赖语言的运用。

综上所述,学习者自主不仅仅指学习者个人能力特质,也不仅指学习环境或是政治权利。就语言学习者自主而言,学习者自主既包含了学习者能力和心理,也包含了学习环境、学习者决策权利、教师和学生关系以及语言的学习和运用能力。学习者自主是语言教学的方法,也是外语教学的目标。基于上述思考,本书的自主学习能力概念模型从学习者特征(包括管理学习能力、自主学习心理、合作互动能力和语言使用能力)来解构自主;而促进自主的模型则从学习环境、学习者决策(属政治性)和互动反馈(属社会性)等方面来设计干预。

据此,笔者提出大学生外语自主学习能力概念模型涵盖四个维度:(1)自我管理学习的能力;(2)自主学习的心理;(3)与他人(教师或同伴)不断交互、协商构建身份的能力;(4)语言使用能力。

ePALA 是在表现性框架下解构学生外语自主学习能力。ePALA 测评指标体系设计应遵循如下原则:一是建立档案袋测评与学习者自主之间的逻辑自洽。ePALA 应反映研究目标的本质属性,即指标的选取不仅要考虑大学生外语自主学习能力概念模型的内涵,而且要考虑档案袋测评对指标类型的要求。二是指标是行为化了的目标,应基于研究环境,用可观测的指标对其构念逐一操作化,使指标和数据具备可获取性。三是指标选取应兼顾全面性和重要性。自主学习能力测评指标应以促进学生自主能力发展为目的,但测评指标过多,会给测评过程带来较大的难度,因此,应甄选重要指标,而不是所有指标。四是兼顾统一性和独立性的原则。各指标间存在逻辑关系,是统一整体,但指标之间应有层次性。

已有国内外研究在设计自主学习能力测评或测量工具时,多从学习者自我管理学习的能力、态度或语言学习能力来构建指标层。本书力图突破现有研究局限,从统整的角度反映自主学习能力的多维度特征。鉴于档案袋是对表现实施的测评,ePALA 测评指标将聚焦于学生的自主表现,即行为和结果。

此外,反思能力和自我测评能力既是档案袋测评的目标要素,也是自主学习能力要素和促进自主的方法。Desjarlais & Smith(2011:3)指出,反思和自我测评都是来自经验的学习,但目的不同。反思指回顾之前经验的过程,以寻找关于自身、自己的行为、价值观或对已有知识的发现,通常不涉及表现的具体标准,而是涉及发散性思维。自我测评是用来研究自己的表现,目的是提高表现。自我测评比反思更具有前瞻性,通常是在行动开始之前定义表现标准,然后根据标准评估自己表现的优势和需要改进之处。

在学习者自主理论中,反思能力和自我测评(或自我评估)能力被认为是管理学习能力的组成部分,"自主学习者对自己的学习负责,这包括对自己的学习进度负责……自我评估是语言学习者,尤其是语言自主学习者的一项重要技能。自主学习是学习的个性化,自我测评帮助学习者监控他们的个性化学习进程"(Gardner, 2000: 51);而激发学生对自己的知识、技能和表现的自我反思和批判性思维是档案袋的一个显著特点(Gregori-Giralt & Menéndez-Varela, 2015: 2)。本书将突出这两个构念在 ePALA 测评干预中的作用,对两者的工作定义分别如下:自我反思寻求对自己以及自己的行为、知识和成长的洞察,在本研究中指用于学习过程中对自己学习方法、学习成果的过程性反思和评估。自我测评指依据量规对自己学习表现的评估以及对下一阶段学习目标的思考,在本研究中指课程结束时的终结性自我测评。据此,本书的 ePALA 测评指标体系包含四个维度:(1) 学习目标管理能力;(2) 反思和自我测评能力;(3) 互动交流能力;(4) 外语(英语)使用能力。

参考现有文献(Boud, 1998; Candy, 1991; Cooker, 2012; Holec, 1981 等),构建隶属这四个维度的 ePALA 能力模型的初始指标集,具体是:

(一)学习目标管理能力:(1)分析和确定学习需求的能力;(2)确定可实现学习目标的能力;(3)制定可操作的学习计划能力;(4)确定学习任务的能力;(5)自主选择学习材料的能力;(6)选择学习方法的能力;(7)管理学习时间的能力;(8)实施学习计划的能力;(9)监控学习过程的能力。

(二)反思和自我测评能力:(1)正确认识自己语言水平的能力;(2)正确认识自己及老师在学习过程中的角色;(3)分析学习成效的能力;(4)提出可改进学习方法的能力;(5)总结学习成效的能力;(6)提出下一步学习方计划的能力。

(三)互动交流能力:(1)主动寻求他人帮助的能力;(2)主动解决他人学习问题的能力。

(四)提升外语(英语)学习绩效的能力:(1)语言水平;(2)学习成果。

据此初步构建 ePALA 能力模型的三个层次:

第一层次:外语自主学习能力;

第二层次:外语自主学习能力的四个维度:目标管理能力、反思和自我测评能力、互动交流能力和外语使用能力。

第三层次:19 个指标隶属上述四个维度,描述能力维度的具体观测点。

下一节我们将对上述能力模型进行内容效度检验。

第五节 ePALA 能力模型内容效度检验

本书采用定性和定量研究相结合的方法来实施内容效度评估。通过匿名方式对承担课程教师和主题专家进行多轮、独立的意见征询,直至成员之间达成共识,形成最终的模型矩阵。本书上一节介绍了初步构建的 ePALA 测评能力概念模型,该模型涵盖 4 个维度、19 个指标。本节将对这一能力模型实施内容效度检验。

一、研究方法

(一)研究步骤

Delphi 法,即专家论证法,用于本研究的能力模型和量规的内容效度验证环节。问卷调查需要多少轮回取决于评判小组成员的判断是否稳定以及是否达到可接受的(统计)一致水平(van der Schaaf, 2005: 41)。在每一轮调查之后,需要在定性和定量数据的基础上决定是否接受、修改或删除测评模型中的某些维度或指标。专家的挑选是根据他们的专业、经验、知识以及能否在规定的时间内完成评估任务来决定的(Aravamudhan & Krishnaveni, 2015: 139)。本研究将根据研究目的来决定专家的选择范围和人数。

ePALA 服务于大学英语教学。在大学英语自主学习环境下,一线教师对指标是否反映了构念、是否可观测、是否可获得、是否重要以及如何获得指标证据等问题的反馈是本研究需要获得的基础数据。为了在更大范围内了解"不同背景的异质群体的不同视角,以获得有价值的结果"(van der Schaaf et al., 2005:40),首先在笔者所在省份高校开展了较大规模的问卷调查。但能力模型的评估又是专业性较强的领域,应获得业内领域专家的认可。因此,ePALA 能力模型的内容效度验证分为两个阶段:省内同行评估和国内专家评估。

1. 省内同行评估

2015年12月,对省内高校同行开展了第一轮问卷调查。本次调查的目的是:(1)了解同行对能力模型中维度划分及指标重要性的认可度,为修改模型提供依据;(2)征询同行对指标对应的测评依据的看法,为下一步制定量规和开展测评活动提供依据。

问卷共分四部分。第一部分是对教师所在学校开展自主学习的基本情况调查;第二部分是对4个能力维度和19个指标的重要性评判;第三部分是对指标测评的证据来源和测评载体的建议。第一和第三部分采用的是多选题;第二部分的设计根据 Siereci(1998)和 Lynn(1986)建议,为避免中间反应,使用了"不重要""一般重要""比较重要"和"非常重要"四级量表;第四部分是一个开放式问题,询问参评人对 ePALA 能力模型和指标的修改建议。本次调查采用网络版问卷。为广泛采集数据,通过手机短信和邮件向省内29所本科院校外语学院或外语系负责人发出了邀请,共有18所省内高校同行参与了问卷调查(占比62.1%),收到有效问卷97份。

鉴于第一轮同行调查获得的有关模型修改建议较少,2016年1月,项目组通过电子邮件方式,对省内3名测评领域专家进行了咨询。咨询的重点是获得专家对模型指标集的隶属关系划分的建议,避免指标间信息重叠交叉,保证各指标的独立性、单一性和同质性。综合客观和主观数据分析结果,形成修改后的4个维度的15个指标集。

2. 国内主题专家评估

国内主题专家咨询的目的是对第一轮同行和专家调查形成的4个二级指标、15个三级指标设置的合理性进行判断评估。问卷根据 Sireci & Faulkner-Bond(2014)的域代表性和域关联性设计,分三部分:第一部分是每个维度与自主学习能力的关联度判断及修改建议,第二部分是每一个指标与对应维度的关联度判断及修改建议,第三部分对每一维度下的指标完整度判断及修改建议。

2016年2月,项目组开展了第二轮专家意见征询,调查问卷采用了七级李克特量表,其中,"1"表示"完全不关联/一点不完整","7"表示"完全关联/非常完整"。邀请国内主题专家参加问卷调查的流程是：（1）获得 2005－2015 年间在 CSSCI 期刊发表相关主题文献或相关著作的专家名单；（2）通过邮件邀请专家参加本轮问卷调查；（3）向同意参加调查的专家发送电子问卷。笔者向 13 名专家发送邮件，邀请他们参加本调查；7 位专家实际参加了调查，最后回收有效问卷 7 份。

2016 年 3 月进行了第三轮专家意见征询。根据第二轮专家建议，第三轮问卷采用了五级李克特量表。问卷保留了第二轮的题项设置，增加了对测评指标代表性的整体性判断。项目组再次邀请第二轮专家参评，5 人接受了邀请，项目组又从高校邀请另 2 名专家参加了第三轮专家咨询。第三轮咨询回收有效问卷 7 份。

（二）数据收集及分析

ePALA 能力模型的内容效度验证经过了三轮同行和专家评估。每一轮调查结束后，根据专家建议和数据分析修改或删除不理想的指标。

收集的数据既有定量数据（专家在调查问卷中的等级评估）以及定性数据（专家对内容评估的建议）。研究采用描述性和统计分析的方法来解析同行及专家判断。

本研究的第一轮同行问卷调查的目的是初步获得同行对指标体系的认可度。因数据相对较大，采用简单便捷的 CVI 统计内容效度描述性数据。Lynn(1986)建议 I-CVI 指数不低于 0.78，S-CVI 不低于 0.9。本研究以此标准作为指标保留或删除的依据之一。其次，计算数据的偏态系数，以了解数据的分布及方向。偏态系数越接近 0，偏斜程度就越低。当偏斜程度在 0.5－1 或－1－0.5 区间时，偏斜程度为中。

在国内主题专家评估阶段，采用 Aiken 指数 V 计算专家意见的一致性。Aiken 指数 V 在 0 和 1 之间。数值越高，说明指标的内容效度越高。根据 Aiken(1985：134)专家对应人数的右尾概率(p)选定值的内容效度系数(V)来确定数据是否达到一致性水平，并配合专家建议，修订指标。为了检验最后一轮专家对模型的评分信度，采用 Aiken 同质信度系数 H 及标准对数据进行检验。

二、调查结果

（一）省内同行专家调查结果

表 7.1 显示的是第一轮省内同行和专家的调查数据统计。根据 Lynn(1986)关于 S-CVI 不低于 0.9 的建议，"学习目标管理能力"(0.97)和

"反思和自我测评能力"（0.91）的 CVI 值达到可接受的范围,而其他两个维度的 CVI 值均低于 0.90。

表 7.1　第一轮同行及专家对 ePALA 测评指标的重要性评估

指　标		CVI	偏度	专家建议	修　改
1. 学习目标管理		.97	−1.72		
1.1	分析和确定学习需求	.95	−1.57	与 1.2、1.3、2.1、2.5 存在部分信息重叠	删除此项,将其合并到"反思和自我测评能力"
1.2	确定学习目标	.96	−1.04		
1.3	制订学习计划	.93	−1.53		
1.4	确定学习任务	.94	−1.06		
1.5	自主选择学习材料	.86	−0.51		
1.6	选择学习方法	.91	−1.34	无法观测,建议将此项融入"反思和自我测评"中	删除
1.7	管理时间	.93	−0.87	语义宽泛	改成"按节点完成学习任务"和"能持续、连贯地自主学习"
1.8	实施学习计划	.94	−1.53	语义宽泛	改成"计划执行度"
1.9	监控学习过程	.89	−1.09	与 1.4、1.5、1.6、1.7 和 1.8 信息重叠	删除
2. 反思和自我评估能力		.91	−1.21		
2.1	认识自己的语言水平	.82	−0.16	与 2.3 和 2.4 存在部分语义重叠	删除
2.2	认识自己在学习过程中的角色	.92	−0.69	与 2.3 和 2.4 存在部分语义重叠	删除
2.3	分析学习成效	.88	−0.72	与 2.1、2.2 和 2.4 存在部分语义重叠	修改成"分析自己语言学习问题的能力"

续 表

指标		CVI	偏度	专家建议	修改
2.4	提出可改进的学习方法	.90	-0.87		
2.5	总结学习成效	.85	-0.51	未能看出与指标2.3的明显区别	改为"对课程学习进行终结性自我测评的能力"
2.6	确定下一步学习目标	.88	-1.53		
3. 互动交流能力		.86	-.69		保留
3.1	主动寻求他人帮助	.94	-0.69		
3.2	主动帮助他人	.78	-0.16		
4. 提升学习绩效的能力		.87	-.89		保留
4.1	语言水平	.91	-1.79	语义模糊	改成"课程学习成绩"
4.2	学习成果	.95	-0.39	语义模糊	改为"提高课程学习成绩的能力"

参与问卷调查的教师对大部分指标的重要性都给予了较高的认可，仅"主动帮助他人"这一指标的 CVI 值刚好达到可接受范围(0.78)。偏态系数从另一方面说明了参评教师对上述指标项的观点偏度和方向。表 7.1 的多数指标项偏态系数均为负值，而且均大于-0.5，说明数据偏向"非常重要"或"比较重要"。仅"主动帮助他人"和"学习成果"这两个指标的偏态系数低于-0.5，说明参评教师在这两个指标上观点有一定的差异。

虽然参评教师对 ePALA 能力模型中指标的重要性有较高认同，但并不保证这些指标之间不存在意义重叠关系。在指标的构建过程中，应从系统论的角度剔除冗余指标，提高测评的准确性。省内 3 名专家对指标隶属关系和指标独立性的判定结果见表 7.1。在"学习目标管理"这一维度，指标 1.1"分析和确定学习需求的能力"与其他多个指标存在信息重叠。本着指标具体和可操作化的原则，删除语义大的指标 1.1。同样，指标1.9"监控学习过程的能力"属于较大语义层,与其他多个指标意义重叠,故剔除这一指标。专家认为,指标1.7和1.8存在语义宽泛问题。课题组将1.7"管理时间能力"切分为两个指标:"按时间节点完成学习任务"和"能持续、连贯地自主学习"。针对专家提出的指标1.8"实施学习计划的能力"语义宽泛问题,课题组在与学生访谈中发现,自主学习能力高的学生一个典型特征是有较高的自律性,能将计划付诸行动,故将这一指标改成"计划执行度"。专家反馈,指标1.6"选择学习方法"的能力较难从学生的网络学习记录中获得数据,课题组决定将这一指标融入"反思和自我测评能力"的二级指标中。

在"反思和自我测评能力"维度的指标集中,指标2.1、2.2、2.3和2.4之间存在一定语义重叠,专家对指标2.1和2.2能否观测提出了质疑。因ePALA收集的是学生自主学习能力的表现证据,指标对应的数据能否获取是决定本研究指标删除或保留的重要考虑因素。课题组经过讨论,决定简化这部分指标,将这四个指标合并修改为"分析自己语言学习收获和问题的能力"。在本书初始的自主学习能力概念模型设计中,指标2.1、2.2、2.3和2.4用于反映学生学习过程中的反思能力,指标2.5和2.6用于反映学生的终结性自我测评能力。第一轮专家反馈,指标2.5与2.3似乎也存在语义重叠情况。为区分两指标,将指标2.5修改为"对课程学习进行终结性自我测评的能力"。

虽然参评教师对"互动交流能力"指标层中3.2"主动帮助他人的能力"认可度不高,但鉴于合作学习和互动学习是自主学习能力的重要构念,因此,课题组决定仍保留这一指标。

在"提升学习绩效的能力"维度,专家反馈的4.1和4.2指标有语义模糊问题,课题组决定将4.1指标改成"课程学习成绩",将指标4.2改为"提高课程学习成绩的能力"。

第一轮同行和专家调查后获得4个维度的指标15项。

同行对指标采集依据的回答频次统计见图7.1。本研究中指标采集依据指学生在学习过程中留下的质和量的证据。可以看出,学习过程数据、学习成绩、学习计划和总结、学习总量和学习日志被认为是获取上述指标的主要依据。网络自主学习的过程数据是通过学习行为分析准确地抓取学生网络学习活动的轨迹。这些数据是对学生自主学习行为量化的参数,是学生学习活动的记录,包括学习时间、学习时长、学习的内容、作业完成情况、网络学习的频率、参加互动交流的频率等。这一结果为下一步ePALA量规设计提供了依据。

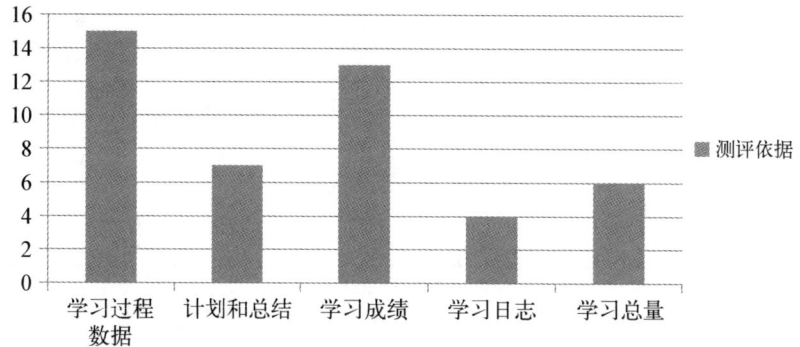

图 7.1 同行问卷 ePALA 指标采集依据统计

(二) 国内主题专家咨询

继第一轮省内同行和专家调查后,我们又开展了两轮国内主题专家咨询。第二轮专家对指标与维度关联性评判以及对维度的完整性评判结果见表 7.2。

表 7.2 第二、第三轮专家对能力模型评估的 Aiken 系数统计

指标	第二轮		修改	第三轮			
	关联度	完整度		关联度		完整度	
	V	V		V	H	V	H
1. 目标管理	0.86	0.81		0.84	0.63	0.84	0.63
1.1 设定目标	0.83			0.97	0.94		
1.2 制订计划	0.83			1	1		
1.3 计划执行度	0.86			0.9	0.8		
1.4 按节点完成学习任务	0.86			0.94	0.81		
1.5 学习持续连贯	0.84			0.9	0.62		
1.6 学习任务完成质量	0.83			0.91	0.75		
1.7 自我选择学习材料	0.76			0.9	0.8		
2. 反思和自我测评	0.86	0.79		1	0.9	0.9	0.8

续　表

指　　标	第二轮 关联度 V	第二轮 完整度 V	修　改	第三轮 关联度 V	第三轮 关联度 H	第三轮 完整度 V	第三轮 完整度 H
2.1 分析自己语言学习问题	0.83			1	0.9		
2.2 提出可改进学习方法	0.93			0.88	0.94		
2.3 终结性自我测评	0.81			0.8	0.9		
2.4 针对问题提出后续学习计划	0.83			0.9	0.8		
3. 互动交流能力	0.74	0.60	明确师生、生生互动的学习关系	0.9	0.8	0.8	0.64
3.1 主动寻求他人帮助	0.79		3.1 主动寻求教师或同学的帮助	0.9	0.8		
3.2 主动帮助他人	0.69		3.2 主动帮助同学或分享学习心得	0.8	0.7		
4. 学习绩效	0.74	0.67	强调学习成绩的增幅趋势	0.8	0.6	0.8	0.8
4.1 课程学习成绩	0.81			0.8	0.8		
4.2 提高课程学习成绩的能力	0.67		4.2 学习成绩提高幅度	0.8	0.6		
指标代表性总体评价 V			0.84				
指标代表性总体评价 H			0.63				

Lewis R. Aiken 的内容效度系数统计方法是将专家对问卷各指标的评分量化为系数 V 值,在考察其显著性后,作为检视各指标是否具有内容效度的依据。Aiken 系数 V 值越靠近 1,表示专家的认可度越高。根据 Aiken(1985)右尾概率表,由 7 人专家参加调查的 7 级量表 V 值需大于或等于 0.74 才是可接受的内容效度值。表 7.2 中指标 3.2 和 4.2 的关联性 V 值低于 0.74,而"互动交流能力"和"学习绩效"这两个维度的完整度 V 值低于 0.74,说明这些指标仍需要修订。专家指出,指标 3.1 和 3.2 未能

明确反映自主的师生、生生的社会互动构念。因此,课题组在第三轮的专家咨询中将3.1和3.2分别改为"主动寻求教师或同学的帮助"和"主动帮助同学或分享学习心得"。专家还指出,指标4.2中"提高课程学习成绩的能力"语义宽泛,相关证据收集和界定恐有一定困难。经讨论,课题组决定,为了突出以评促学的理念,将指标4.2改为"学习成绩提高幅度"。

第三轮专家问卷针对修订的ePALA测评能力模型的维度与构念的关联度、指标与对应维度的关联度、维度的完整度以及整体测评指标设计的代表性征询专家意见。专家意见反馈见表7.2。

根据Aiken(1985)右尾概率表,7人专家参评的5级量表的效度系数V值需大于或等于0.75,才具有显著性水平。修订后的指标全部满足上述条件。专家对测评指标的完整度评判V值达到0.8以上,对指标代表性的整体判断V值为0.84。上述数据表明,专家认为各次级指标与上层指标的关联度高,对四个维度层的完整度以及整个测评指标代表性较认可。

Aiken的同质信度系数H用来描述专家评价的一致性程度。根据Aiken(1985)提供的右尾同质信度系数表,7人参评的5级量表$H=0.62$,$p=0.007$,其中$H=0.62$是衡量各指标的Hj值是否达到了显著的标准。表7.2第三轮数据显示多数指标H值均超过0.62,仅在"学习绩效"维度以及该维度下的"学习成绩提高幅度"指标H值未达到显著型水平(0.6),说明此次专家在这两项指标上评分有分歧,但在其他指标上评分有较高的一致性。第三轮能力模型的内容效度评估结果总体获得专家认可,课题组决定接受这一轮模型。

经过三轮同行和专家的评估,ePALA自主学习能力模型由15个指标组成,涵盖四个维度。

第六节 ePALA构架设计

上一节我们验证了ePALA能力模型的内容效度。能力模型仅仅是在专业领域确定了自主学习能力的范畴以及开展测评活动时需要考虑的观测点。在实际测评活动中,还需将之转化成特定情境下的任务模型和证据模型。Messick(1996,引自Jonsson & Svingby,2007:137)指出,任务不仅要与拟测构念一致,而且评分结构(如标准和量规)也必须合理地反映构念的域结构。由于 CAF 的任务模型和证据模型在档案袋测评中是以量规和档案袋构架形式呈现,为了使任务模型和证据模型更契合 ePALA 设计,本研究的任务模型和证据模型将以下面三部分呈现:(1) 确定 ePALA 构架;(2) 制定 ePALA 量规;(3) 确定评分模型。本节我们将描述如何设计 ePALA 构架。

在设计任务指标前,应考虑任务的情境,也就是 ePALA 的构架。ePALA 的构架是实施自主测评和促进学生自主能力发展干预的条件保障,需要在自主学习能力模型、在线学习证据是否恰当和可获取、目标学生自主的准备度以及档案袋测评特点之间进行权衡。基于上述考虑,ePALA 的构架如下:

第一,采用结构化构架。档案袋可采用结构化或非结构化的构架。结构化档案袋提供证据类型和收集方法的预设结构;而在非结构化档案袋中,学生根据任务要求自行收集证据。本书决定采用结构化构架来设计 ePALA 是基于两点考虑。首先,自主学习能力是一个复杂构念,其测评取决于教师和学生如何理解任务,如何理解收集的证据与任务的关联程度。一旦理解出现偏差,将会导致收集的证据无法支持拟测目的的结果,从而影响测评的效度。其次,通过第六章的项目实施条件分析可知,受试学生和教师虽然具有较高的自主心理,但在能力和行为方面仍未做好自主的准备,尚缺乏自主所需要的技能。这些表现形式与 Littlewood (1999)描述的"反应性自主"或"后摄自主"较贴切。

前摄自主指学习者能自我调整学习活动和学习方向,也即 Holec(1981:3)所描述的"学习者能承担起自己的学习职责,确定自己的目标,选择方法和技术,评估学习成效";而反应性自主的学习者只有当方向确定后才能调节自己的学习。Littlewood 指出,虽然很多学者认为只有前摄自主才是有意义的,但反应性自主在教育环境下也是有用的。反应性自主是迈向前摄自主的第一步。在 Benson(2008:24)看来,前摄自主可以理解为对学习方法和学习内容的掌控,而反应性自主仅涉及对方法的掌控。笔者认为,对于反应性自主的学习者来说,结构化的档案袋对表现证据的来源和形式做一定限制,为学生和老师提供将测评目标、任务和证据联系的支架,既可以避免学生因初次接触档案袋测评而可能出现的不适应,还可以提高学习和测评的效率,引导学生逐步更加自主。

第二,支持多元和动态数据采集。实施有效自主测评需要解决的难题是如何反映自主的多元和发展性特征。在数据采集方面,ePALA 一方面呈现的是学生自主能力发展的动态数据,对学生在一段时间内持续的努力和表现进行纵向的跟踪报告,可观察到学生在一段时间内自主学习能力的发展或变化。另一方面,ePALA 支持多元数据的采集,测评指标分为两个基本序列:(1)量化数据——现有大学英语自主学习平台实时采集的学生在线学习数据;(2)质性数据——学生阶段性反思、终结性自我测评及教师反馈。ePALA 具有存储、统计、合成不同类型数据的功能,通过学习分析技术,用可视化的方式对学生自主学习能力的观测指标进行精准化的呈现。此外,ePALA 融合了诊断性测评、过程性测评和终结性测评三种不同的测评模式,弥补了单一测评方式可能的局限。诊断性测评用于课程开始前学生对自己的自主学习能力和语言使用能力的自我测评,过程性测评则提供具体和详细的表现分析,来促进学生实现预期目标,而终结性测评则是提供表现的评判。

第三,支持干预模型。本章第四节评述了现有文献关于学习者自主的分歧焦点,可以看出,语言学习者自主既包涵学习者个体能力,也包含学习环境、学习者决策权利(政治性)以及教师和学生、学生与学生之间的互动关系(社会性)等诸多概念。本书着眼于学习者自我管理学习能力、互动交流能力和语言使用能力来设计 ePALA 的测评模型,将自主的学习环境性、学习者决策权利和社会性融入本研究的干预模型设计中。

Little(2007)的促进学习者自主模型较好地融合了学习环境、学习者决策和互动反馈的构念,为本研究干预模型设计提供了理论框架,也为 ePALA 构架设计提供了思路。Little(2007)的促进语言学习者自主模型涉及学习者参与、学习者反思和恰当的目的语运用三个原则。学习者参与原则要求教师引导学习者融入学习过程,让他们分担诸如确定学习计划、选择学习活动和材料、参与互动和评估学习成果等责任。这一原则既强调了学习者自主的社会性,强调了语言使用,也体现了学习者自主的政治性(个人权利),同时强调了学习者的自主学习能力培养。Little(2007)提出的学习者反思指学习者在设定学习目标、选择学习活动和材料或评估学习成果过程中需要反思自己在做什么(Little,2007:24);学习者反思又恰好是档案袋测评的关键要素。Little(2007)提出的使用目标语原则指学习者自主与目标语言熟练程度之间的融合程度;提高学生语言自主学习能力不仅是培养具有终身学习能力的人,也是培养优秀的语言学习者。

参照 Little(2007)的促进学习者自主模型,结合本研究的前期实施条件调查结果,ePALA 从学习环境、学习者决策和互动反馈来设计本研究的干预,本研究的干预从如下方面展开:(1)以测评为手段,促进学生计划、管理和监控自己的学习。通过课程学习大纲、量规以及诊断性测试,引导学生有针对性地制订学习计划,自我管理学习节奏和完成学习任务。(2)通过自我测评促进学生反思能力发展,提高学生对其工作质量作出判断的能力以及决策能力。ePALA 设定了用于过程性反思的周志,采用结构化方式引导学生反思学习方法,设置了如下问题:过去两周学习成效、收获或问题以及拟改进措施。ePALA 的终结性自我测评用于课程结束前,学生依据量规实施自评,分析学习收获和存在问题,提出后续学习计划。(3)促进师生、生生协作式学习。教师对学生的学习计划、反思性周志和终结性自我测评提供指导和评估。ePALA 的聊天室用来交流和分享学习心得,或寻求学习帮助。(4)促进学生语言能力提高。ePALA 记录并可视化地呈现学生每月课程测试成绩以及学生完成课程任务的质量数据。据此,本书对 ePALA 干预的操作化定义为:以测评(围绕量规证据指标的自评、师评和机评)、反馈与互动(教师反馈、系统反馈和互动交流平台)、自我反思(反思学习效果)和自我决策(决策学习时间、节奏和学习内容)为干预手段,促进学生自我管理学习过程,促进学生与教师以及与同伴间的互动交流,提升语言学习绩效,实现从依赖教师转向更加自主。通过自评、反思和自我决策,促进学生确定学习目标,制订学习计划,决定完成任务的学习节奏,评估学习成效,调整学习策略;通过教师评价、计算机挖掘技术和互动平台,提供学习情况反馈,促进学生和教师的互动交流,促进学生不断提高学习绩效。ePALA 是在测评和反思的基础上设定学习目标,在行动的过程中收集学习过程证据,通过过程测评、终结性测评、反馈和反思,帮助学生不断调整学习方法。

第四,支持多方评价模式。ePALA 将构建学生自评、教师评价和计算机评价的多元评价机制。

第七节 ePALA 量规设计及内容效度验证

本节将针对量规的两个基本要素——测评标准和质量定义——编制 ePALA 测评量规,并进行内容效度验证。量规的另一个基本要素——测评策略留待下一节介绍。测评标准,即 CAF 任务模型中的任务指标;质量定义,即 CAF 框架中的证据模型,是辨别学生表现的不同等级的一系列描述语。

一、量规编制思路

现有量规文献多探索量规使用的效果或验证量规的信度和效度,有关如何编制量规的文献极少。为数不多的量规编制报告往往基于个人经验的描述,"事实上,绝大多数量规编制的研究往往是由个别教师基于经验制定的"(Reddy,2011:86)。

影响量规质量定义的因素之一是各水平(等级)间没有区分度。"不少量规要么过于具体,无法捕捉到拟测能力的基本要素,要么在描述定性差异方面过于模糊而无法向教师和学生提供重要的测评线索"(Popham,1997:73-74)。各级表现标准的描述不一致,则是影响量规质量定义的另一因素。

Reddy(2011:86)指出,量规标准编制需要从已有文献、专业经验和同行汲取知识和经验,而量规的质量定义则需要教师和学生的共同参与。一些学者(如 Joette Stefl-Mabry)提议组建教师团队来开发和制定质量标准,以便在"笼统的措辞"和"详细的描述"之间取得平衡(Stefl-Mabry,2004)。Stefl-Mabry 建议,在一个连续体中解释拟测指标的不同水平。她建议为教师提供代表不同成就水平的学生表现样本,让教师详细说明如何理解学生是否具备拟测的能力。这一过程有助于教师用可观察的指标描述最高水平的表现。同样,请教师阐明学生的可接受表现最低要求,以解释连续体中的最低水平;而最低水平和最高水平之间就构成了连续体的中间水平。本研究依据这两个原则来编制 ePALA 量规。

量规任务必须引出所期望的表现,在测评目标、拟测构念和表现证据之间建立匹配关系。在前面两节中,我们构建了 ePALA 测评的能力模型,经过内容效度验证后确立了该模型包含四个维度 15 个指标。本节要将这 15 个指标转换成课程学习的任务指标(任务模型),即 ePALA 量规的测评标准,在此基础上编制量规的不同等级描述语(证据规则),最后检验量规任务指标和描述语的内容效度。

任务模型和证据模型的构建本质上都是高度情境化的。建立量规的测评标准和质量定义必须基于特定对象和特定环境的需求。本研究采用关键事件技术建立与 ePALA 能力模型匹配且符合研究情境的任务指标和描述语,将邀请承担课程的教师以及参加自主学习课程的学生参与量规编制。

二、研究方法

(一) 关键事件技术(critical incident technique)

Flanagan(1954)基于工作分析的目的开发了关键事件技术,目的是确定影响工作成功的关键要素。关键事件技术是收集对人类行为直接观察数据的质性研究方法,其基本程序是从第一手报告或客观记录中获得执行任务的满意和不满意的报告,执行任务的个人描述成功或失败的原因(Flanagan, 1954: 329),数据主要来自访谈、书面报告或问卷调查。关键事件技术可鉴别促进或减损有效表现的关键事件或因素(Butterfield et al., 2005: 483),主要用于人力资源管理领域,尚未见用于教育学的量规编制。事实上,已有文献对量规编制环节多是笼统描述,鲜有详细的或基于实证研究的报告。本研究受管理学研究启发,将此方法运用到量规编制过程。

理论上讲,关键事件技术可以满足量规编制要求。ePALA 量规是在外语自主学习能力模型框架下将之转化成具体的学习任务标准,对优、良和合格的表现水平进行分类描述和评分。关键事件技术通过访谈(个人或小组)或书面报告形式深入挖掘学生表现优劣的关键事件,以获得描述不同表现水平的信息。

关键事件技术有五个基本步骤:(1)确定研究目标;(2)制订研究计划;(3)收集数据;(4)分析数据;(5)解释数据。本研究的量规编制将围绕构建的 ePALA 能力模型,采用关键事件技术获取两方面数据:(1)教师书面报告。教师评阅学生档案袋,评定等级,并描述评定的优、良、合格、不合格四个等级的依据,形成书面报告;(2)学生深度访谈。由任课教师推荐,抽取自主学习能力高和低两个层次学生参加个别访谈。通过对上面两部分数据收集和分析,形成量规初稿。

(二) 研究步骤

1. ePALA 预试验

ePALA 在笔者所在学校大学英语自主学习项目中实施。试点学校在大学英语课程教学改革中采用了混合式学习模式,将传统的课堂教学与网络自主学习方式结合,目的是使学生能够"根据自己的具体需要、熟练程度和进度选择合适的学习内容"(《要求》,2004: 33)。在这一混合式学习模式中,课堂教学主要目的是培养学生的语言"输出"能力和语篇分析能力,重点放在口语、写作和阅读等活动,自主学习部分注重学生的语言

"输入"。本书的研究是在听力自主学习课程中实施。学生每学期在自助式学习中心完成30课时的听力自主学习任务,每月参加阶段性考试以检验自主学习效果。听力在学期课程考试中占30%。

为了配合量规编制,同时也为了获取实施 ePALA 测评的可行性反馈数据,在编制量规前,项目组开发了简易版电子档案袋(以下简称"学档"),于2015年10月至2016年1月进行了预试验。该学档功能仅限于对网络自主学习平台的听力学习行为数据采集和处理。定量的数据包括:学习时间、学习频次、学习任务完成的质和量、自主学习月考成绩;定性数据包括学生每两周撰写的学习效果反思和教师反馈、个人自主学习目标、计划和终结性自评。该学档在笔者所在学校的大学英语听力自主学习课程中实施,共400名学生参与了预实验。

2. 采用关键事件法编制量规

2016年3月,按学号排列从学档中抽取150份样本,分成5组。10名教师(2人一组)根据能力模型的15个指标,按优秀、良好、合格、不合格四个等级评阅30份样本等级。评阅结束后,每位评阅教师从中选取优秀、良好、合格、不合格四个等级各2份,根据能力模型的15个指标,描述指标对应的任务指标,并详细描述评定相应等级的观测点和依据。

由课程教师推荐,抽取自主学习能力高和低两个层次的30名学生参加了2016年3月的个别访谈,以了解他们自主学习的轨迹,挖掘他们自主学习行为特征。访谈内容围绕构建的能力模型的15个指标设计了8个方面的问题(附件6):(1)学习目标;(2)学习计划;(3)任务管理;(4)时间管理;(5)反思;(6)自我测评;(7)互动交流;(8)语言学习绩效。

3. 编制量规初稿,征询同行、专家及学生意见

收集评阅教师的任务指标、观测点描述以及学生访谈数据,整理归类后形成量规初稿,向校内同行征询建议。ePALA 能力模型的15个指标与量规的任务指标基本对应。鉴于"自我测评"是 ePALA 在课程结束时实施的环节,为了体现这一环节的完整性以及评分的可操作性,课题组经研究,将这一指标下的"终结性自我测评"和"针对发现的学习问题提出后续改进计划"两个三级指标合并为"学期自我测评恰当"。修订的量规涵盖14个任务指标以及优、良、合格三个层次的描述语42条。

如前所述,影响量规描述语质量有两个主要因素,一是表述不清晰,二是缺乏区分度。因此,本研究两轮量规内容效度调查的重点是:(1)量规各层级描述语与任务指标层的关联度;(2)量规描述语是否清晰;

(3)量规的优、良和合格三个层次间是否有区分度;(4)各维度的质量定义的准确度和完整度。问卷采用李克特五级量表。2016年4月,笔者通过邮件邀请国内9所高校的同行参加第一轮ePALA量规内容效度调查。受邀的9名专家均为从事大学英语教学的一线资深教师和专家。第一轮问卷数据分析发现,专家对各维度完整性比较一致地认可(V大于0.72),而对14个指标的关联度、清晰度和区分度的评判仍未达到理想的一致程度。根据专家意见修改后,于2016年8月再次邀请这9名专家参加第二轮量规评估,1名专家因故未参加调查,实际回收问卷8份。第二轮问卷在形式上除了删除对各维度完整度的评判,原有问题保持不变,此外,在问卷最后一部分增加了对量规各指标测评可操作性和准确性的整体评判。

根据第二轮问卷调查结果对量规做了微调。2016年9月,将修订后的量规再次邀请项目组成员(12人)和随机抽取的20名学生审阅。审阅的重点是:(1)描述语是否易懂;(2)量规是否可操作。

4. 数据统计与分析

发放的调查问卷分别于2016年5月和8月收齐。本研究采用Aiken的内容效度系数来评估编制量规的内容效度。第一轮问卷统计的量化数据是Aiken内容效度系数V。量化数据来自专家以李克特五级量表在四个方面的审查和评分:(1)各描述语与对应任务指标的关联度;(2)每一层级描述语的清晰度;(3)每一层级间描述语的区分度;(4)量规四个维度准确度和完整度。除了上述定量数据外,问卷在量规的四个维度和每一指标下均设置"修改建议"一栏,邀请专家对维度内不合适的描述语提出质疑或修改建议。

第二轮定量数据仍以李克特五级量表从五个方面统计Aiken内容效度系数V值和同质信度系数H值:(1)各描述语与对应任务指标的关联度;(2)每一层级描述语的清晰度;(3)每一层级间描述语的区分度;(4)量规四个维度的准确度;(5)量规可操作性和准确度。除了定量数据,定性数据包括每一层级下的修改建议。

三、结果分析

专家两轮评估的Aiken系数统计结果见表7.3。

9名专家参加了第一轮问卷调查。根据Aiken(1985)右尾概率表,在9人参加评分的情况下,V值需达到0.72才具有$p=0.038$的显著性水平。依据这一标准,对照表7.3 Aiken V值,14个指标中,"制订课程学习计划"

表 7.3 专家对量规 14 个观测点两轮评判的 Aiken 系数统计

指标	第一轮 关联度 V	第一轮 清晰度 V	第一轮 区分度 V	修改	第二轮 关联度 V	第二轮 关联度 H	第二轮 清晰度 V	第二轮 清晰度 H	第二轮 区分度 V	第二轮 区分度 H
设定课程学习目标	0.83	0.74	0.76		0.94	0.88	0.94	0.88	0.9	0.8
制订课程学习计划	0.69	0.62	0.64	修订	0.9	0.7	0.9	0.7	0.8	0.8
计划执行度	0.81	0.67	0.64	修订	0.8	0.8	0.8	0.8	0.8	0.8
完成每周自主学习时间要求	0.88	0.81	0.79		0.9	0.6	0.91	0.63	0.9	0.6
完成学习总时长要求	0.79	0.81	0.74		0.8	0.7	0.8	0.6	0.8	0.6
完成规定学习任务	0.83	0.76	0.79	修订	0.9	0.6	0.9	0.8	0.9	0.8
自主选择学习材料	0.74	0.67	0.62	修订	0.9	0.8	0.9	0.8	0.9	0.8
反思内容完整	0.93	0.71	0.76		1	0.9	0.9	0.8	0.9	0.8
不断改进学习方法	0.98	0.76	0.74		1	0.9	0.9	0.8	0.9	0.8
学期自我测评恰当	0.81	0.69	0.67	修订	0.9	0.7	0.8	0.8	0.8	0.8
寻求教师或同学帮助	0.86	0.76	0.69	修订	0.9	0.9	0.9	0.8	0.9	0.8
与同学互动学习	0.76	0.62	0.67	修订	0.81	0.68	0.8	0.7	0.8	0.7
学习成绩上升幅度	0.76	0.76	0.79		0.8	0.5	0.8	0.8	0.8	0.8
学习成绩	0.79	0.76	0.78		0.8	0.5	0.9	0.8	0.9	0.8

这一指标与描述语关联度(0.69)以及该指标描述语的清晰度(0.62)和区分度(0.64)未达到可接受范围。原描述语虽是围绕"制订学习计划能力"来描述表现标准,但涉及的测评点过多。譬如,按照计划的"具体、可度量、可实现、可操作、相关性和阶段性"六个方面来衡量计划的质量,实际测评的难度较大,可操作性不强。课题组经过研讨后,决定将这一层级的描述语改为围绕指标——时间管理、任务管理、反思、互动和课程学习来编制反映"制订学习计划"的描述语,使得测评更具体,也可操作。

除此之外,专家对"计划执行度""自主选择学习材料""与同学互动学习"和"学期自我测评恰当"四个指标的描述语清晰度和区分度的评估结果显示,这些描述语仍需修改。另外,"寻求教师或同学帮助"的描述语等级间的区分度和"反思内容完整"描述语的清晰度也需要进一步修订。结合专家建议,课题组经过研讨,修订了涉及指标的描述语。

第一轮专家对量规各维度的准确度和完整度评估见表 7.4。数据显示,各维度的准确度还有待提高,四个维度中,仅有一个维度 V 值超过 0.72;而专家对维度的完整度评估均超过 0.72,说明描述语和 14 个指标从内容上基本覆盖了 ePALA 能力模型,没有必要在第二轮问卷中对此部分再进行评估。

表 7.4　专家对量规 5 个维度及整体评判的 Aiken 系数统计

观测点	第一轮		第二轮					
	准确度	完整度	准确度		可操作性		准确性	
	V	V	V	H	V	H	V	H
管理	0.64	0.74	0.8	0.9				
反思与测评	0.71	0.79	0.9	0.8				
互动	0.69	0.74	0.9	0.8				
学习绩效	0.76	0.74	0.8	0.8				
量规整体					0.91	0.68	0.8	0.9

修订后的量规邀请 8 位教师及专家进行第二轮评估。根据 Aiken (1985) 右尾概率表,8 人参加评分的情况下,V 值需达到 0.75 才具有 $p=0.030$ 的显著性水平。数据显示(表 7.3 和表 7.4),专家对修订后量规描述语与任务指标的关联度、每一个指标下的描述语清晰度和区分度

以及各维度的准确度评分 V 值均达到 0.8 以上。计算同质性度系数 H 用于检验专家评分信度。根据 Aiken(1985)右尾概率表,8 人评分的五级量表,H 需达到 0.56 才具有 0.046 的显著性。表 7.3 和表 7.4 的数据显示,除了"学习成绩上升幅度"和"学习成绩"的描述语,其他各项 H 值均超过 0.56. 说明专家较一致地认为修订后的量规描述语较好地反映了指标内容,语言表述清晰,优、良和合格三个层次描述有区分度。专家对量规的可操作性和准确性评估 V 值和 H 值(表 7.4)均达到理想数值。

2016 年 9 月,我们根据第二轮专家评估意见修订了量规,并邀请项目组和部分学生从可理解和可操作两方面进行评估。除个别描述语做了微调外,整体得到认可。鉴于此,再次评估的意义不大。

第八节 ePALA 评分模型构建

量规的评分策略选择应与测评的目的匹配。分析性量规为每个指标提供了每个层次表现水平的描述以及评分标准。与整体性量规相比,分析性量规提供了学生表现更详细的反馈,可促进学生后续改进。本书 ePALA 测评指标体系的设计目的是尽可能地展现学生外语自主学习能力全貌,以测评这一方式来促进学生自主学习能力发展。分析性量规有助于学生和教师判断学生在不同能力维度的表现情况,提供学生后续需要在哪些方面进一步改进的信息。故 ePALA 采用了分析性量规。

为了对学生在各指标点的表现以及整体表现做出解释和描述,需要构建 ePALA 评分模型,对指标进行加权,确定分值合并的方法,最终形成对学生自主学习能力的整体测评。分析性量规评分模型涉及两个问题:权重分配和分值的转化。

一、指标权重计算方法

权重是一个相对概念,指某一测评指标在整个测评体系中相对的重要性程度。

分析性量规要形成对学生表现的整体判断,需要将各指标的评分分值合成。合成方法通常有两种,即加权法(weighted rubric)和非加权法

(non-weighted rubric)。加权法是根据指标的重要性来分配不同的权重,使得一些指标比另一些指标更显重要;而非加权量规的各指标分值是平均分配的。由于每个维度层以及各维度层下的每个指标在整体测评指标体系中所处的地位和作用不同,应适当增加或减少某些维度和指标在总分中的重要性,而不是简单地将各指标得分加和。为了客观反映指标对学生自主学习能力发展的重要性,本研究采用加权量规。指标的权重可显著地影响决策过程的结果,所以,选择合适的指标权重确定方法尤显重要。

文献将确定指标权重的方法分为两类:客观法和主观法。前者的权重是基于结果间接计算,而后者是决策者直接赋予的。已有文献对确定指标权重的最佳方法尚无共识,但普遍认为,采用客观法计算的权重比主观直接加权的方法更准确。

层次分析法(analytic hierarchy process,简称AHP)由Thomas L. Saaty于1980年开发,以其简单、易用、灵活等特点,广泛应用于各领域。AHP有助于减少决策中的偏见,可将团队决策过程中常见的失误最小化,可应用于小样本研究。

AHP通过在层次上确定目标或属性的重要性为每个备选方案分配优先级,通过对多个属性的简化、划分和比较,将认知误差降到最低,尤其可以对定量指标和定性指标进行比较。相关的数据是通过一组成对的比较得到的。这些比较用于获得决策标准的重要性权重,以及备选方案相对于每个单独决策标准的表现度量。AHP提供了提高一致性的机制。

AHP的程序如下:(1)根据研究目的和问题构建由低到高的层次结构;(2)按照Saaty(1980)的建议,在1-9的量表上对所有级别的每个指标建立矩阵,进行一对一的比较;(3)判断检验矩阵的一致性(CR)。AHP从调查结果中检验两两比较中专家判断的一致性。首先计算一致性指数(CI),对n阶矩阵的一致性进行评估,以确定矩阵中有多少不一致性。计算方法为:$CI = \dfrac{\lambda_{max} - n}{n - 1}$;然后,用CI值除以随机指数(RI)获得CR值。RI是平均CI,取决于矩阵的n阶。RI由Saaty(1980)提供,如表7.5所示。CR值使用优先级向量,只有当一致性比小于0.1时才表明层次排序结果有一致性,否则需重新进行矩阵判断,直至达到所要求的CR值。

表 7.5 多阶判断矩阵 RI 值（Saaty，1980）

阶数	1	2	3	4	5	6	7	8	9
RI	0.00	0.00	0.58	0.90	1.12	1.24	1.32	1.41	1.45

二、ePALA 量规指标权重计算

上一节通过理论和实证研究确定了量规的任务指标层（4 个维度）和隶属于任务指标层的证据指标层（14 个指标），建立了 AHP 分析所需的递阶层次结构。

根据 ePALA 量规任务指标的递阶层次结构设计问卷。权重是通过对每个准则的备选方案进行比较来计算的。根据 1-9 的相对重要性，将两两指标配对进行比较（如表 7.6 所示）。调查由同一任务指标内证据指标的两两比较以及任务层指标的两两比较组成，共有 30 个配对组成（附件 7）。

表 7.6 判断矩阵标度及含义

重要性强度	定义	解释
1	同等重要	两标准重要性相等
3	稍微重要	重要性稍高于另一标准
5	明显重要	重要性明显高于另一标准
7	强烈重要	重要性强烈高于另一标准
9	极端重要	重要性极端高于另一标准
2,4,6,8	重要性介于两者之间	介于相邻数字之间

鉴于前面参加量规评判的 8 位专家熟悉量规的指标要素，我们继续邀请这 8 位专家参加了此次问卷调查。此外，笔者也参加了问卷调查。

对问卷调查得到的变量进行权重估计。权重分为局部权重和整体权重两类。局部权重的值是每个类别的 AHP 结果，在本研究中指任务指标层的各指标权重和每一任务指标层下的各证据指标权重。同一层次结构中所有类别的局部权重之和为 1.00。整体权重等于每个证据指标的局部权重值乘以该任务指标层的局部权值。整体权重之和也是 1.00。

首先对量规每一维度下的证据指标进行两两比较，形成判断矩阵。层次分析结果表明，各层矩阵一致性比率均小于 0.1（CR<0.1），满足一致性检

验要求。利用 MATLAB 软件求其最大特征值和相应特征向量,将其对应的特征向量归一化。归一化后的特征向量即可作为各指标的局部权重。

依此方法再对 4 个维度的任务指标进行两两比较,计算各指标的局部权重。最后根据各任务指标权重和证据指标的局部权重,计算各证据指标的整体权重,进行权重排序。

ePALA 测评的任务指标和证据指标的局部权重及整体权重见表7.7。该权重排序体现了各指标对总目标——外语自主学习能力的影响程度。从测评维度看,"学习目标管理能力"是任务指标层中最重要的指标,其次是"反思和自我测评""课程学习"和"互动"。这一结果与自主学习的理论相吻合。在"学习目标管理"的任务指标层中,任务完成情况以及时间管理得到较高的重视。在"反思和自我测评"这一任务指标层中,反思改进的方法和自我测评的恰当性被认为是相对重要。虽然"课程学习绩效"在整个任务指标层的重要性并不突出,但"学习成绩上升的幅度"在所有证据指标层中被认为是最重要的指标。

表 7.7 ePALA 量规权重及排序

任务指标	局部权重	证据指标	局部权重	整体权重	排序
目标管理	0.443	设定目标	0.036	0.015 9	13
		制定计划	0.039	0.017 2	12
		计划执行	0.063	0.027 9	10
		周学习时间	0.241	0.106 7	5
		时间总长	0.183	0.081 0	6
		规定任务	0.260	0.115 1	4
		选择材料	0.177	0.078 4	7
反思和自我测评	0.326	反思内容完整	0.167	0.054 4	8
		反思改进方法	0.456	0.151 6	2
		自我测评恰当	0.441	0.143 7	3
互动交流	0.031	寻求帮助	0.667	0.020 67	11
		互动学习	0.333	0.010 3	14
课程学习绩效	0.201	上升幅度	0.833	0.167 4	1
		学习成绩	0.167	0.033 5	9

三、ePALA 测评指标计量选择

分析性量规是对每个指标观测点评分,要获得综合评价的度量需要将各指标得分进行二次计算。

ePAPA 的量规仅有"学习成绩"采集的是学生考试成绩(百分制),其他测评指标均采用等级评价方式。在计算时要做归一化处理,采用一些分值转化和合并的方法。ePAPA 的分值计量可采用两种方法。一种方法是将划界分数的不合格、合格、良和优等级转化为 1、2、3、4 分值。学生某一指标量化得分为 T_i,该指标权重为 a_1、n 为指标数,根据下列公式,可计算学生 14 个指标的总得分 S,也可以计算每个任务指标项的得分。可将得分 1、2、3 和 4 转化为对应的不合格、合格、良和优秀等级。

$$S = \left(\sum_{i=1}^{n} T_i \cdot a_1 \right) / n$$

第九节　ePALA 测评系统实现

ePALA 测评系统与网络学习平台可实现数据对接,采集了学生网络学习时间、频次、时长、任务完成情况、学习资源利用情况的数据,结合 ePALA 开发的学习目标和计划、诊断测试、过程测评、反思、自我测评、反馈、量规和课程简介,形成功能较为全面的测评活动工具库和干预工具,模型如图 7.2 所示。

ePALA 测评系统实现了以下功能:(1)支持过程信息的全面采集。系统实现了对学生学习过程与能力发展轨迹的相关数据采集和存储功能,对学习过程记录,如学习时间、学习任务完成情况、阶段性测试、学习交互、学习反思等数据能实现连续性评估数据记录、存储、统计功能。(2)支持质性数据自动分析。利用自然语言处理技术,根据大语料库的统计特性,利用词语共现、语法模式等抽取学习效果评价词,对其倾向性做出分类,实现了对学生学习计划的自动反馈功能。(3)支持多种评价方式。支持量表测试、考试、量规测评等多元的测评方式。(4)支持多种反馈形式。系统不仅支持测试得分反馈,支持各等级的评语反馈,还可支持以动态折线图方式呈现学生学习过程性轨迹的反馈。(5)支持计划与

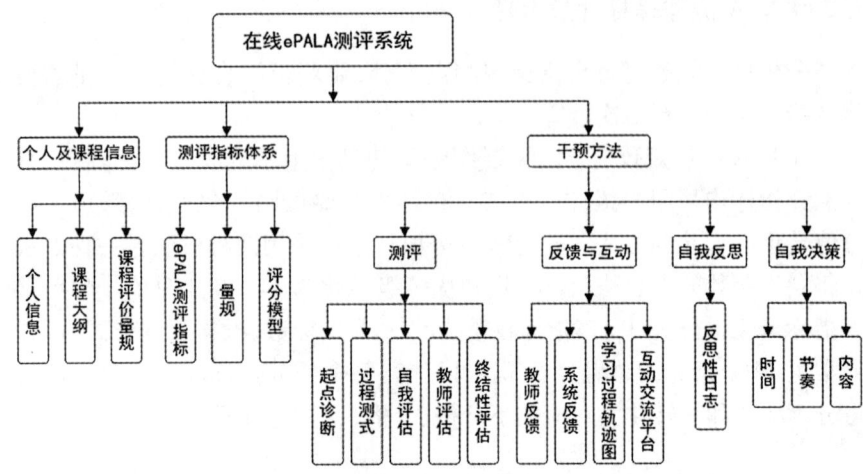

图 7.2 ePALA 测评系统拓扑图

计划执行的吻合度分析。利用数据挖掘技术和关联算法将学生的计划与执行过程中的数据进行比对分析。(6) 支持生生互动和师生互动。(7) 支持数据合成及最终数据生成功能。(8) 支持学生、教师和管理员等不同身份登录。本研究 ePALA 测评体系的构建采用了演绎和归纳相结合、理论和实证相结合的研究方法,结合被测学习环境特征。这一指标体系既包含了预设框架,也可以根据特定学习环境做局部调整,将有更广阔适用空间。

本 章 小 结

基于档案袋的自主学习能力测评面临的一个瓶颈是,既要考虑如何处理因自主的多维和发展性特征而产生的复杂数据,又要反映档案袋测评的实质。本章我们以 ECD 测评框架为指导,分别构建了 ePALA 能力模型、ePALA 任务构架和量规(任务模型和证据模型)。通过对能力模型和量规几轮内容效度检验,自主学习能力模型和量规内容达到可接受范围。最后形成的 ePALA 测评指标体系包含 14 个指标,隶属于"学习目标管理""反思和自我测评""互动交流"和"课程学习绩效"四个维度。采用层级分析法确定了量规的 14 个指标权重,建立了 ePALA 的评分模型。本章在任务模型的设计中,还对任务的情境,也即 ePALA 的构架设计(包括 ePALA 干预设计)进行了论证。最后呈现的是运用计算机技术、数字挖掘机技术和学习行为分析技术等实现的集自主学习能力测评与测评干预为一体的 ePALA 系统。

第八章

大学生英语自主学习能力量表编制

自主的测评或测量主要采用三种方式：(1) 定量数据；(2) 定性数据；(3) 定性与定量数据结合。最佳的自主测评实践应：(1) 关注过程和结果；(2) 捕获表现的不同方面；(3) 采用定性和定量方法的三角验证；(4) 满足测评目标要求；(5) 与特定的群体和环境相适应。本书区分了"测评"和"测量"两个概念。自主学习能力测评是指依据一定标准收集学生自主学习表现的定性和/或定量信息并给予评分；而自主学习能力测量指通过量表对学生自主学习能力特征进行数字量化的过程。本书的目的是借助电子档案袋——ePALA 建立一个基于学生网络自主学习能力表现的测评体系。ePALA 测评的设计、开发和验证无疑是本书研究的核心。

虽然自我陈述式的量表在测量高阶能力，如自主学习能力方面存在一定局限性，难以捕捉到学生自主学习能力动态发展和多维特征，但可用以诊断他们的初始能力或评估他们的学习体验。且量表操作更简单，效益更高，尤其适用于大样本的施测，在条件一致的前提下，可避免测量结果的极端差异，有助于观察的客观性。本章将致力于编制 ePALA 的两个辅助性测量工具：自主学习起点能力评估量表和自主学习效果评估量表。前者系嵌入 ePALA 系统之中用于自主学习课程开始前的自我评估量具,后者用于课程结束时评估学生学习体验的量具。

第一节 国内外语自主学习能力量表研究综述

在编制量表前,有必要对现有国内外相关量表研究做一回顾和检视。本书第三章已对国外自主学习能力量表进行了综述,本节将对国内外语自主学习能力量表进行简要评述,最后基于已有研究介绍本章研究的思路。

一、已有研究回顾

通过第二章对国内 2004—2017 年 CSSCI 期刊发表的以大学英语自主为主题的文献梳理可知,已有研究多依赖问卷或量表采集数据,但较少提供量表或问卷编制和验证的信息。笔者通过知网查询,仅发现 5 篇有关外语自主学习能力量表编制的文献(胡杰辉,2011;林莉兰,2013;刘淑华、姜毅超,2009;任欢欢、高鹏,2012;徐锦芬、吴卫平,2004)。

徐锦芬和吴卫平(2004)设计的英语自主学习五维量表包含:(1)了解教学目标和要求;(2)制订学习目标和计划;(3)有效运用学习策略;(4)监控策略使用;(5)评估英语学习过程。在量表的编制过程中,作者采用了以下步骤:(1)专家咨询;(2)与同行一起编制项目池;(3)预测。

胡杰辉(2011)基于 Littlewood(1996)的自主模型,根据探索性因子分析,编制了由"意愿(动机和信心)"和"能力(自我管理的知识和技能)"组成的二维量表。任欢欢和高鹏(2012)的量表根据 Oxford(2003)的自主模型,编制了涵盖自主的技术、心理、社会文化和政治批判四个层面的量表。林莉兰(2013)从自主学习能力、心理和行为三个维度编制量表,并按照测量学步骤进行了探索性和验证性因子分析。

刘淑华和姜毅超(2009)在文献研究和访谈的基础上,将大学生英语自主学习能力定义为:英语学习动机(自我效能、归因、焦虑、价值信念)、策略(认知和元认知策略)和坏境(信息技术素养和社会环境资源)。探索性因子分析和验证性因子分析结果验证了量表包括策略使用、学习效能、环境利用、信息素养、学习信念和消极应对等六个因子。

上述量表在不同程度上反映了如下一些局限性。首先,对自主学习能力这一构念的理解差异较大,多基于已有理论的某个方面进行概念化和操作化定义。如徐锦芬和吴卫平的量表反映的是自我管理学习的能力,任欢欢和高鹏的量表反映的是学习策略,虽然胡杰辉在量表中加入了"意愿",将心理自主纳入量表中,但并没有提及心理维度的核心——学生对于如何承担责任以及如何看待自己学习能力的信念。任欢欢和高鹏(2012)量表的四个层面操作化定义存在一定问题。如作者将"技术自主"简单地定义为记忆、认知和补偿策略,将"心理自主"定义为信念、情感、元认知策略和学习方式的改变,将"社会文化自主"定义为社会策略。也就是说,作者对自主的定义是围绕学习策略来定义的。但将运用学习策略等同于学习者自主这一推断"并未在最好的策略研究中得以证实"(Little, 2000: 23)。任欢欢和高鹏(2012)将"政治批判"定义为对意识形态、权力和权威的控制;但对于该定义的来源或理据,作者并未给予说明。刘淑华和姜毅超(2009)对自主的理解不仅包括学习策略,还包括动机,甚至将环境因素也纳入对学生自主学习能力的考量之中。林莉兰(2013)虽然从能力、心理和行为三个方面对自主进行操作化定义,但未将学习者自主的"反思"能力和自主的"社会性"纳入量表。其次,上述一些量表并未严格按照心理测量步骤进行验证。徐锦芬和吴卫平(2004)仅做了相关分析,无量表的效度报告。胡杰辉(2011)、任欢欢和高鹏(2012)仅进行了探索性因子分析,没有通过验证性因子分析来证明新编量表的效度。

自主的多维性和潜在本质特征需要准确定义自主学习能力构念,从心理测量特性对新编量表进行测试,以提高量表的测量质量。

二、本章研究的思路

除了依据心理测量学的要求对编制的量表进行验证外,本章将尽可能展现自主的多维度层面,将针对不同的用途区分两种形式的量表:课程开始前和课程结束时的自主学习能力自我评估量表。

在上一章第四节,本书在文献研究的基础上将外语自主学习能力定义为:(1)自我管理学习的能力;(2)自主学习的心理;(3)与他人(教师或同伴)不断交互、协商构建身份的能力;(4)语言使用能力。

自主学习能力既是能力,也是自主的心理和行为。自主最早被定义为学习者承担学习决策和掌控学习的能力,包括制订学习计划、确定学习内容和进展、监控和评估学习过程的能力(Dam, 1995; Hedge, 2000; Holec, 1981; Little, 1991; Littlewood, 1996; Wenden, 1991)。后续理论又增加了"反思"能力(Dam, 2012; Gardner, 2000; Little, 2011)和互动合作学习能力(Bocanegra, 1999; Cooker, 2012; Little, 2007; La Ganza, 2008)。Little(1995: 175)指出,"承担学习职责需要发展对学习内容和过程进行反思的能力,使得对学习的掌控是有意识的行为"。自主同时也是师生、生生互动交流的合作学习能力,通过共同参与决策来分担学习过程中的责任。师生之间以及同伴之间以建设性的方式解决问题,共同努力实现共同的目标(Bocanegra, 1999; La Ganza, 2008)。

自主也是一种学习态度,是学习者愿意为自己的学习负责的态度或心理(Benson, 2005; Broady & Kenning, 1996; Dam, 1995; Scharle & Szabo, 2000)。

自主学习者的行为特征则强调学习者能将自主学习能力和态度转化为相应的行为能力。Holec 将"能力"和"行为"区分开来,暗示"能力"并不一定涉及学习者的行为。他认为,承担学习职责的能力"具有在特定情境下采取行动的潜在能力——在我们所讨论的情况下就是学习的能力——而不是一个人在那种情境下的实际行为"(1981: 3)。正如 Holec(1988: 8)所指出的那样,知道如何以这种方式学习,表明学习者具备完全负责和完全独立的学习条件,但并不意味着其实际以这种方式进行学习。即使学习者具有自我管理学习的能力和心理需要,如果不把这种能力和心理需要付诸实践,就不能称其为自主的。Benson(2005: 53)强调,学习者"在自然学习情境中掌控自己学习(的行为)是自主的有效证据"。

鉴于量表测量的并非学生实际表现证据,本研究将根据量表的使用功能,从自主学习心理、能力和行为三个方面分别设计"大学生英语自主学习起点能力评估量表"(以下简称"起点能力评估量表")和"大学生英语自主学习效果评估量表"(以下简称"学习效果评估量表")。起点能力评估量表用于学习开始前的自我评估,鉴于学生此前尚无参与课程自主学习的体验,故从能力和心理两个方面定义拟测构念;而学习效果评估量表用于课程结束时,学生此时已经有了自主学习的体验,故从学习过程中的自我角色认识和自主学习行为两个方面定义拟测构念。

第二节 新编量表编制步骤及方法

量表是"将一系列的题项组合成一个综合评分,旨在揭示无法通过直接手段观察到的理论变量的水平"(DeVellis,2012,引自 Carpenter,2018:26-27)。研究者虽然无法观察到题项之间的直接关系,但可以通过科学方法确定它们之间是否有足够的关联。量表编制过程就是在理论研究的基础上,采用复杂和系统的程序来检验题项是否反映了理论假设(Clark & Watson, 1995; Worthington & Whittaker, 2006)。本节将介绍新编量表的编制步骤、评估要素和检验方法。

一、新编量表的步骤和评估要素

新编量表从编制到验证包括三个步骤:(1)编写题项;(2)内容效度检验;(3)量表验证(Boateng et al., 2018: 5)。

(一)编写题项

量表开发的第一步是确定拟测的内容域或构念。社会科学研究中许多构念是抽象和模糊的,容易产生歧义。确定拟测构念可采取五个步骤:(1)确定编制量表的目的;(2)确认已有量表无法充分满足该目的;(3)描述构念并提供初步的概念定义;(4)确定构念的维数;(5)确定最终的构念概念化定义(Boateng et al., 2018: 5)。

在构念定义阶段,研究人员需要研究潜在变量是单维还是多维结构,以便使每一维度下的题项能反映该维度理论。初始题项生成的方法可以分为演绎法和归纳法或两者的组合。演绎法指基于广泛的文献回顾和借鉴已有量表的题项来生成新编量表题项。归纳法是通过访谈、专家小组和定性的探索性研究方法从目标群收集意见,获得构念的定性信息。归纳法主要用于探索现有理论尚不能解释的现象。

(二)题项的内容效度检验

评估题项内容效度目的是确保初始项目池反映了拟测构念。为了保证内容效度,研究者需要获得来自领域专家或目标群体关于操作化题项的意见,使研究者能够确保研究中阐述的假设恰当地代表了拟测构念(Morgado et al., 2017)。

(三)量表验证

新编量表必须经过心理测量学分析,评估其是否具有构念效度和信度。

构念效度指测量结果恰当地反映了拟测构念的程度(Cohen &

Swerdlik,2009:193),即分数通过对测试题项操作化反映不可观察构念的程度。测量结果是否适当地反映了拟测构念取决于其测量的效度。构念效度验证指的是从实证调查中得出合理推论的过程,是用产生的证据来支持分数反映目标构念的过程。Cronbach & Meehl(1955:294)认为,只要研究者认为研究工具反映了特定的构念,而这个构念又被赋予了某种意义,构念验证就是必需的。

Cohen & Swerdlik(2009)指出,构念效度的验证可采用不同的证据。一是同质性证据。量表的同质性指的是其测量某一构念时的一致性程度(Cohen & Swerdlik,2009:194)。如果所有的测试题项都能显示出与量表总分显著的正相关关系,那么每一题项都有可能测量的是相同的构念。Cronbach 的 α 系数可用于估计量表的同质性。项目分析(item-analysis)也用于检验量表的同质性。

同质性检验使我们确信量表的所有题项都趋向于测量相同的构念,但它并不是构念效度的全部(Cohen & Swerdlik,2009:195)。新编量表的质量报告还应结合构念效度的其他证据。

构念效度的另两个证据分别是收敛或聚合证据(convergent evidence)和区分证据(discriminant evidence)(Cohen & Swerdlik,2009:197)。如果新编量表分值与已知测量相同构念的成熟量表分值高度相关,这就是收敛效度证据。如果新编量表分值与其他非测量该构念的量表无显著相关,这就是区分效度证据。因子分析(factor analysis)可让我们获得收敛效度证据和区分效度证据。

构念效度的其他证据还包括随年龄变化的证据(evidence of changes with age)、前测-后测变化证据(evidence of pretest-posttest changes)和来自不同群体的证据(evidence from distict groups)(Cohen & Swerdlik,2009)。

新编量表评估的另一个要素是信度。信度是对分数一致性的测量,通常使用内部一致性、重测信度、对半信度、项目总相关/项目间信度和观察者间信度来测量(Morgado et al.,2017)。

本节将采用国际量表编制惯例,重点介绍如何使用因子分析来检验量表的构念效度。

二、因子分析

因子分析是一种从大量观察变量(或题项)中识别或确认少量因子或潜在构念的技术(Worthington & Whittaker,2006:807)。尽管研究者可能出于不同目的使用因子分析,但因子分析技术最普遍的应用之一是支持新编量表的构念效度,即新编量表是否测量了拟测构念。一般而言,因子分析是在探索性(exploratory factor analysis,简称EFA)或验证性(confirmatory factor analysis,简称CFA)的基础上进行的。探索性因子分析方法用于探索一组观察变量的潜在因子结构,而验证性因子分析是根据"一个明确假设因子结构,测试其与观测到的测量变量的契合度"(Cohen & Swerdlik, 2009:198)。也就是说,验证性因子分析方法用以验证一组观察变量的因子结构,检验观察到的变量和潜在的构念之间是否存在假设关系。

在进行因子分析之前,通常建议研究人员先进行题项间的相关性分析。这一分析可用来考察某个题项的得分与量表其他题项得分之间的关系,同时还检验量表题项之间的同质性程度(Boateng et al., 2018:10),以便删除或修改与拟测构念不相关的项目。一般来说,相关性非常低的项目(<0.40)可考虑删除(Hinkin et al., 1997)。

探索性因子分析用于了解一组题项的潜在(内部)结构,以及这些题项之间在多大程度上是内部一致的,以识别与拟测构念无关的因子或同时测量多个因子的题项,再基于这些信息考虑删除不良题项。探索性因子分析可:(1)帮助研究者确定隐藏在一组题项(变量)之中的潜在构念数量和因子结构;(2)用简约的信息解释变量(题项);(3)定义因子的内容和意义。

鉴于探索性因子分析可用的技术和方法不同,下面将对其分析的方法和步骤作一介绍。

探索性因子分析有六个要素,每个要素都应该经过深思熟虑的规划、报告和论证。这六个要素分别是:(1)确定样本容量;(2)因子可分解性分析;(3)选择提取因子的方法;(4)确定因子旋转方法;(5)确定因子保留标准;(6)确定删除或保留题项标准。

因子分析研究的理想样本量是多少,学界仍无共识。一般来说,较大样本往往能产生更精确的总体估计值,而且在整个样本中更稳定。Comrey & Lee(1992)提出了1∶10的度量标准,即1个指标或题项至少应有10个样本量。最近的研究发现,在大多数情况下,只要题项间的相关性足够强,150个观测值的样本量就足以获得准确的探索性因子分析;对于验证性因素分析,建议最小样本量应为100(Hinkin et al., 1997)。

在因子可分解性分析阶段,通常进行相关分析以及KMO检验和Bartlett球体检验,以确定数据是否适合做因子分析。当KMO值>0.5,

Bartlett 球体检验 p<0.05 时,表明数据适合做因子分析。

基于一些统计理论的因子提取方法有很多种,但最常见的两种方法是主成分分析(principal-components analysis,简称 PCA)和共同因子分析(common factors analysis,简称因子分析)。两者都是数据简约技术,都是采用提取、解释、旋转和选择因子数量的步骤。主成分分析是以原始变量线性组合的方式用最少的因子最大限度地解释原始数据方差,将大量相互关联的变量以最小的信息损失精简到一组因子中,同时保留尽可能多的原始题项方差。在主成分分析中,"成分"是相关变量的简单集合。从这个意义上说,变量导致或产生"成分"。变量和因子的关系是基于经验,不需要潜在理论指向变量与因子的关系(Tabachnick & Fidell, 2012: 615)。因子分析则以一种完全不同的方式简约数据。因子分析的目的是解释因子(潜在的组成部分)在数据集中时所获得的一组变量中大部分信息的潜在"原因",也就是"因子被视为导致变量的原因,变量的分值反映了潜在构念。因此,探索性因子分析与理论构建相关,验证性因子分析与理论检验相关"(Tabachnick & Fidell, 2012: 614)。

对于是采用主成分分析还是采用因子分析来提取因子,学界观点不一。虽然两种方法经常产生相似的结果,但两者的目的有所不同。主成分分析的目的是减少题项的数量,同时保留尽可能多的原始题项方差;而因子分析的目的是理解潜在的因子或结构,说明共享方差之间的题项。因子分析的目的与新量表的开发更契合(Worthington & Whittaker, 2006: 818)。

因子分析模型有几种提取方法,如最大似然法、主轴分解法和广义最小二乘法。当模型在总体中已知,主轴分解法和最大似然法在提取正确模型方面的能力上基本相同;最大似然法偶尔会导致主轴分解不佳的问题。作为验证技术,最大似然提取比其他程序有一些优势(Worthington & Whittaker, 2006: 819)。

因子旋转有两种方法:正交旋转和斜交旋转。在假设因子不相关时,研究者通常采用正交旋转;反之,则用斜交旋转。在实践中,研究者可以根据理论或数据决定初始的因子分析是采用正交旋转还是斜交旋转。在理论表明因子不相关的情况下,数据中的因子似乎是相关的,最恰当的方法仍然依靠数据,使用斜交旋转(Worthington & Whittaker, 2006: 820)。

一旦因子提取出来,必须决定保留多少因子。确定因子的数量既取决于基本理论,也取决于实证结果。一个最常用的方法是采用大于 1 的特征值(Kaiser criteria)。这一方法可帮助确定因子的重要性,表明给定因子在整个题项池中所占的方差。在第一个因子之后提取的每个因子都是基于前一个因子提取的残差,因此,在因子分析的迭代过程中,每每提取一个新的因子,就是有用信息依次递减的过程。产生的特征值将随着每一个新因子的提取而依次变小,直到产生几乎没有意义的值。Henry F. Kaiser 认为,小于 1.0 的特征值反映了潜在的不稳定因子(Kaiser, 1958;引自 Worthington & Whittaker, 2006:820)。另一个常用的确定保留因子数量的方法是碎石图。研究者根据碎石图定位特征值趋于水平的一个断点来确定因子保留数量。平行分析(parallel analysis)也是决定保留因子数量的方法。采用平行分析时,研究者对被试的题项得分进行随机排序,并对原始数据和随机排序的得分进行因子分析。通过比较原始数据和随机排序数据中确定的特征值来决定保留因子的数量。如果原始特征值大于随机数据中的特征值,则保留因子。

当研究者期待的因子结构未能在探索性因子分析阶段充分呈现时,建议的做法是如下两者取其一:(1)采用数据支持的因子解决方案,并基于研究发现进行有意义的解释;(2)返回题项编写阶段(Worthington & Whittaker, 2006:822)。

简单的因子结构通常是基于预先建立的通用标准来确定的:(1)因子项目载荷在(或大于)0.3-0.5;(2)无交叉载荷;(3)无少于3个题项的因子;(4)信度等级;(5)理论收敛性(Carpenter, 2018:39)。

删去一些不良题项是探索性因子分析流程中常见的一个步骤。国际期刊通常采用项目载荷值和因子交叉载荷值来决定题项是否应该删除或保留(Worthington & Whittaker, 2006:820)。这个过程与上面的决定保留因子数量的过程交织在一起。多数研究者使用一些指导性原则来确定项目因子载荷和交叉载荷值的下限,以决定是否保留或删除项目。

探索性因子分析是通过探索可观察变量间的关系来发现潜在变量或因子,但在决策过程中与许多其他统计程序相比会有更多的主观性。为了使新编量表在心理测量指标取得更一致的结果,一些学者建议同时采用探索性因子分析和验证性因子分析(Cohen & Swerdlik, 2009; Hinkin et al., 1997; Worthington & Whittaker, 2006)。验证性因子分析可以对探索性因子分析所获得的假设因子结构进行统计评估,评估因子结构的质量,验证模型的适用性。如果估计的模型与数据吻合,那么研究人员就得出因子结构可重复的结论。当模型不能很好地拟合数据时,需要对模型进行修订和重新检测。在量表开发过程中,验证性因子分析仅仅是对先前所做的因子结构的充分性和适当性的确认

(Hinkin et al.,1997)。因此,验证性因子分析应采用不同于探索性因子分析的样本数据,即探索性因子分析和验证性因子分析的数据应来自两个独立的样本。假如采用相同数据,验证性因子分析检验得出的拟合度佳的结论是必然的,但验证性因子分析也失去了用于检验基于探索性因子分析的假设结构的作用(Morgado et al.,2017)。

结构方程模型(structural equation modeling,简称 SEM)已经成为社会和行为科学中解释理论模型的一种广泛使用的工具。采用结构方程模型进行验证性因子分析通常采用四个步骤:模型设定、模型估计、模型评估和模型修正。

模型设定是研究者根据探索性因子分析中所获得的因子结构而设立观测变量(题项)和潜变量(因子)关系的模型。

模型估计指标包括因子载荷、因子方差、因子间的协方差和误差方差四个参数。每个参数分别对应参数估计值(estimates)、标准误(S.E.)、临界比值(C.R.)和显著性概率 p 值。临界比是参数估计除以其标准误差的值。如果满足适当的分布假设,则该统计量在参数总体值为零的零假设下具有标准正态分布。如果临界比绝对值大于 1.96,则参数估计值达到 0.05 显著水平;临界比绝对值大于 2.56,则参数估计值达到 0.01 显著水平。当参数估计值显著不为 0,则表示有足够证据拒绝虚无假设。

模型评估采用拟合度检验,通常使用总体卡方拟合度来决定模型的接受与否。学界认为,卡方拟合度的指数报告至少包括:(1) X^2 拟合优度检验(X^2 goodness-of-fit test);(2) 近似误差均方根(RMSEA);(3) 比较拟合指数(CFI)(Boateng et al.,2018;Cohen & Swerdlik,2009;Worthington & Whittaker,2006)。本研究采用 AMOS 24.0 软件进行分析,运用三个绝对适配度指标与三个相对适配度指标对测量模型进行综合评价。其中,选取的绝对适配度指标有卡方自由度比(X^2/df)、拟合优度指数(GFI)、近似值误差均方根(RMSEA)等三个;选取的相对适配度指标主要包括规范拟合指数(NFI)、非范拟合指数(NNFI 或 TLI)、比较拟合指数(CFI)等三个。对这些指标的综合考察,可以全面反映测量模型的适配度。

当模型不能很好地拟合数据时,需要对模型进行修订和重新检测。修正模型时,应以理论和实证为基准,每次只从最大修正指数中释放一个参数(林莉兰,2013:77)。

继探索性和验证性因子分析之后,通常要进行收敛效度和区分效度分析(Morgado et al.,2017)。收敛效度的估计可以通过计算每个因子提取的平均方差来验证(当共同方差大于或等于50%时),或通过量表各因子与整体量表相关性分析来检验。平均方差提取值 AVE(Average Variance Extracted)和组合信度 CR(Composite Reliability)是用于判断收敛效度的常用指标。根据 Fornell & Larcker(1981)建议,当 CR>0.7,AVE>0.5 且<CR,则说明具有良好的聚合效度。如果 AVE 或 CR 值较低,可考虑删除某因子后重新分析收敛效度。当某一因子的 AVE 平方根值大于该因子与其他因子间的相关系数时,则获得区分效度证据。

第三节 "大学英语自主学习起点能力评估量表"编制及验证

一、研究方法

(一)研究目的

编制"大学生英语自主学习起点能力评估量表"的目的是在自主学习课程开始前对学生的英语自主学习态度和能力进行初步的评估,为设计教学干预提供信息,也可作为量化学生自主学习起点能力的诊断工具。

(二)拟测构念定义

本研究将拟测构念—自主学习起点能力定义为:(1)学生承担学习职责的意愿和信心(Dam, 1995; Little, 1991; Littlewood, 1996; Wenden, 1991);(2)自我管理学习的能力,包括制订学习计划、实施学习计划、反思学习过程、积极参与教师和同伴交流互动和评估学习效果的能力(Holec, 1981; Cotterall, 1995; Dam, 2012; Little, 2007、2011; Benson, 1996; Cooker, 2012; La Ganza, 2008)。

(三)编制项目

该量表在林莉兰(2013)编制的量表基础上改编,对原量表中有关自主学习心理和学习能力的项目做了修改,添加了反映"反思"和"互动交流"构念的题项。初始题项26个,分别反映上述构念的概念化定义各方面。采用李克特五级量式,其中1表示"完全不赞同"或"完全不符合我",

5 表示"完全赞同"或"完全符合我"。

(四) 内容效度

本量表经同行专家审定,在对 250 名学生试测的基础上对个别项目进行了修订。

(五) 数据采集及分析

用探索性和验证性因子分析的方法来确定"起点能力评估量表"的因子稳定性。2017 年 3 月,邀请笔者所在学校 1 200 名修读大学英语课程的学生参加网上问卷调查,共收到有效问卷 910 份,回收率 75.8%。将 910 份有效问卷分为 2 个样本,样本 1 为 460 份,用于探索性因子分析;样本 2 为 450 份,用于验证性因子分析。初始量表共有 26 题,满足因子分析题项与样本量 1∶10 的要求。

运用 SPSS24.0 对数据进行统计分析。采用 Cronbach 系数评估量表的内部一致性。因子分析用来将一组观察到的变量减少到相对较少,而且可解释大部分观察到的方差因子结构。为使各因子在理论解释和实际应用上都具有清晰、鲜明的意义,采用斜交旋转对多个因子的高负荷变量进行最小化。AMOS24.0 用于验证性因子分析,评估模型的拟合度,并寻求简约模型。

二、结果分析

(一) 项目分析

Cronbach 系数用来评估量表各题项的内部一致性。从表 8.1 可知,量表信度达到 0.971,表明信度较好。

因子分析前首先对各题项与总量表进行相关性分析,以剔除区分度不好的题项。

表 8.1 起点能力评估初始量表信度统计

Cronbach's Alpha	基于标准化项的 Cronbach's Alpha	项　数
0.971	0.972	26

CITC(Corrected Item-to-Total Correlation)衡量的是每个题项与总分的相关性。已有文献普遍认为,CITC 值若小于 0.5 则应考虑删除。表

8.2 各题项的内部一致性分析结果显示,CITC 系数均在 0.5 以上,表明各题项与整体量表相关性较强,可不考虑删除题项。

表 8.2 起点能力评估初始量表各题项相关性分析

	平均值	标准差	CITC	删除项后的 Cronbach's Alpha
Q1	4.318	0.788	0.539	0.971
Q2	3.973	0.842	0.586	0.971
Q3	4.242	0.680	0.659	0.971
Q4	3.993	0.827	0.732	0.970
Q5	3.962	0.838	0.735	0.970
Q6	4.079	0.752	0.755	0.970
Q7	4.131	0.707	0.759	0.970
Q8	4.004	0.771	0.773	0.970
Q9	4.025	0.758	0.759	0.970
Q10	3.904	0.852	0.779	0.970
Q11	4.039	0.731	0.784	0.970
Q12	3.997	0.766	0.795	0.970
Q13	4.043	0.758	0.792	0.970
Q14	4.078	0.707	0.800	0.970
Q15	3.969	0.752	0.790	0.970
Q16	3.915	0.832	0.755	0.970
Q17	4.025	0.764	0.779	0.970
Q18	4.114	0.672	0.762	0.970
Q19	4.079	0.706	0.799	0.970
Q20	4.090	0.678	0.796	0.970
Q21	4.052	0.731	0.805	0.969
Q22	3.997	0.795	0.740	0.970
Q23	4.133	0.694	0.702	0.970
Q24	4.204	0.677	0.717	0.970
Q25	4.140	0.693	0.724	0.970
Q26	4.235	0.681	0.688	0.970

(二)探索性因子分析

在因子分析前,确定样本充分性——KMO 值,该值介于 0 和 1 之间。Hutcheson & Sofroniou(1999)认为,KMO 值在 0.5 到 0.7 之间为"正常",0.7 到 0.8 为"好",0.8 到 0.9 为"很好",超过 0.9 为"极好"。本研究的 KMO 值为 0.967,并通过了 Bartlett 球形检验($p=.0001$),说明数据具有做因子分析的条件。

表 8.3 起点能力评估量表 KMO 和 Bartlett 检验

KMO		0.967
Bartlett 球形度检验	近似卡方	7 304.721
	自由度	276
	显著性	0

表 8.4 显示的是探索性因子分析结果。以特征值大于 1 为标准,可提取 3 个因子,累积解释方差达 68.2%。为了确定最优的因子解释,使用了以下准则:(1)方差提取百分比的计算;(2)因子的可解释性;(3)每个题项在所属因子上的载荷值达到 0.45 以上;(4)题项在其他因子上的载荷值小于 0.32;(5)每一因子至少有 3 个题项(Comrey & Lee, 1992)。根据上述标准,无可删除的题项,说明初始量表具有较好的收敛效度和区分效度。获得的三因子结构量表中,因子 1 解释了 31.27% 的方差,共有 14 个题项,反映的是学生对学习目标的管理能力、反思和自我评估的能力,故将这一因子命名为"自我管理学习过程能力"。因子 2 解释了 20.6% 的方差,这 5 个题项反映的是学生"互动交流"能力,故命名为"合作学习能力"。因子 3 共有 3 题,解释了 16.3% 的方差。这一因子描述的是学生自主学习的意愿和信心,故命名为"自主学习态度"。这三个因子结构与构念假设基本一致。

表 8.4 起点能力评估量表探索性因子分析

	因子1	因子2	因子3	解释方差比	特征值
Q1			0.75	16.303	1.096
Q2			0.67		
Q3			0.732		

续表

	因子1	因子2	因子3	解释方差比	特征值
Q4			0.497	16.303	1.096
Q5			0.512		
Q6			0.571		
Q7			0.603		
Q8	0.648			31.274	15.301
Q9	0.629				
Q10	0.74				
Q11	0.705				
Q12	0.721				
Q13	0.709				
Q14	0.617				
Q15	0.726				
Q16	0.715				
Q17	0.641				
Q18	0.543				
Q19	0.581				
Q20	0.567				
Q21	0.633				
Q22		0.532		20.6	1.329
Q23		0.722			
Q24		0.743			
Q25		0.656			
Q26		0.768			

（三）验证性因子分析

采用样本二对量表三因子模型设定后的模型如图8.1所示。

以标准化因子载荷系数、临界比值（C.R.）和显著性（p）为参数对模型进行评估。由表8.5可知，"起点能力评估"模型的各测量变量的

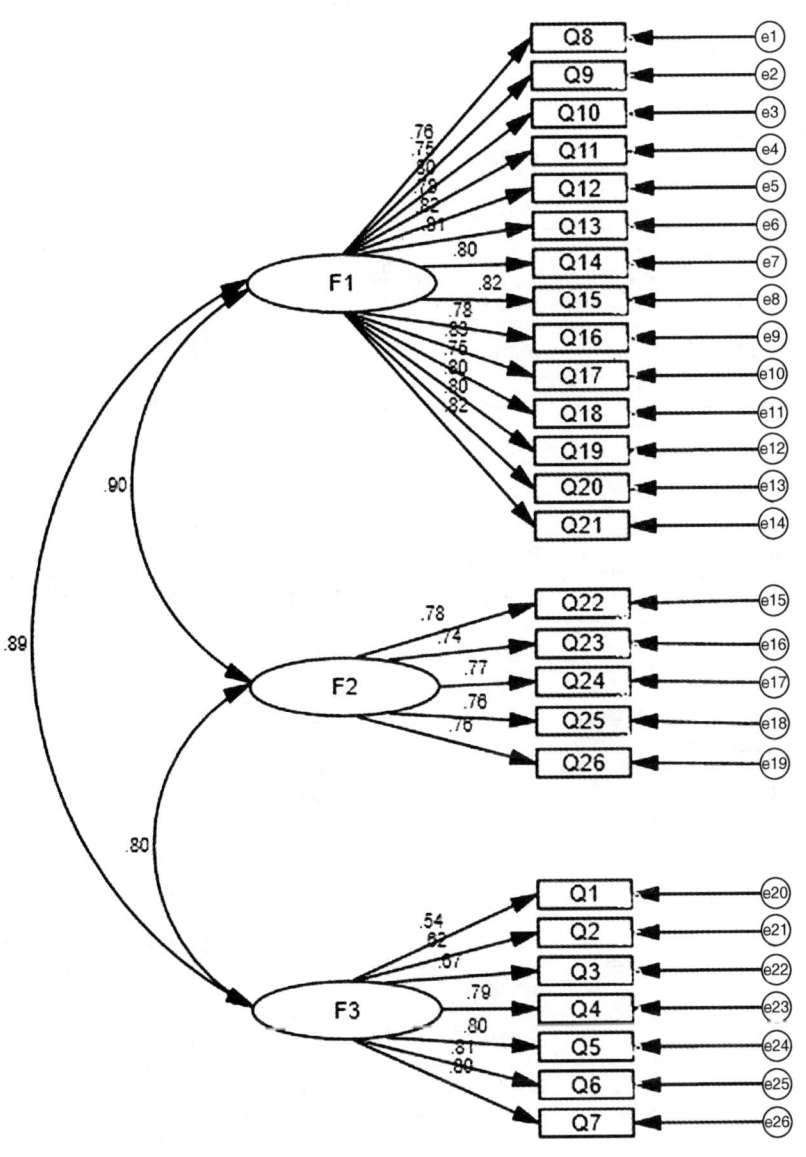

图 8.1 起点能力评估量表初始模型

路径系数临界比值(C.R.)均介于 10.243-19.141 之间,显著性 p 值的概率值均小于 0.001,表明该测量模型估计的路径参数显著,通过了检验。

表 8.5 起点能力评估量表测量模型估计结果

路 径	标准化载荷系数	S.E.	C.R.	P
Q8←F1	0.757			
Q9←F1	0.749	0.058	17.059	***
Q10←F1	0.804	0.064	18.556	***
Q11←F1	0.785	0.054	18.026	***
Q12←F1	0.818	0.056	18.926	***
Q13←F1	0.805	0.058	18.586	***
Q14←F1	0.796	0.052	18.339	***
Q15←F1	0.825	0.057	19.124	***
Q16←F1	0.779	0.065	17.859	***
Q17←F1	0.825	0.053	19.141	***
Q18←F1	0.752	0.049	17.15	***
Q19←F1	0.795	0.051	18.309	***
Q20←F1	0.803	0.05	18.509	***
Q21←F1	0.817	0.055	18.915	***
Q22←F2	0.781			
Q23←F2	0.739	0.048	16.668	***
Q24←F2	0.772	0.048	17.556	***
Q25←F2	0.757	0.048	17.166	***
Q26←F2	0.765	0.046	17.371	***
Q1←F3	0.538			
Q2←F3	0.621	0.128	10.243	***
Q3←F3	0.667	0.103	10.708	***
Q4←F3	0.788	0.137	11.749	***
Q5←F3	0.801	0.139	11.851	***
Q6←F3	0.81	0.121	11.912	***
Q7←F3	0.804	0.113	11.874	***

注：***代表 $P<0.001$

表 8.6 的模型适配度检验表明,除了绝对适配度指标之一 GFI 接近标准要求(0.893<0.9),其他指标均符合标准,表明模型总体达到的拟合要求。

表 8.6 起点能力评估量表模型拟合结果

	X^2/df	GFI	NFI	IFI	CFI	RMSEA
标准	<3.00	>0.90	>0.90	>0.90	>0.90	<0.08
结果	2.879	0.893	0.910	0.903	0.903	0.059

表 8.7 起点能力评估量表收敛效度和区分效度检验

因子	AVE	CR	1	2	3
自我管理学习过程能力	0.63	0.924	0.794		
合作学习能力	0.582	0.939	.603**	0.763	
自主学习态度	0.507	0.833	.612**	.582**	0.712

从表 8.7 可以看出,各因子的 CR 指标均具有较好的信度(均在 0.7 以上)。三个因子的 AVE 均小于其对应的 CR,大于 0.50,显示该量表具有良好的收敛效度。因子 1"自我管理学习过程"的 AVE 平方根为 0.794,大于该因子与其他两因子间的相关系数(0.603 和 0.612)。同样,因子 2"合作学习能力"和因子 3"自主学习态度"的平方根也均大于它们与其他因子间的相关系数。这说明量表数据有较好的区分效度。故而接受本章提出的自主学习起点能力评估的假设概念模型,即可用该量表测量大学生英语自主学习起点能力。

三、结果讨论

已有国内外关于自主学习能力量表,除了准备度量表外,其他较少可适用于评估学生自主学习起点能力的量具。学界有关自主准备度的测量已在第六章做了简要介绍。虽然 Lucy M. Guglielmino 早在 1977 年就编制了自我导向学习准备度量表,后续也有一些自主学习相关的准备度研究,但如何定义准备度仍存在争议。

自主学习能力通常被解释为学习者承担学习决策的信念(Cotterall,

1995；Chan，2001；Chan et al.，2002；Guo，2007；Piyawan，2012；Sonmez，2016；Vieira & Barbosa，2009；Yildirim 2012）。另一个常用的定义是学习者管理学习的能力（Chan et al.，2002；Piyawan，2012；Razeq，2014）或学习行为（Chan et al.，2002；Razeq，2014；Sonmez，2016；Vieira & Barbosa，2009）。尽管这些研究主要围绕学习者信念、能力和学习行为来解构自主的准备度，但对这些构念的实际含义分歧较大。除了Chan et al.（2002）、Cotterall（1995）、Lin & Reinders（2019）、Nakata（2011）和 Vieira & Barbosa（2009）在文献中明确定义了自主学习能力，其他文献并未给予明确定义。

已有自主准备度量表另一个局限是缺乏足够的效度验证。Guglielmino（1977）的自我导向学习准备度量表（SDLRS）仅经过了专家内容审定和信度检验。Fisher et al.（2001）针对护理教育编制的自我导航式学习诊断量表（self-directed learning）虽然经过专家内容效度检验以及探索性因子分析，但未对测量模型进行验证。Lin & Reinders（2019）的自主学习能力量表虽然经过了内容效度、探索性因子分析、验证性因子分析和信度检验，但未将"互动交流"构念纳入其中。且量表是对学生自主学习态度、能力和行为三个方面设计项目，与本节设计的旨在评估学生在自主学习开始前的态度和能力用途不同。

本节编制的"起点能力评估量表"旨在用于课程开始前对自主学习能力和态度实施评估，以便有针对性地提供教学指导和干预。因此，量表的目的和功能明确。从内容看，该量表整合了已有自主学习理论的主要观点，体现了自主的多维度特征。量表共三个维度。"自主学习态度"这一维度共有七个题项，分别涉及学习者的自主学习"意愿"和"信心"。"意愿"和"信心"被认为是自主学习心理的核心因素（Wenden，1991；Dam，1995；Littlewood，1996）。"意愿"指学习者愿意承担管理学习的职责，"信心"指学习者相信自己具备管理学习的能力（Wenden，1991：53）。"自主学习过程管理能力"维度共有 14 项，参照了 Dam（2012）、Holec（1981）、Little（1991）、Littlewood（1996）等相关理论，从制订学习计划、执行学习计划、反思和评估学习效果等方面设计题项。第三个维度是"合作学习"能力，共五个题项，反映了学生在遇到学习问题时向老师或同伴请求帮助的能力，或是在同伴遇到学习问题时给予他人帮助的能力。

本研究的"大学生英语自主学习起点能力评估量表"有三个维度，因子提取结果与理论构想略有不同。本研究的对自主学习起点能力的理论假设是由学生愿意承担学习职责意愿和信心、自我管理学习的能力(包括制订学习计划、实施学习计划、反思学习过程、评估学习效果的能力和积极参与教师及同伴活动)两部分组成。本研究的因子分析将"合作学习能力"以独立的维度呈现,这一结果体现了学生视角下的"合作学习能力"与"自我管理学习能力"是两个不同的构念,在他们看来,"自我管理学习能力"可能仅指与他们学习有直接作用或关联的活动。

从量表开发的技术层面看,其过程严格遵守新编量表的研究步骤和标准。从结果看,模型和数据支持理论假设,量表具有较好的信度和效度,可以用来测量大学生英语自主学习起点能力。但量表的稳定性和预测效度仍有待于大样本实测。

第四节 "大学生英语自主学习效果评估量表"编制及验证

一、研究方法

(一) 研究目的

本研究旨在编制并验证可用于测量大学生英语自主学习效果的量表。

(二) 拟测构念定义

鉴于本量表是在自主学习课程结束时施测,评估的重点是学生的自主学习态度和行为,故对拟测构念的定义是:(1)对自己及教师在学习过程中应承担职责的认识;(2)自我管理学习的行为,包括制订学习计划、实施学习计划、反思学习过程、积极参与教师和同伴交流互动和评估学习效果等行为。

(三) 编制题项

该量表初始项目根据第七章经过内容效度验证的 ePALA 量规设计,除了"学习绩效"外,其余 12 个指标均反映在量表的项目中。这些题项分别从学习职责定位和自主学习行为两个方面评估学生的自主学习效果。题项主要来源于学生访谈、林莉兰(2013)和上一章编制的 ePALA 量规。2016年3月,由任课教师推荐,30名分别代表自主学习能力高和低两个层次的学生参加了个别访谈。访谈内容围绕构建 ePALA 模型的15个指标设计了8个方面的问题(附件6):(1)学习目标;(2)学习计划;(3)任务管理;(4)时间管理;(5)反思;(6)互动交流;(7)语言学习绩效;(8)自我评估。

访谈内容整理后形成36个题项。经同行审定后,删除6个项目,形成30个项目的初始量表。量表采用李克特五级量式,其中1表示"完全不赞同"或"完全不符合我",5表示"完全赞同"或"完全符合我"。项目 I1 - I10 收集的是学生对学生职责还是教师职责的认识(谁应该承担学习职责),项目 I11 - 30 分别从计划、时间管理、任务管理、反思、自我监控和评估以及互动交流等方面获取学生学习行为数据。由于 I1 - 10 题设置了教师和学生的职责两个部分,为了便于数据分析,量表验证环节中仅采用了题项 I1 - 10 的学生职责数据。

(四) 数据采集和分析

2018年6月和2019年1月,笔者所在学校修读大学英语课程的部分学生参加了网络问卷调查,共收到有效问卷590份。我们将样本分成两部分,样本1(300份)用于探索性因子分析,样本2(138份)用于验证性因子分析,样本3(152份)再次用于验证模型及信度。SPSS24.0 和 AMOS24.0 分别用于探索性和验证性因子分析。

二、研究结果

(一) 项目分析

初始量表的信度以及各题项与总分的相关性分析结果见表8.8和表8.9。结果显示,初始量表信度较高(0.973)(表8.8),而各个题项与量表总分相关系数 CITI 都在0.6以上(仅 I3 的 CITC 系数略小),但均达到0.5的标准,说明初始量表整体有较好的鉴别力。

表 8.8　初始自主学习效果评估量表的信度统计

Cronbach's Alpha	基于标准化项的 Cronbach's Alpha	项　数
0.973	0.974	30

表 8.9 初始自主学习效果评估量表题项相关性评估

	平均值	标准差	CITC	删除项后的 Cronbach's Alpha
I1	4.257	0.902	0.716	0.972
I2	4.221	0.909	0.719	0.972
I3	4.043	1.072	0.599	0.973
I4	4.043	1.065	0.651	0.972
I5	3.977	1.142	0.628	0.973
I6	4.071	0.997	0.635	0.972
I7	4.084	0.985	0.679	0.972
I8	4.254	0.962	0.719	0.972
I9	4.247	0.908	0.713	0.972
I10	4.074	1.060	0.664	0.972
I11	3.863	0.876	0.737	0.972
I12	3.906	0.817	0.734	0.972
I13	3.911	0.880	0.711	0.972
I14	3.972	0.861	0.768	0.972
I15	2.982	0.751	0.729	0.972
I16	2.985	0.746	0.728	0.972
I17	3.969	0.848	0.801	0.971
I18	4.000	0.827	0.799	0.971
I19	3.982	0.858	0.806	0.971
I20	3.975	0.845	0.797	0.971
I21	4.005	0.799	0.786	0.971
I22	4.023	0.831	0.766	0.972
I23	4.023	0.816	0.780	0.971
I24	4.056	0.812	0.800	0.971
I25	3.997	0.787	0.815	0.971
I26	4.018	0.837	0.749	0.972
I27	3.929	0.884	0.748	0.972

续 表

	平均值	标准差	CITC	删除项后的 Cronbach's Alpha
I28	4.023	0.855	0.776	0.971
I29	4.120	0.813	0.773	0.972
I30	4.003	0.865	0.740	0.972

（二）探索性因子分析

由表 8.10 可知，KMO 的系数为 0.971，Bartlett 球形度检验显著性为 0.000，以上数据表明该样本可做因子分析。

表 8.10 初始自主学习效果评估量表 KMO 和 Bartlett 检验

KMO		0.971
Bartlett 球形度检验	近似卡方	11 423.670
	自由度	435
	显著性	0.000

量表因子提取采用因子分析法。根据 Henry F. Kaiser 的特征值大于 1 的标准，共获得 2 个因子（表 8.11）。碎石图检验结果也表明（见图 8.2），从第 3 个因子开始的因子呈直线状，说明这些因子对原有变量的贡献几乎可以忽略不计。这两项检验均证明提取 2 个因子是合适的。

表 8.11 自主学习效果评估量表探索性因子分析结果

题 项	因子1	因子2	特征值	解释方差比
I1		0.811		
I2		0.818		
I3		0.725		
I4		0.732	3.211	25.59
I5		0.679		
I6		0.777		
I7		0.801		

续 表

题 项	因子1	因子2	特征值	解释方差比
I8		0.828	3.211	25.59
I9		0.801		
I10		0.778		
I11	0.778		17.292	42.75
I12	0.785			
I13	0.749			
I14	0.771			
I15	0.735			
I16	0.763			
I17	0.766			
I18	0.786			
I19	0.794			
I20	0.798			
I21	0.815			
I22	0.810			
I23	0.775			
I24	0.785			
I25	0.788			
I26	0.785			
I27	0.762			
I28	0.782			
I29	0.718			
I30	0.772			

从表 8.11 可知,各项目的因子载荷值较高,均在 0.6 以上。根据 Comrey & Lee(1992)的因子载荷标准,参考理论构念,对这两个因子命名。这两个因子共解释了 68.34% 的方差。因子 1 共解释了 42.75% 的方

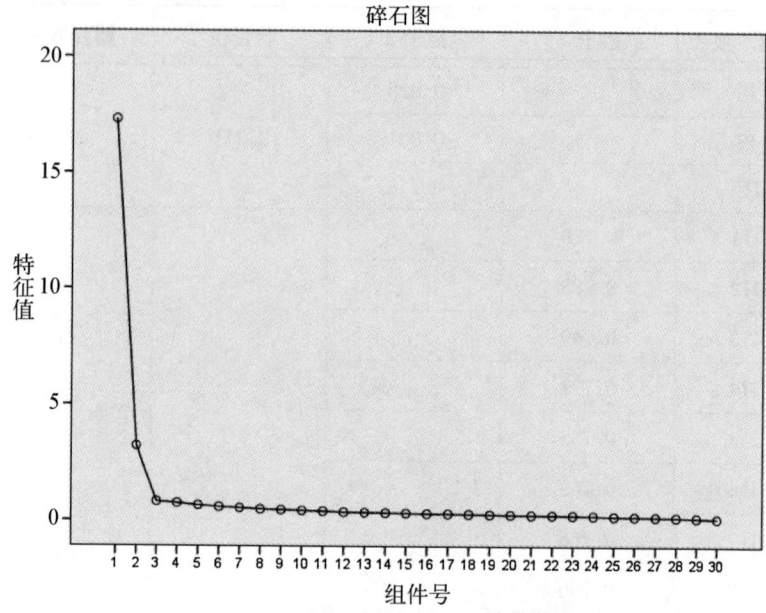

图 8.2 自主学习效果评估初始量表碎石图

差,这 20 个题项内容与量表设计的"自主学习行为"一致,故命名为"自主学习行为"。因子 2 包含 10 个项目,方差贡献率为 25.59%,内容涉及学生对承担"确定学习目标、制订计划、确定学习内容和学习节奏、实施学习监控和评估学习效果"职责的认识,故命名为"学习职责定位"。

(三) 验证性因子分析

通过结构方程模型对探索性因子分析得到的两因子结构模型的适合度进行验证性分析,检验样本数据对理论模型的支持程度。一方面通过潜变量和观测变量之间的相关和载荷反映各因子间的路径,另一方面通过拟合指标反映模型的拟合度。

因子的载荷系数显示了与测量题项之间的关联程度。Comrey & Lee (1992)认为,标准化载荷系数达到 0.5 以上均可接受。从表 8.12 可以看出,各测量项目与对应的因子载荷系数均>0.5,各测量项均呈现出 0.001 水平的显著性($p<0.001$),所有误差方差的 t 值都大于 1.96(最小为 16.441),误差方差的估计值都通过了检验,达到显著水平。这些数据说明因子与测量项之间有着良好的对应关系。

表 8.12　样本 2 自主学习效果评估量表测量模型估计结果

路　径	标准化回归系数	S.E.	C.R.	P
I1←F1	0.87			
I2←F1	0.874	0.042	24.105	***
I3←F1	0.721	0.057	17.26	***
I4←F1	0.754	0.055	18.513	***
I5←F1	0.698	0.062	16.441	***
I6←F1	0.772	0.051	19.235	***
I7←F1	0.798	0.049	20.371	***
I8←F1	0.873	0.044	24.082	***
I9←F1	0.856	0.043	23.134	***
I10←F1	0.789	0.053	19.955	***
I11←F2	0.791			
I12←F2	0.792	0.052	17.888	***
I13←F2	0.761	0.057	16.985	***
I14←F2	0.809	0.055	18.417	***
I15←F2	0.768	0.048	17.166	***
I16←F2	0.784	0.048	17.65	***
I17←F2	0.835	0.053	19.209	***
I18←F2	0.844	0.052	19.52	***
I19←F2	0.853	0.053	19.784	***
I20←F2	0.849	0.053	19.658	***
I21←F2	0.848	0.05	19.647	***
I22←F2	0.835	0.052	19.231	***
I23←F2	0.826	0.051	18.92	***
I24←F2	0.845	0.051	19.545	***
I25←F2	0.856	0.049	19.888	***
I26←F2	0.814	0.053	18.555	***
I27←F2	0.795	0.056	17.992	***
I28←F2	0.822	0.054	18.815	***
I29←F2	0.792	0.052	17.889	***
I30←F2	0.797	0.055	18.029	***

注：***代表 P<0.001

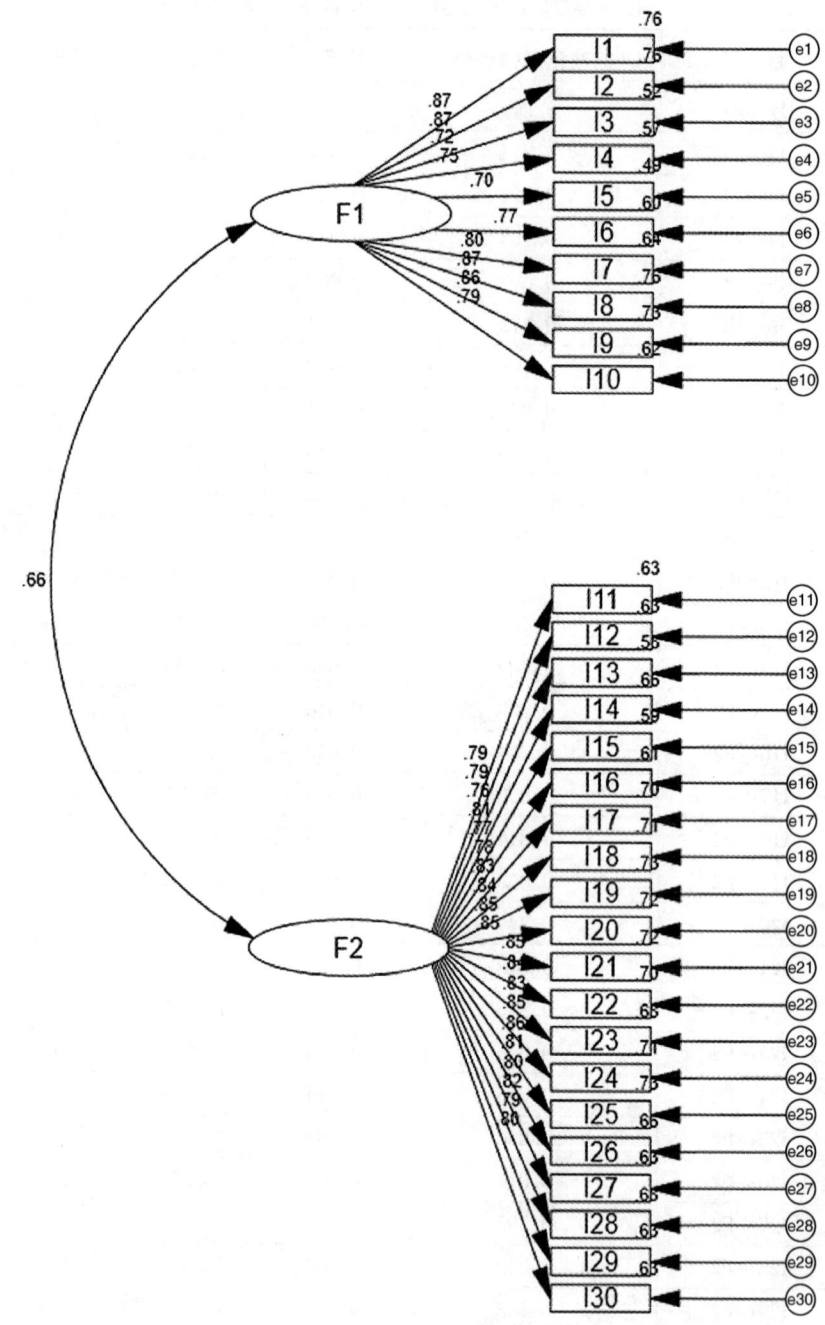

图 8.3 自主学习效果评估量表两因子结构方程模型

表 8.13 的样本 3 对测量模型的估计显示,各测量题项与对应的因子载荷系数均>0.5,而且各题项和误差方差均达到显著水平。

表 8.13 样本 3 自主学习效果评估量表测量模型估计结果

	标准化回归系数	S.E.	C.R.	P
I1←F1	0.895			
I2←F1	0.873	0.056	16.082	***
I3←F1	0.823	0.072	14.173	***
I4←F1	0.864	0.068	15.721	***
I5←F1	0.807	0.073	13.628	***
I6←F1	0.786	0.075	12.969	***
I7←F1	0.881	0.062	16.429	***
I8←F1	0.881	0.057	16.422	***
I9←F1	0.917	0.057	18.145	***
I10←F1	0.875	0.06	16.19	***
I11←F2	0.829			
I12←F2	0.81	0.079	12.314	***
I13←F2	0.782	0.083	11.662	***
I14←F2	0.842	0.074	13.082	***
I15←F2	0.841	0.069	13.067	***
I16←F2	0.835	0.067	12.926	***
I17←F2	0.843	0.075	13.106	***
I18←F2	0.898	0.07	14.594	***
I19←F2	0.875	0.076	13.965	***
I20←F2	0.890	0.068	14.592	***
I21←F2	0.905	0.07	14.795	***
I22←F2	0.923	0.066	15.346	***
I23←F2	0.876	0.072	13.983	***
I24←F2	0.919	0.066	15.224	***
I25←F2	0.905	0.07	14.82	***
I26←F2	0.894	0.067	14.5	***
I27←F2	0.849	0.084	13.269	***

续 表

	标准化回归系数	S.E.	C.R.	P
I28←F2	0.842	0.071	13.099	***
I29←F2	0.825	0.069	12.682	***
I30←F2	0.87	0.073	13.826	***

注：*** 代表 P<0.001

表 8.14 是量表验证性因子分析的适配度检验结果。样本 2 和样本 3 在绝对适配度上，$X^2/df<3.00$，虽然 GFI 没有达到理想指标，但基本接近拟合指数标准，而 RMSEA 均达到标准指数要求。就相对适配度而言，NFI、IFI 和 CFI 皆大于 0.9 的适配标准。上述数据说明理论模型与观察的数据有较好的适配度，可用来解释所观察的数据。

表 8.14 自主学习效果评估量表模型拟合结果

	X^2/df	GFI	NFI	IFI	CFI	RMSEA
标准	<3.00	>0.90	>0.90	>0.90	>0.90	<0.08
样本 2	2.839	0.886	0.902	0.904	0.904	0.076
样本 3	2.935	0.898	0.911	0.916	0.916	0.069

表 8.15 显示的是模型的收敛效度和区分效度检验结果。无论是样本 2 还是样本 3，两个因子综合信度 CR 值均在 0.9 以上，因子的 AVE 均大于 0.5，而且小于其 CR 值，表明模型具有很好的收敛效度。两个样本中各因子的 AVE 平方根大于该因子与其他因子间的相关系数，分别验证了该模型具有良好的区分效度。

表 8.15 自主学习效果评估量表收敛效度和区分效度检验

		AVE	CR	1	2
样本 2	学习职责定位	0.645	0.914	0.803	
	自主学习行为	0.616	0.930	.711**	0.785
样本 3	学习职责定位	0.741	0.927	0.861	
	自主学习行为	0.746	0.916	.745**	0.864

三、结果讨论

本节我们开发并验证了自主学习效果评估量表。该量表用于自主学习项目实施后学生对自己自主学习能力的自我评估,因此题项的编制重在围绕自主的构念,从管理学习过程、评估学习成效、调整学习方法等方面来评估学生的自主学习行为和他们对承担学习职责的认识来设计。量表题项的编制和验证严格遵守心理测量学的步骤和要求,采用了三个独立样本对初始30个问题项进行探索性因子分析和两轮的验证性因子分析。两个独立样本支持探索性因子分析的结构,而且数据与理论设想拟合。因此,该量表的30个题项具有较好的稳健性和效度。

从探索性因子分析结果看,"大学生英语自主学习效果评价"指标是两因子结构,与理论设想吻合。这一结构在验证性分析中获得进一步支持。在这两因子中,"自主学习行为"无疑是最为重要的维度(解释了42.75%的方差)。这一因子涉及管理学习任务和时间、选择课程外学习材料学习、反思和评估学习成效、调整学习方法和互动交流等指标。本量表题项编制采用了演绎法和归纳法相结合的方式。研究以拟测构念和现有理论为框架,结合学生对自主学习环境体验的访谈结果,编制了相应题项,因此,题项所反映的"自主学习行为"有一定针对性。另一因子"学习职责定位"解释了25.59%的方差。学习者自主源于学生愿意承担学习职责,学习者承担学习责任的能力和意愿是自主概念的核心(Chan et al., 2002; Holec, 1981; Littlewood, 1996)。承担学习责任意味着一种主动意识,即认为自己在学习过程中应承担重要的掌控权,在本量表的测量模型中指学生对自己在目标设定、计划制订、动机提升、学习时间和内容掌控、学习效果和方法提升方面所承担职责的角色定位。

本 章 小 结

本章我们区别了"自主学习起点能力评估量表"和"自主学习效果评估量表",并按心理测量学的步骤和要求编制了这两份量表。"大学生英语自主学习起点能力评估量表"共26题,用于自主学习课程开始前对学生自主学习态度和能力的评估,目的是获得学生对自己自主学习能力的一般性评估,以便有针对性地设计自主学习项目,提供指导。这一量表也是 ePALA 测评系统中用于起点诊断的量具;而"大学生英语自主学习效果评估量表"共 30 题,用于自主学习课程结束时,目的是对学生的角色认知和行为进行评估。经过测量学检验,这两份量表都具有较好的信度和效度,可用于辅助性测量工具,或用于大规模的测量工具,帮助教师获得自主学习项目开始前和结束时对学生自主学习能力状况的评估,以便有针对性地设计或调整自主学习项目。

但是,自主能力测量是一个异常复杂的工作(Benson, 2010: 95)。本章编制的两份量表虽具有较好的信度和效度,但主要依据学生自陈式的描述,全面性和客观性有所欠缺。"在评定学生自主学习能力时,除了采用量表获取一些基本信息外,还应运用观察、访谈、档案袋等其他工具多渠道搜集数据并进行数据的相互印证,以增加评估的客观性、准确性和有效性"(林莉兰,2013: 79)。

第九章

ePALA 测评的信度和效度检验

测评的假设是测评结果反映拟测的构念,证据和理论支持对测评结果的解释。档案袋是基于成果和真实表现的测评,这是有效测评的前提。尽管档案袋在测评的真实性和全面性方面优于传统测量方法,但作为一种外部测评形式,仍面临巨大的挑战,其中之一是评分信度。"与其他构念响应测评相比,由于档案袋测评的任务是非标准化的,其测评的信度是一个巨大的挑战"(Koretz, 1998: 314)。另一个挑战是建立档案袋测评推论的效度,即证据支持测评得出的推论。虽然档案袋收集的是反映学生真实表现的证据,其效度比其他测评形式可能更高,但现有关于档案袋测评效度研究却非常有限(Driessen et al., 2006: 862)。

在第七章,本书以 ECD 为理论框架,从理论和实证双重角度构建了 ePALA 测评指标体系,提供了 ePALA 作为测评工具的内容效度证据。但 ePALA 测评结果是否可靠,证据是否支持测评结果的解释,皆是影响测评质量以及干预效果的关键因素。只有测评结果是可靠和有效的,才可用以帮助我们探索和理解学生自主能力发展的路径,为课程教学或科学研究提供有力证据。本章将运用心理测量方法对

ePALA 测评的信度和效度进行评估。

第一节 ePALA 测评信度分析

一、研究方法

（一）信度估计方法选择依据

信度不是效度的充分条件,却是效度的必要条件(Lalley,2017:48)。不具有高信度的测评就不可能具有高效度;如果测评的准确性存在不确定性,那么它在多大程度上测评了拟测内容,也必然是不确定的。"在测评发生表面变化时,如果测评不能保留其意义并产生一致的结果,就不能为决策提供准确的信息"(Herman et al.,1996:44)。理想情况下,无论谁在何时何地评分,测评结果都应类似。但档案袋测评要达到可接受的信度水平却是一个众所周知的难题(Van der Schaaf,2005:29)。

良好的信度意味着测评程序具有三个独立性:独立于测评人员(良好的评分者间一致)、独立于时间(良好的可复制性)以及与独立于测评工具(内部一致性良好)。只有弄清楚测评的主要误差源,才能确定测评信度的估计方式。档案袋测评涉及构念、档案袋证据、测评的标准、评分者的特点和评分者对档案袋证据或评分标准的理解等一系列因素的复杂互动。档案袋测评的复杂性一方面来自其开放格式。评分人员要从内容、工作量、反思深度以及档案袋的构架等所呈现的不同信息中形成判断。档案袋测评复杂性的另一方面来自其丰富的数据,包括数据类型。档案袋的这两个特征使得测评的潜在误差来源是评分者可能被无关的信息(如语言表达质量、档案袋的结构和布局、任务或证据类型或评分者个人偏好)左右了判断。学生的个人特征也会干扰档案袋测评,可能被错误地解释为目标域中能力的标志(Driessen et al.,2006:863)。由此可见,档案袋测评的误差源主要来自两个方面:(1)评分者的判断差异;(2)学生表现(或任务)抽样的差异。本研究的 ePALA 采用的是结构化构架,避免了任务抽样差异,故评分者的判断差异可能是测评的主要误差源。鉴于此,本章仅对评分者差异进行信度估计。

评分者判断的差异可发生在评分者之间,也可发生在同一评分者评分的一致性程度上;而评分者间的信度是"决定档案袋测评质量的基本条件"(Herman & Winters, 1994:49)。没有评分者间信度,就不可能建立其他形式的测评信度或效度(Fleming et al., 2004:40)。本研究将致力于评分者间信度分析。

本书第四章第二节已介绍评分者间信度的三种估计方法:一致性估计、关联估计和测量估计。事实上,已有文献对评分者间信度所采用的估计方法较混乱。Bajpai et al. (2015:24)认为,评分者间信度估计选择何种方式取决于如下问题:分析的目的是什么?评级的绝对值或趋势是否重要?分析的变量类型是什么?有多少评分者参与评分?高风险测试对于信度有较高要求,但对于形成性测评或形成性和总结性结合的测评活动,似乎更难说明信度的标准什么(Jonsson & Svingby, 2007:132)。本书第四章第三节对已有档案袋测评评分者间信度的综述也表明,已有研究存在样本数量不足或未根据测评的类型选择适当的评估方法等问题。

本研究力图避免上述局限,一方面保证足够量的样本分析,另一方面根据研究目的选择估计信度的恰当方法。

ePALA 的 14 个测评指标中,"设定目标"和"制订计划"系学生课程开始时填写完成,而"自我测评"系课程结束前完成,其余指标均是针对学生课程学习过程中采集的数据。ePALA 采用的是统一格式,采集的数据有两种类型:数值型和非数值型。ePALA 的 9 个指标评分数据系系统自动抓取生成,而"设定目标""制订计划"也采用了数据挖掘技术进行匹配,可实现系统自动评阅。为保证数据挖掘技术成功获取"计划执行度"这一指标数据,我们在"设定目标"和"制订计划"除了提供开放的文本框让学生填写学期学习目标和计划外,还根据量规的"学习时间""学习任务""学习材料""反思""互动交流"和"课程学习"等指标设置了若干选项供学生选择。从样本评阅结果反馈看,"设定目标""制订计划"和"计划执行度"这三个指标评分者之间的一致性均达到 100%,而其他 ePALA 系统生成数值型数据的信度也是毋庸置疑的。

也就是说,ePALA 的 14 个测评指标中,11 个指标是借助计算机挖掘技术和学习行为分析技术进行匹配和统计,按规定的阈值自动计分,只有隶属于"反思和自我测评"这一维度下的三个指标(分别是"反思内容完整""反思改进方法"和"自我测评合理性")属于非数值型数据,需教师评阅。其中,"反思内容完整"和"反思改进方法"系学习过程产生的数据,来自 ePALA 的"反思性周志",反映了学生对学习过程的反思。学生每两周根据学习经历,填写日志。我们希望 ePALA 的反思性周志可以实现两个功能:(1)培养学生反思技能;(2)展示学生自主学习能力发展痕迹,故"反思"这一指标项呈现方式采用了如下结构化方式引导学生反思:(1)过去两周实际学习时间;(2)过去两周学习任务完成情况;(3)过去两周学习效果总体评价;(4)收获或问题分析;(5)拟改进措施。教师需要根据量规对学生反思的质量以及是否有学习方法改进的痕迹进行整体评分。虽然过程性反思涉及两个二级指标("内容完整"和"方法改进"),但教师仅对这两个指标(以下合称"过程反思")提供综合分值。

ePALA 的"自我测评合理性"这一指标项设计重在对行动后的反思。课程结束前,学生根据量规进行自我测评,分析学习收获和存在问题,提出后续学习计划。教师根据学生自评情况,结合过程学习轨迹图判定学生自我测评的合理性。

本研究的重点是检验教师对上述"过程反思"和"自我测评合理性"两个指标评分的信度,并分析可能的误差源,采用了三种统计分析方法。

Stemler(2004)指出,为了避免一种估计方法的偏差,评分者信度报告应采用一种以上的方法。本研究对两名评分者间的信度评估分别采用一致性估计和相关性估计。鉴于 kappa 指数考虑了机遇一致性,故选用 Cohen 的 kappa 对两名评分者评分进行一致性估计。但 Cohen's kappa 系数在计算过程中剔除了机遇一致率,易受研究数据边际分布偏差以及数据频率的影响。我们只能比较具有相同边际分布数据的 kappa 系数,而不能直接对比数据边际分布的情况。当某些评分等级在研究人群中出现频率高(prevalence,称为"集中[度]"),可能会严重低估其一致性强度;而当评分者之间特定评级的边际分布存在显著差异时(bias,称为"偏倚[度]"),会导致 kappa 估计过高。因此,将影响 kappa 值的两个变量——集中度和偏倚度——剔除后就能更准确地测量 Cohen's kappa 值。1993 年,Ted Byrt 等学者提出了用 PABAK(the prevalence and bias adjusted kappa)对原始 kappa 出现"集中"和"偏倚"情况修正。一些研究(Bajpai et al., 2015; Byrt et al., 1993)建议在报告 kappa 统计数据的同时,也报告 PABAK。

有鉴于此,本研究在描述评分者间一致性时,除了报告 Cohen's kappa 值,还将报告 PABAK 值,同时进行相关性估计来补充评分者间一致性信息。ePALA 采用的是定序量规,故而采用 Spearman 的秩系数进行相关性估计。Korez et al. (1992:97)指出,评估评分者之间的一致性是必要的,但显然是不够的,还应探究评分者间差异的原因和影响。为了更好地理解评分者行为,探究评分差异的原因,本研究将使用配对样本 t 检验以及效应量,以检验各组评分者评分是否存在显著和实际差异。

(二) 研究问题

(1) 各组两评分者间评分的一致性和相关性如何?

(2) 各组评分者间是否在显著性且实际差异?引起评分者偏差的主要原因是什么?

(三) 样本来源

300 名学生参加了第一轮 ePALA 实验,但实际完成各项任务的有效样本为 230 份,从中按班级学号单数抽取 85 名学生(36.9%)的档案袋作为信度评估的样本。

(四) 评分流程

这 85 份学生样本共有两个评分指标项:过程反思和自我测评合理性。这两指标权重占总分的 34.9%(表 9.1)。

表 9.1 ePALA 指标证据、分值来源及权重

任务指标	证据指标	证据来源	分值来源	整体权重
目标管理	设定目标	学生	机器/教师评阅	0.015 9
	制订计划	学生	机器/教师评阅	0.017 2
	计划执行度	匹配挖掘	系统生成	0.027 9
	周学习时间	记录挖掘	系统生成	0.106 7
	时间总长	记录挖掘	系统生成	0.081 0
	规定任务	记录挖掘	系统生成	0.115 1
	选择材料	记录挖掘	系统生成	0.078 4
反思和自我测评	反思内容完整	学生	教师评估	0.054 4
	反思改进方法	学生	教师评估	0.151 6
	自我测评恰当	学生	教师评估	0.143 7
互动交流	寻求帮助	记录挖掘	系统生成	0.020 67
	互动学习	记录挖掘	系统生成	0.010 3
课程学习	上升幅度	记录挖掘	系统生成	0.167 4
	学习成绩	记录挖掘	系统生成	0.033 5

上述样本来自4名任课教师的五个班级,已有任课教师(第一评阅人)对上述两个指标项的评分。将这85份样本按班级分成五组,把第一评阅人的评分信息隐藏后,另邀请5名教师作为外部评分者(第二评阅人)参与评分。8名教师参与了评分工作(评阅人1既作为第一评阅人,也作为第二评阅人参与评阅)。参与评分的教师皆是参与ePALA实验的任课教师,熟悉量规内容。在正式实验开始前,笔者作为课题负责人曾和实验班教师一起预评阅了预实验学生的样本,对如何评分有了基本共识。

所有参与评分的教师根据量规对"过程反思"和"自我测评合理性"两个指标的不同等级描述及学生表现证据,判定优、良、合格或不合格四个等次。

(五)数据收集及分析

根据自主学习课程要求,学生每学期要在ePALA上完成8次自我反思(每2周1次)。每个档案袋有9个评分,其中,8次"过程反思"评分,1次"自我测评合理性"评分,共收集样本数据 85 * (8+1) = 756。

SPSS24.0用于对五个组评分者间的一致性进行Cohen的kappa值、PABAK修正值和Spearman系数统计。根据公式:$PABAK = [(k*p) - 1]/(k-1)$(其中$k$为类别数,$p$为配对比例),计算每组评分的kappa修正值。

配对样本t检验(paired samples test)及效应量(effect size)用以检验各组评分者评分是否存在显著和实际差异。

统计显著性检验是教育研究常用的数据分析方法。1901年,Karl Pearson指出,统计显著性仅提供了数据结果重要性或意义的部分解释。后续研究者也认为,统计学中显著性统计的是两组间所观察到的差异是否由偶然因素造成的概率。p值仅具有统计学意义,与实际意义甚至与效应的统计量无关(Lipsey et al., 2012:3)。统计显著性受到样本大小、样本内方差对结果变量、分析中包含的协变量以及所采用的统计检验类型的影响。因此,完全依赖统计显著性检验限制了研究成果在教育实践中的解释和适用性,而效应量才是决定实际显著性或意义的统计值。在报告和解释研究时,实际意义(效应量)和统计意义(p值)都应该报告(Sullivan & Feinn, 2012:279)。《美国心理学会手册》的第六版(出版于2010年)包含了关于报告效应量的最新指南。这些变化是对心理学统计改革呼声的回应,特别是对减少对零假设显著性检验依赖的回应(Fidler, 2010)。

在教育研究中,效应量常用于比较两组或多组之间均值的差异程度。Jacob Cohen 的 d 值用以描述两组间均值差异的效应量,而 Cohen 的 f 值用以描述三组和三组以上组间均值差异大小。效应量的另一种常见用法是测量两个或多个变量之间的关系强度,比如决定预测学生考试成绩的因素。本书的研究仅涉及组间均值差异效应量。

本研究除了报告独立样本 t 检验结果外,还补充了效应量统计数据,将采用 Cohen 的标准化平均差异效应量(d)等级标准,即 d 值 ≤ 0.2 为小,≥ 0.8 为大,d = 0.5 为中(Rice, 2009; Sullivan & Feinn 2012)。

二、结果分析

(一) 评分者间信度

五个组教师的两两评分者间信度统计见表 9.2。Cohen 的 kappa 系数度量的是两测量结果的一致程度。若 kappa 系数大于 0,说明两者存在一定的一致性,kappa 系数越接近 1,一致性程度就越高。根据 Landis & Koch(1977,引自 Bajpai et al., 2015)对 kappa 值的解释(表 9.3),结合表 9.2 数据,可以看出,本研究的 kappa 系数与 0 的差异具有统计学意义(p ≤ 0.001)。5 组教师对"过程反思"样本的评判多数达到中等和高度一致。虽然第一组(R1-R2)未达到中等一致,但 kappa 值(0.38)接近中等一致。第三组(R4-R5)和第四组(R6-R7)的 kappa 值在中等一致区间(0.45-0.57),第二组(R3-R4)和第五组(R8-R1)的 kappa 值达到高度一致(0.66-0.78)。

表 9.2 评分者间信度和差异检验

变量	N	Cohen kappa 值			PABAK	Spearman	Paired samples t test		Effect size
		kappa	95% CI	p		r_s	t-value	Sig.	d
反思									
R1-R2	160	0.38	0.31-0.44	.000	0.43	0.63**	10.87	.000	0.76
R1-R3	160	0.66	0.58-0.72	.000	0.76	0.75**	.14	.885	0.01
R4-R5	120	0.57	0.49-0.65	.000	0.69	0.58**	-.32	.753	-0.02
R6-R7	120	0.45	0.37-0.53	.000	0.51	0.58**	3.16	.002	0.27
R8-R1	120	0.78	0.69-0.86	.000	0.62	0.88**	2.56	.012	0.10
自我测评									

续表

变量	N	Cohen kappa 值			PABAK	Spearman	Paired samples t test		Effect size
		kappa	95% CI	p		r_s	t-value	Sig.	d
R1-R2	20	0.51	0.29-0.72	.000	0.58	0.52*	-2.37	.028	-0.52
R1-R3	20	0.44	0.23-0.64	.000	0.53	0.53*	-.33	.748	-0.06
R4-R5	15	0.31	0.08-0.56	.000	0.43	0.46	.69	.499	0.18
R6-R7	15	0.21	0.01-0.42	.001	0.21	0.69**	2.43	.029	0.54
R8-R1	15	0.74	0.51-1.00	.000	0.79	0.83**	1.87	.082	0.26

R：评分者；R1-R2：第一组；R1-R3：第二组；R4-R5：第三组；R6-R7：第四组；R8-R1：第五组；$p<0.05$

表9.3 Kappa、PABAK 和 Spearman 数值解释（引自 Bajpai et al., 2015；Akoglu, 2018）

Kappa 和 PABAK 值解释		Spearman 的 r_s 解释	
<0.00	不一致	0.00-0.19	为极弱相关
0.00-0.20	轻微一致	0.20-0.39	弱相关
0.21-0.40	一般一致	0.40-0.59	中等相关
0.41-0.60	中等一致	0.60-0.79	强相关
0.61-0.80	高度一致	0.80-1.0	极强相关
0.81-1.00	几乎完全一致		

当某些评分等级出现集中趋势或边际分布存在偏倚时,分别会导致 kappa 估计过低或过高的情况。PABAK 可实现对上述两种情况的修正。根据表9.2统计,5组"过程反思"的 PABAK 值均大于0.4以上,达到中等以上一致。除了第五组（R8-R1）,其余四组的 PABAK 值比对应的 kappa 值均有所提高,说明这四组的评分存在集中趋势;而第五组的 PABAK 略低于其 kappa 值,说明这组评分存在偏倚情况。

Spearman 秩相关系数 r_s 揭示的是两组数据之间的关联强度。与 Pearson 的 r 所反映的变量间"线性"关联程度不同,spearman 相关系数反映的是成对数据间等级的线性关联程度。正相关系数表示当一个变量的值增加时,另一个变量的值也增加;而负相关系数表示当一个变量的值增加时,另一个变量的值相应减少。根据表9.3对 Spearman 秩相关系数的解释,从表9.2的"过程反思"相关分析数据可以看出,五组评分者之间的评分相关性达到中等以上,其中第三组(R4-R5)和第四组(R6-R7)达到中等相关,第一组(R1-R2)和第二组(R1-R3)达到强相关,而第五组(R8-R1)则达到极强相关,并且上述相关均是显著的($p<.01$)。

全部五个组的教师对"自我测评合理性"评分的kappa值整体低于"过程反思"(表9.2)。Cohen的kappa值显示,第三组(R4-R5)和第四组(R6-R7)评分者之间存在一般一致性(0.31和0.21),第一组(R1-R2)和第二组(R1-R3)评分者间存在中等一致,第五组(R8-R1)评分者间存在高度一致性。修正后的PABAK值显示(表9.2),第四组(R6-R7)的原始kappa值保持不变,而其他四组的原始kappa值都有提升,达到可接受的一致性。

全部五组在"自我测评合理性"的kappa值整体低于"过程反思"部分,但其Spearman秩相关系数数据却并没有显示出如同"过程反思"数据那样的差异。结合表9.3的Spearman的系数解读标准以及表9.2数据,可知这5组两两评分者之间存在中等、强和极强相关关系;虽然第三组(R4-R5)评分者间呈中等相关,但无显著性意义,说明其相关性有可能是概率造成的。其他四组评分者之间存在强相关和极强相关,且$p=.0000$,说明观察到的相关性不太可能是偶然的,零假设错误的概率非常高。值得注意的是第四组(R6-R7)数据。无论是原始kappa值,还是PABAK修正值,这组数据显示的一致性较低(0.21),但Spearman秩相关系数却达到具有显著意义的强相关(0.69)。

(二)评分者之间差异

从表9.2"过程反思"样本的两评分者评分的t检验和效应量统计可知,第一组(R1-R2)评分者之间存在显著且实际的评分差异($t=10.876$, $p=0.000$, $d=0.76$),第四组(R6-R7)两评分者间存在显著但较小差异($t=3.167$, $p=0.002$, $d=0.27$),而其他三组未见明显差异。在"自我测评合理性"这一指标上,第一组(R1-R2)($t=-2.373$, $p=0.028$, $d=-0.52$)和第四组(R6-R7)($t=2.432$, $p=0.029$, $d=0.54$)的两评分者间仍存在显著和实际的评分差异。第五组(R8-R1)的两评分者间未见统计学上的显著差异($p=.082$),说明观察到的差异是抽样的变异造成的。也就是说,无论是在"过程反思"还是"自我测评合理性"部分,第二组(R1-R3)、第三组(R4-R5)和第五组(R8-R1)的评分较稳定,而第一组(R1-R2)和第四组(R6-R7)两评分者间有差异。上述结果表明,两种不同任务似乎并未造成各组间的差异。

就同组两评分者来说,任课教师(第一评阅人)的评分多高于外部评分者(第二评阅人)(表9.2)。在评阅的10组样本中,七组任课教师(第一评阅人)的评分高于外部评分者,而且四组数据显示了显著且实际的差异。

三、结果讨论

本研究的目的是寻求 ePALA 测评的信度证据,鉴于 ePALA 大多指标是计算机抓取数据或依靠数据挖掘技术进行匹配,具有较高的稳定性,故本研究仅对教师评阅的两个指标分别采用 Cohen 的 kappa 和 Spearman 秩相关统计对 85 份样本的五组评分者间信度进行了一致性估计和相关估计,并分析引起评分者之间差异的原因。

为了分析不同评分者之间的同质性程度,也就是教师对 ePALA 中"过程反思"和"自我测评合理性"两个指标评分的稳定性,我们用 Cohen 的 kappa 系数检验了各组评分者之间的一致性程度。研究获得的10组 kappa 统计数据中,3组 kappa 值处于"一般一致",其余7组 kappa 值均介于中等和高度一致区间。这一结果好于 Galvan-Sanchez et al.(2017)、Rees & Sheard(2004)和 Pitts et al.(1999,2001)的统计结果。Pitts et al.(2001)的研究发现评分者间的 kappa 值介于0.13 - 0.42之间,而 Galvan-Sanchez et al.(2017)研究的 kappa 值介于0.05 - 0.73之间,平均 kappa 值为0.33,属于"一般一致"水平。

尽管评分者间的一致性被认为是档案袋测评信度的重要指标,但由于 kappa 检验的是两评分者在同一指标上所给分数的绝对一致性,在一些研究背景下要获得很高的 kappa 值是不现实的(Bajpai et al.,2015:22)。kappa 值在一定程度上还取决于评分在不同级别上的分布方式,如果多数评分都在一个级别上,就不太可能有较高的值(Bajpai et al.,2015:25)。本研究采用了 PABAK 对评分的集中和偏倚情况进行了一定程度的修正。结果显示,修正后的10组数据中,9组数据达到中等及以上一致。唯一仍介于"一般一致"的是第四组(R6 - R7)的"自我测评合理性"指标评分。出现这一情况的原因有待后续研究跟踪。

本研究报告的10组 Spearman 秩相关系数明显优于 kappa 系数,均在中等相关和强相关范围内,这一结果好于已有一些研究(Koretz,1998;Rees & Sheard,2004),与 Supovitz et al.(1997)研究结果相似。

对于标准化的测评,评分者之间的信度系数常常超过0.90。但是,档案袋测评中任务更开放和数据形式更复杂的特点意味着它应与其他形式的测评有不同的信度标准(Supovitz et al.,1997:253)。Pitts et al.(2002:199)认为,档案袋测评是对学习过程的判断,需要一套不同的教育价值观,要认识到学习者个人和专业判断的作用,反思性实践接受数据和解释的主观性。档案袋测评的信度估计采用的是标准化测试的假设,即程序、实施和评估保持不变。但实际上档案袋测评很少出现这种情况。Gentile(1992:24)对全美档案袋测评进行评估后认为,"系数高于0.80可认为是强相关,高于0.65可认为是较好的结果"。Burns & Haight(2005:186)认为,信度数据必须基于数据的使用和数据决策的重要程度来解释。鉴于 ePALA 是属于低风险测评活动,"过程反思"和"自我测评合理性"仅占全部总分的34.8%,本文中报告的 kappa 系数和 Spearman 信度系数总体而言是处于合理且稳定水平。据此可认为本研究中的教师可以对这两项指标进行合理和一致地评分。

本研究所发现的评分者间较高的一致性可能缘于如下因素:(1)ePALA 量规表述较清晰;(2)评分者熟悉量规,了解课程性质及学习要求;(3)所评估的两指标项提供了一定结构化引导,学生在反思时有指导性提问。在进行自我测评时,有量规和过程性数据为依据,教师在评定学生该指标的表现时也有相应依据。

尽管如此,本研究也发现各组之间以及两评分者之间存在不同程度的差异。在本研究中,任务类型和呈现方式虽然未造成组间差异,但在一定程度上影响了两评分者间的评分。无论是 kappa、PABAK 还是 t 检验和效应量估计都显示"过程反思"的评分比"自我测评合理性"的评分更稳定。在"过程反思"模块,有引导的问题,每次反思间隔时间较短(2周),内容评估相对简单,评分者之间更易达成一致;而在"自我测评合理性"这一模块,评分者既要根据学生的自我评估做出判断,还要根据学生形成性数据(学习过程轨迹)做出综合判断,评估难度稍大,评分者间的差异也较明显。本研究的第四组(R6-R7)在"反思"模块的一致性达到中等一致,而在"自我测评合理性"模块的一致性却非常低(0.21)。另外,五组评分者在"自我测评合理性"模块的评分稳定性低的另一个可能原因是样本过小(每组15-20人)。

本研究还发现,评分偏差可能与评分者的角色有关。这一结果与 Supovitz et al.(1997)的研究结果一致,即任课教师在评分中除了依靠来自档案袋学生表现证据外,有可能还使用了其他信息来形成判断。

在本研究中,评阅人 R1 作为任课教师和外部评分者参与了三组评分。在"过程反思"模块中,其作为任课教师的第一组评分显著高于外部评分者,而其作为外部评分者(第五组)的评分显著低于任课教师。但在"自我测评合理性"模块,评阅人 R1 作为任课教师在第一组评分显著均低于外部评分者。但在 R1 参与评分的第二组,两评分者在不同的指标评分均没有显著差异。这似乎表明,除了评分者角色,任务类型和对量规理解不同也在一定程度上造成了评分者偏差。上述这些评分者效应与"评分者的背景、认知、价值观和期望有关"(Skar & Jølle, 2017:3)。

本研究用不同的方法报告了评分者间信度和差异,结果也显示不同估计方式之间的差异。总的来说,所报告的 Spearman 的秩相关系数高于对应的 Cohen 的 kappa 或 PABAK 值。但相关性高并不一定意味着其一致性也在可接受的区间内(如 R6-R7 在"自我测评合理性"模块的 kappa=0.21,r_s=0.69)。之所以出现如此大差距是因为 kappa 值与 Spearman 秩相关系数所表达的实际意义不同。Cohen 的 kappa 系数是两测量结果一致程度的统计量,而 Spearman 的 r_s 测量的是评分者的评分向同一方向移动的程度。评分者的评分可能朝着相同的方向移动,但并不一定一致。配对样本 t 检验和效应量估计则从另一方面验证了该组两评分者间存在显著和实际的差异。由此可见,采用不同的评分者间信度估计方法,结果可能会有很大的不同。虽然学界对何种方法最适合分析评分间信度仍无共识,但信度估计方法和理论的有效性应取决于测评的目的、数据性质和测评结果如何使用等因素。

本研究中 t 检验按 $p<0.05$ 的标准所分析的结果与对应指标的效应量结果多数一致(10 组数据中,8 组数据对应)。不一致的两组数据分别出现在第五组(R8-R1)的"过程反思"和"自我测评合理性"指标上。在"过程反思"指标上,两评分者间评分存在显著性差异($p=0.012$),而效应量($d=0.1$)却小到可以忽略不计,说明两评分者之间评分并不存在实际的差异。在"自我测评合理性"指标上,两评分者评分并不存在统计学差异($p=0.082$),但效应量却达到中等偏弱的水平(0.26)。由于缺乏统计学的显著性,无法排除效应量为零的假设,我们很难得出两评分者的评分存在差异的结论。上述结果也进一步说明,统计显著性帮助我们发现差异是否可能出于偶然,而效应量有助于我们理解所发现的差异的大小,两者同时使用才有可能真正解释数据的含义。

四、小结与启示

本研究通过对随机抽取的 85 份档案袋 756 个样本的两评分者间信度

分析发现,多数评分者能合理且一致地评分。但研究也发现的各组之间以及两评分者之间存在不同程度的差异。由于 Cohen 的 kappa 统计和 Spearman 的秩相关统计只用于成对的评估,本研究未对总体信度进行评估。后续研究还可采用概化理论来估计不同侧面的测评误差,为完善 ePALA 测评体系提供依据。

本研究有如下启示:

(一)根据测评对象和证据形式选择结构化、部分结构化或非结构化档案袋。虽然一些研究(Pitts et al., 1999)认为结构化的档案袋限制了证据的多元性,但笔者认为,以测评为目的的档案袋应在保证测评结果基本可靠的前提下追求证据的多元化。档案袋内容的异质性是造成其测评信度低的主要因素之一(Roberts, 2002: 899)。很显然,一些学科(如医学、艺术或体育等)对表现证据的解读相对容易,但如果测评活动涉及复杂构念,这就取决于评分者和学生对构念所涉及任务的判断是否能与课程设计者的期望一致。档案袋测评是否具有以评促学的作用取决于其设计,如测评的构架、测评的内容、测评方法和标准是否反映了测评目的?证据或任务是否反映了拟测内容?结构化的档案袋是研究者根据测评的目的解构预测构念并根据实际经验精心设计的框架,体现了一定的专业性。对于初次使用或知识、能力以及对课程目标理解尚不可能达到这一层次的学生来说,结构化或部分结构化的档案袋可避免学生在学习过程中的迷失,提高测评和学习的效率,减少测评误差。

(二)充分利用计算机信息技术,减少评分的主观性。档案袋测评主张证据的真实性和多元性。电子档案袋可在多种数字媒体中捕捉真实表现的学习证据,数据挖掘和学习行为技术则可实现对数值型数据直接评分,在不影响证据质量的情况下减少人工评阅的工作量,可整体提高档案袋测评的信度。

(三)制定清晰易懂的评分程序、标准或量规。明确的测评标准和分析性逐项评分方式不仅为学生如何学习提供导向,使表现证据的采集更趋于"集中",也可让评分者在评分过程中形成更加一致的判断。

(四)通过培训评分者或交叉评阅的方式来提高测评信度。培训虽然不能消除评分者之间的差异,但可以提高评分者的内部一致性(Skar & Jølle, 2017: 3)。采用交叉评分则可避免外部信息对任课教师的干扰。

(五)选择恰当的信度估计方式,多角度评估档案袋测评的信度。档案袋测评的信度估计方法不仅受制于测评的误差源,还受制于测评的目的、测评的风险等级、参与测评的人数、证据类型和评分标准的等级数。

以终结性测评为目的或高风险的档案袋测评无疑对信度的要求更高,或对评分的一致性要求更高;而不同的评估方式提供不同角度的信度信息,可为后续评分者培训或评分标准修订提供依据。

第二节 已有档案袋测评效度研究

在确定 ePALA 测评效度检验的方法前,有必要对已有相关研究做一回顾。这一梳理过程无疑将为本研究的方法选择提供借鉴。鉴于已有基于促进自主的档案袋研究尚无测评效度的报告,我们将从教育研究的这个大框架下综述现有档案袋测评的效度研究。

Burns & Haight(2005)从同时效度的角度采用 Pearson 系数检验了档案袋测评分数与学生课程学习测验和论文分数的相关性。各相关系数的分别为 0.60、0.53 和 -0.1,但作者并没报道这两组相关系数是否具有统计学意义。这项研究的一个潜在问题是,效度结果是基于对档案袋得分与其他测评数据的比较得出的,而后者数据本身可能存在信度和效度问题。此外,由于同一评分者负责给所有学生成果评分,这也可能影响评分的信度。

Beckman(2011)采用 Pearson 相关系数和 Spearman 系数比较学生的档案袋得分和其他测评工具得分的相关性。Pearson 相关统计结果显示为 0.238($p = 0.168$),Spearman 相关系数为 0.308($p = 0.072$)。除了检验档案袋测评的同时效度外,A. F. Beckman 还运用主成分分析对档案袋得分和写作考试分数进行了内容效度检验。因子分析结果显示存在两个因子,说明了档案袋测评和写作测试的是不同的构念。但 Beckman 并未提供构念效度证据。

Naizer(1997)将档案袋测评的得分根据不同组别的排序进行判别分析(discriminant analysis)来评估档案袋测评的同时效度。预测因子包括所修课程的数量、先前教学经验的总时数、期末考试分数以及两项标准化测试的分数:逻辑思维测验和学习动机策略问卷。结果表明,69%的所选档案袋被预测因子正确分类。但 Naizer 发现,档案袋成绩与期末考试成绩的相关性仅为 0.22。

Derham & Diperna(2007)也从同时效度的角度将 30 名教师教育专业

学生职前的档案袋得分与他们的四项其他成绩进行了相关分析。研究发现,只有 PRAXIS II 评分($r=.39$, $p<.05$)和 GPA($r=.34$, $p<.05$)分数与档案袋分数有弱相关。

Yao et al.(2008)以 Messick 的构念效度统一概念为框架,检验了教师教育项目中电子档案袋测评的效度。在内容层面,他们依靠教师团队根据课程标准编制了档案袋成果及反思模板,模板中每一项任务对应一个标准。他们仅对这一过程进行了描述,并未给予实证检验;在实质层面,档案袋的元反思部分要求学生对所提交的成果是否达到相关标准进行描述性评估,他们以 Bloom 的认知分类为框架,在最终等级评估中挑选出优秀学生的档案袋,从中寻找到与标准类似的认知过程证据。对这一部分验证,他们也仅是简单描述;在结构层面,他们考察了档案袋得分的内部一致性和因子结构。结果显示,档案袋总分与各部分得分显著相关,但相关性小,仅有元反思部分与总分相关性高(0.94)。四部分的内部一致性相对较低($\alpha=0.53$),这表明一个以上的因子参与了档案袋得分。对这四部分得分的因子分析确定了两个因子;在外部层面,他们评估了档案袋得分与所选外部变量之间的相关性和与隐含变量之间的预期相关性。结果显示,档案袋分数与部分外部测评工具显著相关。Yao et al.(2008)并未发现档案袋结构层面效度的有力证据。此外,档案袋评分与学生表现的外部衡量指标之间的相关性相对较小,这表明"档案袋的外部效度有限。这种微弱的相关性本不应出现在一个旨在衡量职前教师能力的档案袋测评中"(p.19)。Yao et al. 认为,电子档案的结构、外部和结果效度相关的证据表明,该档案袋测评缺少关键的组成部分,也就是测评结果未能反映拟测构念——职前教师实际教学能力。

Gadbury-Amyot et al.(2003)也是基于 Messick 的效度统一框架,探讨了旨在展示牙科卫生专业学生能力的档案袋测评的效度和信度。在构念效度的内容层面,作者基于七名专家对构念的边界、课程以及由任务测量的技能和内容判断,编制了包含七个维度 35 个指标的量规。量规的内部一致性检验表明,Cronbach's alpha 在 0.81~0.95 区间内。作者认为,Messick 的构念效度实质证据是寻找证据,以证明档案袋测评中的任务能引导考生参与预期的认知过程并减少与构念无关的证据。也就是测评的任务应与拟测构念相关。作者对这一过程并未给予实质的验证数据。在构念效度的结构方面,Cynthia C. Gadbury-Amyot 等对 35 个指标进行了项目分析,结果表明这 35 个指标之间均存在显著的相关关系($p<0.01$),各指标得分与对应维度总分之间的相关性较高,但与量规的其他维度也

存在中等相关关系。在构念效度的外部层面，Gadbury-Amyot 等对学生档案袋得分与传统的口腔卫生学生能力的三项考试得分进行相关分析，结果显示，档案袋得分与学生 GPA 和全国牙科委员会考试存在中等显著相关，而与另一地方牙科考试有不显著的弱相关（$r=.19$；$p>.05$）。在构念效度的结果层面，95%（39/41）的学生认为档案袋证明了专业能力的成果，调查还发现，76% 的学生认可档案袋的价值。

Gregori-Giralt & Menéndez-Varela（2015）描述了某大学美术史课程的档案袋测评项目。其档案袋由学生本人创建，采用封闭式结构和成果形式，学生根据选择的研究主题准备数字材料，针对档案袋的六项活动准备对应的活动结果报告和反映他们工作过程的认知维度的元认知报告。教师依据 52 条标准采用 11 级量表对学生表现评分。作者采用主成分分析法检验了 25 名学生档案袋测评的构念效度。抽样充分性的检验（KMO）虽然未达到 0.5 以上的要求（0.457），但探索性因子分析显示了六项活动隶属于两个因子，作者将其分别命名为"结果活动"和"过程活动"。Eva Gregori-Giralt 和 José Luis Menéndez-Varela 认为，构念效度的研究反映了学生对档案袋的认知，说明该测评系统具有相对效度。作者还考察了档案袋测评的结果效度。结果显示，采用档案袋学习的这组学生不及格率低于同课程的其他学生，而且 64% 的学生取得了较好的成绩。

Shapley & Bush（1999）报道了 1995-1996 年间 Dallas 公立学校的阅读/语言艺术档案袋测评的质量。Kelly S. Shapley 和 M. Joan Bush 根据第二评阅人对档案袋成果是否充分反映了课程标准的评估，对档案袋的内容效度进行了检验，结果发现多数档案袋成果证据不足，第二评阅人的记录也反映了第一评阅人（任课教师）未能根据标准取样，取样的质量难以让外部评阅者评分。鉴于内容取样不足以及评分者之间的信度较低，作者对档案袋测评的同时效度进行了探索性的分析，将档案袋目标得分与州基本技能考试结果进行了聚合和区分效度分析，但结果并未发现同时效度的确切证据。

综上，已有档案袋测评的效度研究具有以下几个特征。首先，研究的主要领域是医学、教师教育和高风险的中小学基础学科测评。尽管领域不同，但都是针对课程大纲来解构能力及表现指标。其次，已有研究对验效采用了两种分类标准。一是传统的内容效度、构念效度和效标效度，另一种是 Messick 的统一效度框架。在效度研究的类型上，多青睐效标效度（确切地说是同时效度）的研究，仅有少数从内容效度（Beckman，2011；Yao et al.，2008）、实质效度（Yao et al.，2008）、构念效度（Gadbury-

Amyot et al.,2003;Gregori-Giralt & Menéndez-Varela,2015;Yao et al.,2008)和结果效度(Gadbury-Amyot et al.,2003)方面进行了验证。在具体效度验证方法上,同时效度和结构效度主要采用相关分析,实质效度多采用有声思维、问卷或笔记来获取数据,结果效度则通过问卷获得学生对档案袋学习的评判。已有研究采用的对这三类效度的验证方法相对统一,而在内容效度和构念效度验证方法上有一定差异。在内容效度方面,Beckman(2011)提供了因子分析数据,而其他研究仅是描述过程,未见数据支撑。在构念效度(或构念效度的结构方面)验证方法上,Yao et al.(2008)采用了内部一致性和探索性因子分析,Gadbury-Amyot et al.(2003)采用的是二级指标与一级指标的相关分析,Gregori-Giralt & Menéndez-Varela(2015)采用的是主成分分析。由此可见,已有档案袋测评研究主要采用相关分析(同质性分析)和探索性因子分析(Yao et al.,2008;Gregori-Giralt & Menéndez-Varela,2015)来提供构念效度证据,采用相关分析来提供同时效度证据,或采用问卷调查获得结果效度的证据。

本书第八章已经较详细地介绍了新编量表的构念效度验证方法,此处不再赘述。内部一致性和因子分析结果都可以作为内部结构证据的来源,前者反映了测评指标的同质性,后者反映了测评的内部结构。但同质性证据不足以作为构念效度的充分证据。因子分析是测评工具开发中基于内部结构提供效度证据的一种有效方法,提供的是构念效度的实证证据。无论构念是单维还是多维的,因子分析都可以提供统计证据,说明响应模式在多大程度上符合定义的构念。已有文献建议新编测评工具应从探索性因子分析和验证性因子分析双重角度来验证构念效度(Worthington & Whittaker,2006:815)。

除了同质性分析和因子分析(探索性和验证性因子分析)方法外,已知群技术(known-groups method)或群组差异(group difference)也是支持构念效度的一种典型方法。也就是说,如果测试是有效的,它就能区分已知具有某特征的一组群体和不具有该特征的另一群体。

无论构念效度如何定义,没有单一的最佳验证方法。在大多数情况下,构念效度应该从多个角度来证明(Brown,2000:10)。本研究将采用相关分析、因子分析(探索性和验证性因子分析)和已知群方法来检验ePALA测评的构念效度。

如前所述,现有档案袋测评对效度的定义及分类采用了两种不同方法。Messick(1989)的构念效度统一概念将传统的三种效度统整为一个效度——构念效度,进而将其分为内容、概括化、实质、结构、外在和结果六个层面。Messick 将信度(概括化)融入了构念效度之中,将传统效度分类中的构念效度冠以效度的"结构"层面。除了这两点变化外,Messick 还在传统效度的定义上添加了"实质"和"结果"方面。Messick 的实质层面指通过追溯专家或评分者思维过程的反应来寻找理论和经验证据的一致性,这实际上也是对传统构念效度的验证。由于较难获得高质量的口头报告,实质效度很少给予报告(Yao et al., 2008: 12)。结果方面的效度则指测评所产生的,无论是有意或无意、短期或长期的影响。不难看出,Messick(1989)的构念效度统一概念是将传统的信度和效度整合在构念效度框架下,"是把现有的部分效度类型拼凑在一起,他对六种效度的界定还是沿用他人的观点或定义"(胡中锋、莫雷,2007: 84)。有所区别的是 Messick 提出的效度的结果层面。本研究将沿用传统的效度分类,从内容效度、构念效度和效标效度来验证 ePALA 测评效度。因本书的目的不仅是验证 ePALA 测评的质量,更重要的是验证 ePALA 是否促进了学生自主(结果层面效度),将在下一章专门介绍 ePALA 的使用效果。ePALA 的内容效度已在第七章验证,下面将分别验证 ePALA 测评的构念效度和同时效度。

第三节 ePALA 测评的构念效度验证

构念效度证据涉及经验证据在多大程度上证实了拟测构念的存在,以及测评程序在多大程度上准确地测量了拟测构念。理想状态下,档案袋容纳的是展示拟测构念的证据,支持基于测评的推断。本节将介绍 ePALA 的构念效度验证过程和结果。

一、研究方法

(一)研究设计

尽管构念效度很重要,但没有一个简单的指标可用来量化拟测构念在多大程度上是有效的。本节将分别采用因子分析和已知群方法来验证 ePALA 的构念效度,分为两个独立的研究。

1. 研究 1——相关分析和因子分析

本研究中,探索性因子分析用来探索因子和指标间潜在的假设关系,即本书第七章经过内容效度检验的 ePALA 测评指标与所属维度的假设关系,验证性因子分析则用于验证这种假设关系。探索性因子分析将遵循心理测量学的六个关键决策步骤的标准:(1)确定样本容量;(2)因子可分解性分析;(3)选择提取因子方法;(4)确定因子旋转法;(5)确定因子保留标准;(6)确定删除或保留指标标准(Boateng et al., 2018; Clark & Watson, 1995; Worthington & Whittaker, 2006)。

ePALA 测评共涉及四个维度的指标,但数据采集后发现,学生在"互动交流"能力维度上的两个指标得分几乎为零。为了精准解释现有数据,本节因子分析仅对余下三个维度指标进行分析。为精简分析数据,将这三个维度的 12 个指标按类别合成部分数据,如"目标管理"中的"周学习时间"和"总学习时长"合并为"时间管理",将"完成规定学习任务"和"自我选择其他学习材料"合并为"任务管理",将"学习上升幅度"与"学习成绩"合并为"学习绩效",也就是本节实际是对 ePALA 测评的 8 个指标进行分析。这 8 个指标是:目标、计划、时间管理、任务管理、过程反思、学习绩效、计划执行度和自我测评合理性。按照指标与样本 1∶10 的度量标准,本研究从第一轮 ePALA 实验的 230 份有效样本中抽取了 120 份样本用于探索性因子分析,另 110 份样本用于验证性因子分析。

分别用相关矩阵、KMO 和 Bartlett 球形检验看数据是否适合做因子分析。因子结构矩阵表示变量之间的相关性以及因子与观测变量间的相关性。可用作因子分析的数据矩阵应显示变量间一定的相关性。如果相关性低于 0.30,使用因子分析便会存在问题,因为可能没有公共因子可供分析(Tabachnick & Fidell, 2012: 619)。研究将根据矩阵结果选择旋转方式。鉴于 ePALA 的测评指标已在第七章内容效度验证过程得以精简,本章构念效度分析的目的是验证测评模型的结构,确定解释所观察变量之间关系的潜在因子结构,将使用主轴分析法,以使因子载荷更准确。

根据 Kaiser 保留特征值大于 1 的因子的标准以及碎石图检验结构,确定因子保留数量。

通过样本 2 验证探索性因子分析所获得的假设因子结构模型,采用结构方程模型(SEM)的方法检验其因子结构关系。

使用最大似然估计方法对测量模型的各统计量进行估计,参数包括:(1)标准化回归系数(standardized regression weight)>0.5;(2)临界比(C.R.)>1.96;(3)显著性(p)。运用 3 个绝对适配度指标与 3 个相对适配度指标对测量模型进行综合评价,其中,选取的绝对适配度指标有:卡方自由度比(χ^2/df)、拟合优度指数(GFI)、近似值误差均方根(RMSEA)等三个指标;选取的相对适配度指标主要包括:规范拟合指数(NFI)、非范拟合指数(NNFI或TLI)、比较拟合指数(CFI)等3个指标。对这些指标的综合考察,可以全面反映测量模型的适配度。

2. 研究2——已知群方法

已知群方法是从两组或两组以上预期有差异的组群中收集数据来验证预测差异,从而支持构念效度。其基本原理是,"如果某测试是对特定构念的有效测量,那么测试分数就应当显示具备该构念特征与不具备该构念的特征群组间的差异"(Cohen & Swerdlik, 2009:196)。如果ePALA的测评结果能通过统计上有意义的发现区分不同的群体,这就为ePALA测评的构念效度提供了证据。在本研究中,6名实验班的教师分别推荐3名自主学习能力强的学生和3名自主学习能力弱的学生。共有36名学生参加了研究2。

(二)数据分析

运用软件SPSS24.0分别对样本的ePALA得分数据进行相关矩阵和探索性因子分析,AMOS24.0则用于验证性因子分析。

对36名来自不同组别学生的ePALA总分进行描述性统计分析,独立样本t检验和效应量用于统计分析组间统计差异和实际差异。

二、结果分析

(一)研究1——因子分析

因子分析的出发点是分析数据是否适合做因子分析。相关矩阵中展现了研究变量之间的相互关系。可以通过"寻找与一组其他变量高度相关、但与该组以外的变量低相关的关系"(Field, 2000:424)矩阵来帮助判别原始变量是否存在一个潜在变量,即所谓的"因子"。为了解ePALA测评的8个指标间关系,首先进行相关性矩阵分析。

从表9.4分析结果可知,"制定目标能力"和"制订计划能力"之间的矩阵相关系数达到0.604,但与其他指标相关性矩阵明显较低,说明这两项指标很可能隶属于同一因子。从其他指标的矩阵相关来看,时间管理能力、任务管理能力、过程反思能力、学习绩效、计划执行度、自我测评合理性之间的相关系数介于0.893-0.349之间。这个矩阵显示了所涉及的8个指标有可能是两个相关的变量群组成,适合做因子分析。

表 9.4 ePALA 指标的相关性矩阵

	目标	计划	时间管理	任务管理	反思	学习绩效	计划完成度	自我评估
目标	1							
计划	0.604	1						
时间管理	0.072	0.005	1					
任务管理	−0.049	−0.062	0.440	1				
过程反思	−0.128	−0.246	0.441	0.783	1			
学习绩效	0.128	−0.122	0.350	0.635	0.629	1		
计划与执行度	−0.147	−0.170	0.539	0.893	0.810	0.635	1	
自我测评合理性	0.125	−0.040	0.349	0.405	0.455	0.481	0.396	1

抽样充分性分析显示 KMO>0.7,表明有足够指标预测每个因子,Bartlett 球形检验结果<0.05,意味着指标之间的相关性足够高,适合做因子分析(表 9.5)。

表 9.5 ePALA KMO 和 Bartlett 检验

KMO		.776
Bartlett 球形度检验	近似卡方	754.957
	自由度	28
	显著性	.000

为确定 ePALA 测评的内部结构,采用主轴法提取因子。表 9.6 显示了方差是如何在八个变量中划分的。按照相关系数矩阵特征值大于 1 的标准并结合碎石图观察,从八个变量中可抽取两个主因子来表达其信息储量,其余因子对原有变量的贡献几乎可以忽略不计。这两个因子累积解释方差达到 61.6%(表 9.6),其中,因子 1 贡献最大,解释了 43.5% 的方差,因子 2 解释了 18.1% 的方差。

鉴于上述变量间存在不同程度的相关,采用斜交因子旋转,结果如表 9.7 所示。可以看出,"时间管理""任务管理""计划执行度""过程反思""自我测评合理性"和"学习绩效"这六个指标在因子 1 上载荷较高,载荷系数均在 0.5 以上(>0.45);而"制定目标"和"制订计划"两指标在因子

表 9.6 ePALA 因子分析总方差解释

因子	初始特征值			提取载荷平方和			旋转载荷平方和		
	总计	方差百分比	累积%	总计	方差百分比	累积%	总计	方差百分比	累积%
1	3.856	48.20	48.20	3.53	44.22	44.22	3.484	43.55	43.55
2	1.659	20.74	68.94	1.39	17.40	61.63	1.447	18.08	61.63
3	.750	9.38	78.31						
4	.688	8.59	86.91						
5	.467	5.84	92.75						
6	.289	3.61	96.36						
7	.201	2.51	98.88						
8	.090	1.12	100.0						

表 9.7 ePALA 旋转后的因子矩阵

	因子1	因子2
目标能力		.984
计划能力		.611
时间管理能力	.541	
任务管理能力	.883	
计划执行度	.918	
反思学习能力	.858	
自我测评合理性	.530	
学习绩效	.734	

2 上载荷较高,载荷系数达到 0.6 以上。因子 1 的六个指标均涉及自我管理学习过程的能力,而因子 2 的两个指标涉及规划自主学习的能力。上述结果表明,因子分析可以确定 ePALA 实际测评的是两个独特的潜在能力:自主学习过程管理能力和自主学习规划能力。

为进一步验证指标间的拟合及收敛情况,采用结构方程模型和样本 2 对测量模型进行估计。图 9.1 是 ePALA 结构方程模型路径图,显示了潜在变量和观测指标之间的关系。

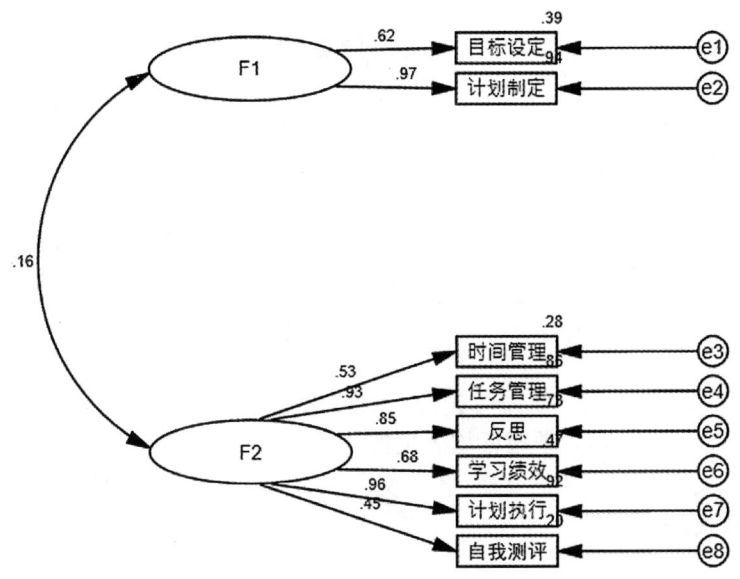

图 9.1 ePALA 结构方程模型路径图

采用最大似然法估计模型的参数。从表 9.8 可以看出,各变量临界比(C.R.)值均大于 1.96,其中,因子 2 显著性 p 值的概率值均小于 0.001,表明各载荷系数在 0.001 以上是显著的。因子 1 的 p 值为 0.02,其误差变异也达到小于 0.05 的显著水平。上述结果表明,模型通过了显著性检验。指标在对应的潜变量上的标准化系数值基本上都大于 0.5,仅"自我测评合理性"这一指标为 0.45。虽然相比于其他指标,该指标对因子 2 的贡献略小(贡献率为 20.4%),但其临界比大于 1.96,显著性 p 值也小于 0.001,表明因子 2(外衍变量)影响"自我测评合理性"(内衍变量)的路径系数显著不等于 0,因此,将该指标留待后续观察。

表 9.8 ePALA 测量模型估计结果

路径	标准化回归系数	S.E.	C.R.	p
目标能力←F1	0.624			
计划能力←F1	0.969	1.073	4.554	0.02
时间管理能力←F2	0.532			
任务管理能力←F2	0.925	0.411	7.495	***

续 表

路 径	标准化回归系数	S.E.	C.R.	p
反思学习能力←F2	0.852	0.36	7.229	***
学习绩效←F2	0.685	0.263	6.444	***
计划与完成情况相似度←F2	0.958	0.586	7.585	***
自我测评合理性←F2	0.452	0.121	4.872	***

注：*** 代表 P<0.001；** 代表 P<0.01；* 代表 P<0.05

采用绝对适配度指标与相对适配度指标对测量模型进行综合评价。结果（表9.9）显示各项指标均满足拟合优度所要求的最小值，说明本样本架构的模型得到了数据支持，假设模型与实际样本数据拟合较好，测量模型是有效的。

表 9.9　ePALA 验证性因子分析拟合指数

判定标准	X^2/df	GFI	NFI	IFI	CFI	RMSEA
适配的标准或临界值	<3.00	>0.90	>0.90	>0.90	>0.90	<0.08
结果	2.905	0.902	0.913	0.912	0.913	0.047

表 9.10 呈现的是 ePALA 测评的收敛效度和区分效度检验结果，其中，"自主学习规划能力"和"自主学习过程管理能力"的综合信度 CR 值均大于 0.7，其对应的 AVE 值大于 0.5 且小于 CR 值，显示 ePALA 测评有较好的收敛效度；而这两因子的 AVE 平方根（0.815 和 0.759）均大于两因子之间的相关系数（0.683），表明 ePALA 测评有良好的区分效度。

表 9.10　ePALA 测评收敛效度和区分效度检验

	AVE	CR	1	2
自主学习规划能力	0.664	0.791	0.815	
自主学习过程管理能力	0.576	0.884	.683**	0.759

（二）研究 2——已知群方法

表 9.11 显示的是两组学生档案袋得分的 t 检验和效应量 d 统计结

果,其中组 1 为 6 名教师推荐的自主学习能力较强的学生,组 2 为自主学习能力较弱的学生。结果显示两组的 ePALA 得分不仅有统计学显著差异($p<0.05$),而且有实际差异(效应量达到 1.047)。这一结果也表明,ePALA 能区分两组学生自主学习能力差异,具有较好的构念效度。

表 9.11 两组学生档案袋得分差异性分析

组别	人数	平均值	标准差	t	p	d
组 1	18	60.486	6.027	2.370	0.029	1.047
组 2	18	50.472	19.445			

三、结果讨论

档案袋测评的构念效度指针对收集证据的测评是否测量了潜在能力或构念,是否支持基于测评得出的推断。本研究遵守因子分析的程序和决策标准对 ePALA 测评结果进行了探索性和验证性因子分析。除了在因子分析前删除的"互动交流"指标外,其余理论设想的指标均反映在测量模型之中。已知群方法也从另一角度验证了 ePALA 测评具有良好的构念效度。

因子分析结果表明,ePALA 测评包含"自主学习规划能力"和"自主学习过程管理能力"两个因子。自主学习规划能力指设定学习目标和制订学习计划能力。自主学习过程管理能力包含六个指标:时间管理、任务管理、过程反思、学习绩效、计划执行度和自我测评合理性。这一结果也在预料之中。对学生而言,档案袋测评完全是一种全新的理念,所以,"他们从熟悉的教育环境活动中解读档案袋测评活动"(Gregori-Giralt & Menéndez-Varela,2015:8-9)。因子分析的结果表明,学生对档案袋测评的认知取决于他们对学习活动是否与课程教学有关,取决于他们对学习阶段的认知,即学习过程和学习规划。这一结果与 Gregori-Giralt & Menéndez-Varela(2015)的研究相似。Gregori-Giralt & Menéndez-Varela 的研究发现了"过程活动"和"结果活动"两个因子。

本研究因子分析所反映的 ePALA 测评的两个因子(学习过程管理和学习规划)的确反映了学生的元认知能力和自我管理学习的能力,获得了 ePALA 的构念效度证据。但本研究也发现一些问题。首先,上述因子分析发现的两个因子解释了 ePALA 测评的大部分方差(61.6%),但仍有一部分方差由其他因子解释,这可能是 ePALA 量规评分出现了构念代表不足的问题。其次,学生对档案袋的认知反映了传统学习及测评对他们的影响。档案袋测评中一些关键特征,如"过程反思"和"自我测评合理性"未能凸显。这一方面反映了高阶能力测评的复杂性,另一方面也反映了学生尚未充分认识"反思"和"自我测评"的重要性或对他们自主学习能力发展可能带来的积极影响。此外,学生在 ePALA 测评中的"互动交流"指标得分几乎为零,这进一步说明学生对档案袋里所涉及活动的选择取决于他们对传统课程学习的认识。后续研究应加强教师在档案袋测评实施过程中的指导、宣传和督促作用,使学生真正认识档案袋测评的意义,发挥档案袋测评在促进学生自主和学习能力发展方面的积极作用。

本研究是迄今为止采用验证性因子分析检验档案袋测评构念效度的为数不多的研究之一。虽然测量模型中个别估计值未达到理想要求,但整体看,测量模型基本反映了理论构念,是档案袋测评在效度验证方法上的一次积极尝试。

第四节　ePALA 同时效度检验

效标效度证据指测评结果与当前或未来事件关联的程度。效标效度包括预测效度(predictive validity)和同时效度(concurrent validity)。预测效度指测评分数和未来表现之间的相关程度,而同时效度指测评分数与当前的某些表现之间存在相关程度。本研究仅评估 ePALA 的同时效度。

一、研究方法

(一)同时效度验证方法

同时效度最常用的验证方法是计算测评分数与一些外部标准之间的相关性。Messick(1989)将效标效度称为"外部效度",并认为外部效度验证工作的核心是证明在某测试中得分高的人在同样测量该构念指标的其他测试中的得分也高。本节我们将借助两个量表来检验 ePALA 测评的同时效度:大学生自主学习起点能力评估量表(以下简称"起点能力评估量表")和大学生自主学习效果评估量表(以下简称"学习效果评估量表")。虽然前者主要用于自主学习课程开始前的自我诊断和评估,本研究将此量表和"大学生自主学习效果评估量表"一起使用,以便获得对学生能力、行为和态度的综合评估。

(二) 研究问题

本研究拟回答:(1) ePALA 得分与"起点能力评估量表"得分是否相关?(2) ePALA 得分与"学习效果评估量表"得分是否相关?

(三) 数据采集及分析

本书第八章已按照心理测量学的要求和步骤,采用因子分析的方法对这两份量表进行了验证。结果显示,两份量表有较好的信度和效度。

"起点能力评估量表"共 26 题,涉及三个维度:自我管理学习过程能力、合作学习能力和自主学习态度。"学习效果量表"共有 30 题,涉及两个维度:自主学习行为和学习职责认识。这两份量表分别从目标设定、计划制定、时间管理、任务管理、反思学习过程、自我监控和评估学习过程以及互动交流等方面解构自主学习能力,但没有"学习绩效"指标项的测量。为了使 ePALA 测评指标与两份量表的测量指标基本对应,在进行 ePALA 测评的同时效度验证分析时,删去了 ePALA 的"学习绩效"部分得分。

除"起点能力评估量表"数据在 2018 年 3 月采集外,其他数据系 2018 年 7 月自主学习课程结束前采集。因相关分析需要比较同一名学生在 ePALA 的得分和量表得分,在收到的数据中,共有 199 份 ePALA 数据与"起点能力评估量表"完全对应的有效样本,156 份 ePALA 数据与"自主学习效果评估量表"完全对应的有效样本。

SPSS24.0 用于对 ePALA 与两份量表的相关分析,分别进行了 Pearson 积差相关和 Spearman 秩相关估计。

二、结果分析

ePALA 测评(除学习绩效外)得分与"起点能力评估量表"总分和各维度的相关性分析结果见表 9.12。两种方法——Pearson 和 Spearman 的分析结果均显示,ePALA 测评与"起点能力评估量表"总分以及三个维度之间存在非常显著的相关性($p<0.01$),说明显著性关联证据充足。Spearman 的分析结果表明,ePALA 测评得分与各维度相关系数介于 0.237 – 0.375 之间,ePALA 得分与"起点能力评估量表"得分的相关系数为 0.210。上述结果表明,ePALA 测评得分与"起点能力评估量表"总分及各维度得分之间存在弱相关。Pearson 相关分析也显示了同样的结果。

表 9.12　ePALA 与"起点能力评估量表"相关性统计

Pearson \ Spearman	学习过程管理	合作学习	学习态度	量表总分	ePALA
学习过程管理	1	.735**	.714**	.965**	.237**
合作学习	.803**	1	.563**	.861**	.375**
学习态度	.755**	.582**	1	.830**	.361**
量表总分	.979**	.888**	.838**	1	.210**
ePALA	.211**	.376**	.258**	.196**	1

注：** 在 0.01 级别(双尾),相关性显著；* 在 0.05 级别(双尾),相关性显著

表 9.13 显示的是 ePALA 得分(学习绩效得分除外)与"自主学习效果评估量表"总分以及各维度相关性分析结果。可以看出,ePALA 测评得分与量表总分和各维度得分之间存在极为显著的关联($p<0.01$)。但无论是 Spearman 还是 Pearson 分析结果都显示,ePALA 得分与量表总分和各维度得分存在"弱"和"极弱"的相关性。Spearman 的相关系数介于 0.105 – 0.294 之间,Pearson 相关系数介于 0.106 – 0.282 之间。

表 9.13　ePALA 与"学习效果评估量表"相关性统计

Pearson \ Spearman	学习行为	学习职责	量表总分	ePALA
学习行为	1	.520**	.895**	.123**
学习职责	.467**	1	.730**	.294**
量表总分	.906**	.744**	1	.105**
ePALA	.107**	.282**	.106**	1

** 在 0.01 级别(双尾),相关性显著；* 在 0.05 级别(双尾),相关性显著

三、结果讨论

本研究的目的是检验 ePALA 测评的同时效度。研究同时采用了 Pearson 和 Spearman 系数分析了 ePALA 测评与两个量表的关联性。这两个量表是通过学生的自我评估,一是从能力和态度方面解构自主学习能力,二是从学习行为和对学习职责的定位来解构自主学习能力;而 ePALA 测评旨在从学生的实际表现中获取数据来解构自主学习能力。理论上

说,ePALA 得分应与量表有中等以上的显著相关。本研究虽然发现了 ePALA 测评得分与两个量表间有着极为显著的相关,但相关性较弱。这一研究结果与前人研究基本一致(Beckman, 2011; Derham & Diperna, 2007; Gadbury-Amyot et al., 2003; Naizer, 1997; Shapley & Bush, 1999; Yao et al., 2008)。Shapley & Bush(1999)的研究发现,档案袋测评得分与州基础技能考试得分之间的相关系数介于 0.35－0.52 之间(结果优于本研究),但作者认为,"档案袋得分与标准化考试得分之间的低相关性并不表明档案袋测评是无效的。很有可能是档案袋既测评了结果,也测评了过程,测评了标准化考试无法测量的语言和阅读能力"(Shapley & Bush, 1999:124)。Koretz(1998:326)也指出,"档案袋测评的是与传统测试不同的属性,拟测某构念的两测评结果分值适度高相关将提供效度的最佳证据。但非常高的相关性却表明档案袋测评与传统测试没有区别,当然,太低的相关性也会带来负面影响"。到目前为止,只有少数已发表的研究表明替代性测评的得分与其他现有的教学项目或表现测量得分相关联(Elliott et al., 2007:31)。

　　同时效度是检验测量或测评相同构念的不同工具在同时使用时结果在多大程度上是一致的。在本研究中,ePALA 测评与两份量表虽然呈正态显著相关,但相关性较低。这一结果未必说明了 ePALA 测评分数是无效的。造成上述结果的原因可以从两个方面来解释。首先,档案袋测评是基于表现的测评形式,它试图测评更高层次的思维或技能。在数据来源上,ePALA 测评采集的是学生在一段时间内实际表现的动态数据。量表获得的数据主要在有限的选择范围内学生的自我评估,是静态数据。ePALA 测评呈现的不仅仅是最终成果,而且是学习的过程;而量表呈现的是最后的结果。两种数据呈现形式差异可能是造成相关性低的主要原因之一。其次,量表能否真实反映学生的自主学习能力、态度和行为一直是学界质疑的问题。一方面就量表本身而言,虽然我们在第八章对"起点能力评估量表"和"学习效果评估量表"都依据严格的心理测量步骤和要求进行了信效度检验,但在实际施测中,受试对量表项目的认知和感受受到诸多因素影响,使得获得的数据本身带有高度的主观色彩,较难达到研究者所期望的"人际共通性"(interpersonal equivalence)。另一方面,自主是一个多维度的复杂构念,"自主的测量存在一定的困难,其中评估学习行为的意义和真实性似乎是最难处理的"(Benson, 2010:95)。量表的上述局限使得其获得的数据信息有别于档案袋测评获得的信息。

　　已有文献中虽然研究者多选用同时效度来验证档案袋测评效度,但研究的结果多指向档案袋测评与测量相同构念的其他外部测量工具有较低的相关性。鉴于档案袋测评与量表测量形式有较大差异，两者之间的关联性程度是否可以作为同时效度的有力证据，这也是一个值得探索的课题。

本 章 小 结

本章首先对 ePALA 测评中涉及教师评阅的两个指标"学习过程反思"和"自我测评合理性"的评分信度进行了检验。通过对随机抽取的 85 份样本的两两评分者间的信度分析，评分的一致性和关联性达到了较好水平。这一结果表明，依据 ePALA 量规评分可以取得较好的评分稳定性。较高的评分者间信度可为实施 ePALA 测评提供基本的质量保障。但本研究也发现各组之间以及两评分者之间存在不同程度的评分差异。这表明，后续研究需要进一步加强教师培训，避免外部信息对教师评分的干扰。

效度是对档案袋测评各组成部分是否给予清晰的定义并充分实现的程度判断，包括内部结构和与外部变量的关系。本章我们从构念效度和同时效度两个层面对 ePALA 测评进行了验证。因子分析和已知群方法验证了构念假设，表明 ePALA 测评的结果与理论假设基本一致。在同时效度方面，ePALA 与两量表之间存在正态显著相关，表明两者之间相关并非偶然。但 ePALA 与两量表间相关性较低，这可能是 ePALA 测评提供了与量表不同的学生自主学习能力信息。应该指出的是，ePALA 的验证性的因子分析结果与严格的心理测量学标准要求相比，还不够理想。无论是在构念效度验证还是在同时效度验证环节，数据的样本量都不够大。虽然 300 名学生参加了 ePALA 实验，但实际收集的有效数据为 230 份，部分学生未能完成档案袋的内容。如何提高 ePALA 的使用率是后续研究需关注的问题。

第十章

ePALA 实施效果分析

  档案袋测评"鼓励学习者积极参与学习的各个方面,包括设定目标、选择材料和策略以及评估结果。档案袋测评嵌入的自我反思、自我指导和自我评估的原则可促进自主学习"(Lo,2010:78)。尽管档案袋测评与自主学习理念有诸多共核,但我们仍然缺乏足够的经验证据。Lauren H. Bryant 和 Jessica R. Chittum 在对 118 篇电子档案袋研究期刊文献分析后发现,只有 15% 的样本关注基于学生的表现结果,"一个突出的问题是已有文献很少采用实验组和对照组设计,因此很难确定学习或某些方面的提高是电子档案袋或是课程结构所致"(Bryant & Chittum,2013:195)。

  从本书第三章对已有国内外基于档案袋的促进学习者自主研究综述也可发现,已有文献在研究的内部效度、构念效度和结论效度方面存在不同程度的缺憾。为了提高研究效度,本研究在文献研究和实证研究相结合的基础上,在第七章确定了拟测变量和干预变量,构建了 ePALA 测评的干预模型。为了保证研究所使用测量工具以及 ePALA 测评的信度和效度,本书分别在第八章和第九章从心理测量学的角度验证了两个量表、ePALA 测评的信度、构念效度和同时效度。上述章节的论证为本章将介绍的 ePALA 测评系统的干预效果分析提供了铺垫。本章将继续以实证研究的方法论为指导,提高研究结论的说服力。

本章的目的是分析 ePALA 测评系统的实施效果(或结果层面效度),将从以下两个方面展开:(1)检验 ePALA 是否有助于提高学生的英语自主学习能力;(2)分析学生对 ePALA 的感知价值。

第一节 ePALA 促进学生自主学习能力发展的效果

本节将评估 ePALA 是否促进了学生自主学习能力发展,将分别描述研究方法,分析数据,讨论研究结果。

一、研究方法

(一)研究设计

本研究的目的是检验 ePALA 对提高学生英语自主学习能力的作用,采用了准实验研究设计。

准实验研究是在随机对照实验在逻辑上不可行或伦理上不合理时广泛采用的非随机干预设计,旨在证明干预和结果之间的因果关系。缺乏随机分配是准实验研究设计的主要弱点。为了提高准实验研究的内部效度,证明准实验中发现的关联符合因果关系,准实验研究通常采用两种方案:(1)干预前和干预后的测量;(2)非随机选择对照组。

本研究采用不等组前后测设计。通过比较实验组和对照组的前测测量值——自主学习能力——来评估两组的初始相似性程度。如果实验组和对照组在前测值相似,两组之间存在重要干预变量差异的可能性就越小。将通过比较两组的后测值来分析实验干预对学生自主学习能力发展的作用。

(二)研究假设

本研究的假设是在实验结束时:

假设 1：接受 ePALA 干预的实验组与未参加 ePALA 干预的对照组在自主学习能力方面无显著统计学差异，且无显著实际效应。

假设 2：接受 ePALA 干预的实验组与未参与干预的对照组在自主学习成绩提升幅度上无显著统计学差异，而且无显著实际效应。

（三）研究对象

本研究在笔者所在学校实施，持续两学期，分两个阶段：2018 年 3 月至 2018 年 7 月为第一轮实验；2018 年 9 月至 2019 年 1 月为第二轮实验。两轮学生分别来自该校 2017 和 2018 级修读大学英语网络听力自主学习课程的学生。

为检验实验组和对照组在实验开始前的自主学习能力相似程度，采用了如下步骤。首先，2018 年 3 月，选择课题组成员（8 人）所承担课程的班级为样本框（共 1 255 名学生）参加了"大学生英语自主学习起点能力评估量表"（以下简称"起点能力评估量表"）调查。其后，根据前测调查结果分析，确定了 6 名教师所承担课程的班级学生在起点能力评估量表总分以及三个维度上无显著差异（$p>0.05$），而且两组在量表总分均值差异的效应量极小（0.028）（表 10.1）。最后，将参加实验的 616 名学生分成两组，其中，实验组 300 人，对照组 316 人。6 名教师既承担了实验班的课堂教学任务，也承担了对照班的教学任务。

表 10.1 第一轮实验两组的"起点能力评估"前测差异统计

	实验（n=300）	对照（n=316）	t	p	d
学习态度	28.59±4.435	27.91±4.891	1.888	0.600	
过程管理	55.03±9.039	54.57±9.501	1.111	0.671	
合作学习	20.62±3.256	20.34±3.118	1.114	0.257	
总　分	103.34±15.481	102.90±14.972	0.434	0.664	0.028

2018 年 9 月，实验又在另两名课题组成员所承担的班级（6 个班级）进行了问卷调查。296 名学生参加了本轮的"起点能力评估"调查，根据独立样本 t 检验结果，选择了在量表总分及三个维度上无显著性差异且两组在量表总分均值效应量极低（0.097）的 176 名学生参加第二轮实验。根据学生所在班级和任课教师信息，确定 82 人为实验组，另 94 人为对照组。

表 10.2　第二轮实验两组的"起点能力评估"前测差异统计

	实验(n=82)	对照(n=94)	t	p	d
学习态度	29.23±3.871	28.74±3.614	1.888	0.600	
过程管理	56.37±9.165	55.66±8.92	0.815	0.416	
合作学习	21.44±2.766	21.14±2.372	0.488	0.416	
总　　分	107.04±15.35	105.55±15.243	1.024	0.263	0.097

(四) 实验干预及变量界定

本研究的实验组采用 ePALA 干预。ePALA 干预的操作化定义为：以测评(围绕量规中证据指标的自评、师评和机评)、反馈与互动(教师反馈、系统反馈和互动交流平台)、自我反思和自我决策(反思学习效果、决策学习时间、节奏和学习内容)为干预手段，促进学生自我管理学习过程，促进学生与教师以及与同伴间的互动交流，提升语言学习绩效。

学生可使用 ePALA 系统创建学习计划，管理学习时间和学习任务，监控学习过程，评估任务进展和学习结果，并对学习过程、结果和教师反馈进行反思。该系统也是学生与教师、学生之间进行互动的平台。

本研究的实验组除了完成规定的听力自主学习任务外，还需完成 ePALA 的如下任务：(1) 期初提交学习计划；(2) 每两周提交一次学习反思周志；(3) 学期结束前根据量规以及过程性数据评估自己的学习成效。除了自主学习课程大纲和量规外，ePALA 还采集并以折线图形式呈现学生自主学习的过程数据，包括学习时间、学习积分、段考成绩、学习反思和教师反馈、互动信息以及课程结束时学生自我测评和教师评价。

实验组和对照组学生按照课程教学要求在自助式学习中心完成听力学习任务，每月参加一次听力段考。段考的目的是检查学生自主学习的效果。学生段考成绩、学习时长和学习任务完成情况作为平时成绩的一部分，纳入"大学英语视听说"课程成绩总分。

本研究的因变量：自主学习能力发展。研究对英语自主学习能力的定义涵盖四个方面：目标管理能力、反思和自我测评学习能力、互动交流能力和外语(英语)使用能力。

研究采用了如下方法来排除无关变量干扰：(1) 实验组和对照组使

用同样的教材和同样的自主学习环境(自助式学习中心);(2)同一教师分别承担两组的课堂教学任务;(3)两组课程考试试卷相同,平时分的计分方法相同;(4)两组的自主学习时长和学习任务要求相同。

(五)研究工具

我们在上一章发现了 ePALA 测评得分与"起点能力评估量表"和"学习效果评估量表"得分存在较弱的显著相关,可能的原因是档案袋与量表采集的数据类型不同。量表在测量较复杂潜变量方面存在一定局限,但其优势是能客观地对大样本进行分析。鉴于自主构念的复杂性以及量表测量的局限性,本研究将采用三角验证法来提高研究结论的效度。数据来自四个方面:(1)起点能力评估量表;(2)自主学习效果评估量表;(3)学习系统中的学习情况记录;(4)英语听力考试。前三个工具旨在实现对因变量(1)目标管理能力;(2)反思与自我测评能力;(3)互动交流能力的测评,而"英语听力考试"成绩用以对因变量"外语使用能力"的测量。

1. 量表

实验组和对照组之间的比较是基于两组接受相同的前测和后测。本研究的第一轮受试在实验前和实验后参加了"起点能力评估量表"调查。该量表共有 26 个问题项,涵盖三个维度:(1)自主学习态度;(2)自我管理学习过程能力;(3)合作学习能力。量表经过心理测量学验证,具有较好的信度和效度,在本样本中,量表总体以及各维度的信度介于 0.968 - 0.857 之间(表 10.3),具有较好的信度。

表 10.3 第一轮样本的自主学习起点能力评估量表信度

		自主学习意愿	自我管理	合作学习	总量表
Cronbach's α 系数	前测	0.857	0.943	0.892	0.956
	后测	0.883	0.959	0.873	0.968
题项数		7	5	14	26

两轮受试在实验后均参加了"自主学习效果评估量表"调查。该量表共有 30 个题项,涵盖两个维度。"学习职责定位"共有 10 题,"自主学习行为"共有 20 题,分别从自主学习计划制订、计划执行度、时间管理、任务管理、学习过程反思、自我测评和合作学习能力等设计题项。量表经过心

理测量学验证,在本样本中,量表总体以及各维度的信度介于 0.986 - 0.945 之间(表 10.4),信度较高。

表 10.4　两轮样本的自主学习效果评估量表信度

		自我角色定位	学习行为	总量表
Cronbach's α 系数	第一轮	0.945	0.975	0.973
	第二轮	0.951	0.984	0.986
题项数		10	20	30

2. 学习系统中积分统计

为比较实验组和对照组在自主学习行为上是否有差异,研究采集了课程学习系统中两组学生自主学习的过程记录。该记录包括学习时长和学习任务完成情况。

3. 英语听力考试成绩

本研究的听力考试成绩来自实验前测和后测听力考试,试卷由本校教师命题。2018 年 3 月和 7 月,第一批受试(616 名学生)参加了听力考试。2018 年 9 月和 2019 年 1 月,第二轮受试(176 人)参加了听力考试。

(六) 数据采集及分析

2018 年 6 月,在课程结束周邀请参加第一轮实验的 616 名学生(实验组 300 人,对照组 316 人)参加"起点能力评估量表"和"自主学习效果评估量表"调查。调查在本校自助式学习中心机房实施,学生自主选择时间到机房完成答题。收到"起点能力评估"问卷 465 份,其中实验组有效问卷 219 份(73%),对照组有效问卷 246 份(77.8%)。收到"自主学习效果评估"问卷 438 份,其中实验组有效问卷 208 份(69.3%),对照组有效问卷 230 份(72.8%)。

第二轮实验的两组学生(176 人)在 2019 年 1 月课程结束周仅参加了"自主学习效果评估"问卷调查。收到有效问卷 152 份,其中实验组 74 份(90.2%),对照组 78 份(82.9%)。

SPSS24.0 软件包用于分析本研究中的量化数据,包括:

(1) 描述性统计用以分析调查对象在"起点能力评估量表"和"自主学习效果评估量表"的均值、标准差以及各题项选择的百分比;

(2) 独立样本 t 检验用于比较实验组和对照组在量表总分和各维度

得分、学习积分以及听力成绩是否有统计显著性差异;

(3)效应量用于反映实验组和对照组在量表得分、学习积分和考试成绩的实际差异程度。

标准化平均差异效应大小是描述干预效果的一种有用方法(Lipsey et al.,2012:3)。对实验干预的调查和评估证据的关键因素,不仅要确定是否存在效果,而且还要确定影响的大小(数量)和方向(正向或负向)(Rice,2009:139)。

效应量的计算方法可基于前测和后测的均数或基于实验组和对照组的均数比较来检验干预的作用。具体公式为:后测-前测平均值/前测标准差,或实验组平均值-对照组平均值/标准差。

Cohen 将标准化平均差异效应量(d)划分为小(0.2)、中(0.5)和大(0.8)三个等级。但 Cohen 也指出,不可盲目使用这一标准(引自 Rice,2009)。越来越多的研究人员认为,在教育干预研究的环境下,0.20 或 0.25 标准差效应是大而有意义的(Hill et al.,2008;Kraft,2019;Lipsey et al.,2012)。本研究将 d>0.20 认定为有意义的效应。有了干预的效应量,可以计算出对应的实验组高于(低于)对照组均值的比例(表 10.5)。

表 10.5 效应量解读(转自 Lipsey et al., 2012:19)

效应值	高出控制组均数比率	效应值	高出控制组均数比率
.10	.54	1.30	.90
.20	.58	1.40	.92
.30	.62	1.50	.93
.40	.66	1.60	.95
.50	.69	1.70	.96
.60	.73	1.80	.96
.70	.76	1.90	.97
.80	.79	2.00	.98
.90	.82	2.10	.98
1.00	.84	2.20	.99
1.10	.86	2.30	.99
1.20	.88	2.40	.99

二、结果分析

通过对收集的定量数据分析,我们将探讨 ePALA 的实验干预是否使实验组的自主学习能力优于对照组。

(一) ePALA 对提高学生管理学习能力的作用

本研究在实验开始前对受试(第一轮和第二轮)的前测问卷——"起点能力评估"调查分析显示(表 10.1 和表 10.2),两组学生的自主学习能力无统计学的显著差异,两组间的 d 值(0.028 和 0.097,见表 10.1 和 10.2)非常小,进一步支持两组无显著性差异这一推断。因此,后测的差异可理解为实验干预的结果。

表 10.6 显示的是第一轮受试的"起点能力评估量表"后测统计结果。可以看出,实验组在量表的三个维度(自主学习态度、自主学习过程管理和合作学习能力)以及量表总分上都高于对照组。独立样本 t 检验结果显示,两组间的差异具有统计学意义($p<0.05$)。受试在"起点能力评估量表"三个维度的后测 d 值介于 0.075 - 0.289 之间,总量表的 d 值为 0.310。结果显示,实验干预对学生的管理学习过程能力有较大影响($d=0.289$),对他们的学习态度影响较小($d=0.134$),对他们的合作学习能力影响很小($d=0.075$)。按照表 10.5 的效应量解读,可知实验组在"起点能力评估量表"后测得分比 62% 的对照组受试得分高。

表 10.6 第一轮实验两组的起点能力评估量表后测得分差异统计

	实验(n=219)	对照(n=246)	t	p	d
学习意愿	21.276±2.466	20.909±2.912	4.434	0.002	0.134
过程管理	58.548±7.370	56.288±8.235	3.351	0.005	0.289
合作学习	21.136±2.534	20.936±2.745	3.802	0.003	0.075
总　　分	99.959±11.471	96.132±12.976	4.726	0.000	0.310

"起点能力评估量表"旨在了解学生对自主学习的态度以及对自己管理学习能力和合作学习意愿的自我评估,后测的目的是观察受试实验前后的变化;而"自主学习效果评估量表"的目的是了解学生对学习过程中的职责认识和与课程学习相关的自主学习行为。第一轮两组受试在"自

主学习效果评估量表"各维度和总量表得分差异见表10.7。

表10.7 第一轮实验两组的自主学习效果评估量表得分差异统计

	实验组(n=208)	对照组(n=230)	t	p	d
职责定位	44.389±7.849	38.798±5.893	3.294	0.001	0.467
教师职责	30.16%	60.82%			
学生职责	69.84%	39.18%			
自主学习行为	75.778±12.072	73.95±11.922	3.317	0.001	0.273
管理时间和任务	3.768±0.784	3.593±0.670	2.825	0.005	0.241
选择其他学习材料	3.011±0.767	2.921±0.708	1.963	0.066	0.122
反思学习	3.749±0.681	3.533±0.689	3.212	0.001	0.315
评估学习效果	3.828±0.684	3.556±0.684	2.365	0.038	0.356
改进学习方法	3.954±0.672	3.901±0.597	1.791	0.074	0.043
合作学习	3.954±0.672	3.631±0.783	3.561	0.000	0.444
量表总分	117.317±17.210	111.5±18.699	3.076	0.001	0.326

从表10.7可以看出,实验组在量表两个维度得分以及量表总得分明显高于对照组($p<0.05$),其相应的效应量也显示,ePALA 较大地提高了实验组学生对学习过程中自身角色的认识($d=0.467$),改善了学生的自主学习行为($d=0.273$)。自主学习效果量表总分效应值($d=0.326$, $p<0.05$)表明,ePALA 对实验组的自我角色认知和自主学习行为有明显的影响。在自主学习效果评估量表的"职责定位"维度,量表设置了"学生职责"和"教师职责"两个选项,从表10.7可知,69.84%的实验组学生认为学生本人应承担管理和抉择自己学习的职责,而对照组60.82%的学生认为教师应承担这些职责。在"自主学习行为"维度(表10.7),两组学生在"选择其他学习材料"以及"改进学习方法"的行为表现上差异不大($p>0.05$),而且对应的效应值较低(0.122和0.043),但在"管理学习任务和时间""反思学习""评估学习效果"以及"合作学习"方面却表现显著差异($p<0.05$),三个对应的效应值分别为0.241、0.315、0.356和0.444。上述结果说明,ePALA 使多数实验组学生认识到自己在学习过程中的抉择和管理的中心定位,提高了他们反思和评估学习成效的能力以及合作学习

能力。

第二轮受试仅参加了"自主学习效果评估"的调查。由表 10.8 可知，两组在量表的两个维度以及总量表的得分均有显著性差异（$p<0.05$），效应值也表明，干预使得实验组在量表总分以及对学习过程角色的认识和自主学习行为方面优于对照组（$d=0.318$）。ePALA 较大地提高了学生对自我承担学习职责的认识（$d=0.414$），71.6% 的实验组学生认为学生本人应当承担学习的管理和抉择责任，而对照组仅有不到一半的（47%）学生认为学生本人应该承担这类职责。ePALA 还促进了实验组学生自主学习行为的改善（0.264），在"任务和时间管理""反思学习""评估学习效果"以及"改进学习方法"这四类学习行为方面作用较明显（$p<0.05$，而且效应值在 0.204-0.232 之间）。

表 10.8　第二轮实验两组的自主学习效果评估量表得分差异统计

	实验组（$n=74$）	对照组（$n=78$）	t	p	d
自我职责定位	44.371±7.236	39.824±5.893	3.348	0.001	0.414
教师职责	28.4%	52.6%			
学生职责	71.6%	47.4%			
自主学习行为	76.725±15.866	72.675±14.803	3.374	0.005	0.264
任务和时间管理	3.888±0.842	3.707±0.721	3.187	0.005	0.232
其他学习材料	2.824±0.708	2.872±0.767	−1.326	0.176	0.065
反思学习	3.887±0.891	3.705±0.793	3.145	0.001	0.216
评估学习成效	3.892±0.836	3.709±0.801	3.65	0.001	0.223
改进学习方法	3.918±0.649	3.789±0.614	2.974	0.002	0.204
合作学习	3.683±0.796	3.639±0.842	1.894	0.063	0.054
总量表	119.108±22.424	112.269±20.809	4.173	0.000	0.318

总的来说，两轮实验结果都显示，ePALA 显著提高了实验组在学习过程中的自我角色定位和学习行为。但从两轮结果看，ePALA 对学生自主选择课程外学习材料的作用有限。两轮结果的不同之处是：(1) ePALA 对第一轮实验组在"改进学习方法"方面作用不明显（$d=0.043$），但对第二轮实验组的影响较大（$d=0.204$，$p<0.05$）；(2) ePALA 对提高第一轮实验组的合作学习能力作用显著（$d=0.444$，$p<0.05$），而对第二轮实验

组的作用不明显($d=0.054$)。

表 10.9 显示的是两轮受试的自主学习积分统计比较。该积分显示的是学生在当时整个一学期自主学习的时长、完成的学习单元及单元测试成绩的合成统计数据,由学习系统自动生成。在第一轮的实验中,实际完成档案袋各部分内容的学生 230 人。为使两组数据对等,从对照组(316 人)中按统计序号抽取了前 230 名学生的积分进行对比分析。描述性统计结果显示(表 10.9),实验组的积分高于对照组,t 检验结果表明差异有统计意义,效应量为 0.483。第二轮实验组(82 人)全部完成了 ePALA 各部分内容,鉴于对照组(94 人)与其人数差别不大,故在学习积分和下面的学习成绩统计时按两组实际人数计算。第二轮实验组学生的自主学习积分也显著高于对照组(94 人),效应量为 0.394。上述结果表明,ePALA 的测评干预对学生的自主学习时间投入和任务完成的质和量方面有显著的作用。

表 10.9 自主学习积分差异统计

	实验组	对照组	t	p	d
第一轮实验	89.101±14.749	79.490±23.016	5.723	0.000	0.483
第二轮实验	93.939±4.153	91.132±9.146	2.585	0.011	0.394

注:第一轮实验组和对照组各 230 人;第二轮实验组 82 人,对照组 94 人

(二) ePALA 对自主学习成绩的影响

本研究对 ePALA 是否有助于提高学生的自主学习能力是从:(1)学习目标管理能力;(2)反思与自我测评能力;(3)互动交流能力;(4)外语(英语)使用能力这四个变量进行观测的。理论上说,实验前应对样本框人群的这四个方面同时施测,选取的受试应在自主学习能力及成绩两方面基本一致,就本研究来说,选取的两组受试应在"起点能力评估量表"和学习成绩两方面的前测成绩基本相似,但实际操作存在较大困难。因此,本研究仅依据"起点能力评估量表"的测试结果,即自主学习能力来选定受试。确定了实验组和对照组后,在实验开始的两周内对两组受试的听力进行了测试。这一成绩被看作本研究受试的自主学习成绩前测,当学期期末听力测试为后测。第一轮听力学习成绩的统计方式同上述学习积分统计方式,即实验组和对照组各 230 人。第二轮实验组按实际完成 ePALA 任务的 82 人和对照组 94 人计。

表 10.10 呈现的是第一轮受试听力前后测成绩对比。前测结果表明，对照组成绩明显高于实验组($p<0.05$)，而后测结果却显示实验组成绩高于对照组，但无显著性差异。第二轮的实验组前测也是比对照组低，而且差异具有统计学意义($p<0.05$)，后测结果却显示，实验组虽然比对照组的成绩低，但差异不具有显著性($p>0.05$)。

表 10.10 两组受试的听力前后测差异统计

		实验组	对照组	t	p
第一轮	前测	45.932±26.239	49.287±20.247	−1.556	0.001
	后测	47.78±22.228	46.003±21.093	0.892	0.373
第二轮	前测	54.822±16.615	62.292±17.829	−2.774	0.006
	后测	60.62±19.336	64.96±22.755	−1.318	0.195

注：第一轮实验和对照组各 230 人；第二轮实验组 82 人，对照组 94 人。

表 10.11 显示的是各组听力成绩前后测的效应量统计结果。在第一轮实验结束时，实验组的听力成绩前后测差异效应量虽小(0.070 4)，但是正值，说明后测均值高于前测均值；而对照组的效应量却是负值(−0.162)，说明这组后测均值低于前测均值。第二轮的实验组效应量(0.349)也明显高于对照组(0.146)。上述结果表明，ePALA 对提高学生的自主学习成绩有一定作用。

表 10.11 两轮实验受试听力考试单组前、后测效应统计

		前 测	后 测	d
第一轮	实验组(n=230)	45.932±26.239	47.78±22.228	0.070 4
	对照组(n=230)	49.287±20.247	46.003±21.093	−0.162
第二轮	实验组(n=82)	54.822±16.615	60.62±19.336	0.349
	对照组(n=94)	62.292±17.829	64.96±22.755	0.146

三、结果讨论

本研究的目的是检验 ePALA 实验干预是否提高了学生的自主学习能力。为了提高研究效度，实验前明确界定了自变量和因变量的定义，验

证了测量工具的信效度。在实验过程中,采用准实验研究的不等组前后测设计,用量表、网络自主学习积分和自主学习测试等四个研究工具采集数据来检验 ePALA 对学生自主学习能力发展的作用。在数据的分析方法上,除了描述性统计数据和 t 检验结果外,还包括了两组均值差异的效应量,以帮助我们判断观测到的差异是事实差异,而非数据差异。上述举措无疑提高了研究效度,有力地支撑了研究结论。

从研究结果看,ePALA 能够促进学生对承担管理自己学习职责的身份认同。本研究发现,多数实验组学生认为,学生本人应承担制订学习计划、实施学习计划、评估和监控自己学习的职责,而多数对照组学生却认为教师应该承担上述职责。有关学习者对自己的职责定位与自主能力发展的关系,一些文献已有论述。Benson(2007:30)认为,在长期的语言学习经验中,个人身份的构建和个人自主的实现往往是交织在一起的。Chik(2007:41)指出,如果学习者自主指的是管理自己学习的综合能力,对自我身份的构建可引导其发展的方向。Huang(2009:40)也认为,身份定位可视为自主能力发展的重要成果之一,也可视为构成促进自主发展的本源。

学生对自己承担管理和决策学习的身份定位也促使他们在行动上掌控自己的学习。从"自主学习效果评估量表"数据以及学生网络学习积分统计数据看,ePALA 有助于提高学生的自主学习行为。两轮实验结果表明,ePALA 对提高学生管理时间和任务能力、反思学习能力以及评估学习成效的能力均有较显著的作用,但对实验组自主选择其他学习材料的能力作用不明显,这可能是实验组学生多限于课程学习材料的缘故。这一结果在一定程度上印证了 Baeten et al.(2008:369)的观点,即:档案袋学习环境本身并不能促使学生深度学习。

在"改进学习方法"和"合作学习"这两个变量上,两轮实验得出了不同的研究结论。从 ePALA 最后合成数据看,学生在"互动交流"这一模块的得分几乎为零。但为什么第一轮的实验组在这一指标得分显著高于对照组,个中原因有待后续研究跟进。

本研究结果还显示,ePALA 在一定程度上提高了学生自主学习成绩。由于在实验前要获得两组受试在"起点能力评估量表"得分和听力考试成绩得分同时相似存在较大难度,本研究仅对两组受试的听力成绩进行了配对样本 t 检验和同一样本前后测的差异效应量统计。后续研究应在保证两组受试成绩基本相似的情况下探索 ePALA 对提高学生语言学习成绩的作用。

第二节 学生感知 ePALA 价值

一、研究目的

感知(perception)隶属于态度,受行为信念(即对结果的信念、对结果的评价)的影响,并进一步影响行为意图(Hsieh et al., 2015: 642)。价值则指"基于所提供的和所获益的认知而形成的对所提供服务有效性的评估"(Toufaily et al., 2018: 25)。本书旨在从学生视角探讨 ePALA 的价值。本文的感知价值指学生根据 ePALA 测评体验以及他们的感知收获而形成的判断。鉴于 ePALA 是以促进学生自主为目的,运用的是网络形式的电子档案袋,以测评(自评、师评和机评)作为干预手段。为了捕捉和测量受试对电子媒体的档案袋测评方式的体验感受,调查涉及三个变量:(1)感知 ePALA 促进自主的价值;(2)感知 ePALA 电子技术的价值;(3)感知 ePALA 测评的价值。研究将考察影响学生 ePALA 体验的因素以及这些因素之间的关系和强度,分析学生对这三个变量的反应。

二、研究方法

(一) 受试

本研究的受试来自两轮完成实验的实验组学生,历时一学年,共 312 人。

(二) 研究工具

为更深入和更全面地了解影响学生 ePALA 体验的各种因素,研究采用问卷和访谈的方法收集定量和定性数据。

1. 感知 ePALA 价值问卷

问卷的第一个变量"感知 ePALA 促进自主价值"以自主学习能力构念为框架,目的是了解学生对 ePALA 是否促进了他们自主的评估。这一变量与前面的"起点能力评估量表"和"自主学习效果评估量表"中"自主学习能力"构念有所不同。后者是从学生的态度、能力和行为来判断和分析学生的自主学习能力,而前者虽然也是以自主学习能力构念为框架,但目的是了解和分析学生对 ePALA 是否促进了他们自主的评估。题项围绕四个维度:(1)目标管理能力;(2)反思和自我测评能力;(3)互动交流能力;(4)外语(英语)使用能力,编制初始项目 16 个,其中 4 项为干扰题。

第二个变量是感知 ePALA 电子技术的价值,借鉴了技术接受模型(Technology acceptance modeling,缩称 TAM)来设计该部分题项。在网络学习环境中,TAM 用以了解用户对教育技术使用的看法(Deneen et al.,2017;Teo & Wong,2013)。该模型由 Davis et al.(1989)提出,旨在通过感知有用性、感知易用性、对使用特定技术(包括电子档案袋)态度以及后续行为意愿之间的关系来解释用户如何感知和使用技术。感知有用性指用户认为所使用的技术提高其工作绩效的程度;感知易用性指用户认为该技术的易用程度;使用态度则指用户对该技术的喜爱程度;而后续行为意愿指用户今后仍将使用该技术的意愿。本研究参照这一模型设计了 12 个题项来测量学生感知 ePALA 电子技术的价值。

第三个变量旨在了解学生对 ePALA 测评的作用评估,借用了 Brown(2011)的"学生测评观"(Student conceptions of assessment,缩称 SCoA)量表模型。该量表用于解释学生如何看待测评及测评的作用,涉及四个构念:(1)测评促进了我的学习和教师教学(促进);(2)测评与我无法控制的外部因素有关(外部);(3)测评对我的学习环境有积极的社会和情感影响(情感);(4)测评干扰了我的学习(无关)。SCoA 是在自我调节理论框架下解析学生的测评观。鉴于 SCoA 是针对课堂教学测评而设计,为了契合本研究档案袋测评所反映的替代性测评和以评促学理念,本研究对 Brown(2011)的 33 题量表上进行了改编,形成该部分 22 道题。

问卷的初始 50 道题采用李克特五级量式,从"完全不同意"到"完全同意",最后一部分还设计了 3 道开放题,用于了解学生对改进 ePALA 的建议。

2. 访谈

鉴于问卷获得的学生对开放性问题的回应有限,研究添加了访谈,以进一步了解不同层次学生的自主学习及使用 ePALA 的感受,分析 ePALA 的使用效果,探索改进方向。访谈采用半结构化形式,由笔者事先拟定访谈提纲(附件 11),在实际访谈中根据情况做一些调整。访谈围绕如下问题:(1)英语学习目的;(2)平时英语学习时间;(3)是否适应自主学习模式;(4)是否曾经使用过学习档案袋;(5)ePALA 是否有用;(6)ePALA 学习的体验;(7)ePALA 改进建议。

2018 年 6 月底,笔者对实验班的部分学生进行了一对一的访谈。之所以选择一对一访谈,是因为这种访谈回答率较高,受访者往往不太可能拒绝回答或进行长时间思考,因此,回答会更真实、可靠。6 名任课教师分别从各自实验班推荐了自主学习能力强、中和弱三个等次的 6 名学生参加访谈,实际参加访谈的学生 35 人。访谈按照事先确定的时间和地点举行,在三个半天内完成。访谈过程中,作者认真听取受访者的叙述,不评价谈话内容,鼓励受访学生谈出自己的真实感受和体验,根据其叙述灵活调整访谈的题目顺序或拓展问题深度。在征得受访学生同意后,访谈采用全程录音。

(三) 数据收集及分析

两轮实验中实验组的 382 名学生分别于 2018 年 6 月和 2019 年 1 月参加了网络问卷调查,共收到问卷 295 份(77.2%),删除无效问卷后获得有效问卷 232 份,有效问卷回收率为 60.7%。

为确定 ePALA 促进自主价值、电子技术价值和 ePALA 测评价值之间的关系,同时验证问卷的构念效度,研究采用因子分析技术。将 232 份问卷分成两部分,132 份问卷用于探索性因子分析,另 100 份用于验证性因子分析。使用 SPSS24.0 统计软件对数据进行探索性因子分析,以获得在理论上合理的题项组合和因子个数。随后,使用 AMOS24.0 对样本 2 进行验证性因子分析。结构方程模型可以通过因子分析和路径分析,探索和验证观测(测量)变量和未观测(潜在)变量之间的相互关联或因果关系。模型接受后,再进行问卷的信度分析。最后,使用描述性统计分析来评估学生对 ePALA 的感知价值。

访谈的定性数据分析方法如下:使用软件将访谈语音文件转化成文字文件。访谈资料转录由两位课题组成员共同完成。采用编码方式,将原始数据转化为核心类别。两位教师分别核对文字和语音文件,并运用主题和内容分析法对所有访谈内容独立编码,步骤如下:(1) 仔细阅读文本,分解段落和每句话内容,加以标签;(2) 将相关概念归类;(3) 词频分析。两位老师对访谈内容的编码存在争议部分由笔者参与讨论,使编码趋于一致。最后,笔者根据两位教师编码,对数据进行描述性统计分析,并将受访文本转变成研究文本。

三、结果分析

(一) 感知 ePALA 价值模型

初始问卷的信度系数为 0.972,内部一致性统计结果表明,题项 V34 - 40 的 CITI 值低于 0.5 的标准,若删除这 7 项,可提高整体问卷信度。因此,删除这 7 项,问卷的一致性程度得到提高。

问卷的样本测度值 KMO 为 0.962,Bartlett 球形检验的统计显著($p=.0000$),表明数据适合做因子分析。采用主成分分析法和最大正交旋转方式来实现对观测变量的降维处理。在决定保留因子数量前,采用了如下判断标准:(1) 因子特征根大于 1,而且与碎石图检验结果一致;(2) 各题项的载荷值>0.45;(3) 每个因子题项不少于 3 个(Baglin,2014;Worthington & Whittaker,2006)。依照上述标准和程序,问卷的 43 个题项可获得 3 个因子(表 10.12),解释了 76.54% 的方差。因子 1 共有 16 题,贡献最大,解释了 29.69% 的方差。这一因子与问卷的"ePALA 促进自主价值"构念一致。因子 2 共有 12 题,解释了 24.14% 的方差,与问卷的"感知电子档案袋技术价值"构念一致。因子 3 解释了 22.71% 的方差,与设计的"感知档案袋测评价值"构念一致,共 15 题。

表 10.12 ePALA 感知价值变量载荷和解释方差分析结果

题 号	因子1	因子2	因子3	特征值	解释方差比
V1	0.822				
V2	0.803				
V3	0.828				
V4	0.808				
V5	0.830				
V6	0.785				
V7	0.794				
V8	0.815			26.175	29.69%
V9	0.826				
V10	0.844				
V11	0.846				
V12	0.786				
V13	0.816				
V14	0.804				
V15	0.820				
V16	0.759				

续 表

题 号	因子1	因子2	因子3	特征值	解释方差比
V17		0.779			
V18		0.793			
V19		0.771			
V20		0.768			
V21		0.730			
V22		0.763		5.173	24.14%
V23		0.771			
V24		0.736			
V25		0.763			
V26		0.791			
V27		0.781			
V28		0.795			
V29			0.676		
V30			0.700		
V31			0.725		
V32			0.657		
V33			0.696		
V41			0.686		
V42			0.665		
V43			0.714	1.565	22.71%
V44			0.713		
V45			0.724		
V46			0.716		
V47			0.655		
V48			0.710		
V49			0.693		
V50			0.691		

研究利用另一部分数据对探索性因子分析获得的三因子模型进行验证,采用了四个步骤:模型设定、模型估计、模型评估和模型修正。按照上述步骤,根据修正指数,结合理论,删除了8题(VV9、V10、V11、V12、V30、V31、V32和V50),模型拟合度基本达到了理想标准(表10.13)。可能是样本量小的缘故,最终问卷的GFI值仍未达到0.9的理想水平,但已是接近该值(0.89),继续修订的意义不大。最终问卷共有35题,问卷信度为0.98,各维度的信度均在0.97–0.98之间,说明量表有较好的信度(表10.14)。

表10.13 ePALA接受度模型拟合结果

	X^2/df	GFI	NFI	IFI	CFI	RMSEA
标准	<3.00	>0.90	>0.90	>0.90	>0.90	<0.08
结果	1.95	0.89	0.90	0.94	0.94	0.07

表10.14 感知ePALA价值量表及各维度信度

总量表	促进自主价值	技术价值	测评价值
0.98	0.98	0.97	0.97

感知ePALA价值最终问卷中,拟测变量——感知ePALA促进自主价值,共12题(因子分析过程中删除了4道干扰题)。感知ePALA电子技术价值变量保留了初始12道题。在感知ePALA测评价值变量这部分,因子分析过程中删除了情感(V30、V31、V32)、无关(V34、V35、V36、V37、V38)和外部因子(V38、V39、V40、V50),仅保留"促进"因子(共11题)。这一结果表明,仅"促进"因子反映了感知ePALA价值构念,而其他三个因子与感知ePALA测评价值相关性低或无相关。

图10.1显示的是感知ePALA促进自主价值、电子技术价值和测评价值的关系模型。路径分析是一种因果建模方法,以探索观测变量间的直接和间接的关联。路径系数表示当模型中其他变量保持不变时,因变量对解释变量单位变化的响应。不同变量之间的路径系数等于它们之间的直接影响值。它包含了以单箭头表示的潜在变量之间的因果关系,以及双头箭头表示的相关关系。从图10.1可看出,外源性潜在构念与内源性潜在构念(变量)之间的路径均为正相关,具有统计学意义,因此,接受本

研究提出的感知 ePALA 价值假设模型。如图 10.1 所示,感知 ePALA 促进自主价值、感知 ePALA 技术价值和感知 ePALA 测评价值三因子解释了 79% 的感知 ePALA 价值方差,其中感知技术价值因子贡献略高($\beta=0.38$),其次是感知档案袋测评价值($\beta=0.32$)和感知促进自主价值($\beta=0.28$),说明三个因子都在一定程度上影响学生的感知 ePALA 价值。学生对 ePALA 测评的感知价值与他们感知 ePALA 电子技术价值存在高度相关(0.86),他们对 ePALA 测评的感知价值与他们感知 ePALA 促进自主价值也是显著相关(0.70),他们感知 ePALA 促进自主价值和他们感知 ePALA 电子技术价值存在中度相关(0.60)。这一结果不仅表明三个变量之间的线性关系程度,还表明某一变量的变化会同时引起另外两个变量变化。总的来说,上述结果支持本研究提出的假设模型,即 ePALA 感知价值包含三个因子,分别为感知 ePALA 促进自主价值、感知 ePALA 电子技术价值和感知 ePALA 测评价值。

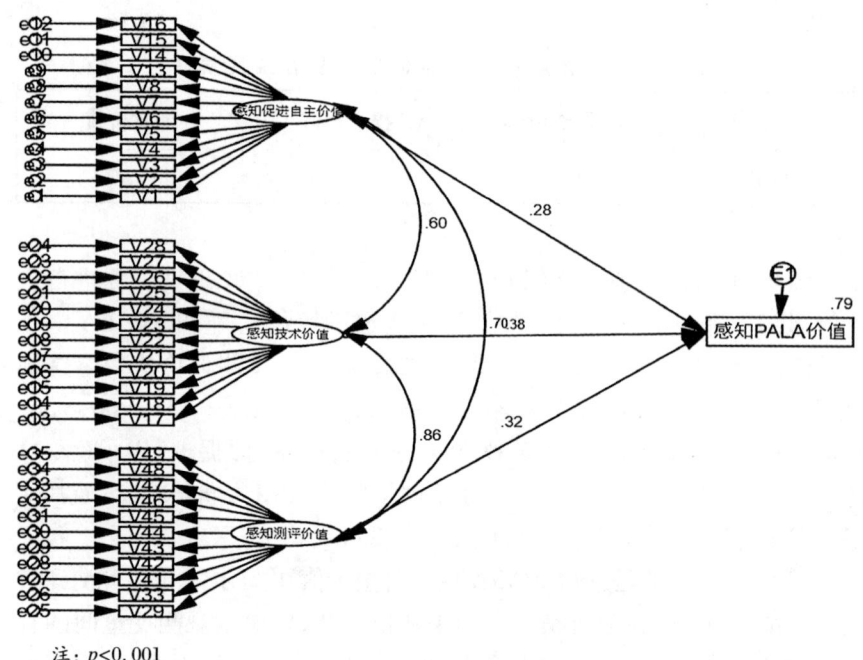

注：$p<0.001$

图 10.1　感知 ePALA 价值模型

(二) 学生感知 ePALA 价值定量分析

表 10.15 是学生对问卷各项答题的百分比统计结果。在感知 ePALA

促进自主这一维度,各题项持"赞同"和"完全赞同"的学生都在75%以上,表明受测学生充分肯定 ePALA 促进了他们自主学习能力的发展。

表 10.15 问卷各题项百分比统计

促进自主价值				电子技术价值				档案袋测评价值			
I	D	N	A	I	D	N	A	I	D	N	A
V1	3.43	16.18	80.39	V17	3.92	20.59	75.49	V29	2.45	14.22	83.33
V2	2.45	15.69	81.86	V18	4.90	16.18	78.92	V33	1.96	17.65	80.39
V3	1.96	20.10	77.94	V19	3.92	18.63	77.45	V41	16.18	50.49	33.33
V4	1.47	19.12	79.41	V20	3.43	14.71	81.86	V42	17.65	48.53	33.82
V5	1.96	17.65	80.39	V21	2.94	17.16	79.90	V43	15.69	50.49	33.82
V6	2.45	22.06	75.49	V22	2.94	14.71	82.35	V44	17.16	47.55	35.29
V7	3.92	19.12	76.96	V23	4.41	16.67	78.92	V45	1.47	16.67	81.86
V8	3.43	17.16	79.41	V24	5.88	22.06	72.06	V46	1.47	14.71	83.82
V13	2.94	17.65	79.41	V25	5.39	20.59	74.02	V47	1.47	15.69	82.84
V14	1.96	18.14	79.90	V26	6.37	20.10	73.53	V48	1.96	15.20	82.84
V15	2.45	13.73	83.82	V27	2.94	21.57	75.49	V49	2.94	14.71	82.35
V16	2.94	17.16	79.90	V28	4.90	20.89	74.21				

注:I:题项;D:不赞同或完全不赞同;N:不确定;A:赞同或完全赞同

这一维度的12个变量中,80%以上的学生认为,ePALA 使他们有了定期评估学习的习惯(V15),让他们的学习目标更明确(V1),提高了他们学习计划性(V2)和学习成效(V5)。79%的受测学生反映 ePALA 使他们更加有序地管理自主学习时间(V4),学会了关注学习过程(V8),提高了他们管理学习能力(V13)、反思学习能力(V14)和合作学习能力(V16)。76%的学生认为 ePALA 提高了他们学习计划执行力(V3)、学习成绩(V6)和学习兴趣(V7)。

感知 ePALA 电子技术的价值题项依据 TAM 模型设计,内容涵盖对 ePALA 感知有用性(V17-19)、易用性(V20-22)、使用态度(V23-25)和后续使用意愿(V26-28)的评估。从表10.15可知,对 ePALA 有用性(V17-19)和易用性(V20-22)持肯定评价的学生占总数75%-82%,在使用态度(V23-25)和后续使用意愿(V26-28)持肯定评价的百分比略低(72%-78%)。

感知 ePALA 测评价值这一维度的 12 题均是对其促学和促教的评价,其中 V46、V47 和 V49 题是关于 ePALA 测评促教的评价。如表 10.15 所示,80%以上受测学生认为 ePALA 测评让教师"了解学生的学习状况"(V46)、"利用测评来帮助我提高"(V47)和"评估教学质量"(V49)。V29、V33、V41、V42、V43、V44、V45 和 V48 这 8 个题项涉及学生对 ePALA 测评的促学评价。80%以上的学生认为 ePALA 测评让他们融入了学习过程(V29)、促进了他们的学习(V33)、让他们了解自己学习进步或存在不足(V45)以及知识掌握情况(V48)。但问及是否重视测评结果(V43)或如何使用测评结果调整后续学习(V42 和 V44)时,50%左右的学生不置可否,只有 34%左右的学生给予肯定答复。这一结果似乎说明不少学生还不能使用测评结果调整和改进学习方法。

(三)定性数据分析

本研究中定性数据主要来自半结构化的访谈。根据访谈结果的编码,访谈主题涉及:(1)英语学习的态度;(2)是否适应自主学习模式;(3)是否有过档案袋学习经历;(4)ePALA 是否有用;(5)ePALA 最有用的部分;(6)ePALA 不足之处;(7)ePALA 使用感受;(8)ePALA 改进建议。访谈结果归类后的频数和频率统计见表 10.16。

表 10.16 访谈结果的描述性统计

问 题	回 答 类 别	频 数	频 率
1. 对英语学习的态度?	喜欢	15	42.9%
	一般	12	34.3%
	不喜欢	6	17.1%
	未作答	2	5.7%
2. 是否适应自主学习模式?	适应	29	82.8%
	不太适应	3	8.6%
	未提及	3	8.6%
3. 以前是否使用过档案袋?	没有	35	100%

续表

问　　题	回 答 类 别	频　数	频　率
4. ePALA 是否有用？	有用	27	77.2%
	无用	2	5.7%
	未给予肯定答复	6	17.1%
5. ePALA 最有用的部分？	反思	18	51.4%
	学习过程轨迹图	10	29.6%
6. ePALA 不好用的部分？	系统功能烦琐	4	11.4%
	反馈不多	1	2.8%
7. ePALA 使用感受	提高自我管理学习的能力	8	22.9%
	适应了高中强压式到大学自主式学习方式转变	8	22.9%
	感受到 ePALA 的促学作用	9	25.7%
	忘记或敷衍学习任务	2	5.7%
8. 对 ePALA 的改进建议？	加强教师指导和师生互动	9	25.7%
	反思部分更细化	2	5.7%
	优化精简系统界面	2	5.7%
	提高系统的稳定性	2	5.7%
	增加测试频率	2	5.7%

由表 10.16 可知，42.9%的受访学生表示"喜欢"英语，34.3%的学生则表示对英语的兴趣"一般"，明确表明"不喜欢"英语的学生占受访总数的 17.1%。大多数的受访学生(82.8%)表示能适应自主学习模式，仅有 8.6%的学生尚不能适应。所有受访学生此前无使用档案袋的学习经历。当问及 ePALA 在他们的英语学习过程中是否有用时，多数学生(77.2%)给予了肯定答复，17.1%未给予明确答复，而 5.7%的受访学生认为"无用"。这一结果与问卷调查结果基本一致。ePALA 的"反思性周志"(51.4%)和"学习过程轨迹图"(29.6%)被认为是 ePALA 最有用的部分，而"系统功能烦琐"(11.1%)和"反馈不足"(2.8%)被认为是 ePALA 的缺陷。

当问及 ePALA 使用感受时，多数学生给予了充分肯定(71.4%)，对感受的描述多集中在：(1) 提高自我管理学习能力(22.9%)；(2) 帮助适

应学习方式转变(22.9%);(3) 逐渐感受 ePALA 对促进学习的作用(25.7%)。以下是部分描述的摘录:

> 不同阶段的不同的学习状态数据存储下来,你回顾的时候,可能就会明白那一段时间自己的学习状态是什么样,然后可能会给后面学习一个警示。S2
>
> 我觉档案袋自我评价系统特别好……会让我认识到我这段时间学习有什么不足的地方,或者说我最近学习有没有变得松懈。感觉还挺不错。S6
>
> 反思部分可以定期地总结一下所学情况。毕竟那是自己写的东西,自己也会认真去对待一下。比如说有些方面不足是什么,自己也会注意一点。S8
>
> 一个星期有几个小时固定学习,开始可能觉得有点煎熬。现在每个星期都要去机房一下,已经习惯。S12
>
> 能起到督促我的作用,比如说,要是段考成绩有时低了,我会及时调整学习时间和方法。S13
>
> 我觉得反思部分让我总结一下这两周学习的一些好或不好的地方,改正的地方……每次听力段考完之后都有成绩,有折线图,能很直观地反映出来。S16
>
> 电子档案袋挺有用的,你能看到你之前的状况,然后再调节,调整。折线图提醒自己的成绩。心里有点数,有点底。S21
>
> 如果有一周特别消极不想干什么事,然后在周志里反思一下,然后这一周可以抓紧补上完成。老师每周都会给我们及时反馈。S25
>
> 档案袋里的反思很有用,比如说你段考没考好的话,心里会想为什么没考好,就可以在反思部分写一下,后面学习你就会有意识地改正。S29
>
> 学习反思让我总结这一阶段学习,然后思考下一个阶段我该去怎么做,或者说我怎么克服这一阶段的缺点。S32

除了上述对 ePALA 的促进自主作用的描述外,也有 2 名受访学生(5.7%)对 ePALA 给予了否定的描述:

> 有些时候容易忘记去自主学习。段考都参加了,但考得不

好。计划也是随便写,都记不清了。折线图我基本是平的。S4

用处不大,我每次写周志的时候都不是很认真。S35

对 ePALA 改进建议主要集中在:(1)增加师生互动(25.7%);(2)精简和优化系统界面(5.7%);(3)细化反思部分提示(5.7%);(4)提高系统运行的稳定性(5.7%);(5)增加自主学习测试频率(5.7%)。

总的来说,多数受访学生认为 ePALA 在促进他们管理自己学习、适应学习模式的转变以及促进学习方面持肯定态度。

四、结果讨论

虽然电子档案袋在我国教育界运用的广度和深度上落后于欧美国家,但自 2010 年以来,相关研究呈增长趋势。国内研究者更感兴趣的是如何在数字化学习环境下结合课程教学融入档案袋的促学和测评功能,多基于教师视角描述电子档案袋的设计和应用;而现实情况是"教育工作者往往从学习潜力的角度、学生则从挑战而非收益的角度来看待电子档案袋"(Gerbic et al., 2009: 328)。本研究从学生视角报告他们的使用电子档案袋的感受,探寻电子档案袋测评的价值以及存在的问题。

在已有关于学生对电子档案袋的认知研究中,Balaban et al. (2013)以信息技术成功模型(Information systems success model,缩称 ISSM)为框架,而 Chen et al. (2012)以 TAM 和 ISSM 为框架,分别探讨了信息技术是如何影响学生对电子档案袋的态度和满意度。Deneen et al. (2017)的研究验证了 TAM 和 SCoA 是影响电子档案袋成效的预测因子。鉴于本研究的 ePALA 是以促进学生自主为目的,反映的是一种全新的学习观和测评观,涉及新兴技术的运用,故研究根据 ePALA 目的和呈现方式,分别从 ePALA 是否促进学生自主、学生对 ePALA 电子技术接受度(TAM)以及对档案袋测评作用(SCoA)评价来探讨学生是如何感知 ePALA 价值。探索性因子分析和验证型因子分析从心理测量学角度验证了新建量表的信度和效度,同时也验证了本研究的理论假设,即学生感知 ePALA 价值模型由感知 ePALA 促进自主价值、感知 ePALA 技术价值和感知 ePALA 测评的促进价值三因子组成。数据结果接受了 ePALA 促进自主和技术价值的理论假设。在感知 ePALA 测评价值构念上,数据结果拒绝了原假设的"外部""情感"和"无关"因子。根据 Brown(2011)的 SCoA 理论,"情感"和"外部"因子指学生将(档案袋)测评与同伴的关系、学习环境和学校教学质量相关联,"反映了学生缺乏自主和自我控制"(Brown,2011:735),"无关"因子则反映了学生拒绝承认(档案袋)测评的有效性。已有研究也验证了持促进观的学生能适应学习测评模式,而持外部、情感归因或认为测评与自己无关的学生难以适应测评模式(Brown,2011:745)。本研究所保留的"促进因子反映了学生发展过程中的自我调节式反应"(Brown,2011:734),也说明这是反映学生对 ePALA 测评价值主要影响因子。上述结果验证了 ePALA 的设计目标,即:ePALA 测评促进了学生自主学习能力发展,促进了学生学习。

本研究的因子模型图表明,三因子之间互相关联,彼此影响。也就是说,学生对 ePALA 测评的认识以及感知的促学和促教价值不仅影响他们对电子档案袋技术的接受度,也影响他们感知 ePALA 促进自主的价值。同样,他们感知 ePALA 促进自主价值影响他们对技术的接受度和对测评的价值。因此,以促进学生自主为目标的电子档案袋测评设计需要同时考虑学生是如何理解自主、电子档案袋技术和测评等因素。

从问卷和访谈数据分析看,虽然学生在实验前从未有过档案袋学习经历,但多数学生肯定了 ePALA 的有用性,也能适应这种学习模式。多数学生肯定了 ePALA 对促进他们自主学习能力的作用,特别是管理学习能力和反思学习能力。这一结果验证了已有文献关于档案袋测评支持学习者决策和促进学生自我管理学习(Barrett,2007;Daunert & Price,2014),促进学生反思学习过程和成效(Little,2011,2012;Nicol & Milligan,2006)以及提高他们对学习过程的认识(Abrami & Barrett,2005;Fitch et al.,2008)和学习绩效(Chang & Tseng,2009)的推断。

在本研究中,反思和学习轨迹图被认为是 ePALA 最有用的部分。学习轨迹图是外部监控,反思是"学生对自己表现的判断、归因和反应"(Chau & Cheng,2010:939)。两者的结合使学生了解学习存在的不足,进而认识到自我改进的必要性,并通过调整学习方法而达到改进的目的。

虽然学生对 ePALA 的系统功能提出了一些改进建议,但从问卷反馈看,多数学生对 ePALA 所采用的电子档案袋技术的有用性和易用性是认可的,评价是肯定的,也愿意在后续学习中继续使用 ePALA。学生对电子档案袋技术的认可,一方面可能是 ePALA 将多种数据集合到一个平台,方便了学生了解和监控学习过程。另一个可能的原因是 ePALA 所采用的结构化构架。档案袋究竟是采用结构化、半结构化或是开放式结构,学界尚无定论。Stewart et al.(2017)分析了已有医学教育专业档案袋结构与学生使用态度的相关文献后发现,半结构化的档案袋获得的正面评价比例更高,而结构化档案袋获得的负面评价比例最高。Roberts et al. (2016)在研究中发现,学生比较抵触电子档案袋技术,一些学生甚至更愿意使用纸质档案袋。电子档案袋的优势如何在教学中得以显现并得到使用者的认可,关键还在于是否基于使用者群体的现状提出合理的使用方案。本研究采用结构化的构架是基于前期实施条件分析后做出的决定。结构化的档案袋更适用于自主学习能力仍处于"反应性自主"阶段的学生,可以帮助他们逐步从依赖走向更大自主。结构化的这一举措为成功实施 ePALA 提供了很好的铺垫。

  本调查也让我们认识到 ePALA 在实施过程中所面临的挑战。虽然受测学生对 ePALA 的作用给予了积极评价,对 ePALA 测评的促学价值多给予了积极的肯定,但只有三分之一的学生能根据测评结果调整后续学习。档案袋测评被认为是替代传统测试的一个理想的方法,其优势之一就是通过学生参与测评过程来实现不断改进和提高的目的。"在档案袋学习过程中,学生是测评的参与者,而不是客体……因为它提供了鼓励学生成为独立、自我导向式学习者的平台"(Paulson et al., 1991: 63)。本调查中一些学生不能根据测评结果调整自己学习的可能原因是学生不理解档案袋测评的意义,或是不知道如何调整学习方法。从学生对 ePALA 改进建议看,除了优化系统的建议外,另外两条建议分别为增加师生和生生互动以及增加测试频次。ePALA 虽然有教师针对学生反思的反馈,计算机技术也能提供机评和学习过程记录反馈,但对自主能力仍处在发展阶段的学生来说,则需要教师指导他们学会如何学习,如何解决学习过程中的问题,如何调整学习方法。

本 章 小 结

  本章我们分别从两个独立的研究来分析 ePALA 的实施效果。采用准实验研究设计,经过两轮实验数据对比,研究发现,ePALA 能有效提高学生的自主学习意识和行为。对实验组的感知 ePALA 价值问卷调查显示,感知 ePALA 促进自主价值、感知 ePALA 电子技术价值和感知 ePALA 测评价值是影响学生感知 ePALA 价值的重要变量,三者相互影响。多数学生对这三个维度的价值持肯定态度。总的来说,ePALA 实施取得了理想效果,但在如何根据测评结果改进学习方法以及如何提高师生、生生互动方面,ePALA 仍有改进的空间。

总之,上述发现为电子档案袋和自主学习研究领域提供了新的视角。具体地说,上述结果解释了 ePALA 系统是否以及如何影响学生的自主学习能力,也解读了在设计基于电子档案袋测评的学习模型时应考虑的重要因素。

第十一章 结　语

本章主要围绕前面的研究问题及成果总结主要结论，并针对研究不足提出进一步研究的方向。

第一节　研究结论

本书以大学英语课程教学为视角，以电子档案袋测评为干预手段，尝试性地回应了网络自主学习环境下如何促进学习者自主以及如何开展自主测评这两个命题。研究分四个阶段：第一阶段是梳理相关文献，廓清概念内涵，厘清概念之间的关系；第二阶段是分析学习者自主以及替代性测评在中国大学英语学习环境下推行的可行性；第三阶段是构建网络自主学习环境下外语自主学习能力的测评工具和促进自主干预工具 ePALA；第四阶段是检验 ePALA 的测评质量和促进自主的效果。研究的主要成果如下：

（一）中国大学英语学习环境下学习者自主是一个集

个体性、环境性、社会性和政治性为一体的多维构念。个体性体现在学习者自我管理学习的能力、自我决策学习的能力、反思学习的能力、与老师和同学合作互动的能力和语言使用能力；环境性指提供学习者自我管理和自我决策的机会；政治性意味着我们不仅要提供学习者自我管理和自我决策的机会，还应将之看成学习者的权利；自主的社会性则强调学习者与教师或与同伴间互动交流和合作学习。

自主既是教育的目标，也是实现目标的一系列过程，是可以通过教学干预来实现的教育方式。促进自主的干预方法可围绕自主的环境性、政治性和社会性来设计。

自主学习能力应聚焦自主的学习者能力特质。本研究的大学生英语自主学习能力模型从学习者的心理特质、管理学习能力、互动交流能力（社会性）和语言学习使用能力来解构自主。据此，我们提出大学生英语自主学习能力概念模型涵盖四个方面，即自主学习能力是：（1）自我管理学习的能力；（2）自主学习的心理和态度；（3）与他人（教师或同伴）不断交互、协商构建身份的能力；（4）语言使用能力。ePALA 测评从学习行为角度验证了该模型的管理学习能力、互动交流能力和语言使用能力；而开发的两个量表"大学生英语自主学习起点能力评估量表"和"大学生英语自主学习效果评估量表"则从另一角度验证了上述构念。

（二）通过对笔者所在省份 7 所高校实施的问卷调查（668 份有效学生问卷和 182 份有效教师问卷）分析发现，教师和学生有较高的自主心理，但在方法和行为上仍未做好自主的准备。教师和学生都认识到培养自主学习能力的重要性，有自主的意愿，但他们对如何提高自主的认识以及表现的行动却与他们较高的自主心理形成反差。大学英语学习环境下推行学习者自主的主要问题在于方法论层面，而非文化层面。源于西方的学习者自主理论中体现的一般规律是具有普适性的，不仅适用于西方，对中国同样适用。

从对笔者所在省份 6 所高校以及部分浙江、湖北、河南、甘肃及内蒙古等地高校的有关大学英语自主学习测评调查结果看，学生和教师对测评要素的理解与高校实际测评实践脱节。研究发现，学生和教师均认为自主学习测评的重点是自主学习能力，测评的目的是促进自主，而高校自主测评考核的仍然是学习成绩。所调查高校实施的网络自主学习考核内容与师生需求有差距。

上述调查结果既凸显了大学英语自主学习环境下测评改革的必要性，也显示出促进自主的教学干预应提供结构化的框架来帮助学生逐步从反应性自主转向前摄性自主。

（三）大学英语在线 ePALA 测评模型融合了学习者自主理论、基于发展的测评理论、数字挖掘技术和学习分析技术等多学科理论和方法，集自主学习能力测评和促进自主的干预为一体。ePALA 的测评模型以学习者理论为重要依据，兼顾档案袋测评要素，借助数字挖掘技术和学习分析技术来实现对学生表现行为的采集和量化。ePALA 包括三个序列：个人和课程基本信息、测评序列和干预序列。测评序列反映了自主学习能力模型，而模型中的指标体系、量规和评分模型构建反映了档案袋测评的理论和方法。干预序列则结合自主和档案袋测评共核要素，从自主的环境性、政治性和社会性来设计，包括测评（围绕量规中证据指标的自评、师评和机评）、反馈与互动（教师反馈、系统反馈和互动交流平台）、自我反思和自我决策（反思学习效果、决策学习时间、节奏和学习内容）的干预手段。

（四）ePALA 测评体系可用于测评学生的英语自主学习能力。研究以 ECD 测评框架为指导，分别构建了自主学习能力模型、量规（任务模型和证据模型）和评分模型，并对能力模型和量规进行了内容效度的统计学检验。经过几轮修订，模型达到可接受范围。最后，采用层级分析法确定了量规各指标权重，选择将评语转换成相应的百分制分数，建立了 ePALA 测评的评分模型。最终的 ePALA 测评体系包含 4 个一级指标（学习目标管理能力、反思与自我测评能力、互动交流能力和语言使用能力），14 个二级指标。

对 ePALA 测评中涉及教师评阅的两个指标"反思"和"自我测评合理性"的评分信度分别采用 Cohen 的 kappa、PABAK 和 Spearman 秩相关系数进行检验。通过对随机抽取的 85 份样本的两评分者间的信度统计分析，评分的一致性和关联性达到了较好水平。在构念效度方面，因子分析和已知群方法验证了 ePALA 测评的构念假设，表明 ePALA 测评的结果与预期结果基本一致。在同时效度方面，ePALA 与两量表之间存在正态显著相关，表明两者之间相关并非偶然。但 ePALA 与两量表间的相关性较低，这可能是 ePALA 测评提供了与量表不同的学生自主学习能力信息。

（五）ePALA 的干预模型可促进学生自主能力发展，提高学习绩效，提高他们的学习感知价值。从准实验研究两轮实验的数据看，ePALA 能有效提高学生的自主学习意识和行为，促进学生对承担管理自己学习职责的身份认同，提高学生的自主学习行为，在一定程度上提高了他们自主学习成绩。对实验组的感知 ePALA 价值问卷调查分析可知，感知 ePALA

促进自主价值、感知 ePALA 电子技术价值和感知 ePALA 测评价值是影响学生感知 ePALA 价值的重要变量,三者相互影响。多数学生对这三个维度的价值持肯定态度。总的来说,ePALA 实施取得了理想效果,但在如何根据测评结果改进学习方法以及如何提高师生、生生互动方面,ePALA 仍有改进的空间。

第二节 研 究 启 示

根据本书研究结论,可以得出如下启示:

(一)学习者自主既包含学习者的自主能力,也包含培养学生自主所需的自我管理和决策的学习环境、学生自我决策的权利和自主依赖。在设计自主测评工具时,应紧扣学习者能力构念给予概念化和操作化定义;而促进学习者自主的策略可根据实施教学干预的条件从自主的环境、社会性和决策权等方面来设计。自主的复杂性和本土化特征表明,我们可能很难找到具有普适性的定义,但可以归纳和总结自主的关键特征,并通过实证研究来验证我们的理解和假设。对自主的阐释并非简单合成西方经典理论,而要基于对特定场域研究对象的自主表现去理解和阐释。

(二)虽然学习者自主可作为有效的教育目标运用到不同的文化,但作为指导思想,学习者自主的推行需要不同形式的教学法以满足不同环境的约束条件。自主是环境变量,开展的促进自主实验要基于研究对象对其文化认同的依赖程度的评估,要基于利益相关者——学生、教师或管理层面的需求分析来设计教学干预。

(三)学生对语言学习的态度、对自己在学习过程中的角色认识以及学习方法皆是制约学生自主能力发展的因素。培养学生自主需要建立一种良性的师生合作(互动)关系。教师要了解学生的现状和需要,采取积极的行动引导和培养学生自主。尤其是当学生在技术和行为上尚未做好自主准备时,要提供结构化的指导,把注意力放在发展学生自主学习技能,以便逐步将责任和学习控制权从教师转移给学生。

(四)教师要努力践行教师自主。教师自主是指"愿意并且能够挑战传统的教学方法,提高自己掌控教学的能力。这些能力直接与促进学习者掌控学习相关"(Jiménez Raya & Vieira, 2015:38)。提高教师自主能力需要教师不断提高语言教学技能和方法,需要教师的反思和行动,也需要学校和教育主管部门创设机会和环境,让教师在面临教学改革困惑或遭遇挫折时,通过讨论和分享来帮助教师实现从传统教学法向促进自主的教学方式转变。

(五)电子档案袋、数字挖掘技术以及学习分析技术为自主学习能力测评提供了新视角。自主该不该测和怎么测一直是困扰学界的问题。测量的视角太窄,无法关照自主的多维、不可观察和发展性的特征;而已有的自主能力测评工具多基于小样本的纸质文本解读。数字挖掘机技术和学习行为分析可实现对学生在线学习行为的分析,档案袋测评在数据的采集类型上更多元和更真实,也更有可能客观地反映学生自主学习能力。但档案袋测评本身并不是解决自主测评困难的"灵丹妙药",真正起关键作用的是怎样设计和确定测评指标、量规和评分规则。这一过程需要从理论和实证双重角度进行论证。

(六)以评促发展的测评观是突破现有学习者自主实践瓶颈的方法论。基于发展的测评观以促进学生发展为目的,强调的是学生和教师在促进自主中的共同作用,尤其适合自主能力不够理想的学生群体。基于发展的测评观体现的是以测评支持学习的范式,教师提供学习情况反馈,学习者认真思索这些反馈,并作相应的改变。在这样的范式中,学习过程和测评过程是互动的,教师作为测评环节的一部分,提供学习支持。标准参照测评清楚地向学生阐明了表现标准,鼓励学生专注于实现课程目标。基于发展的测评观更强调了学生参与评估自己的学习,通过个人反思和外部反馈促进学生发展。这种以提高或发展为目的,以学生真实表现为凭据,以学生参与学习过程和参与测评为手段的支架式教学模式使得基于发展的测评在促进学习者自主研究中有更大的探索空间。

第三节　研究存在不足与展望

本研究对如何将电子档案袋测评运用到网络自主学习环境以促进学生自主学习能力发展和提高学习绩效做了一些探索性的工作。但受一些因素制约,研究仍存在一些不足,仍有需要进一步完善和深入研究的地方。

（一）ePALA 测评体系的质量以及效果尚需要在更大范围内验证。本研究开发的 ePALA 网络测评系统系由第三方开发。从软件开发到试用，再到正式运用检测，经过了几轮修订，整个周期较长。开发的 ePALA 软件仅在笔者所在学校使用。未来应考虑在多所高校检验 ePALA 的稳定性，完善指标体系。

（二）加大混合式学习模式下教师自主的研究。混合式学习模式下，如何构建新型的师生关系？如何提高教师反馈质量，加强教师的导学和促学作用？这些问题是后续研究的方向。从本研究的项目实施条件分析看，教师虽然有自主的信念，但在如何促进自主方面仍显得手足无措。从后续调查结果看，学生对教师指导仍有较大需求。在 ePALA 的实验过程中，仍有一部分实验班学生未能坚守到实验结束，其根本原因是什么？教师如何发挥作用？这些问题都有待后续研究探索。本研究开发的 ePALA 系统可实时呈现学生学习过程数据，帮助教师判断网络自主学习现状，教师可借助 ePALA 平台数据，有针对性地开展教学干预，后续研究可以此为视角，探索教师自主。

（三）后续研究应注意利用数据挖掘和学习分析技术完善测评体系，完善对学生学习过程指导。

（四）电子档案袋开发和实现依赖软件开发专业人员的参与，这也是制约其广泛运用的瓶颈。期待未来教育服务企业能提供软件开发服务，为制定本地化的电子档案袋测评提供硬件保障。

理论、研究和实践是开展语言学习者自主研究的基础。本书的研究发现对大学英语学习环境乃至更大范围的混合式学习模式都具有一定意义。当今高等教育环境和受教育者都在发生显著变化。信息技术迅猛发展，使教育迈入了全新的信息时代。计算机、互联网技术给我们带来的不仅是学习媒介改变，而且是学习方式和教学模式的改变。教育信息技术的发展催生了高等教育不同学科积极探索混合式学习模式改革。混合式学习模式提供了学生自我决策学习时间、内容和节奏的环境，但学生是否具备一定的自主学习能力是决定这一模式成功与否的关键。如何应对教育信息技术带来的学习方式变化是摆在教育工作者面前一项有趣且有意义的工作。笔者对这个议题进行了探索性的研究，希望不久将有更多相关主题研究帮助我们进一步揭开新技术下如何促进学生更加自主这层神秘的面纱。

参考文献

Abrami, P. C. & Barrett, H. 2005. Directions for research and development on electronic portfolios. *Canadian Journal of Learning and Technology*, 31(3): 1-15.

Aiken, L. R. 1980. Content validity and reliability of single items or questionnaires. *Educational and Psychological Measurement*, 40(4): 955-959.

Aiken, L. R. 1985. Three coefficients for analyzing the reliability, and validity of ratings. *Educational and Psychological Measurement*, 45(1): 131-142.

Akoglu, H. 2018. User's guide to correlation coefficients. *Turkish Journal of Emergency Medicine*, 18(3): 91-93.

Allwright, R. L. 1988. Autonomy and individualization in whole-class instruction. In A. Brookes, & P. Grund (eds.). *Individualization and Autonomy in Language Learning*. London: Modern English Publications and the British Council, pp. 35-44.

Aoki, N. 1999. Affect and the role of teacher in the development of learner autonomy. In J. Arnold(ed.). *Affect in Language Learning*. 北京: 外语教学与研究出版社, 人民教育出版社和剑桥大学出版社, pp. 142-154.

Aravamudhan, N. R. & Krishnaveni, R. 2015. Establishing and reporting content validity evidence of new training and development capacity building scale(TDCBS). *Management*, 20(1): 131-158.

Argyris, C. & Schon, D. 1991. Participatory action research and action science compared. In W. Whyte (ed.). *Participatory Action Research*. Newbury Park, CA: Sage, pp. 85-96.

Aston, G. 1997. Involving learners in developing learning methods: exploring text corpora in self-access. In P. Benson, & P. Voller (eds.), *Autonomy and Independence in Language Learning*. Harlow: Addison Wesley Longman, pp. 204-214.

Attwell, G. 2007. e-Portfolios — the DNA of the Personal Learning Environment?. *Journal of e-Learning and Knowledge Society*, 3(2): 39-61.

Babbie, E. 2010. *The Practice of Social Research*. 12th Edition, Belmont, CA: Wadsworth.

Bachman, L. F. 1999. Language testing at the turn of the century: Making sure that what we count counts. *AAA Letter*, 20(2). http://aaal.lang.uiuc.edu/letter/testing.html

Baeten, M., Dochy, F., & Struyven, K. 2008. Students' approaches to learning and assessment preferences in a portfolio-based learning environment. *Instructional Science*, 36(5-6): 359-374.

Baglin, J. 2014. Improving your exploratory factor analysis for ordinal data: A demonstration using FACTOR. *Practical Assessment, Research & Evaluation*, 19 (5). http://pareonline.net/getvn.asp?v=19&n=5

Bajpai, S., Bajpai, R., & Chaturvedi, H. K. 2015. Evaluation of inter-rater agreement and inter-rater reliability for observational data: An overview of concepts and methods. *Journal of the Indian Academy of Applied Psychology*, 41(3): 20-27.

Balaban, I., Mu, E., & Divjak, B. 2013. Development of an electronic Portfolio system success model: An information systems approach. *Computers & Education*, 60(1): 396-411.

Barnhardt, S. 1998. *Portfolio Assessment in the Foreign Language Classroom*. Washington, D.C.: National Capital Language Resource Center.

Barrett, H. C. 2007. Researching electronic portfolios and learner engagement: The REFLECT initiative. *Journal of Adolescent & Adult Literacy*, 50(6): 436-449.

Baume, D., & Yorke, M. 2000. Validity and reliability in the evaluation of portfolios for the accreditation of teachers in higher education. *Studies in Higher Education*, 27 (1): 7-25.

Beckman, A. F. 2011. Assessing the assessment: Using psychometrics to establish reliability and validity of portfolio assessment. *Semantic Scholar*, pdfs. semanticscholar.org/1bea/32ad2ca1ab29e9eddffc 8b205a6ba89a6498. pdf? _ga=2. 112951748. 196372390. 1573051371-1977902703. 1551951069.

Behrens, J. T., Mislevy, R. J., DiCerbo, K. E., & Levy, R. 2010. *An Evidence Centered Design for Learning and Assessment in the Digital World*. Los Angeles, CA: University of California, National Center for Research on Evaluation, Standards, and Student Testing(CRESST).

Benjamin, S. 2007. *The Quality Rubric: A Systematic Approach for Implementing Quality Principles and Tools in Classrooms and Schools*. Milwaukee, WI: American Society for Quality Press.

Bennett, S. J. & Lockyer, L. 2007. A web-based e-portfolio support system for teacher education students. In T. Bastiaens & S. Carliner (eds.), *World Conference on E-Learning in Corporate, Government, Healthcare & Higher Education*. Norfolk, VA: Association for the Advancement of Computing in Education. pp. 7010-7020.

Benoit, J. & Yang, H. 1996. A redefinition of portfolio assessment based upon purpose: Findings and implications from a large-Scale program. *Journal of Research and Development in Education*, 29(3): 181-191.

Benson, P. 1996. Concepts of autonomy in language learning. In R. Pemberton, E. Li, W. Or, & H. D. Pierson (eds.), *Taking Control: Autonomy in Learning*. Hong Kong: Hong Kong University Press. pp. 27-34.

Benson, P. 1997. The philosophy and politics of learner autonomy. In P. Benson, & P.

Voller (eds.), *Autonomy and Independence in Language Learning*. Harlow: Addison Wesley Longman, pp. 18 – 34.

Benson, P. 2000. Autonomy as a learners' and teachers' right. In B. Sinclair, McGrath, I. & T. Lamb. (eds.). *Learner Autonomy, Teacher Autonomy: Future Directions*. England: Pearson Education Limited, pp. 111 – 117.

Benson, P. 2005. *Teaching and Researching Autonomy in Language Learning*. 北京: 外语教学与研究出版社.

Benson, P. 2007. Autonomy in language teaching and learning (State-of-the-Art article). *Language Teaching*, 40(1): 21 – 40.

Benson, P. 2008. Teachers' and learners' perspectives on autonomy. In T. Lamb & H. Reinders (eds.), *Learner and Teacher Autonomy: Concepts, realities, and responses*. Amsterdam: John Benjamin, pp. 15 – 32.

Benson P. 2010. Measuring autonomy: Should we put our ability to the test?. In A. Paran & L. Sercu (eds.). *Testing the Untestable in Language Education*. New York: Multilingual Matters, pp. 77 – 97.

Benson, P. 2012. Autonomy in language learning, learning, and life. *Synergies France*, 9: 29 – 39.

Benson, P. & Voller, P. 1997. Introduction: autonomy and independence in language learning. In Benson, P. & P. Voller (eds.), *Autonomy and Independence in Language Learning*. Harlow, UK: Addison Wesley Longman, pp. 1 – 12.

Berry, R. 2008. *Assessment for Learning*. Hong Kong: Hong Kong University Press.

Bhattacherjee, A. 2012. *Social Science Research: Principles, Methods, and Practices*. Florida, USA: University of South Florida.

Biggs, J. 1996. Enhancing teaching through constructive alignment. *Higher Education*, 32(3): 347 – 364.

Biggs, J. 1999. *Teaching for Quality Learning at University: What the student does*. Buckingham, UK: Society for Research into Higher Education and Open University Press.

Birenbaum, M. 2007. Evaluating the assessment: Sources of evidence for quality assurance. *Studies in Educational Evaluation*, 33(1): 29 – 49.

Black, P. & William, D. 1998. Assessment and classroom learning. *Assessment in Education*, 5(1): 7 – 71.

Boateng, G. O., Neilands, T. B., Frongillo, E. A., Melgar-Quiñonez, H. R., & Young, S. L. 2018. Best practices for developing and validating scales for health, social, and behavioral Research: A primer. *Frontiers in Public Health*, 149(6): 1 – 18.

Bocanegra, A. & Haidl, A. W. 1999. Language learner autonomy in practice: Possibilities in a foreign language situation. *Revista Alicantina de Estudios Ingleses*, 12, 7 – 17. http://rua.ua.es/dspace/bitstream/10045/5950/1/RAEI_12_01.pdf

Borg, S., & Al-Busaidi, S. 2012. *Learner Autonomy: English Language Teachers'*

Beliefs and Practices. London: the British Council.

Boud, D. 1981. Towards student responsibility in learning. In D. Boud, (ed.) *Developing Student Autonomy in Learning.* London: Kogan Page, pp. 21 – 37.

Boud, D. 1988. Moving towards autonomy. In D. Boud (ed.), *Developing Student Autonomy in Learning*, 2nd Edition. New York: Kogan Page, pp. 17 – 39.

Boud, D. 1995. *Enhancing Learning Through Self-Assessment.* London & New York: RoutledgeFalmer.

Brady, H. E. 1989. Factor and ideal point analysis for interpersonally incomparable data. *Psychometrika*, 54(2): 181 – 202.

Broadfoot, P. M. 1996. *Education, Assessment and Society.* Buckingham: Open University Press.

Broady, E., & Kenning, M. 1996. Learner autonomy: An introduction to the issues. In E. Broady, & M. Kenning, (eds.). *Promoting Learner Autonomy in University Language Teaching.* London: CILT, pp. 9 – 21.

Brockbank, A., & McGill, I. 1998. *Facilitating Reflective Learning in Higher Education.* Buckingham: Society for Research in Higher Education and Open University Press.

Brookart, S. M. 2005. Assessment theory for college classroom. In M. V. Achacoso, & M. D. Svinicki, (eds). *Alternative Strategies for Evaluating Student Learning.* San Francisco: Jossey-Bass, pp. 5 – 14.

Brown, G. T. L. 2011. Self-regulation of assessment beliefs and attitudes: A review of the students' conceptions of assessment inventory. *Educational Psychologist*, 31(6), 731 – 748.

Brown, J. 2000. What is construct validity? *Shiken: JALT Testing & Evaluation SIG Newsletter*, 4(2): 8 – 12.

Brown, S. & Knight, P. 1995. *Assessing Learners in Higher Education.* London: Philadelphia.

Bryant, L. H., & Chittum, J. R. 2013. ePortfolio effectiveness: A(n ill-fated) search for empirical support. *International Journal of ePortfolio*, 3(2): 189 – 198.

Burns, M. K., & Haight, S. L. 2005. Psychometric properties and instructional utility of assessing special education teacher candidate knowledge with portfolios. *Teacher Education and Special Education*, 28(3): 185 – 194.

Butterfield, L. D., Borgen, W. A., Amundson, N. E., & Maglio, A. T. 2005. Fifty years of the critical incident technique: 1954 – 2004 and beyond. *Qualitative Research*, 5(4): 475 – 497.

Byrt, T., Bishop, J., & Carlin, J. 1993. Bias, prevalence and kappa. *Journal of Clinical Epidemiology*, 46(5): 423 – 429.

Callan, E. 1988. *Autonomy and Schooling.* Montreal: McGill-Queen's University Press.

Candy, P. 1987. Evolution, revolution or devolution: Increasing learner-control in the instructional setting. In D. J. Boud, & V. R. Griffin, (eds.) *Appreciating Adults*

Learning: From the Learner's Perspective. London: Kogan Page, pp. 159-178.
Candy, P. 1991. *Self-direction for Lifelong Learning: A Comprehensive Guide to Theory and Practice.* San Francisco: Jossey-Bass.
Carol, A. 2005. *The Assessment of Learner Autonomy and Persistence in Adults Enrolled in Online Courses.* PhD Thesis. Regent University.
Carpenter, S. 2018. Ten steps in scale development and reporting: A guide for researchers. *Communication Methods and Measures*, 12(1): 25-44, DOI: 10.1080/19312458.2017.1396583
Carretero-Dios, H. & Perez, C. 2007. Standards for the development and review of instrumental studies: Considerations about test selection in psychological research. *International Journal of Clinical and Health Psychology*, 7(3): 863-882.
Champagne, M. -F., Clayton, T., Dimmitt, N., Laszewski, M., Savage, W., Shaw, J., Sroupe, R., Thien, M. M., & Walter, P. 2001. The assessment of learner autonomy and language learning. *The AILA Review*, 15: 45-55.
Chan, V. 2001. Readiness for learner autonomy: What do our learners tell us? *Teaching in Higher Education*, 6(4): 505-518.
Chan, V., Spratt, M., & Humphreys, G. 2002. Autonomous language learning: Hong Kong tertiary students' attitudes and behaviour. *Evaluation and Research in Education*, 16(1): 1-18.
Chang, C. & Tseng, K. 2009. Use and performances of web-based portfolio assessment. *British Journal of Educational Technology*, 40(2): 358-370.
Chang, C. C., & Wu, B. H. 2012. Is teacher assessment reliable or valid for high school students under a web-based portfolio environment?. *Educational Technology & Society*, 15(4): 265-278.
Chau, J. & Cheng, G. 2010. Towards understanding the potential of e-portfolios for independent learning: A qualitative study. *Australian Journal of Educational Technology*, 26(7): 932-950.
Chen, M. Y., Chang, F. M. T., Chen, C. C., Huang, M. J., & Chen, J. W. 2012. Why do individuals use e-Portfolios. *Educational Technology & Society*, 15(4): 114-125.
Chik, A. 2007 From learner identity to learner autonomy: A biographical study of two Hong Kong learners of English. In P. Benson (ed.), *Teacher and Learner Perspectives.* Dublin, Ireland: Authentik Language Learning Resources, pp. 41-60.
Claire, W. & Cumming, J. 2009. *Educational Assessment in the 21st Century: Connecting Theory and Practice.* NY: Springer Netherlands.
Clark, L. A., & Watson, D. 1995. Constructing validity: Basic issues in objective scale development. *Psychological Assessment*, 7(3): 309-319.
Cohen, J. 1988. *Statistical Power Analysis for the Behavioral Sciences* (2nd Edition). Hillsdale, NJ: Lawrence Erlbaum.

Cohen, L., Manion, L., & Morrison, K. 2005. *Research Methods in Education* (5th Edition). London: RoutledgeFalmer.

Cohen, R., & Swerdlik, M. 2009. *Psychological Testing and Assessment: An Introduction to Tests and Measurement* (7th ed.). New York: McGraw Hill.

Collins, A. 1992. Portfolios in science education: Issue in purpose, structure and authenticity. *Science Education*, 76(4): 451–463.

Comrey, A. L., & Lee, H. 1992. *A First Course in Factor Analysis*. New York: Academic Press.

Cooker, L. 2012. *Formative (Self-)Assessment as Autonomous Language Learning*, PhD Thesis. University of Nottingham.

Cotterall, S. 1995a. Readiness for autonomy: Investigating learner beliefs. *System*, 23(2): 195–205.

Cotterall, S. 1995b. Developing a course strategy for learner autonomy. *English Language Teaching Journal*, 49(3): 219–227.

Cotterall, S. 2017. The pedagogy of learner autonomy: Lessons from the classroom. *Studies in Self-Access Learning Journal*. 8(2): 102–115.

Cotterall, S., & Murray, G. 2009. Enhancing metacognitive knowledge: Structure, affordances and self. *System*, 37(1), 34–45.

Cowan, J. & Peacock, S. 2017. Integrating reflective activities in eportfolios to support the development of abilities in self-managed experiential learning. *Reflective Practice*, 18(5): 655–672, DOI: 10.1080/14623943.2017.1307723

Crabbe, D. 1993. Fostering autonomy from within the classroom: The teacher's responsibility. *System*, 27(4): 443–452.

Creswell, J. W. 1994. *Research Design: Qualitative and Quantitative Approaches*. Thousand Oaks, CA: Sage Publications.

Cronbach, L. J., & Meehl, P. E. 1955. Construct validity in psychological tests. *Psychological Bulletin*, 52(4), 281–302.

Dam, L. 1994. How do we recognize an autonomous classroom? *Die Neueren Sprachen*, 93(5): 503–527.

Dam, L. 1995. *Learner Autonomy, 3: From theory to classroom practice*. Dublin: Authentik.

Dam, L. 2000. Evaluating autonomous learning, In B. Sclaire, & B. Lamb, (eds.) *Learner Autonomy, Teacher Autonomy: Future Directions*. England: Pearson Education Limited. pp. 48–59.

Dam, L. 2012. Empowering — Educating students to become lifelong learners. *TESOL Symposium*. http://www.tesol.org/docs/default-source/new-resource-library/symposium-on-student-empowerment-8.pdf? sfvrsn=0 03/10/2016

Danielson, C., & Abrutyn, L. 1997. *An Introduction to Using Portfolios in the Classroom*. Alexandria, VA: Association for Supervision and Curriculum Development.

Dann, R. 2002. *Promoting Assessment as Learning: Improving the learning process*. London: Routledge.

Dann, R. 2014. Assessment as learning: Blurring the boundaries of assessment and learning for theory, policy and practice. *Assessment in Education: Principles, Policy & Practice*, 21(2): 149–166, DOI: 10.1080/0969594X.2014.898128.

Daunert, A. L. & Price, L. 2014. E-portfolios: A practical tool for self-directed, reflective and collaborative professional learning. In C. Harteis, A. Ruasch, & J. Seifried, (eds.), *Discourses on Professional Learning: On the Boundary between Learning and Working, Professional and Practice-based Learning*. Dordrecht, Netherlands: Springer, pp. 231–251.

Davies, A. & Le Mahieu, P. 2003. Assessment for learning: Reconsidering portfolios and research evidence. In M. Segers, F. Dochy, & E. Cascallar (eds.), *Innovation and Change in Professional Education: Optimizing New Modes of Assessment: in Search of Qualities and Standards*, Dordrecht: Kluwer Academic Publishers, pp. 141–169.

Davis, F. D., Bagozzi, R. P., & Warshaw, P. R. 1989. User acceptance of computer technology: A comparison of two theoretical models. *Management Science*, 35(8), 982–1003.

Dearden, R. F. 1972. Autonomy and education. In R. F. Dearden, P. H. Hirst, & R. S. Peters (eds.), *Education and the Development of Reason*. London: Routledge & Kegan Paul, pp. 448–465.

Deci, E. & Ryan, R. 1985. The general causality orientations scale: Self-determination in personality. *Journal of Research in Personality*, 19: 109–134.

Delgado-Rico, E., Carrctero-Dios, H., & Ruch, W. 2012. Content validity evidences in test development: An applied perspective. *International Journal of Clinical and Health Psychology España*, 12(3): 449–460.

Derham, C., & Diperna, J. 2007. Digital professional portfolios of preservice teaching: An initial study of score reliability and validity. *International Journal of Technology and Teacher Education*, 15(3): 363–381.

Deneen, C. C., Brown, G. T. L., & Carless, D. 2017. Students' conceptions of eportfolios as assessment and technology. *Innovations in Education and Teaching International*, 54(1): 1–10. DOI: 10.1080/14703297.2017.1281752.

Desjarlais, M., & Smith, P. 2011. A comparative analysis of reflection and self-assessment. *International Journal of Process Education*, 3(1): 3–18.

DeVaus, D. 2002. *Research Design in Social Research*. Thousand Oaks, Calif: Sage Publications

Dickinson, L. 1987. *Self-instruction in Language Learning*. Cambridge: Cambridge University Press.

Dickinson, L. 1995. Autonomy and motivation: A literature review. *System*, 23(2): 165–174.

Dixon, D. 2011. *Measuring Language Learner Autonomy in Tertiary-level Learner of English*. PhD Thesis, University of Warwick.

Draves, T. J. 2009. Portfolio assessment in student teaching: A reliability study. *Journal of Music Teacher Education*, 19(1): 25–38.

Driessen, E., Overeem, K., van Tartwijk, J., van der Vleuten, C., & Muijtjens, A. 2006. Validity of portfolio assessment: Which qualities determine rating?. *Medical Education*, 40(9): 862–866.

Driessen, E., van der Vleuten, C., Schuwirth, L. et al. 2005. The use of qualitative research criteria for portfolio assessment as an alternative to reliability. *Medical Education*, 39(2): 214–220.

Duong, M., Nguyen, C., & Griffin, P. 2011. Developing a framework to measure process-oriented writing competence: A case of Vietnamese EFL students' formal portfolio assessment. *RELC Journal*. 42(2): 167–185.

Ecclestone, K. 2002. *Learning Autonomy in Post-compulsory Education: The Politics and Practice of Formative Assessment*. London: RoutledgeFalmer.

Elena, M., & Nucamendi, L. 2014. *Autonomy in Language Learning: The Learner, the Teacher and the Institution*. Mexico: Universidad de Quintana Roo.

Elliott, S., Compton, E. & Roach, A. 2007. Building validity evidence for scores on a state-wide alternate assessment: A contrasting groups, multimethod approach. *Applied Measurement in Education*, 26 (2), 30–43. doi: 10. 1111/j. 1745–3992. 2007. 00092. x

Esch, E. 1996. Promoting learner autonomy: Criteria for the selection of appropriate methods. In R. Pemberton, E. Li, W. Or, & H. D. Pierson (eds.). *Taking Control: Autonomy in Language Learning*. Hong Kong: Hong Kong University Press, pp. 35–48.

Everhard, C. J. 2015. The Assessment-autonomy relationship. In C. J. Everhard, & E. Murphy (eds.), *Assessment and Autonomy in Language Learning*. Basingstoke, UK: Palgrave-macmillan, pp. 8–34.

Everhard, C. J. 2016. What is this thing called autonomy? Finding a definition and a model. *Selected Papers of the 21st International Symposium on Theoretical and Applied Linguistics*, 21: 548–568. http://ejournals. lib. auth. gr/thal/article/view/5254

Everhard, C. J. 2018. Re-exploring the relationship between autonomy and assessment in language learning: A literature overview. *Relay Journal*, 1(1): 6–20.

Falchikov, N. 2005. *Improving Assessment through Student Involvement*. London: RoutledgeFalmer.

Feryok, A. 2013. Teaching for learner autonomy: The teacher's role and sociocultural theory. *Innovation in Language Learning and Teaching*, 7(3): 213–225.

Fidler, F. 2010. The American Psychological Association Publication Manual Sixth Edition: Implications for teaching statistics. *Refereed Proceedings of ICOTS – 8,*

Eighth International Conference on Teaching Statistics. Ljubljana, Slovenia.

Field, A. 2000. *Discovering Statistics Using SPSS for Windows.* London/Thousand Oaks/New Delhi: Sage publications.

Finch, A. 2001. Autonomy: Where Are We? Where Are We Going? *JALT CUE Conference on Autonomy, The Hong Kong Polytechnic University.* Retrieved on July, 22, 2006. http://www. finchpark. com/arts/autonomy/index. htm

Finch, A., & Sampson, K. 2001. Portfolios and projects: The understanding crisis. *Paper presented at the KOTESOL 2001 international conference*, Seoul, South Korea.

Fisher, M., King, J., & Tague, G. 2001. Development of a self-directed learning readiness scale for nursing education. *Nurse Education Today*, 21, 516 – 525.

Fitch, D., Peet, M., Reed, D., & Tolman, R. 2008. The use of e-portfolios in evaluating the curriculum and student learning. *Journal of Social Working Education*, 44(3): 37 – 54.

Flanagan, J. C. 1954. The critical incident technique. *Psychological Bulletin*, 51(4): 327 – 358. https://www. apa. org/pubs/databases/psycinfo/cit-article. pdf

Fleming, J., McCracken, J., & Carran, D. A. 2004. Comparison of two methods of determining interrater reliability. *Assessment for Effective Intervention*, 29(2): 39 – 51.

Fornell, C. & Larcker, D. F. 1981. Evaluating structural equation models with unobservable variables and measurement error. *Journal of marketing research*, 18(1): 39 – 50.

Fuchs, C., Hauck, M., & Müller-Hartmann, A. 2012. Promoting learner autonomy through multiliteracy skills development in cross-institutional exchanges. *Language Learning and Technology.* 16(3): 82 – 102.

Furtak, E. M., & Kunter, M. 2012. Effects of autonomy-supportive teaching on student learning and motivation. *The Journal of Experimental Education*, 80(3): 284 – 316.

Gadbury-Amyot, C. C., Kim, J., Palm, R. L., Mills, E., Noble, E., & Overman, P. 2003. Validity and reliability of portfolio assessment of competency in a baccalaureate dental hygiene program. *Journal of Dental Education*, 67(9): 991 – 1002.

Galván-Sánchez, I., Verano-Tacoronte, D., González-Betancor, S. M., Fernández-Monroy, M., & Bolívar-Cruz, A. 2017. Assessing oral presentation skills in Electrical Engineering: Developing a valid and reliable rubric. *International Journal of Electrical Engineering Education*, 54(1): 17 – 34.

Gardner, D. 1994. Creating simple interactive video for self-access. In D. Gardner, & L. Miller(eds.). *Directions in Self-Access Language Learning.* Hong Kong: Hong Kong University Press, pp. 107 – 114.

Gardner, D. 2000. Self-assessment for autonomous language learners. *Links & Letters*, 7: 49 – 60.

Gardner, D., & Miller, L. 2002. *Establishing Self-Access: From Theory to Practice*. 上海：上海外语教育出版社.

Garrett, B. M., McPhee, M., & Jackson, C. 2013. Evaluation of an eportfolio for the assessment of clinical competence in a baccalaureate program. *Nurse Education Today*, 33: 1207-1213.

Gentile, C. A. 1992. *Exploring Methods for Collecting Students' School-based Writing: NAEP's 1990 Portfolio Study*. Washington: National Center for Education Statistics. https://eric.ed.gov/?id=ED343154

Gerbic, P., Lewis, L., & Northover, M. 2009. Student perspectives of eportfolios: A longitudinal study of growth and development. In R. Atkinson & C. McBeath (eds.), *Same Places, Different Spaces, Proceedings of the 26th Annual Ascilite Conference, 2009*. Auckland, New Zealand. http://www.ascilite.org.au/conferences/auckland09

Gilbert, T. 1998. A leisurely look at worthy performance. In J. Woods & J. Gortada. (eds.), *The 1998 ASTD Training and Performance Yearbook*. New York: McGraw-Hill. pp. 13-15.

Goldsmith, D. J. 2007. Enhancing learning and assessment through e-portfolios: A collaborative effort in Connecticut. *New Directions for Student Services*, 119, 31-42.

Gregori-Giralt, E., & Menéndez-Varela, J. L. 2015. Validity of the learning portfolio: Analysis of a portfolio proposal for the university. *Instructional Science*, 43(1): 1-17.

Guglielmino, L. M. 1977. *Development of the Self-Directed Learning Readiness Scale*. PhD Thesis. University of Georgia.

Guo, Y. 2007. Autonomous English learning among postgraduate EFL learners in China: A study of attitudes and behaviours. *The Journal of Asia TEFL*, 4(3): 47-70.

Hand, M. 2006. Against autonomy as an educational aim. *Oxford Review of Education*, 32(4): 535-550.

Hamilton, M. 2013. *Autonomy and Foreign Language Learning in a Virtual Learning Environment*. London: Bloomsbury.

Hashemian, M., & Fadaei, B. 2013. Fostering EFL learners' autonomy in light of portfolio assessment: Exploring the potential impact of gender. *Iranian Journal of Language Teaching Research*, 1(2): 135-151.

Haynes, S. N., Richard, D. C. S., & Kubany, E. S. 1995. Content validity in psychological assessment: A functional approach to concepts and methods. *Psychological Assessment*, 7(3): 238-247.

Hedge, T. 2000. *Teaching and Learning in the Language Classroom*. Oxford: Oxford University Press.

Herman, J. L., Aschbacher, P. R., & Winters, L. 1992. *A Practical Guide to Alternative Assessment*. Alexandria, VA: Association for Supervision and

Curriculum Development.
Herman, J. L., Gearhart, M., & Baker, E. L. 1993. Assessing writing portfolios: Issues in the validity and meaning of scores. *Educational Assessment*, 1(3): 201–224.
Herman, J. L., Gearhart, M., & Aschenbacher, P. R. 1996. Portfolios for classroom assessment: Design and implementation issues. In R. Calfee & P. Perfumo (eds.) *Writing Portfolios in the Classroom. Policies and Practice, Promise and Peril.* Mahwah, NJ: Lawrence Erlbaum Associates. Inc. pp. 27–59.
Herman, J. L. & Winters, L. 1994. Portfolio research: A slim collection. *Educational Leadership*, 52(2): 48–55.
Higgs, J. 1988. Planning learning experiences to promote autonomous learning. In D. Boud (ed.) *Developing Student Autonomy in Learning*. London: Kogan Page, pp. 40–58.
Hill, C. J., Bloom, H. S., Black, A. R., & Lipsey, M. W. 2008. Empirical benchmarks for interpreting effect sizes in research. *Child Development Perspectives*, 2(3): 172–177.
Hinkin, T. R., Tracey, J. B., & Enz, C. A. 1997. Scale construction: Developing reliable and valid measurement instruments. *Journal of Hospitality and Tourism Research*, 21(1): 100–120. http://scholarship.sha.cornell.edu/
Holec H. 1981. *Autonomy and Foreign Language Learning*. Oxford: Pergrmon.
Holec, H. 1988. General presentation: prospects. In H. Holec (ed.). *Autonomy and Self-directed Learning: Present Fields of Application*. Strasbourg: Council of Europe, pp. 5–18.
Hsieh, P. H., Lee, C. I., & Chen, W. F. 2015. Students' perspectives on e-portfolio development and implementation: A case study in Taiwanese higher education. *Australasian Journal of Educational Technology*, 31(6): 641–656.
Huang, J. 2009. *Autonomy, Agency and Identity in Foreign Language Learning and Teaching*. PhD Thesis. The University of Hong Kong.
Hutcheson, G., & Sofroniou, N. 1999. *The Multivariate Social Scientist: Introductory Statistics Using Generalized Linear Models*. London: Sage Publication.
Janicki, T. & Steinberg, G. 2003. Evaluation of a computer-supported learning system. *Decision Sciences Journal of Innovative Education*. 1(2): 203–223.
Jiménez Raya, M. 2009. Teacher education for learner autonomy: An analysis of the Europal contribution to a knowledge base. *Innovation in Language Learning and Teaching*, 3(3): 221–238.
Jiménez Raya, M. 2011. Language learner autonomy in a Spanish context. In J. Miliander, & T. Trebbi (eds.), *Educational Policies and Language Learner Autonomy in Schools — A New Direction in Language Education?*. Dublin: Authentik, pp. 67–79.
Jiménez Raya, M., Lamb, T., & Vieira, F. 2007. *Pedagogy for Autonomy in Language*

Education in Europe: Towards a Framework for Learner and Teacher Development. Dublin: Authentik.

Jiménez Raya, M., & Vieira, F. 2015. *Enhancing Autonomy in Language Education: A Case-based Approach to Teacher and Learner Development*. Berlin: de Gruyter Mouton.

Jones, J. F. 1995. Self-access and culture: Retreating from autonomy. *ELT Journal*, 49(3): 228 – 234.

Jones, E. A. & Voorhees, R. A. 2002. *Defining and Assessing Learning: Exploring Competency-based Initiatives*. Washington, D. C.: National Center for Education Statistics.

Johnson, C. P., & Marsh, D. 2014. Blended language learning: An effective solution but not without its challenges. *Higher Learning Research Communications*, 4(3): 22 – 41.

Jonsson, A., & Svingby, G. 2007. The use of scoring rubrics: Reliability, validity and educational consequences. *Educational Research Review*, 2(2): 130 – 144.

Joyce, P. 2005. A framework for portfolio development in postgraduate nursing practice. *Journal of Clinical Nursing*, 14(4): 456 – 463.

Kane, M. T. 1992. An argument-based approach to validation. *Psychological Bulletin*, 112(3): 527 – 535.

Kapucu, N., & Koliba, C. 2017. Using competency-based portfolios as a pedagogical tool and assessment strategy in MPA programs. *Journal of Public Affairs Education*, 23(4): 993 – 1016.

Karacaoglu, O. C. 2008. Determining the teacher competencies required in Turkey in the European Union harmonization process. *World Applied Sciences Journal*, 4: 86 – 94.

Kelly-Riley, D., Elliot, N., & Rudniy, A. 2016. An empirical framework for ePortfolio assessment. *International Journal of ePortfolio*, 6(2): 95 – 116.

Kerr, D. 2002. Devoid of community: Examining conceptions of autonomy in education. *Educational Theory*, 52(1): 13 – 25.

Khan, S. H., Saeed, M., & Fatima, K. 2009. Assessing the performance of secondary school head-teachers. *Educational Management Administration & Leadership*, 37(6): 766 – 783.

Koretz, D. 1998. Large-scale portfolio assessments in the US: Evidence pertaining to the quality of measurement. *Assessment in Education: Principles, Policy & Practice*, 5(3): 309 – 334.

Koretz, D., Stecher, B., Klein, S., McCaffrey, D., & E. Deibert. 1992. Can portfolios assess student performance and influence instruction? The 1991 – 92 Vermont experiences. *ERIC database*. (ED365699)

Kraft, M. A. 2019. Interpreting effect sizes of education interventions. *Educational Researcher*. 49. https://scholar.harvard.edu/files/mkraft/files/kraft_2018_interpreting_effect_sizes.pdf

Kuchah, K. & Smith, R. 2011. Pedagogy of autonomy for difficult circumstances: From practice to principles. *Innovation in Language Learning and Teaching*, 5(2): 119 – 140, DOI: 10. 1080/17501229. 2011. 577529

Kühn, B., & Perez Cavana, M. (eds), 2012. *Perspectives from the European Language Portfolio: Learner autonomy and self-assessment*. Oxford, UK: Routledge.

Kumaravadivelu, B. 2003. *Beyond Methods: Macrostrategies for Language Teaching*. New Haven, CT & London: Yale University Press.

La Ganza, W. 2008. Learner autonomy — teacher autonomy: Interrelating and the will to empower. In T. Lamb, & H. Reinders (eds.), *Learner and Teacher Autonomy: Concepts, Realities, and Responses*. Amsterdam: John Benjamin, pp. 63 – 67.

Lai, J. 2001. Towards an analytic approach to assessing learner autonomy. *The AILA Review*, 15: 34 – 44.

Lalley, J. P. 2017. Reliability and validity of edTPA. In J. H. Carter, & H. A. Lochte (eds.), *Teacher Performance Assessment and Accountability Reforms: The Impact of edTPA on Teaching and Schools*. New York, NY: Palgrave Macmillan, pp. 47 – 78.

Lam, R. 2018. *Portfolio Assessment for the Teaching and Learning of Writing*. Singapore: Springer.

Lamb, T. 2010. Assessment of autonomy or assessment for autonomy? Evaluating learner autonomy for formative purposes. In A. Paran, & L. Sercu (ed.), *Testing the Untestable in Language Education*. New York: Multilingual Matters, pp. 98 – 119.

Lamb, T. 2017. Knowledge about language and learner autonomy. In J. Cenoz, D. Gorter, & S. J. May (eds.), *Language Awareness and Multilingualism: Encyclopedia of Language and Education*. Berlin: Springer, pp. 173 – 186. DOI 10. 1007/978 – 3 – 319 – 02240 – 6_14

Lambert, S. & Corrin, L. 2007. Moving towards a university wide implementation of an e-portfolio tool. *Australasian Journal of Educational Technology*, 23(1): 1 – 16.

Lambert, W., Schuwirth, T., & Cees, P. M. Van Der Vleuten. 2011. Pragmatic assessment: From assessment of learning to assessment for learning. *Medical Teacher*, 33(6): 478 – 485.

Lamy, M. N., & Mangenot, F. 2013. Social media-based language learning: Insights from research and practice. In M. N. Lamy, & K. Zourou (eds.), *Social Networking for Language Education*. New York: Palgrave Macmillian, pp. 197 – 213.

Lantolf, J. P., & Thorne, S. L. 2006. *Sociocultural Theory and the Genesis of Second Language Development*. Oxford: Oxford University Press.

Launer, B. 2010. Five assumptions on blended learning: What is important to make blended learning a successful concept? In P. Tsang (ed.), *Hybrid Learning: Third International Conference*. Berlin: Springer, pp. 9 – 15.

Laurillard, D. 2002. *Rethinking University Teaching* (2nd. ed.). London: Routledge-

Falmer.

Lawshe, C. H. 1975. A quantitative approach to content validity. *Personnel Psychology*, 28(4): 563–575.

Lawther, W. C. 1986. Content validation: Conceptual and methodological issues. *Review of Public Personnel Administration*, 6(3): 37–49.

Lee, W., Owens, D., & Benson, A. 2002. Design considerations for web-based learning systems. *Advances in Developing Human Resources*, 4(4): 405–423.

Lennon, P. 2012. *Learner Autonomy in English Classroom: Empirical Studies and Ideas for Teachers*. Frankfurt am Main: Peter Lang.

Libman, Z. 2010. Alternative assessment in higher education. *Studies in Educational Evaluation*, 36(1–2): 62–68.

Lin, L. L., & Reinders, H. 2017. Assessing learner autonomy: Development and validation of a localised scale, In H. Reinders, D. Nunan, & B. Zou. (eds.), *Innovation in Language Learning and Teaching: The Case of China*. Basingstoke: Palgrave Macmillan, pp. 307–328.

Lipsey, M. W., Puzio, K., Yun, C., Hebert, M. A., Steinka-Fry, K., Cole, M. W., … Busick, M. D. 2012. *Translating the Statistical Representation of the Effects of Education Interventions into More Readily Interpretable Forms*. Washington, DC: National Center for Special Education Research.

Little, D. 1990. Autonomy in language learning. In I. Gathercole(ed.), *Autonomy in Language Learning*, London: CILT.

Little, D. 1991. *Learner Autonomy 1: Definition, Issues and Problems*. Dublin: Authentik.

Little, D. 1995. Learning as dialogue: the dependence of learner autonomy on teacher autonomy. *System*, 23 (2): 175–182.

Little, D. 1996. Freedom to learn and compulsion to interact: Promoting learner autonomy through the use of information systems and information technologies. In R. Pemberton, E. S. L. Li, W. W. F. Or, & H. D. Pierson(eds.), *Taking Control: Autonomy in Language Learning*. Hong Kong: Hong Kong University Press, pp. 203–218.

Little, D. 1999. Learner autonomy is more than a western cultural construct. In S. Cotterall, & D. Crabbe (eds.), *Learner Autonomy in Language Learning: Defining the Field and Effecting Chang*. Frankfurt am Main: Peter Lang, pp. 11–18.

Little D. 2000. Learner autonomy and human interdependence: Some theoretical and practical consequences of a social-interactive view of cognition, learning and language. In B. Sclaire, & B. Lamb (eds.), *Learner Autonomy, Teacher Autonomy: Future Directions*. England: Pearson Education Limited, pp. 15–23.

Little, D. 2005. The Common European Framework and the European Language Portfolio: Involving learners and their judgments in the assessment process. *Language Testing*, 22(3): 321–336.

Little, D. 2007. Language learner autonomy: Some fundamental considerations revisited. *Innovation in Language Learning and Teaching*, 1(1): 14-29.

Little, D. 2008. Knowledge about language and learner autonomy. In J. Cenoz, & N. H. Homberger (eds). *Encyclopedia of Language and Education*. Boston: Springer, pp. 247-258.

Little, D. 2011. Learner autonomy, self-assessment and language tests: Towards a new assessment culture. In B. Morrison (ed.), *Independent Language Learning: Building on Experience, Seeking New Perspectives*. Hong Kong: Hong Kong University Press, pp. 25-39.

Little, D. 2012. The European language portfolio: History, key concerns and prospects. In B. Kühn, & M. L. P. Cavana(eds.), *Perspectives from the European Language Portfolio: Learner autonomy and Self-assessment*. New York: Routledge, pp. 7-21.

Littlewood, W. 1996. 'Autonomy': An anatomy and a framework. *System*, 24(4): 427-435.

Littlewood, W. 1999. Defining and developing autonomy in the east Asian context. *Applied Linguistics*, 20(1): 71-94.

Lo, Y. F. 2010. Implementing reflective portfolios for promoting autonomous learning among EFL college students in Taiwan. *Language Teaching Research*, 14(1): 77-95.

Lub, V. 2015. Validity in qualitative evaluation: Linking purposes, paradigms and perspectives. *International Journal of Qualitative Methods*, 14(5): 1-8.

Lynn, M. R. 1986. Determination and quantification of content validity. *Nursing Research*, 35(6): 382-385.

Lynch, B. K. 2001. Rethinking assessment from a critical perspective. *Language Testing*, 18(4): 351-372.

Lynch, L. L. & Purnawarman, P. 2004. Electronic portfolio assessments in U. S. educational and instructional technology programs: Are they supporting teacher education?. *Tech Trends*, 48(1): 50-56.

Macaro, E. 2008. The shifting dimensions of language learner autonomy. In T. Lamb, & H. Reinders (eds.), *Learner and Teacher Autonomy: Concepts, Realities, and Responses*. Amsterdam: John Benjamin, pp. 47-62.

Macaskill, A. & Taylor, E. 2010. Development of a measure of autonomous learning. *Studies in Higher Education*, 35(3): 351-361.

Manzano Vázquez, B. 2015. Pedagogy for autonomy in FLT: An exploratory analysis on its implementation through case studies. *Porta Linguarum*, 23: 59-74.

Mabry, L. 1999. *Portfolios Plus, A Critical Guide to Alternative Assessment*. California: Corwin Press, Inc.

Martyn, E. 1994. Self-Access Logs: Promoting Self-Directed Learning. In D. Gardner, & L. Miller (eds.). *Directions in Self-Access Language Learning*. Hong Kong:

Hong Kong University Press, pp. 65 – 78.

Martyn, E. & Voller, P. 1993. Teachers' attitudes to self-Access learning. *Hong Kong Papers in Linguistics and Language Teaching*, 16: 103 – 110.

McGrath. I. 2000. Teacher autonomy. In B. Sinclair, I. McGrath, & T. Lamb. (eds.), *Learner Autonomy, Teacher Autonomy: Future Directions*. Harlow: Essex Pearson Education. pp. 100 – 110.

McMullan, M., Endacott, R., Gray, MA, et al. 2003. Portfolios and assessment of competence: A review of the literature. *Journal of Advanced Nursing*, 41(3): 283 – 294.

Messick, S. 1989. Validity. In R. L. Linn (ed.). *Educational Measurement*. New York: American Council on Education and Macmillan, pp. 13 – 104.

Messick, S. 1994. The interplay of evidence and consequences in the validation of performance assessments. *Educational Researcher*, 23(2): 13 – 23.

Meyer, B. & Latham, N. 2008. Implementing electronic portfolios: Benefits, challenges and suggestions. *EDUCAUSE Quarterly*, 31(1): 34 – 41.

Meyer, C., Schuman, S., & Angello, N. 1990. *NWEA White Paper on Aggregating Portfolio Data*. Lake Oswego, OR: Northwest Evaluation Association.

Miliander, J., & Trebbi, T. 2008. *Educational Policies and Language Learner Autonomy in Schools: A New Direction in Language Education?* Dublin: Authentik.

Milton, J. 1997. Providing computerized self-access opportunities for the development of writing skills. In P. Benson, & P. Voller (eds.), *Autonomy and Independence in Language Learning*. Harlow: Addison Wesley Longman, pp. 237 – 248.

Mislevy, R. J. 2011. *Evidence-centered Design for Simulation-based Assessment* (CRESST Report 800). Los Angeles: National Center for Research on Evaluation, Standards, and Student Testing (CRESST).

Mislevy, R. J., & Haertel, G. D. 2006. Implications of evidence-centered design for educational testing. *Educational Measurement: Issues and Practice*, 25(4): 6 – 20.

Mislevy, R. J., & Knowles, K. T. (eds.). 2002. *Performance Assessments for Adult Education: Exploring the Measurement Issues*. Washington, DC: National Academy Press.

Mislevy, R. J., & Riconscente, M. M. 2005. *Evidence-centered Design: Layers, Structures, and Terminology*. Menlo Park, CA: SRI International.

Mislevy, R. J., Steinberg, L. S., & Almond, R. G. 1999. On the roles of task model variables in assessment design. *CSE Technical Report 500*. Los Angeles: National Center for Research on Evaluation, Standards, and Student Testing (CRESST), Center for the Study of Evaluation, UCLA. http://www.cse.ucla.edu/CRESST/Reports/TECH500.

Mislevy, R. J., Steinberg, L. S., & Almond, R. G. 2003. On the structure of educational assessment. *Measurement: Interdisciplinary Research and Perspective*, 1(1): 3 – 62.

Moniz, T., Arntfield, S., Miller, K., Lingard, L., Watling, C., & Regehr, G. 2015. Considerations in the use of reflective writing for student assessment: Issues of reliability and validity. *Medical Education*, 49(9): 901-908.

Morgado, F. F. R., Meireles, J. F. F., Neves, C. M., Amaral, A. C. S., & Ferreira, M. E. C. 2017. Scale development: Ten main limitations and recommendations to improve future research practices. *Psicologia: Reflexão e Crítica*, 30(3): 1-20. DOI 10.1186/s41155-016-0057-1.

Mossa, J. 2014. Capstone portfolios and geography student learning outcomes. *Journal of Geography in Higher Education*, 38(4): 571-581.

Moya, S., & O'Malley, M. 1994. A portfolio assessment model for ESL. *The Journal of Educational Issues of Language Minority Students*, 13(3): 1-16.

Murase, F. 2008. Measuring learner autonomy: a pilot study. *PAC7 at JALT 2008 Conference Proceedings*, 1252-1260.

Murase, F. 2015. Measuring language learner autonomy: Problems and possibilities. In C. J. Everrhard, & L. Murphy (eds.), *Assessment and Autonomy in Language Learning*, NY: Palgrave-macmillan, pp. 35-63.

Murphy, L. 2015. Autonomy in assessment: Bridging the gap between rhetoric and reality in a distance language learning context. In C. Everhard, & L. Murphy (eds.), *Assessment and Autonomy in Language Learning*. NY: Palgrave-macmillan. pp. 143-165.

Murphy, L., & Hurd, S. 2011. Fostering learner autonomy and motivation in blended teaching. In M. Nicolson, L. Murphy, & M. Southgate (eds.), *Language Teaching in Blended Contexts*. Edinburgh, New Zealand: Dunedin, pp. 43-58.

Nakata, Y. 2011. Teachers' readiness for promoting learner autonomy: A study of Japanese EFL high school teachers. *Teaching and Teacher Education*, 27(5): 900-910.

Naizer, G. L. 1997. Validity and reliability issues of performance-portfolioassessment. *Action in Teacher Education*, 18(4): 1-9.

Neuhouser, F. 2011. Jean-Jacques Rousseau and the origins of autonomy. *Inquiry*, 54(5): 478-493.

Nguyen, L. T. & Ikeda, M. 2015. The effects of e-porttolio-based learning model on student self-regulated learning. *Active Learning in Higher Education*, 16(3): 197-209.

Nicol, D. & Milligan, C. 2006. Rethinking technology-supported assessment practices in relation to the seven principles of good feedback practice. In C. Bryan, & K. Clegg (eds.), *Innovative Assessment in Higher Education*, London: Routledge, pp. 64-78.

Nunan, D. 1997. Designing and adapting materials to encourage learner autonomy. In P. Benson, & P. Voller (eds.), *Autonomy and Independence in Language Learning*. Harlow: Addison Wesley Longman, pp. 192-203.

Oakleaf, M. 2009. Using rubrics to assess information literacy: an examination of methodology and interrater reliability. *Journal of the American Society for Information Science and Technology*, 60(5): 969–983.

Oddi, L. F. 1986. Development and validation of an instrument to identify self-directed continuing learners. *Adult Education Quarterly*, 36(2): 97–107.

Ogbeifun, E., Agwa-Ejon, J., Mbohwa, C., & Pretorius, J. H. C. 2016. The Delphi technique: A credible research methodology. *Proceedings of the International Conference on Industrial Engineering and Operations Management*, Kuala Lumpur, Malaysia, March 8–10.

Okan, M., & Elmadag, A. B. 2018. A hierarchical approach for defining and classifying constructs in management and marketing research: Examples from the field of dysfunctional behavior. *Journal of Management, Marketing and Logistics (JMML)*, 5(1): 55–65.

O'Leary, C. 2007. Should learner autonomy be assessed? *Proceedings of the Independent Learning Association 2007 Japan Conference: Exploring theory, enhancing practice: Autonomy across the disciplines*. Kanda University of International Studies, Chiba, Japan, October 2007.

Oliver, M., & Trigwell, K. 2005. Can 'blended learning' be redeemed? *E-Learning*, 2(1): 17–26.

O'Malley, J. M. & Chamot, A. U. 1990. *Learning Strategies in Second Language Acquisition*. Cambridge: Cambridge University Press.

O'Malley, J. M., & Valdez Pierce, L. 1996. *Authentic Assessment for English Language Learners: Practical Approaches for Teachers*. New York: Addison-Wesley.

O'Sullivan, P. S., Reckase, M. D., McClain, T., Savidge, M. A., & Clardy, J. A. 2004. Demonstration of portfolios to assess competency of residents. *Adv Health Sci Educ*, 9(4): 309–323.

Oxford, R. L. 1990. *Language Learning Strategies: What every teacher should know*. Rowley, Mass: Newbury House.

Oxford, R. L. 2003. Toward a more systematic model of L2 learner autonomy. In D. Palfreyman, & R. C. Smith (eds.), *Learner Autonomy across Cultures: Language Education Perspectives*. Basingstoke: Palgrave Macmillan, pp. 75–91.

Palfreyman, D. 2003. Introduction: Culture and learner autonomy. In D. Palfreyman, & R. Smith, (eds.), *Learner Autonomy across Cultures: Language Education Perspectives*. Basingstoke: Palgrave McMillan, pp. 1–19.

Paulson, F. L., Paulsun, P., & Meyer, C. A. 1991. What makes a portfolio?. *Educational Leadership*, 48(5): 60–63.

Pennycook, A. 1997. Cultural alternatives and autonomy. In P. Benson, & P. Voller (eds.), *Autonomy and Independence in Language Learning*. Harlow: Addison Wesley Longman, pp. 35–53.

Phung, H. V. 2016. Portfolio assessment in second/foreign language pedagogy. *Hawaii*

Pacific University TESOL Working Paper Series, 14: 90-107.
Pitts, J., Coles, C., & Thomas, P. 1999. Educational portfolios in the assessment of general practice trainers: Reliability of assessors. *Med Educ*, 33: 515-520.
Pitts, J., Coles, C., & Thomas, P. 2001. Enhancing reliability in portfolio assessment: "Shaping" the portfolio. *Medical Teacher*, 23(4): 351-356.
Pitts, J., Coles, C., Thomas, P., & Smith, F. 2002. Enhancing reliability in portfolio assessment: Discussions between assessors. *Medical Teacher*, 24(2): 197-201.
Pitts, W. & Ruggirello, R. 2012. Using the e-portfolio to document and evaluate growth in reflective practice: The development and application of a conceptual framework. *International Journal of ePortfolio*, 2(1): 49-74.
Piyawan, R. 2012. Student readiness for learner autonomy: Case study at a university in Thailand. *Asian Journal of Education and Learning*, 3(2): 28-40.
Polit, D. F., Beck, C. T. & Owen, S. V. 2007. Is the CVI an acceptable indicator of content validity? Appraisal and recommendations. *Research in Nursing & Health*, 30(4): 459-467. http://dx.doi.org/10.1002/nur.20199
Poortman, C. L., & Schildkamp, K. 2012. Alternative quality standards in qualitative research?. *Qual Quant*, 46, 1727-1751.
Popham, W. J. 1997. What's wrong and what's right with rubrics. *Educational Leadership*, 55(2): 72-75.
Ravindram, R. 2000. Towards learner autonomy: Evolution in practice: The certificate in independent language learning. In B. Sinclair, T. Lamb, & I. McGrath (eds.), *Learner Autonomy, Teacher Autonomy: Future Directions*. England: Pearson Education Limited, pp. 60-72.
Razeq, A. A. A. 2014. University EFL learners' perceptions of their autonomous learning responsibilities and abilities. *RELC Journal*, 45(3): 321-336.
Rees, C., & Sheard, C. 2004. The reliability of assessment criteria for undergraduate medical students' communication skills portfolios: The Nottingham experience. *Medical Education*, 38(2): 138-144.
Reddy, M. Y. 2011. Design and development of rubrics to improve assessment outcomes. *Quality Assurance in Education*, 19(1): 84-104.
Reinders, H. 2007. Big brother is helping you: Supporting self-access language learning with a student monitoring system. *System*, 35(1): 93-111.
Reinders, H. 2011. Towards an operationalization of autonomy. In A. Ahmed, G. Cane, & M. Hanzala (eds.), *Teaching English in Multilingual Contexts: Current Challenges, Future Directions*. Cambridge: Cambridge Scholars Publishing, pp. 37-52.
Reinders, H. & Hubbard, P. 2013. CALL and learner autonomy: Affordances and constraints. In M. Thomas, H. Reinders, & M. Warschauer(eds.), *Contemporary Computer Assisted Language Learning*. London: Continuum Books, pp. 359-375.
Reinders, H., & White, C. 2011. Learner autonomy and new learning environment.

Language Learning & Technology, 15(3): 1-3.

Reinders, H., & White, C. 2016. 20 years of autonomy and technology: How far have we come and where to the next?. *Language Learning & Technology*, 20(2): 143-154.

Reynolds, C. & Patton, J. 2014. *Leveraging the ePortfolio for Integrative Learning: A Faculty Guide to Classroom Practices for Transforming Student Learning.* Sterling, Virginia: Stylus Publishing.

Ribbe, E. & Bezanilla, M. J. 2013. Scaffolding learner autonomy in online university courses. *Digit Education Review*, 24, 98-113.

Rice, M. 2009. Effect size in psychiatric evidence-based practice care. *Journal of the American Psychiatric Nurses Association*, 15(2): 138-142. doi: 10.1177/1078390309335007.

Riley, P. 1988. The ethnography of autonomy. In A. Brookes, & P. Grundy (eds.), *Individualization and Autonomy in Language Learning. ELT Documents 131.* London: Modern English Publications/British Council/MacMillan.

Rivers, W. P. 2001. Autonomy at all costs: An ethnography of metacognitive self-assessment and self-management among experienced language learners. *The Modern Language Journal*, 85(2): 279-290.

Roberto, G. S. 2014. Age of Enlightenment and citizen autonomy. https://enciclopediapr.org/en/encyclopedia/age-of-enlightenment-and-citizen-autonomy/

Roberts, C. 2002. Portfolio-based assessments in medical education: Are they valid and reliable for summative purpose?. *Medical Education*, 36(10): 899-900.

Roberts, C., Schadbolt, N., Clark, T. & Simpson, P. 2014. The reliability and validity of a portfolio designed as a programmatic assessment of performance in an integrated clinical placement. *BMC Medical Education*, 14: 197 http://www.biomedcentral.com/1472-6920/14/197

Roberts, P. 2018. Developing reflection through an ePortfolio-based learning environment: Design principles for further implementation. *Technology, Pedagogy and Education*, 27(3): 313-326.

Roberts, P., Maor, D., & Herrinton, J. 2016. E-Portfolio-based learning environments: Recommendations for effective scaffolding of reflective thinking in higher education. *Educational Technology & Society*, 19(4): 22-33.

Ryan, J. M., & Kuhs, T. M. 1993. Assessment of pre-service teachers and the use of portfolios. *Theory into Practice*, 32(2): 75-81.

Saaty, T. L. 1980. *The Analytic Hierarchy Process.* New York, NY: McGraw Hill.

Scarino, A. 2005. Going beyond criteria for judging performance. *Barbel: Journal of the Australian Federation of Modern Language Teachers' Association*, 39(3): 8-16.

Scharle, A., & Szabo, A. 2000. *Learner Autonomy: A Guide to Developing Learner Responsibility.* Cambridge: Cambridge University Press.

Schunk, D. H., & Zimmerman, B. J. 1994. *Self-Regulation of Learning and*

Performance: Issues and educational applications, Mahwah, NJ: Lawrence Erlbaum Associates, Inc., Publishers.

Scott, S. G. 2010. Enhancing reflection skills through learning portfolios: An empirical test. *Journal of Management Education*, 34(3): 430-457.

Shapley, K. S., & Bush, M. J. 1999. Developing a valid and reliable portfolio assessment in the primary grades: Building practical experience. *Applied Measurement in Education*, 12(2): 111-132.

Sheerin, S. 1991. *Self-Access* (a volume in "Resource Books for Teachers", edited by Alan Maley). Oxford: ELBS with Oxford University Press.

Sheerin, S. 1991. State of the art: Self-access. *Language Teaching*, 24(3): 143-157.

Short, E. C. 1984. Competence re-examined. *Educational Theory*, 34(3): 201-207.

Sinclair, B. 1999. Wrestling with a jelly: The evaluation of learner autonomy. In B. Morrison (ed.), *Experiments and Evaluation in Self-access Language Learning*. Hong Kong, SAR: HASALD, pp. 95-109.

Sinclair, B. 2000. Learner autonomy: The next phase?. In B. Sinclair, I. McGrath, & T. Lamb (eds.), *Learner Autonomy, Teacher Autonomy: Future Directions*. England: Pearson Education Limited, pp. 4-14.

Sireci, S. G. 1998. The construct of content validity. *Social Indicators Research*, 45(1): 83-117.

Sireci, S., & Faulkner-Bond, M. 2014. Validity evidence based on test content. *Psicothema*, 26(1): 100-107.

Six, J. E. 1989. The generality of the underlying dimensions of the Oddi Continuing Learning Inventory. *Adult Education Quarterly*, 40, 43-51.

Skar, G. B. & Jølle, L. J. 2017. Teachers as raters: An investigation of a long-term writing assessment program. *L1-Educational Studies in Language and Literature*, 17, 1-30.

Skulmoski, G. J., Hartman, F. T., & Krahn, J. 2007. The Delphi method for graduate research. *Journal of Information Technology Education*, 6(1): 1-21.

Smith, K., & Tillema, H. 2001. Long-term influences of portfolios on professional development. *Scandinavian Journal of Educational Research*, 45(2): 183-203.

Smith, R. 2003a. Teacher education for teacher-learner autonomy. In J. Gollin et al. (Eds), *Symposium for Language Teacher Educators: Papers from Three IALS Symposia*. Edinburgh: IALS, University of Edinburgh. http://homepages.warwick.ac.uk/~elsdr/Teacher_autonomy.pdf

Smith, R. 2003b. Pedagogy for autonomy as (becoming) appropriate methodology. In D. Palfreyman, & R. Smith (eds.), *Learner Autonomy across Cultures: Language Education Perspectives*. Basingstoke and New York: Palgrave Macmillan. pp. 129-146.

Smith, R. 2008. Key concepts in ELT: Learner autonomy. *ELT Journal*, 62(4): 395-397.

Smith, R., & Erdoğan, S. 2008. Teacher-learner autonomy: Program goals and student-teacher constructs. In T. Lamb, & H. Reinders (eds.), *Learner and Teacher Autonomy: Concepts, Realities, and Responses*. Amsterdam: John Benjamin, pp. 83–102.

Smith, K. & Tillema, H. 2001. Long-term influences of portfolios on professional development. *Scandinavian Journal of Educational Research*, 45. 183–203. 10.1080/00313830120052750.

Snodin, N. S. 2013. The effects of blended learning with a CMS on the development of autonomous learning: A case study of different degrees of autonomy achieved by individual learners. *Computers & Education*, 61(1): 209–216.

Sönmez, G. 2016. How ready are your students for autonomous language learning?. *Turkish Online Journal of English Language Teaching (TOJELT)*, 1(3): 126–134.

Steel, C. H., & Levy, M. 2013. Language students and their technologies: Charting the evolution 2006–2011. *ReCALL*, 25(3): 306–320.

Stefl-Mabry, J. 2004. Building rubrics into powerful learning assessment tools. *Knowledge Quest*, 32(5): 20–25.

Stemler, S. 2004. A comparison of consensus, consistency, and measurement approaches to estimating interrater reliability. *Practical Assessment, Research, and Evaluation*, 9. https://pareonline.net/getvn.asp?v=9&n=4

Stevick, E. W. 1976. *Memory, Meaning and Method*. Rowley, M. A.: Newbury House.

Stewart, H., Roddam, H., Wisby, D., & Selfe, J. 2017. The influence of portfolio aims and structure on student attitudes towards portfolios as a learning tool: A scoping review. *Physical Therapy Reviews*, 22(12): 86–94.

Stiggins, R. 2002. Assessment crisis: The absence of assessment for learning. *Phi Delta Kappan*, 83(10): 758–765.

Sullivan, G. M., & Feinn, R. 2012. Using effect size, or why the *p* value is not enough. *Journal of Graduate Medical Education*, 4(3): 279–282. doi: 10.4300/JGME-D-12-00156.1

Supovitz, J. A., MacGowan, A., & Slattery, J. 1997. Assessing agreement: An examination of the interrater reliability of portfolio assessment in Rochester, New York. *Educational Assessment*, 4(3): 237–259.

Tabachnick, B. G., & Fidell, L. S. 2012. *Using Multivariate Statistics* (6th edn.). Boston: Allyn & Bacon/Pearson Education.

Tassinari, M. G. 2015. Assessing learner autonomy: A dynamic model. In C. J. Everrhard, & L. Murphy (eds.), *Assessment and Autonomy in Language Learning*. NY: Palgrave, pp. 64–88.

Tavakoli, H. 2012. *A Dictionary of Research Methodology and Statistics in Applied Linguistics*. Tehran: Rahnama Press.

Teo, T., & Wong, S. L. 2013. Modeling key drivers of E-learning satisfaction among student teachers. *Journal of Educational Computing Research*, 48(1): 71-95.

Thang, S. M., & Azarina, A. 2007. Investigating readiness for autonomy: Comparison of Malaysian EFL undergraduates of three public universities. *Reflection on English Language Teaching Journal*, 6(1): 1-18.

Thavenius, C. 1999. Teacher autonomy for learner autonomy. In S. Cotterall, & D. Crabbe(eds.), *Learner Autonomy in Language Learning: Defining the Field and Effecting Chang*. Frankfurt am Main: Peter Lang, pp. 159-163.

Thorn, D. W., & Deitz, J. C. 1989. Examining content validity through the use of content experts. *The Occupational Therapy Journal of Research*, 9(6): 335-346.

Tisani, N. 2008. Challenges in producing a portfolio for assessment: In search of underpinning educational theories. *Teaching in Higher Education*, 13(5): 549-557.

Tong, D. M. 1994. Training Learners for Independence. In D. Gardner, & L. Miller (eds.), *Directions in Self-Access Language Learning*. Hong Kong: Hong Kong University Press, pp. 79-88.

Toufaily, E., Zalan, T., & Lee, D. 2018. What do learners value in online education? An emerging market perspective. *e-JBEST*, 12(2): 24-39.

Tudor, I. 1996. *Learner-centredness as Language Education*. New York: Cambridge University Press.

Urbina, S. 2014. *Essentials of psychological testing* (2nd edn.). John Wiley & Sons Inc.

Ushioda, E. 2009. Research growth in autonomy through I-statement analysis. In B. O'Rourke & L. Carson(eds.), *Language Learner Autonomy: Policy, Curriculum, Classroom*. Frankfurt: Peter Lang, pp. 45-62.

Van der Schaaf, M. F. 2005. *Construct Validity of Teacher Portoflio Assessment*. PhD Thesis. Utrecht University.

Van der Schaaf, M. F., Stokking, K. M., & Verloop, N. 2005. Cognitive representations in raters' assessment of teacher portfolios. *Studies in Educational Evaluation*, 31, 27-55.

Vieira, F. 2007. Reflective teacher development towards pedagogy for autonomy in schools: Promoting and understanding change through pedagogical inquiry. In J. Raya, & L. Sercu(eds.), *Challenges in Teacher Development: Learner Autonomy and Intercultural Competence*. Frankfurt am Main: Peter Lang, pp. 147-168.

Vieira, F., & Barbosa, I. 2009. Investigating contexts for autonomy: A study of learner readiness and beyond. In F. Vieira(ed.), *Struggling for Autonomy in Language Education*. Frankfurt am Main: Peter Lang, pp. 145-185.

Voller, P. 1997. Does the teacher have a role in autonomous language learning?. In P. Benson, & P. Voller (eds.), *Autonomy and Independence in Language Learning*. London: Longman, pp. 98-113.

Vygotsky, L. S. 1978. *Mind in Society: The Development of Higher Psychological*

Processes. Boston: Harvard University Press.
Wenden, A. 1991. *Learner Strategies for Learner Autonomy*. London: Prentice Hall International.
Wiggins, G. 1998. *Educative Assessment: Designing Assessment to Inform and Improve Student Performance*. San Francisco, CA: Jossey-Bass.
Whittaker, C. R., Salend, S. J., & Duhaney, D. 2001. Creating instructional rubrics for inclusive classrooms. *Teaching Exceptional Children*, 34(2): 8-13.
Wiliam, D. 2009. *Assessment for Learning: Why, What and How?*. London: Institute of Education, University of London.
Wiliam, D., & Thompson, M. 2007. Integrating assessment with learning: What will it take to make it work? In C. A. Dwyer(ed.), *The Future of Assessment*. New York, NY: Routledge, pp. 53-82.
Wiliam, D., & Young, B. 2006. Measurement and assessment supporting evaluation in online settings. In D. Wiliam, S. Howwell, & M. Hricko (eds.). *Online Assessment, Measurement and Evaluation Emerging Practices*. Hershey, PA: Idea Group Publishing, pp. 1-9.
Williams, M., & Burden, R. 1997. *Psychology for Language Teachers: A Social Constructivist Approach*. Cambridge University Press, Cambridge.
Winsor, P. & Ellefson, B. 1995. Professional portfolios in teacher education: An exploration of their value and potential. *The Teacher Educator*, 31(1), 68-91.
Wolf, D. P. 1993. Assessment as an episode of learning. In R. Bennet, & W. Ward (eds), *Construction versus Choice in Cognitive Measurement*. Hillsdale, NJ: Lawrence Erlbaum Associates, pp. 213-240.
Wolf, K., Dunlap, J., & Stevens, L. 2012. Ten things every professor should know about assessment. *The Journal of Effective Teaching*, 12(2): 65-79.
Worthington, R. L., & Whittaker, T. A. 2006. Scale development research: a content analysis and recommendations for best practices. *The Counseling Psychologist*, 34(6): 806-838.
Wuetherick, B., & Dickinson, J. 2015. Why ePortfolios? Student perceptions of eportfolio use in continuing education learning environments. *International Journal of ePortfolio*, 5(1): 39-53.
Wynd, C., Schmidt, B., & Schaefer, M. A. 2003. Two quantitative approaches for estimating content validity. *Western Journal of Nursing Research*, 25(5): 508-518.
Yang, N. D. 2003. Integrating portfolios into learning strategy-based instruction for EFL college students. *IRAL*, 41(4): 293-317.
Yao, J., & Li, X. H. 2017. Are Chinese undergraduates ready for autonomous learning of English listening?: A survey on students' learning situation. *The Journal of Language Teaching and Learning*, 7(2): 21-35.
Yao, Y., Thomas, M., Nickens, N., Downing, J. A., Burkett, R. S., & Lamson,

S. 2008. Validity evidence of an electronic portfolio for preservice teachers. *Educational Measurement: Issues and Practice*, 27(1): 10 – 24.

Yıldırım, Ö. 2012. A study on a group of Indian English as second language learners' perceptions of autonomous learning. *Turkish Online Journal of Qualitative Inquiry*, 3(2): 18 – 29.

Yorke, M. 2003. Formative assessment in higher education: moves towards theory and the enhancement of pedagogic practice. *Higher Education*, 45(4): 477 – 501.

Ziegler, N. A. 2014. Fostering self-regulated learning through the European Language Portfolio: An embedded mixed methods study. *The Modern Language Journal*, 98(4): 921 – 936.

Zieky, M. J. 2014. An introduction to the use of evidence-centered design in test development. *Psicología Educativa*, 20: 79 – 87. DOI: http://dx.doi.org/10.1016/j.pse.2014.11.003

Zimmerman, B. J., & Martinez-Pons, M. 1988. Construct validation of a strategy model of student self-regulated learning. *Journal of Educational Psychology*, 80(3): 284 – 290.

陈丽, 李芒, 陈青. 2003. 论网络时代教师新的能力结构. 中国电化教育, 195(4): 65 – 68.

陈社育, 余嘉元. 经典真分数理论与概化理论信度观评析. 心理科学进展, 2001(3): 258 – 263.

大学外语教学指导委员会. 2020. 大学英语教学指南(2020版). 北京: 高等教育出版社.

戴丽娜·史考利, 迈克尔·奥利里, 马克·布朗, 肖俊洪. 2018. 学习档案袋在高等教育中的应用: 蛇与梯子的游戏. 中国远程教育, 524(9): 38 – 52.

戴炜栋, 胡文仲. 2009. 中国外语教育发展研究(1949 – 2009). 上海: 上海外语教育出版社.

付克. 1986. 中国外语教育史. 上海: 上海外语教育出版社.

桂诗春, 宁春岩. 2002. 语言学方法论. 北京: 外语教学与研究出版社.

胡杰辉. 2011. 外语自主学习能力评价——基于二维模型的量表设计. 外语界, 145(4): 12 – 17.

胡中锋, 莫雷. 2007. 心理教育测量学中效度理论的重建. 华南师范大学学报, 6: 82 – 90.

贾国栋, 2015. 继承改革成果与构建创新发展——学习《大学英语教学指南》. 中国外语, 66(12): 4 – 9.

教育部高等教育司. 2004. 大学英语课程教学要求. 北京: 清华大学出版社.

李箭, 2008. 共和国大学英语教学研究(1949 – 2007). 华东师范大学(博士学位论文).

李海霞. 2013. 国内外语自主学习研究: 现状与再思考——基于12种外语类核心期刊十年(2003 – 2012)论文的统计与分析. 哈尔滨学院学报, 34(3): 100 – 103.

林莉兰. 2008. 大学新生英语自主学习能力结构分析与研究. 外语界, 128(5):

91-96.

林莉兰. 2013. 基于三维构念的大学生英语自主学习能力量表编制与检验. 外语界, 157(4): 73-79.

林莉兰. 2014. 西方语言自主学习能力测评范式转变对我国外语自主学习研究的启示. 中国特殊教育, 167(5): 91-96.

林莉兰. 2015. 基于教师中介学生自主能力发展的行动研究报告. 外语教学理论与实践, 2: 52-59.

林莉兰. 2018. 大学英语促进学习者自主研究：方法、问题与思考——2004-2017 外语类 CSSCI 期刊文献分析. 外语界, (5): 80-88.

林莉兰, 陈月娥. 2009. 资源型自主学习模式下大学生心理、行为及学习效果研究. 解放军外国语学院学报, 32(2): 45-50.

刘贵芹. 2012. 高度重视大学英语教学，努力提升大学英语教学质量. 外语教学与研究, 44(2): 279-282.

刘淑华, 姜毅超. 2009. 多媒体环境下大学英语自主学习能力结构的探索. 电化教育研究, 12: 116-120.

刘寅齐, 董保华. 2012. 回顾国内外语自主学习研究历程，探索大学英语实践教学改革方向. 外语教学, 9(2): 72-80.

骆蓉. 2017. 网络环境下外语自主学习模式研究——基于中美 MOOC 平台调查. 外语界, 183(6): 29-36.

潘世尊. 2005. 教育行动研究：理论、实践与反省. 台北：心理出版社.

任欢欢, 高鹏. 2012. 大学生英语自主学习量表的编制. 辽宁科技大学学报, 35(2): 210-214.

王守仁. 2011. 关于高校大学英语教学的思考. 外语教学理论与实践, 1: 1-5.

徐锦芬. 2014. 我国大学生英语自主学习能力现状与思考. 语言教育, 7(2): 2-7.

徐锦芬, 吴卫平. 2004. 学生自主英语学习能力模糊综合评价. 高等工程教育研究, 5: 84-86.

肖武云, 曹群英. 2009. 运用档案袋提高学生英语学习自主性和学习成绩的实证研究. 外语教学, (5): 73-76.

尹华东. 2014. 中国外语自主学习研究回顾与展望(1979-2012). 中国外语, 35(1): 64-67.

吴启迪. 2005. 在大学英语教学改革试点工作视频会议上的讲话. http://old.moe.gov.cn/publicfiles/business/htmlfiles/moe/moe_176/200412/4915.html, 2019. 2. 21

赵群, 曹亦薇. 档案袋评价中评分者信度的实证研究. 应用心理学, 2006(3): 258-263.

附　　录

附件1：自主学习能力模型调查问卷（省内同行）

尊敬的老师：

　　您好！这份问卷是为了向各位老师了解自主学习评价开展的现状，征询建立自主学习测评指标体系的相关意见。希望您在百忙之中抽空在相应方框内做出选择或贡献您的宝贵建议。我们会为您保密，不将任何信息用于其他用途。您的回答对于我们的研究十分重要。十分感谢您给予我们研究的协助！

一、基本信息

1. 您所在学校的地理位置：
   _____省或_____市
2. 您所在学校的类型：
   1)"985工程"院校　　　2)"211工程"院校
   3)中央部属本科院校　　4)省属本科院校
   5)高职(高专)院校
3. 贵校是否开设了自主学习项目？
   1)是　　　　　　　　2)否
4. 您所在学校实施自主学习的环境是：
   1)课堂　　　　　　　2)课堂+多媒体
   3)自主学习中心　　　4)语音室
   5)网上　　　　　　　6)学生随意选择的环境
   7)其他
5. 贵校是否有测评学生自主学习能力的方式？
   1)有　　　　　　　　2)无
6. 请解释贵校未开展自主学习能力测评的原因是：
   1)我们更关注学生学业成绩，只要成绩上升了，其他不重要

2）自主学习能力涉及因素多,不好测评

3）不知道怎样测评

4）其他（请阐述）：_____

二、自主能力测评

7. 您是否认为"学习目标管理能力"是自主能力测评的一个重要准则层？

    1）非常重要　　　　　　2）比较重要

    3）一般重要　　　　　　4）不重要

8. 请对以下"学习目标我管理能力"的指标作出评判：

准则层	指　标　层	重要性评判	测评的依据	测评的工具
自我管理学习能力	分析和确定学习需求的能力			
	确定可实现学习目标的能力			
	制订可操作学习计划能力			
	确定学习任务的能力			
	自主选择学习材料的能力			
	选择学习方法的能力			
	管理时间和节奏的能力			
	实施学习计划的能力			
	监控学习过程的能力			

指标重要性评判：

    1）非常重要　　　　　　2）比较重要

    3）一般重要　　　　　　4）不重要

测评依据指的是实施测评信息或数据来源：

    1）学习成绩　　　　　　2）学习的总量

    3）学习过程记录　　　　4）学生周志（日志）

    5）学习档案袋　　　　　6）学习计划与总结

测评工具指：

    1）问卷　　　　　　　　2）教师观察

    3）同伴评价　　　　　　4）自我评价

5）考试 6）量规
7）教师主观判断 8）数字挖掘技术
9）不好测量

9. 您是否认为"反思和自我测评能力"是自主能力测评的一个重要准则层？

1）非常重要 2）比较重要
3）一般重要 4）不重要

10. 请对以下"反思和自我测评能力"的指标作出评判：

准则层	指　标　层	重要性评判	测评的依据	测评的工具
反思和自我测评能力	认识自己语言水平的能力			
	认识自己及老师在学习过程中的角色			
	分析学习成效的能力			
	提出可改进学习方法的能力			
	依据量规总结学习成效的能力			
	提出下一步学习计划的能力			

指标重要性评判：

1）非常重要 2）比较重要
3）一般重要 4）不重要

测评依据指的是实施测评信息或数据来源：

1）学习成绩 2）学习的总量
3）学生周志（日志） 4）学习档案袋
5）其他（请具体阐述）：＿＿＿＿＿＿＿＿＿＿＿＿＿＿＿

测评工具指：

1）问卷 2）教师观察
3）同伴评价 4）自我评价
5）考试 6）量规
7）教师主观判断
8）其他（请具体阐述）：＿＿＿＿＿＿＿＿＿＿＿＿＿＿＿

11. 您是否认为"互动交流能力"是自主能力测评的一个重要准则层?
　　1) 非常重要　　　　　　2) 比较重要
　　3) 一般重要　　　　　　4) 不重要
12. 请对以下"互动交流能力"的指标作出评判:

准则层	指　标　层	重要性评判	测评的依据	测评的工具
互动交流能力	主动寻求他人帮助			
	主动解决他人的学习问题			

指标重要性评判:
　　1) 非常重要　　　　　　2) 比较重要
　　3) 一般重要　　　　　　4) 不重要
测评依据指的是实施测评信息或数据来源:
　　1) 学习成绩　　　　　　2) 学习的总量
　　3) 学生周志(日志)　　　4) 学习档案袋
　　5) 其他(请具体阐述): _____
测评工具指:
　　1) 问卷　　　　　　　　2) 教师观察
　　3) 同伴评价　　　　　　4) 自我评价
　　5) 考试　　　　　　　　6) 量规
　　7) 教师主观判断
　　8) 其他(请具体阐述): _____
13. 您是否认为"外语(英语)语言使用能力"是自主能力测评的一个重要准则层?
　　1) 非常重要　　　　　　2) 比较重要
　　3) 一般重要　　　　　　4) 不重要
14. 请对以下"外语(英语)语言使用能力"的指标作出评判:

准则层	指　标　层	重要性评判	测评的依据	测评的工具
外语能力	语言使用能力			
	学习成果			

指标重要性评判:
    1) 非常重要   2) 比较重要
    3) 一般重要   4) 不重要

测评依据指的是实施测评信息或数据来源:
    1) 学习成绩   2) 学习的总量
    3) 学生周志(日志)   4) 学习档案袋
    5) 其他(请具体阐述): _____

测评工具指:
    1) 问卷   2) 教师观察
    3) 同伴评价   4) 自我评价
    5) 考试   6) 量规
    7) 教师主观判断
    8) 其他(请具体阐述): _____

15. 除了上述四个方面的准则层(学习目标管理能力、反思和自我测评能力、互动交流能力和语言使用能力)外,您认为外语自主学习能力测评还应该包括哪些准则层和指标层?请阐述。

    非常感谢您抽空参与这项调查!假如您对这项研究有兴趣,希望继续参与,请留下联系方式。谢谢!

附件2：自主学习测评设计调查问卷（1）

尊敬的老师：

您好！这份问卷是为了向您征询建立混合式学习环境下（blended learning）网络自主学习能力测评设计的相关意见。本测评框架四个维度和17个指标。请您就各维度与目标层——外语自主学习能力的关联度、各维度下指标与维度的关联度以及各指标的代表性和准确度进行评判。感谢您的参与，您的建议对我们非常重要！

以下数字1-7分别表示指标的关联度、代表性或准确度，请您在您认可的相应的数字上用红色标识，数字越大，表明您越认可指标的描述。

1=完全不……；2=基本不……；3=有点不……；4=不能肯定；5=有点……；6=基本……；7=完全……

一、测评整体构架评判

（一）学习目标管理（二级指标）							
请评价该指标与自主能力的关联度：	1	2	3	4	5	6	7
修改建议：							
1. 设定目标							
请评价该指标与学习目标管理能力的关联度：	1	2	3	4	5	6	7
修改建议：							
2. 制订计划							
请评价该指标与学习目标管理能力的关联度：	1	2	3	4	5	6	7
修改建议：							
3. 计划与执行吻合度							
请评价该指标与学习目标管理能力的关联度：	1	2	3	4	5	6	7
修改建议：							
4. 按节点完成学习任务							
请评价该指标与学习目标管理能力的关联度：	1	2	3	4	5	6	7
修改建议：							

续 表

5. 学习持续连贯							
请评价该指标与学习目标管理能力的关联度：	1	2	3	4	5	6	7
修改建议：							
6. 学习任务完成质量							
请评价该指标与学习目标管理能力的关联度：	1	2	3	4	5	6	7
修改建议：							
7. 自我选择学习材料							
请评价该指标与学习目标管理能力的关联度：	1	2	3	4	5	6	7
修改建议：							
学习目标管理维度下指标完整度：	1	2	3	4	5	6	7
修改建议：							
（二）反思和自我测评							
请评价该指标与自主学习能力的关联度：	1	2	3	4	5	6	7
修改建议：							
1. 分析自己语言学习问题							
请评价该指标与反思与自我评估能力的关联度：	1	2	3	4	5	6	7
修改建议：							
2. 提出可改进学习方法							
请评价该指标与反思与自我评估能力的关联度：	1	2	3	4	5	6	7
修改建议：							
3. 终结性自我测评							
请评价该指标与反思与自我测评能力的关联度：	1	2	3	4	5	6	7
修改建议：							
4. 针对问题提出后续学习计划							
请评价该指标与反思与自我评估能力的关联度：	1	2	3	4	5	6	7
修改建议：							
反思和自我评估维度下指标完整度：	1	2	3	4	5	6	7
修改建议：							
（三）互动交流能力							

续 表

请评价该指标与外语自主学习能力关联度：	1	2	3	4	5	6	7
修改建议：							
1. 主动寻求他人帮助							
请评价该指标与互动交流能力关联度：	1	2	3	4	5	6	7
修改建议：							
2. 主动帮助他人							
请评价该指标与互动交流能力关联度：	1	2	3	4	5	6	7
修改建议：							
互动交流能力维度下指标完整度：	1	2	3	4	5	6	7
修改建议：							
（四）学习绩效							
请评价该指标与外语自主能力的关联度：	1	2	3	4	5	6	7
修改建议：							
1. 课程学习成绩							
请评价该指标与学习绩效关联度：	1	2	3	4	5	6	7
修改建议：							
2. 提高课程成绩							
请评价该指标与学习绩效关联度：	1	2	3	4	5	6	7
修改建议：							
学习绩效维度下指标完整度：	1	2	3	4	5	6	7
修改建议：							

附件3：自主学习测评设计调查问卷（2）

尊敬的老师：

您好！这份问卷是为了向您征询建立网络自主学习能力测评指标设计的相关意见。请您就以下指标与自主学习能力的关联度以及整个测评体系设计的完整度和准确度多提宝贵意见。感谢您的参与，您的建议对我们非常重要！

以下数字1-5分别表示指标的关联度、准确度和完整度，请您在您认可的相应的数字上打钩或以红字标示，数字越大，表明您越认可指标的描述。

1=完全不……;2=不……;3=不能肯定;4=基本……;5=完全……

一、指标与维度判断

（一）学习目标管理					
请评价该指标与自主能力的关联度：	1	2	3	4	5
修改建议：					
1. 设定目标					
请评价该指标与学习目标管理能力的关联度：	1	2	3	4	5
修改建议：					
2. 制定计划					
请评价该指标与学习目标管理能力的关联度：	1	2	3	4	5
修改建议：					
3. 计划与执行吻合度					
请评价该指标与学习目标管理能力的关联度：	1	2	3	4	5
修改建议：					
4. 按节点完成学习任务					
请评价该指标与学习目标管理能力的关联度：	1	2	3	4	5
修改建议：					
5. 学习持续连贯					
请评价该指标与学习目标管理能力的关联度：	1	2	3	4	5

续 表

修改建议:					
6. 学习任务完成质量					
请评价该指标与学习目标管理能力的关联度:	1	2	3	4	5
修改建议:					
7. 自我选择学习材料					
请评价该指标与学习目标管理能力的关联度:	1	2	3	4	5
修改建议:					
学习目标管理维度下指标完整度:	1	2	3	4	5
修改建议:					
(二) 反思和自我测评					
请评价该指标与自主学习能力的关联度:	1	2	3	4	5
修改建议:					
1. 分析自己语言学习问题					
请评价该指标与反思与自我评估能力的关联度:	1	2	3	4	5
修改建议:					
2. 提出可改进学习方法					
请评价该指标与反思与自我评估能力的关联度:	1	2	3	4	5
修改建议:					
3. 终结性自我测评					
请评价该指标与反思与自我评估能力的关联度:	1	2	3	4	5
修改建议:					
4. 针对问题提出后续学习计划					
请评价该指标与反思与自我评估能力的关联度:	1	2	3	4	5
修改建议:					
反思和自我测评维度下指标完整度:	1	2	3	4	5
修改建议:					
(三) 互动交流能力					
请评价该指标与外语自主学习能力关联度:	1	2	3	4	5
修改建议:					

续　表

1. 主动寻求教师或同学的帮助					
请评价该指标与互动交流能力关联度：	1	2	3	4	5
修改建议：					
2. 主动帮助同学或分享学习心得					
请评价该指标与互动交流能力关联度：	1	2	3	4	5
修改建议：					
互动交流能力维度下指标完整度：	1	2	3	4	5
修改建议：					
（四）学习绩效					
请评价该指标与外语自主能力的关联度：	1	2	3	4	5
修改建议：					
1. 课程学习成绩					
请评价该指标与学习绩效关联度：	1	2	3	4	5
修改建议：					
2. 学习成绩提高幅度					
请评价该指标与学习绩效关联度：	1	2	3	4	5
修改建议：					
学习绩效维度下指标完整度：	1	2	3	4	5
修改建议：					

二、指标整体设计评判

评 价 内 容	评 价 等 级				
请评判该测评指标设计代表性：	1	2	3	4	5
修改建议：					

附件4：量规构架评判问卷(1)

尊敬的老师：

您好！这份问卷是为了向您征询建立网络自主学习能力测评量规的相关意见。请您就量规与自主学习能力的关联度以及整个测评体系设计的完整度和准确度多提宝贵意见。感谢您的参与，您的建议对我们非常重要！

以下数字1-5分别表示指标的关联度、准确度、可操作度、清晰度、完整性和层级的区分度，请您在您认可的相应的数字上打钩或以红字标示，数字越大，表明您越认可指标的描述。

1=完全不……；2=不……；3=不能肯定；4=基本……；5=完全……

指标	量规描述 层级			评价					
目标与计划设定	能结合自己的实际需求，提出具有挑战性但通过努力可以实现的学习目标。	能根据老师提出的教学目标，结合自身实际，提出可实现的学习目标。	能根据老师提出的教学目标，提出学习目标。	关联度	1	2	3	4	5
				清晰度	1	2	3	4	5
				层级区分度	1	2	3	4	5
	能依据学习目标制定符合六大标准的学习计划（具体性、可度量、可达到、可操作、相关性和时间性）。	能依据学习目标制定基本符合六大标准的学习计划。	能基本围绕学习目标制定基本可操作的学习计划。	关联度	1	2	3	4	5
				清晰度	1	2	3	4	5
				区分度	1	2	3	4	5
	修改建议：								
计划执行	有充分的证据证明学习计划执行良好，相似度>90%。	有充分的证据证明学习计划执行尚可，相似度>70%。	有证据证明学习计划执行相似度>60%。	关联度	1	2	3	4	5
				清晰度	1	2	3	4	5
				区分度	1	2	3	4	5
	修改建议：								

续 表

指标	量规描述			评价					
	层级								
时间管理	坚持每周网上自主学习3小时以上。	基本做到每周网上学习2小时。	虽然不能做到每周网上学习,但网上学习时间间隔不超过2周,且平均周时长>1小时。(课程基本要求)	关联度	1	2	3	4	5
				清晰度	1	2	3	4	5
				区分度	1	2	3	4	5
	网络学习总时长超过课程要求,且有对应的学习记录。	网络学习总时长满足课程要求,且有对应的学习记录。	网络学习总时长>90%课程要求,且有对应的学习记录。	关联度	1	2	3	4	5
				清晰度	1	2	3	4	5
				区分度	1	2	3	4	5
	修改建议:								
任务管理	不仅完成课程学习任务要求,而且完成课程外自己定制学习计划任务。	完成课程学习任务要求。	勉强完成课程学习任务要求。	关联度	1	2	3	4	5
				清晰度	1	2	3	4	5
				区分度	1	2	3	4	5
	除了教材以外,还选择了较多有一定难度的其他学习材料。	除了教材以外,还选择了一些其他学习材料。	仅限于教材内容。	关联度	1	2	3	4	5
				清晰度	1	2	3	4	5
				区分度	1	2	3	4	5
	修改建议:								
学习目标管理	请评判该维度指标准确度: 修改建议:				1	2	3	4	5
	请评判该维度指标完整度: 修改建议:				1	2	3	4	5
学习反思	能对一段时间内学习效果进行反思,认识到自己优势或不足以及现有学习方法合理性,能针对问题提出科学、合理的改进方法。	能对一段时间内学习效果做一些反思,并提出基本合理的改进办法。	学习反思不能完全指对规定时间学习活动。	关联度	1	2	3	4	5
				清晰度	1	2	3	4	5
				区分度	1	2	3	4	5

续 表

指标	量规描述			评价					
	层级								
学习反思	反思内容完整,频次符合要求。	反思内容基本完整,频次符合要求。	反思内容不够完整,频次基本符合要求。	关联度	1	2	3	4	5
				清晰度	1	2	3	4	5
				区分度	1	2	3	4	5
	修改建议:								
自我测评	学习总结中能对自己的学习成效和自主学习能力进行合理评价,对学习计划实施效果进行深入反思,能针对现有问题提出后续学习计划;学习计划具体。	学习总结中能对自己的学习成效和自主学习能力进行较合理评价,对学习计划实施效果进行一些反思,能针对现有问题提出后续学习计划;学习计划较具体。	学习总结中能对自己的学习成效和自主学习能力进行基本合理的评价,对学习计划实施效果进行一般性的反思,后续学习计划基本对应现有存在问题;学习计划基本具体。	关联度	1	2	3	4	5
				清晰度	1	2	3	4	5
				区分度	1	2	3	4	5
	修改建议:								
反思与自我测评	请评判该维度指标准确度:				1	2	3	4	5
	修改建议:								
	请评判该维度指标完整度:				1	2	3	4	5
	修改建议:								
交流互动	多次寻求教师或同学的帮助,有明确有意义的问题提出。	有时会主动寻求教师或同学的帮助,有明确有意义的问题提出。	偶尔寻求教师或同学的帮助。		1	2	3	4	5
				清晰度	1	2	3	4	5
				层级区分度	1	2	3	4	5
	多次解决他人的学习问题,并有质量保证。与他人分享很多学习心得。	有时会主动解决他人的学习问题,或与他人分享学习心得,提供的方法基本合理。	偶尔主动解决他人的学习问题,或与他人分享学习心得。	关联度	1	2	3	4	5
				清晰度	1	2	3	4	5
				区分度	1	2	3	4	5
	修改建议:								

续 表

指标	量规描述				评价					
	层级									
交流互动	请评判该维度指标准确度： 修改建议：					1	2	3	4	5
	请评判该维度指标完整度： 修改建议：					1	2	3	4	5
语言学习绩效	（形成性和终结性评估）学习成绩保持稳步上升的趋势。	（形成性和终结性评估）学习成绩基本稳定在优良区间内。	（形成性和终结性评估）学习成绩有小幅度提高。		关联度	1	2	3	4	5
					清晰度	1	2	3	4	5
					区分度	1	2	3	4	5
	（形成性和终结性评估）测试成绩优异。	（形成性和终结性评估）测试成绩良好。	（形成性和终结性评估）测试成绩合格。		关联度	1	2	3	4	5
					清晰度	1	2	3	4	5
					区分度	1	2	3	4	5
	修改建议：									
语言学习绩效	请评判该维度指标准确度： 修改建议：					1	2	3	4	5
	请评判该维度指标完整度： 修改建议：					1	2	3	4	5

附件5：量规构架评判问卷（2）

尊敬的老师：

您好！这份问卷是为了向您征询建立网络自主学习能力测评量规的相关意见。请您就量规与自主学习能力的关联度以及整个测评体系设计的完整度和准确度多提宝贵意见。感谢您的参与，您的建议对我们非常重要！

以下数字1-5分别表示指标的关联度、准确度、可操作度、清晰度、完整性和层级的区分度，请您在您认可的相应的数字上打钩或以红字标示，数字越大，表明您越认可指标的描述。

1=完全不……；2=不……；3=不能肯定；4=基本……；5=完全……

指标	量规描述 层级			评价					
目标与计划设定	有强烈的求知欲，设立了高于课程要求的学习目标；对提高自己的自主学习能力有很高的目标。	能结合自身实际，提出略高于课程要求的目标；对提高自己的自主学习能力有较高的目标。	提出与课程要求基本吻合的学习目标；对提高自己的自主学习能力有基本的目标。	关联度	1	2	3	4	5
				清晰度	1	2	3	4	5
				层级区分度	1	2	3	4	5
	学习时间安排高于课程要求；除课本外，还安排了较多其他学习任务；计划认真地对待学习反思；计划多次参与交流互动。	学习时间安排高于课程要求；除课本外，还安排了一些其他学习任务；计划较认真地对待学习反思；计划参与一些交流互动。	学习时间符合课程要求；计划完成课本学习任务；计划对学习效果做一些学习反思；计划参与少量的交流互动。	关联度	1	2	3	4	5
				清晰度	1	2	3	4	5
				区分度	1	2	3	4	5
	修改建议：								
计划执行	有充分的证据证明学习计划执行相似度>90%。	有充分的证据证明学习计划执行相似度>75%。	有证据证明学习计划执行相似度>60%。	关联度	1	2	3	4	5
				清晰度	1	2	3	4	5
				区分度	1	2	3	4	5
	修改建议：								

续表

指标	量规描述			评价					
	层级								
时间管理	坚持每周网上自主学习3小时以上。	基本做到每周网上学习2小时。	虽然不能做到每周网上学习,但网上学习时间间隔不超过2周,且平均周时长>1小时。	关联度	1	2	3	4	5
				清晰度	1	2	3	4	5
				区分度	1	2	3	4	5
	网络学习总时长超过课程要求,且有对应的学习记录。	网络学习总时长满足课程要求,且有对应的学习记录。	网络学习总时长>90%课程要求,且有对应的学习记录。	关联度	1	2	3	4	5
				清晰度	1	2	3	4	5
				区分度	1	2	3	4	5
	修改建议:								
任务管理	能在规定时间内100%完成课程任务,准确率为90%以上。	能在规定时间内完成90%左右的课程任务,准确率为85%以上。	能在规定时间内完成80%左右的课程任务,准确率为75%以上。	关联度	1	2	3	4	5
				清晰度	1	2	3	4	5
				区分度	1	2	3	4	5
	除了教材外,还选择了较多有一定难度的其他学习材料。	除了教材外,还选择了一些其他学习材料。	仅限于教材内容。	关联度	1	2	3	4	5
				清晰度	1	2	3	4	5
				区分度	1	2	3	4	5
	修改建议:								
学习目标管理	请评判该维度指标准确度: 修改建议:				1	2	3	4	5
学习反思	过程性反思频次符合课程要求,反思三部分内容完整,能总结学习成效和学习方法,并探究问题解决的办法。反思的问题与解决办法之间有逻辑关系。	过程性反思频次符合课程要求,反思的三部分内容基本完整,能总结学习成效或方法,有时能针对问题提出解决办法。反思的问题与解决办法之间有逻辑关系。	过程性反思频次符合课程要求,能对一段时间内学习效果做一些反思,偶尔也能提出一些针对性的解决办法。反思的问题与解决办法之间有逻辑关系。	关联度	1	2	3	4	5
				清晰度	1	2	3	4	5
				区分度	1	2	3	4	5

续表

指标	量规描述			评价					
	层级								
学习反思	过程性反思记录中有不断调整、修正学习策略的痕迹。	过程性反思记录中有一些调整、修正学习策略的痕迹。	过程性反思记录中有少量调整、修正学习策略的痕迹。	关联度	1	2	3	4	5
				清晰度	1	2	3	4	5
				区分度	1	2	3	4	5
	修改建议:								
自我测评	学习总结中能对自己的学习成效和自主学习能力进行合理评价,对学习计划实施效果进行深入反思,能针对现有问题提出后续学习计划;学习计划具体。	学习总结中能对自己的学习成效和自主学习能力进行较合理评价,对学习计划实施效果进行一些反思,能针对现有问题提出后续学习计划;学习计划较具体。	学习总结中能对自己的学习成效和自主学习能力进行基本合理的评价,对学习计划实施效果进行一般性的反思,后续学习计划基本对应现有存在问题;学习计划基本具体。	关联度	1	2	3	4	5
				清晰度	1	2	3	4	5
				区分度	1	2	3	4	5
	修改建议:								
反思与自我测评	请评判该维度指标准确度:				1	2	3	4	5
	修改建议:								
交流互动	针对学习过程中的困难,经常主动寻求教师或同学的帮助。	针对学习过程中的困难,有时会寻求教师或同学的帮助。	针对学习过程中的困难,偶尔寻求教师或同学的帮助。		1	2	3	4	5
				清晰度	1	2	3	4	5
				层级区分度	1	2	3	4	5
	经常主动解决他人的学习问题或与他人分享学习心得。	有时会主动解决他人的学习问题,或与他人分享学习心得。	偶尔主动解决他人的学习问题,或与他人分享学习心得。	关联度	1	2	3	4	5
				清晰度	1	2	3	4	5
				区分度	1	2	3	4	5
	修改建议:								
交流互动	请评判该维度指标准确度:				1	2	3	4	5
	修改建议:								

续 表

指标	量规描述			评价					
	层级								
语言学习绩效	（形成性和终结性评估）学习成绩呈大幅度提高趋势。	（形成性和终结性评估）虽然成绩提升不显著，但能稳定在优良区间内。	（形成性和终结性评估）学习成绩有小幅度提高。	关联度	1	2	3	4	5
				清晰度	1	2	3	4	5
				区分度	1	2	3	4	5
	（形成性和终结性评估）测试成绩优异。	（形成性和终结性评估）测试成绩良好。	（形成性和终结性评估）测试成绩合格。	关联度	1	2	3	4	5
				清晰度	1	2	3	4	5
				区分度	1	2	3	4	5
	修改建议：								
语言学习绩效	请评判该维度指标准确度：修改建议：				1	2	3	4	5

量规整体设计评判

以下数字1-5分别表示指标的可操作度和准确度，请您在您认可的相应的数字上打钩或以红字标示，数字越大，表明您越认可指标的描述。

1=完全不……；2=不……；3=不能肯定；4=基本……；5=完全……

评价内容	评价等级				
请评判该量规设计的可操作度：	1	2	3	4	5
修改建议：有些层级真正操作起来，标准可能不太好确定					
请评判该测评指标设计准确度：	1	2	3	4	5
修改建议：					

附件 6：量规描述语编制学生访谈提纲

1. 学习目标
你的学习目标是什么？怎样确定的？
2. 学习计划
是否制订长期或短期学习计划？执行情况怎样？
3. 任务管理
能完成多少规定的自主学习任务？怎样保证完成任务？怎样选择自主学习材料？
4. 时间管理
怎样安排自主学习时间？每周网络学习的时间是多少？
5. 学习反思
是否经常反思自己的学习？主要反思些什么？反思的目的是什么？有什么作用？
6. 互动交流
是否愿意与别人分享成果或在困难时向老师或同学寻求帮助？是否愿意帮助别人解答学习问题？
7. 语言学习绩效
怎样评估你的自主学习绩效？是否有进步？哪些证据能证明你的学习绩效？
8. 自我评估
课程结束时是否有总结和评估学习成效的习惯？

附件7：大学生自主学习能力评价指标权重的调查问卷

尊敬的专家：

您好！这份问卷是为了向您征询建立网络自主学习能力评价指标权重的相关意见。请您在紧张的工作之余给我们提供宝贵的信息和建议。真诚感谢您的参与！

一、释例

本问卷中，您将对问题中的两选项重要性进行比较。您若觉得左边的选项更重要，请您在靠左边的数字下打√，您若觉得右边选项更重要，请在靠近右边的数字下打√，而打√的数字越大，就表示重要性越高。数字代表的重要性强度如下：

重要性强度	定义	解释
1	同等重要	两标准重要性相等
3	稍微重要	重要性稍高于另一标准
5	明显重要	重要性明显高于另一标准
7	强烈重要	重要性强烈高于另一标准
9	极端重要	重要性极端高于另一标准
2,4,6,8	重要性介于两者之间	介于相邻数字之间

例：

目标管理	9	7	5	3	1	3	5	7	9	时间管理
							√			

上例表明："时间管理"的重要性明显高于"目标管理"。

目标管理	9	7	5	3	1	3	5	7	9	时间管理
					√					

上例表明:"时间管理"和"目标管理"的重要性同等重要。

二、问卷

请对下列指标的重要性进行评价:

表 1　管理

	9	7	5	3	1	3	5	7	9	
目标设定										计划执行
目标确定										时间要求
目标确定										时间总长
目标确定										规定任务
目标确定										自主材料选择

表 2　管理

	9	7	5	3	1	3	5	7	9	
计划制订										时间要求
计划制订										时间总长
计划制订										规定任务
计划制订										自主材料选择

表 3　管理

	9	7	5	3	1	3	5	7	9	
计划执行										时间要求

续 表

	9	7	5	3	1	3	5	7	9	
计划执行										时间总长
计划执行										规定任务
计划执行										自主材料选择

表 4 管理

	9	7	5	3	1	3	5	7	9	
时间要求										时间总长
时间要求										规定任务
时间要求										自主材料选择

表 5 管理

	9	7	5	3	1	3	5	7	9	
时间总长										规定任务
时间总长										自主材料选择

表 6 管理

	9	7	5	3	1	3	5	7	9	
规定任务										自主材料选择

表 7 反思

	9	7	5	3	1	3	5	7	9	
反思完整										方法改进

表 8 互动

	9	7	5	3	1	3	5	7	9	
寻求帮助										帮助他人

表 9 成绩

	9	7	5	3	1	3	5	7	9	
上升幅度										学习成绩

表 10 一级指标

	9	7	5	3	1	3	5	7	9	
管理										反思
管理										互动
管理										自我测评
管理										学习成绩

表 11 一级指标

	9	7	5	3	1	3	5	7	9	
反思										互动
反思										自我测评
反思										学习成绩

表 12　一级指标

	9	7	5	3	1	3	5	7	9	
互动										自我测评
互动										学习成绩

表 13　一级指标

	9	7	5	3	1	3	5	7	9	
自我测评										学习成绩

附件8：大学英语自主学习起点能力评估量表

亲爱的同学：

本量表旨在对学生的自主学习能力做一个初步诊断，以便为你后续学习提供有效的帮助。由于每一个人的情况不同，对下列问题的看法自然也就不同，因此任何选择都是可能的，答案没有正确与错误之分。十分感谢大家的配合！

问卷每题之下有5个数字，分别代表你的实际情况：

1：完全不同意
2：不同意
3：既不同意也不反对
4：同意
5：完全同意

1. 确定学习目标是学生本人的职责。
   1··········2··········3··········4··········5
2. 学生本人应该决定学习内容。
   1··········2··········3··········4··········5
3. 学生应该经常评价自己的学习效果。
   1··········2··········3··········4··········5
4. 我相信自己能独立学习。
   1··········2··········3··········4··········5
5. 我相信我能克服语言学习中遇到的困难。
   1··········2··········3··········4··········5
6. 我会用一些好的学习方法。
   1··········2··········3··········4··········5
7. 我会根据不同的学习任务，使用不同的学习策略。
   1··········2··········3··········4··········5
8. 我能够根据自己的现状制定学习计划。
   1··········2··········3··········4··········5
9. 在开始某项学习任务时，我有明确的目标。
   1··········2··········3··········4··········5
10. 除了老师布置的作业外，我会补充其他学习内容。
    1··········2··········3··········4··········5

11. 我对改进自己的学习有明确的要求。
    1……………2……………3……………4……………5
12. 我能安排好自己的学习时间,完成学习计划。
    1……………2……………3……………4……………5
13. 我能有计划地安排学习内容。
    1……………2……………3……………4……………5
14. 针对不同的学习内容,我有规划地选用相应的学习策略。
    1……………2……………3……………4……………5
15. 我会定期检查自己学习计划的执行情况。
    1……………2……………3……………4……………5
16. 我会对自己的外语水平进行阶段性评估。
    1……………2……………3……………4……………5
17. 我会经常问自己是否完成既定的学习计划。
    1……………2……………3……………4……………5
18. 我会反思学习中存在的问题。
    1……………2……………3……………4……………5
19. 我会评价自己的学习效果,从而找出解决问题的方法。
    1……………2……………3……………4……………5
20. 当某个任务结束后,我会问自己是否达到了既定的目标。
    1……………2……………3……………4……………5
21. 我评价自己学习英语进步的情况,从而制订下一步的计划。
    1……………2……………3……………4……………5
22. 遇到不懂的问题,我会请求老师帮助。
    1……………2……………3……………4……………5
23. 遇到不懂的问题,我会请求同学帮助。
    1……………2……………3……………4……………5
24. 当别人有学习困难时,我愿意给他们建议。
    1……………2……………3……………4……………5
25. 我能够判断某项学习任务是需要独立完成还是合作完成。
    1……………2……………3……………4……………5
26. 我愿意和大家一起探讨学习。
    1……………2……………3……………4……………5

附件9：大学英语自主学习效果评估量表

亲爱的同学：

你们好！为了解大学英语自主学习情况，特设计本问卷调查。

问卷分三部分，共30题。

请仔细阅读以下每一题，挑出最符合自己看法的选项，并做上标记。你的回答与你的学习和道德评价没有关系，无需有任何顾虑。谢谢大家的合作！

班级：_____　　学号：_____

姓名：_____

第一部分：在英语学习中，你认为谁（学生本人或教师）应该承担以下职责：

		完全不赞同	不赞同	有点赞同	赞同	完全赞同
1. 确定学习目标	学生本人					
	教师					
2. 制定学习计划	学生本人					
	教师					
3. 确定学习内容	学生本人					
	教师					
4. 确定学习节奏	学生本人					
	教师					
5. 监控学习过程	学生本人					
	教师					
6. 评估学习效果	学生本人					
	教师					
7. 评估学习结果	学生本人					
	教师					
8. 保持学习兴趣	学生本人					
	教师					

续 表

		完全不赞同	不赞同	有点赞同	赞同	完全赞同
9. 发现学习方法存在的问题	学生本人					
	教师					
10. 提供解决问题的办法	学生本人					
	教师					

第二部分：

	完全不符合	不符合	有点符合	符合	完全符合
11. 本学期下来，我100%地完成了期初制订的学习计划。					
12. 我能按时完成每周的自主学习学习任务。					
13. 我坚持每周在自主学习中心学习至少2小时。					
14. 我能完成每周自主学习任务。					
15. 除了教材外，我还选择了较多有一定难度的其他学习内容。					
16. 我经常反思自己的学习方法。					
17. 我经常总结自己的学习成效。					
18. 我知道如何根据反思结果来调整自己的学习。					
19. 我定期检查自己学习计划的执行情况。					
20. 我会对自己的英语学习情况进行阶段性评估。					
21. 我经常通过自我评估来发现学习上取得的进步。					

续 表

	完全不符合	不符合	有点符合	符合	完全符合
22. 我经常通过自我评估来发现学习上存在的问题。					
23. 我能针对现有问题提出后续学习改进方案。					
24. 我会根据自我评价结果来调整自己的学习方法。					
25. 我会主动查找学习方面存在的问题。					
26. 一旦发现学习上的问题，我会寻找解决途径。					
27. 遇到不懂的问题，我主动请求老师帮助。					
28. 遇到不懂的问题，我会请求同学帮助。					
29. 当别人有学习困难时，我愿意给他们建议。					
30. 我经常和同学一起探讨学习。					

附件 10：感知 ePALA 价值问卷

亲爱的同学：

你们好！为了解大学英语自主学习情况，特设计本问卷调查。

问卷分三部分，共 49 题。

请仔细阅读以下每一题，挑出最符合自己看法的选项，并做上标记。你的回答与你的学习和道德评价没有关系，无需有任何顾虑。谢谢大家的合作！

班级：_____ 学号：_____

姓名：_____

第一部分

	完全不符合	不符合	有点符合	符合	完全符合
1. 学习档案袋使我学习目标更明确。					
2. 学习档案袋提高了我的学习计划性。					
3. 学习档案袋提高了我的学习计划执行效果。					
4. 学习档案袋使我自主学习时间管理更加有序。					
5. 学习档案袋提高了我的学习成效。					
6. 学习档案袋提高了我的学习成绩。					
7. 学习档案袋提高了我的学习兴趣。					
8. 学习档案袋让我学会了关注学习过程。					
13. 学习档案袋提高了我的管理学习能力。					
14. 学习档案袋提高了我的反思学习能力。					

续 表

	完全不符合	不符合	有点符合	符合	完全符合
15. 学习档案袋让我有了定期自我评估的习惯。					
16. 学习档案袋提高了我的与人合作学习能力。					

第二部分

	完全不赞成	不赞成	说不好	赞成	完全赞成
17. 电子档案袋学习提高了我的学习成绩。					
18. 电子档案袋学习提高了我的学习效率。					
19. 电子档案袋学习提高了我的学习效果。					
20. 电子档案袋各个模块非常容易使用。					
21. 电子档案袋操使用非常简单。					
22. 电子档案袋各模块明确易懂。					
23. 电子档案袋是很好的学习方式。					
24. 电子档案袋让我学习更轻松。					
25. 我喜欢电子档案袋学习方式。					
26. 我打算下学期仍然使用电子档案袋。					
27. 我会坚持电子档案袋学习。					
28. 下学期我还会使用电子档案袋。					

第三部分：测评

	完全不赞成	不赞成合	说不好	赞成	完全赞成
29. 档案袋测评让我融入了学习过程。					
33. 档案袋测评促进学生学习。					
41. 我根据测评所反映的问题来确定下一步学习方案。					
42. 我利用测评反馈来改进我的学习。					
43. 我重视自己的测评结果，以便取得进步。					
44. 测评让我承担起后续学习职责。					
45. 测评让我了解自己取得的进步。					
46. 教师利用测评来帮助我提高。					
47. 测评让教师了解我取得的进步。					
48. 测评可以确定我掌握了多少所学的知识或技能。(48)					
49. 测评检测教师的教学质量。					

第四部分：

1. 我最喜欢电子档案袋的模块是：
2. 我最不喜欢电子档案袋的模块是：
3. 我对目前档案袋学习的建议是：

注：编号不连续处乃因子分析删除了部分题项。

附件11：档案袋使用访谈问题

1. 你对英语学习是抱着怎样的态度？目的是什么？平时花的时间？精力？最喜欢哪些课类型？最不喜欢什么课型？原因？
2. 你是否适应大学英语自主学习模式？
3. 在此之前,你是否有过使用学档的经历？什么时候？在哪里？请描述。
4. 你觉得档案袋在自己的英语学习过程中有用吗？怎么有用？或怎么没用？
5. 请描述使用电子学档的经历(好的或不好的)。
6. 请描述学档中最有用和最没有用的部分。
7. 你对学档有何建议？请描述。